国家社科基金重点项目
“小微企业融资再担保体系风险形成、演化及防范研究”
（项目号：17AGL010）

江苏大学五棵松文化丛书

江苏大学专著出版基金资助出版

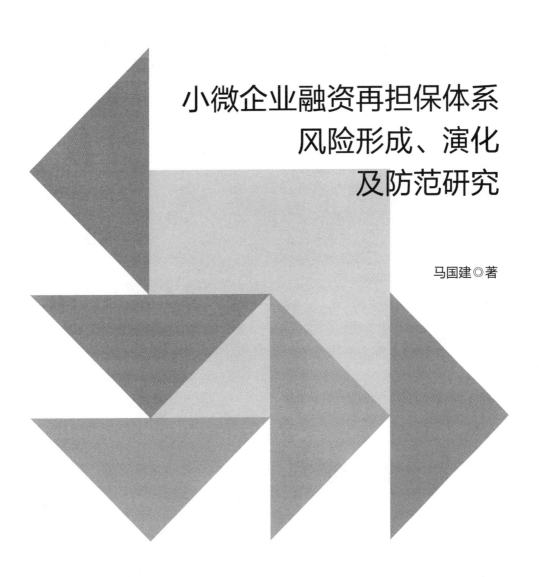

小微企业融资再担保体系风险形成、演化及防范研究

马国建◎著

上海三联书店

摘　要

融资担保是破解小微企业融资难问题的重要手段和关键环节，而再担保又是完善担保功能不可或缺的环节。为此，国务院于 2015 年专门出台文件《关于促进融资担保行业加快发展的意见》，彰显了政府对融资再担保问题的重视，同时也映射出担保行业面临的困境：小微企业经营困难，风险增加导致融资担保机构代偿居高不下，2019 年行业平均代偿率达 2.36%，已经超过 1.5%左右的担保费率；行业萎缩下现存的担保机构因国有资本保值增值的考核要求以及税收营改增等政策变化，经营困难重重，急需再担保的扶持；而再担保机构缺乏必要的风险分散渠道，系统风险已出现，如河北融投担保集团有限公司因无力代偿导致 500 亿元担保、再担保债权悬空，产生广泛的负面影响。国家融资担保基金于 2018 年 7 月成立并探索运营，相比之下，较早探索运营的省级再担保体系在开展再担保业务中风险现状、风险演化及风险治理等，结合实证数据，从机制上、理论源头上分析总结，找到根本性的风险治理对策，对于发挥再担保功能并预防再担保风险，不但是重要的理论问题，也是当前我国融资担保业监管急需解决的、关键性的管理问题。

一、主要研究内容

（一）研究对象

在国家融资担保基金成立较晚且采取再担保风险代偿封顶制的前提下，主要围绕省级融资再担保体系，分析辖内担保机构风险状态、再担保体系风险形成机理及其演化规律，系统地探讨再担保体系风险防范策略。具体包括:在对再担保体系基本问题进行界定基础上,首先从经济学视角,研究再担保业务涉及的地方政府、担保机构等多主体合作机制及形成风险的特征等;接着通过实证调查,分析再担保体系风险现状及风险形成过程;然后进行拓展研究,尝试用演化博弈模型、随机模型、计算实验方法等模拟我国融资再担保体系风险演化系统,分析风险演化规律及风险防范政策的调节效果。

(二) 研究内容框架

在涉及货币又涉及信用的经济关系和交易行为的金融定义范围内,对现实问题进行观察,对融资再担保体系风险研究内容进行凝练,并对研究内容框架作出安排。

1. 再担保多主体合作机制及风险特征

本部分运用银保监会、工信部等数据,结合本课题实地调查,对相关理论进行文献回顾,科学界定研究内涵,基于制度经济学理论研究再担保体系多主体合作机制及形成风险的特征。

① 再担保多主体合作机制研究。首先,分析融资再担保体系多主体特征。全面了解当前融资再担保体系运行状况,理清再担保涉及的担保机构、再担保机构、地方政府及银行等主体,对多主体本质特征进行分析,绘制出再担保体系组织结构图;其次,剖析融资再担保体系中担保机构、再担保机构等关键主体的发展现状,从机构发展历程、资本金规模到担保及再担保业务的典型运作模式,借助面板数据与可视化分析透视再担保体系多主体展业情况与合作现状;第三,再担保体系运行效率测度。对再担保体系运行中的资本投入、人员投入、营业支出等投入指标,以及再担保政策性产出、经济性产出等产出指标进行分析,构建 DEA 模型对融资再担保体系运行效率进行评价;第四,再担保体系协同发展研究。考虑再担保机构盈利水平、再担保业务开展能力和风险控制水平等多个指标对系统内多主体各自功能实现与保障的影响,运用哈肯模型对融资再担保体系协同发展状态进行实证,分析再担保业务开展能力及全国再担保业务协同度。

② 融资再担保体系多主体合作风险现状分析。首先,从主体自身角度,围绕资本金规模、放大倍数、代偿率、追偿率等运营指标分析再担保体系中担保

机构和再担保机构在自身业务运营与内部治理方面存在的风险；其次，基于主体合作视角，分析担保机构与再担保机构、政府与银行之间的风险分担不合理产生的风险；第三，着眼于融资再担保体系外部环境中的随机因素，考虑政府政策、信贷市场的波动与法律法规等对再担保体系多主体合作及风险形成的干扰；最后，围绕多主体自身运营、主体间合作分险、外部环境存在的扰动因素，明晰多主体防范融资再担保体系风险存在的不足并剖析内在原因。

③ 融资再担保体系多主体合作收益分析。从系统动力学角度着眼，研究多主体收益视角下的融资再担保体系建设机理，构建多主体收益的系统动力学模型并仿真，探究调节放大倍数、代偿率、担保（再担保）费率、政府补贴等指标对平衡多主体收益的影响。

2. 融资再担保体系风险形成机制

① 融资再担保体系风险形成机理研究。首先，分析再担保体系的运营机理，筛选出再担保体系风险影响因素；其次，建立风险敞口模型，研究风险传导过程和主体收益情况，比较各方主体收益，研究外部环境因素、风险分担比例、担保再担保费率、政府补贴等关键性指标对主体收益的影响。

② 融资再担保体系风险形成主要参数研究。通过计算实验，直观分析主要参数的变化对各主体风险与收益动态变化趋势的影响，找到影响参与方风险与收益的关键性变量，总结重要因素如何促成融资再担保体系风险的发生。

3. 融资再担保体系风险演化规律

考虑到事后调查可能存在信息缺失以及普适性问题，需要在内容 2 实证研究的基础上深化理论研究。

① 融资再担保体系内部风险演化博弈分析。首先，建立再担保机构与担保机构的双方演化博弈模型，分析再担保机构风险分担中的控制措施，探究风险演化的作用规律和影响因素；进而构建担保及再担保机构、协作银行三方主体演化博弈模型，围绕再担保业务合作，结合银行提供的风险分担与放大倍数的增加等优惠，分析演化均衡策略，并借助 MATLAB 仿真平台考察关键要素变化对演化结果的影响；最后，构建担保及再担保机构与政府的三方演化博弈模型，关注政府监管与财政补贴等对再担保体系主体合作与风险演化的作用机制，总结再担保体系风险演化的机理。

② 融资再担保体系外扰动因素影响研究。借助生物学种群竞争思想构

建再担保体系内部主体竞争合作模型，刻画再担保体系内部担保机构和再担保机构的交往；其次将体系外扰动风险作为随机因素引入，构建随机微分方程描述体系外扰动因素影响下的再担保业务变化；最后进行数值模拟，改变随机因素强度，通过观察主体业务量变化，总结体系外扰动因素对风险作用规律。

4. 融资再担保体系风险治理研究

① 小微企业融资再担保体系风险治理实证研究。总结再担保体系中各主体主导下的风险治理现状；以河北融投担保集团有限公司风险事件为实例，分析再担保体系中风险的产生、演进及政府治理措施。

② 小微企业融资再担保体系风险预警机制研究。对再担保体系中多主体风险进行总结分析，剖析当前影响再担保体系风险的关键指标，结合征信公司与再担保机构的合作实践，基于大数据应用角度筛选再担保体系风险预警关键指标并构建智能化再担保体系风险预警机制。

③ 小微企业融资再担保体系风险防范研究。一是从国家、省及地市三级政府层面，围绕监管信息系统、风险评估能力、风险处置预案、公众引导等方面，研究政府的风险防范制度；二是依据再担保体系风险形成规律，研究体系中关键担保机构界定、多部门联合监管制度、反担保物处置制度等，分析精确切断风险传播的相关政策。

二、研究成果的学术价值

（一）独到的学术价值

与融资再担保实证研究相结合，归纳总结再担保风险的形成机理、研究风险的评价与计量；运用计算实验等方法演绎再担保体系风险演化规律，改进风险的防范措施等研究，完善和丰富了再担保理论，为解决融资再担保环节关键性的管理问题提供理论支持。

（二）独到的应用价值

通过研究总结出融资再担保体系风险形成与演化规律，应用于融资再担保机构风险控制、银行对小微企业融资的风险防范，或者监管部门对再担保体系风险的监管，完善相应的政策，探索再担保提升信贷资源配置效率的典型作用路径，有助于解决小微企业融资难问题以及为融资担保行业的风险防控提供前瞻性、先进性、可操作性的决策依据。

（三）成果社会影响

通过参加首届中国再担保高峰论坛等学术交流活动，以及为中国融资担保协会提供《政府性担保机构绩效考核调查报告》、为湖北省再担保集团公司完成《湖北省再担保集团公司中期发展规划》、承接镇江市政府委托项目《加快培育数据要素市场及探索数据产权保护和利用新机制研究》等，与中小企业、担保及再担保机构、政府主管部门沟通，项目的研究成果取得了一定的社会影响，得到了许多行业专家学者以及担保界人士的认同。

三、成果的主要建树

经济学对融资再担保准公共品的属性与供求阐述透彻，而解决现实情境下小微企业的扶持、担保困境及由此产生的再担保风险防范等问题，需要管理学科提供一定的理论与实践指导。以严谨的学术研究成果，充实偏重于管理学的交叉学科研究，研究的创新之处主要在于：一是结合实证研究，对融资再担保体系风险状态进行分析，形成风险分析体系；二是深化理论研究，模拟仿真融资再担保体系风险演化，形成风险计量体系；三是结合融资再担保体系风险预警与治理实证研究，设计风险防范对策；四是将再担保体系外对风险的扰动因素作为随机变量进行建模，引入计算实验，并进行仿真，是对现有研究方法的拓展和深化。

（一）结合实证研究，对融资再担保体系风险状态进行分析，形成风险分析体系

首先，基于经济学分析，探讨融资再担保制度的经济学逻辑以及相关研究方法的运用，梳理出研究的逻辑与架构，明确融资再担保制度是在政府主

导下强制性制度变迁和市场微观主体驱动的诱致性变迁综合作用下，并考虑随机因素的作用，凝练出科学问题。

其次，基于融资再担保体系风险调研，对风险进行系统分析与度量，形成再担保体系下的风险分析体系。通过对我国小微企业融资再担保体系建设历程、主要再担保品种的分析与梳理，认为我国小微企业融资再担保体系的架构“一体二翼三层”已基本成形，再担保“增信”形式主要以一般责任再担保、连带责任再担保等为主，而分险作用突出的比例再担保占比还不高，国家、省再担保机构大多实行分险封顶制度以控制风险；再担保制度创新，是我国融资再担保体系建设的重要内容，各省再担保机构在发展中也形成各具特色的再担保运营模式，比较典型的如安徽的政策支持为主的“4321”再担保分险模式、江苏的民营资本参与的不出险奖励模式、北京的财政支撑下的代偿模式以及广东的综合金融服务再担保模式等；从我国融资再担保机构业务开展情况梳理，部分省级再担保机构在业务开展中仍以直保业务(融资担保)为重点推动方向，再担保业务规模相对于直保业务规模仍然偏小，个别省级再担保机构甚至尚未开展再担保业务，再担保作用与功能有待进一步发挥；省级再担保机构的投入产出效率普遍偏低，存在资源投入的冗余，难以同时兼顾政策性与经济性目标的实现；全国再担保业务协同度在地域间发展水平差异较大，且整体处于较低水平，极易引发再担保体系风险。

再次，通过实证的方法，分析融资再担保多主体参与下风险形成的机理并进一步完善风险评价体系。与融资再担保实证研究相结合，归纳总结融资再担保风险的形成机理、研究风险的评价。①随着近年来外部经济下行，担保机构的内部控制措施不足及盲目扩张，混业经营、主业辅业倒置等问题并存，加之相关监管不到位，担保行业出现大规模代偿，融资担保机构承担的风险代偿也显著增加，而代偿追回及风险拨备却在下降，风险敞口不断扩大。②融资再担保机构资本总额呈逐年上升的趋势，但是增长较为缓慢，不同的再担保公司注册资本差异较大，总体注册资本规模偏小；平均拨备覆盖率呈上升的趋势，但由于代偿额的迅速攀升，拨备覆盖率增势并不明显；从收入情况来看，再担保机构总收入稳中有升，大多数机构维持在保本微利的状态，其中直保业务与投资占总收入比重一半以上，且有不断上升的趋势，再担保业务收入则呈逐年下滑态势；从全国平均放大倍数来看，总体偏低，接近 1/4 的机构放大倍数不足 1 倍;代偿方面,年代偿额维持高增长态势,其中直保业务是导致再担保机构代偿风险增加的一个重要因素。③融资再担保业务多主体合作,担保机构与再担保机构之间存在直保业务竞争与再担保业务合作下总体风险敞口增加、协作银行收缩合作或提升与担保机构之间协作的门槛、担保与再担保合作中普遍采用风险封顶的方式,多主体合作风险不减。④从外部环境分析,融资市场的系统性风险压力加大,对融资担保业监管政策趋严但监管体制依然不顺,这种情况造成再担保机构的风险控制和监督都无法达到金融机构要求的高度,导致部分区域的再担保机构或再担保体系成为我国金融系统中的薄弱环节和风险累积环节。

最后,沿着融资再担保风险传染路径,建立风险敞口模型,深入探讨风险形成的关键要素及其影响机理。①通过分析小微企业融资再担保体系的功能逻辑,筛选出再担保体系风险形成的关键影响要素;②建立风险敞口模型,分析影响要素对担保机构、再担保机构和协作银行等三类主体收益的影响;③最后通过计算实验,基于 Netlogo 平台就关键因素对再担保业务风险的影响进行数值模拟与仿真分析,将主要参数变化和各主体风险与收益变化之间的动态趋势直观地呈现出来,进而总结融资再担保体系风险形成过程中关键因素的作用,并根据仿真结果总结风险形成机理,提出风险预警启示。分析结果表明:一是融资再担保体系外部的风险主要来源于小微企业资产和经营状况以及银行对于反担保物变现的要求,再担保体系的内部风险主要来源于体系内多主体对于风险分担和收益的划分;二是担保机构和再担保机构收支不平衡的状况是融资再担保体系内主体运营风险的重要原因;三是企业相似度加剧了融资再担保体系代偿风险。四是风险分担比例、再担费率和政府补助是防范再担保风险形成的重要因素。

(二)深化理论研究,模拟仿真融资再担保体系风险演化,形成风险计量体系

首先,基于系统理论,依据融资再担保体系多主体现实运营关系,总结风险演化的实践背景与相互关系。

其次,建立多主体收益的系统动力学模型,分析多主体收益详细的影响因素及其影响过程;通过多主体收益的系统动力学分析发现,一是提升放大倍数对多主体收益提升起到明显促进作用；二是代偿率上升是导致再担保体系风险高发的关键因素，且依靠单一主体的风险兜底无法扭转多主体收益下降的整体趋势；三是适当降低国家融资担保基金费率并提高风险分担比例，能有效补偿担保与再担保机构落实费率下调政策对其造成的负面影响；四是基层政府对担保机构和再担保机构的合理补贴，有助于补偿担保机构和再担保机构发生代偿或降低保费造成的损失及意愿的降低。

再次，对于融资再担保体系内部风险演化、内外合作风险演化研究，选取风险演进不同阶段的再担保体系主体业务合作（再担保体系内部合作、再担保体系与银行的合作、再担保体系与政府的合作）进行演化博弈分析；明确关键因素对融资再担保体系风险的作用方向、范围以及影响程度，明晰要素的影响机理。

最后，对于融资再担保体系外部扰动因素的影响进行研究，基于融资再担保体系内部主体交往现状，借鉴生态学思想构建担保及再担保机构竞争合作模型，营造再担保体系交往环境。考虑体系外扰动因素的不可控性和随机性，将相关环境因素作为随机变量建模并引入演化博弈模型，通过模型分析和数值模拟研究体系外扰动因素对于再担保体系风险演化的影响规律。研究结果显示，该类随机因素直接扰动担保机构的业务运营，致其业务量不稳定而产生经营风险，随后进一步影响多主体间的协作，加剧双方的业务竞争和道德风险。

（三）结合融资再担保体系风险预警与治理实证研究，设计风险防范对策

鉴于制度与政策因素对再担保体系风险的影响，对于不同政策的影响过程进行情景仿真，寻求政策作用的最优方式和路径，为风险防范制度设计和引导政策体系的构建打下基础。围绕再担保体系中担保及再担保机构、协作银行、政府等主体分析当前再担保体系风险治理的逻辑与治理中存在的不足，借助案例再现再担保体系风险的形成、演化与政府治理过程。其次，将以往关注的再担保原生风险分担，延伸到系统动态量化融资再担保体系的整体风险并进行预警研究，总结再担保体系风险预警实践经验并明确风险预警思路、工具及与第三方机构合作预警路径等。最后，从八个方面总

结融资再担保体系风险防范的政策措施，应用于融资再担保机构风险控制、银行对小微企业融资的风险防范，或者监管部门对融资再担保体系风险的监管，完善相应的政策。

（四）研究方法上的创新

运用演化博弈模型研究多主体策略选择，对风险防范措施作出优化与完善；将融资再担保体系风险现象抽象成计算实验模型进行仿真研究，并将融资再担保体系外风险的扰动因素作为随机变量进行建模，引入计算实验，是对现有研究方法的拓展和深化。

四、研究成果不足之处

一是围绕课题研究，调研数据于2018年调研完成，2020年由于疫情的影响，最新的数据收集、补充不够，对研究造成一定影响。例如融资再担保体系运行效率的DEA测度、协同度评价以及风险现状分析部分使用的数据均截止到2018年末，数据的时效性略显不足。

二是受制于数据量和模型的局限性，融资再担保体系风险的深度量化工作略显不足。例如演化博弈与计算实验仿真研究得到多主体均衡策略与关键参数后，尚未对每一种策略集合或随机参数组合下产生的风险总量进行量化分析；拟采用的因子分析、聚类分析法等风险计量方法深化研究。

三是疫情对融资再担保体系风险等产生新的影响，是未来的研究重点。后疫情时代下，融资再担保体系作为扶持小微企业发展的成熟载体，是政府发挥“有形之手”调节功能的重要手段。与此同时，后疫情阶段融资再担保体系风险的形成、传导、演化与防范也将呈现新的特征与演变规律，这既是行业面临的难题，更是未来研究的重点，本研究在此方面涉及较少。

目录

第一篇　小微企业融资再担保研究

第二章

第三章

第三篇 小微企业融资再担保体系风险演化研究

第六章

第四篇 小微企业融资再担保体系风险治理研究

第七章

第一篇

小微企业融资再担保研究

第一章　绪论

1.1　研究背景

根据国务院2017年发布的《融资担保公司监督管理条例》，融资担保，是指担保人为被担保人借款、发行债券等债务融资提供担保的行为。再担保是对担保的担保，在债务已设立担保的基础上，对该担保再设定担保，当前一担保人不能清偿债务时，由后一担保人在前一担保人不能清偿的范围内对债务清偿。探索建立融资担保行业，对提高金融政策的普惠性、发挥资金对中小企业发展的支撑作用，尤其是在支“小”支“微”方面发挥着重大作用[1]。

1.1.1　设计担保机制缓解小微企业融资难题

小微企业是我国数量最大、最具活力的企业群体，在国民经济中的地位与作用可以用“五六七八九”来概括：在税收中贡献了50%以上的占比，GDP中贡献60%以上，技术创新中贡献70%以上，提供城镇劳动就业岗位数量占比80%以上,企业总数量中占比超过90%。小微企业作为我国市场经济的重要主体,在国民经济与社会发展中起着不可或缺的重要作用。

然而我国小微企业长期存在的贷款难、筹资贵、经营发展困难等难题一直困扰其发展,成为制约小微企业良性发展的一大痼疾。2018年由世界银行及中小企业金融论坛以及中国国际金融公司联合发布评估报告显示,中小微企业融资缺口:对新兴市场微型、小型和中型企业融资不足与机遇的评估报告能看出,我国的中小微企业数量总计接近6 000万,所对应的融资需求极其庞大,总金额估计达4.5万亿美元左右。但中小微企业融资需求仅满足约2.5万亿美元,可估算出中小微企业融资缺口约1.9万亿美元。中小微企业群体中约41%存在信贷困难,超过2 300万中小微企业,其金融需求无法从正规金融体系获得[2]。

小微企业融资难,究其原因在于小微企业一般缺少融资质押品,且企业经营风险高,更容易发生信用违约。从历史数据来看,与大中型企业相比,小微企业信贷风险偏高。2019年6月,人民银行、银保监会"小微企业金融服务有关情况"新闻发布会上通报,截止到2019年5月末数据显示,全国金融机构单位授信1 000万元以下的小微企业贷款不良率达到了5.9%,相比大型企业高出了4.4个百分点,相比中型企业高出了3.3个百分点。我国小微企业平均寿命在3年左右,远远低于美国的8年和日本的12年。金融机构为小微企业提供服务的风险成本较高,可持续性难以保证。从小微企业自身角度来看,相比较于大中型企业,小微企业在获取金融服务时存在的劣势在于:一是企业经营风险较大,抗冲击、抗风险的能力较弱,生存周期较短;二是缺少金融机构认可的抵押物或担保物;三是企业制度和相关数据不完善,尤其是财务制度与财务数据的不完备,导致企业难以获得增信,在融资信用评估中获得的评级较低。从金融体系结构和金融机构业务操作角度来看,在面向小微企业提供金融服务的过程中也存在不足:为了规避风险,以大银行为主导的传统金融体系仍偏向与效益更强、信用度更高的大规模企业合作,小微企业缺少优势;而在业务操作层面上看,由于金融机构在开展融资业务时,需要依据机构的操作规范,对融资方的经营状况、质押物等信息进行审批,以确保贷款的安全性,进而控制融资风险,在为小微企业提供小额信贷服务时,审批过程需要消耗与大额贷款几乎一致的人力与时间成本。在这样的原因和背景下，金融机构不愿意耗费资源向融资“期限短、频率高、需求急、金额小”的小微企业提供“零售”贷款。

为了解决这一长期限制小微企业发展问题，在政府的引导和扶持下，担保行业应运而生。作为小微企业信用增进的有效途径，担保机构仅收取费率极低的一笔担保费用，利用自身信誉，为小微企业提供额度授信担保，提高小微企业信用等级，最终促进信贷资金流向小微企业，满足其发展需求。此外，由于担保资金具有的金融杠杆效用，放大效应越大，担保机构为小微企业提供的担保额度越高，因而小微企业能够获得持久稳定的资金支持。通过增信分险，担保机构在银行和小微企业间搭建了一座桥梁，为缓解小微企业融资难题提供了路径。

1.1.2 融资担保机构自身不保的问题

20 世纪 90 年代，伴随国内市场化经济体制改革的推进，社会信用制度建设加快，1993 年，中国经济技术投资担保公司（现为“中国投融资担保股份有限公司”）注册成立，标志着国内融资担保机构探索建立。在此后的二十余年中，融资担保行业成为支撑信用不足的中小企业获取融资的重要力量。中国银监会于 2015 年印发的《关于 2015 年小微企业金融服务工作的指导意见》中，明确融资担保体系要发挥对小微企业融资的支持作用。

对于金融机构，探索建立融资担保体系，为中小企业融资增信分险，对扩大金融业务、完善金融市场发展，大有裨益。随着小微企业群体规模的扩大及融资需求的增加，它们成为金融机构开展业务的重要领域与业务对象。尽管如此，出于对小微企业信贷高风险性的厌恶，小微企业的信贷支持业务开展并不理想，而担保作为分散信贷风险的有效工具，融资担保体系的建立，为小微企业提升了信用度，其兜底代偿的承诺在一定程度上分担了金融机构的坏账风险；同时担保机构的存在有助于缓解金融机构与小微企业之间的信息不对称，从而减轻小微企业的道德风险和金融机构的逆向选择。不仅使被金融机构拒之门外的小微企业得到了融资，也为金融机构拓展了巨大的、新的业务市场，以融资担保在保余额较高的 2011 年为例，在保余额总计 19120 亿元，占中小微企业银行融资的 1/10 左右。对政府而言，发展融资担保机构，有助于扶持小微企业发展，构建更加普惠的金融服务体系，有效解决满足小微企业融资需求的迫切问题，助力小微企业发展；同时，通过激发小微企业的发展动力，进而达到吸纳就业，创造社会财富并增加财政税收，促进社会稳定。

然而，担保行业在高速发展之下，风控不严，资本实力弱，加之政策设计中的思路变化，违法违规经营等行业问题日渐暴露，风险频现，尤其是2008年的全球经济危机，导致经济下行，国内经济发展经政府救市，延缓了风险的显现，但随着经济持续下行，融资担保行业的代偿风险日益凸显。首先，从制度设计角度来看，政策性融资担保机构出于“准公共品”的定位和政府的普惠性要求，收取的担保费率偏低，以降低小微企业的融资成本，其政策性远大于盈利性，资本不足、盈利能力弱、补偿不及时等问题一直制约着自身发展。其次，多头监管格局下，地方金融监管职能分散在不同的部门，尚未形成监管合力，加上目前的监管机制和担保行业发展水平之间的匹配性低，无论是监管强度还是监管手段都亟待改善，加之政策设计上思路的转变，初期以政府主导为主，转到鼓励民营担保机构发展，再到以政策性担保机构为主，在如此环境下，一些担保机构特别是民营性担保机构存在非法吸存、非法放贷、过度投资等违规经营现象，代偿违约事件也逐步暴露，担保机构代偿压力激增。自2009年起，担保行业爆出一系列信用风险事件，如中国民营担保第一品牌中科智担保集团亏损12亿，并被爆出财务造假、虚假出资的丑闻，由此引发了担保行业的信用危机，担保业务发展放缓；随后郑州诚泰事件、华鼎担保骗贷事件、金邦事件、汇通融资担保违约事件等持续爆出，2014年，河北融投担保案发生，国有的河北融投担保集团公司担保项目大量违约，公司未能代偿致使500亿左右的担保再担保债权悬空。一系列担保行业风险事件出现及代偿的增加，严重影响了担保行业的发展，出现“担保不保”的现象，既扰乱了正常的金融市场秩序，也致使银担合作受到重大冲击，对担保机构的信任下降，银行甚至终止与担保机构的合作。

近年来不良贷款率居高不下，违约风险频频爆发，且银担合作中担保处于弱势地位，导致其被迫承担高额代偿，严重危害了担保机构本身的健康发展。由此，中央政府推动建立融资再担保制度的步伐明显加快，明确提出加快构建我国国家担保基金、省级融资再担保机构、辖内担保机构的三层组织体系，为担保行业的发展起到“规范、引领、分险、增信”的作用，确实完善融资担保行业，发挥资金杠杆作用，为受保企业增信，为小微企业融资提供一条可行途径。

1.1.3 小微企业融资再担保体系风险初现

2008 年 2 月 25 日，全国首家政策性区域再担保试点机构——东北中小企业信用再担保股份有限公司成立，按照“政策性导向、市场化运营、公司化管理”的方式，发挥政府资本衍生的信用对金融市场资源的引导作用，整合与规范辖内政策性担保机构，积极探索政府、银行、担保机构、再担保机构等信贷市场主体间的合作模式，逐步构建与完善东北区域中小企业信用再担保体系，并从再担保链整体出发，提升东北区域信贷市场信用水平和融资担保能力，有效缓解中小企业融资难问题，加快东北区域经济发展。随后，各省陆续成立再担保机构或安排省级担保机构承担再担保功能，截至 2017 年底，全国共有 28 个省（自治区、直辖市）建立了再担保机构或明确了承担再担保职能的融资担保机构。2018 年 7 月，国家融资担保基金正式设立，我国初步形成了国家、省、市三级再担保体系，再担保行业呈现“一体两翼三层”的架构。

为促进融资再担保行业快速发展，相关管理制度也加速出台。2015 年，国务院公开发布《关于促进融资担保行业加快发展的意见》，明确要求以政府为主导的省级再担保机构实现全覆盖，充分发挥再担保分险增信功能，同年银监会颁布《银行业金融机构与融资性担保机构业务合作指引》。2016 年 1 月证监会颁布《融资担保公司证券市场担保业务规范》，引导证券市场相关业务的开展。随后银保监会颁布《融资担保公司监督管理条例》，并于 2018 年 4 月会同发展改革委、工业和信息化部等联合发布了《关于印发〈融资担保公司监督管理条例〉四项配套制度的通知》，针对融资担保风险计量和资产管理做出相关规定。同时，试图通过国家融资担保基金完善再担保顶层设计，引导该行业稳固发展，在融资再担保行业监管、行业自律、创新风险分担模式、制定风险补偿措施、出台地方法律法规等方面不断推陈出新。

然而现阶段我国再担保体系建设仍不成熟，暴露出诸多问题。一方面，由于国家融资担保基金处于试运营时期，加之部分省级再担保机构的再担保业务开展渠道还不够通畅，推进再担保制度建设时与地方担保机构难以进行实质性协作；再担保机构在提高体系内的担保机构的放大倍数，充分发挥杠杆效应，有效缓解小微企业融资难、充分利用担保资源等方面发挥的作用仍不足；担保与再担保机构之间业务合作、分散风险的机制不全，再担保行业的组织化程度还偏低。另一方面由于担保行业方面，融资担保代偿率居高不下，放大倍数受到制约，行业运营风险持续增加，银行认可度低；地方担保机构业务操作不规范、内部风险监管机制缺乏，历史问题多，极易爆发风险，达不到再担保的认可条件。类似的问题导致担保机构风险极易传染给银行、再担保机构等主体，而国家融资担保基金的风险代偿政策具有封顶特点，省级再担保机构也缺乏必要的风险分散渠道，系统风险已出现，如河北融投再担保集团公司因无力代偿导致500亿元担保、再担保贷款失效，产生广泛的负面影响。

国家将融资担保体系的建立与完善视作解决小微企业融资难问题的有效手段之一，通过融资再担保环节增加其信用度，引领整个担保体系的发展，加大扶持小微企业力度。在此背景下，结合我国再担保运营实践，优化由各级地方政府、担保及再担保机构及银行等多主体形成的风险分担机制，预防再担保体系风险并发挥再担保功能，归纳融资再担保行业发展中的中国经验等理论成果，演绎国内外理论研究成果对我国再担保实践的指导，也成为值得研究的重要课题。

1.2 国内外相关研究的学术史梳理及研究动态

融资再担保作为小微企业融资信用担保制度的延伸，虽然早就被运用于实际的经济活动中，但起初在国内外学术界并没有获得很多关注，仅有少数学者从银行信贷配给角度对其进行了一些研究。直到20世纪70年代，随着二战后市场经济的日益繁荣，信息经济学的有关研究兴盛了起来，加上各国融资再担保实践渐渐成熟，融资再担保领域的研究开始受到瞩目，并涌现出许多高影响力的研究成果和经典理论，为融资再担保领域后续的研究夯实了理论基础。纵观学术界对融资再担保体系风险的有关研究，从融资再担保体系建设、融资再担保风险形成、融资再担保风险度量、融资再担保风险传染、融资再担保风险治理五个方面对相关研究成果进行梳理总结。

1.2.1 境外相关研究的学术史梳理及研究动态

(1) 融资再担保体系建设研究

第二次世界大战以后,发达资本主义国家为扶持小微企业融资,开始重视担保体系建设。美国经济学家 Barro(1976)[3]较早将担保和再担保问题纳入了经济学研究中,在已有的大量信贷配给相关文献基础上,提出了融资担保交易成本理论,用以解释担保在银行贷款利率调节过程中起到的作用。Chan 等(1985)认为由于存在融资担保成本,借款人必须传达自己的真实信息,而持有高质量项目的借款人往往会提供更多的担保以降低融资成本[4]。提出信号传递理论的学者认为,借款人选择的抵押品始终包含有关借款人的相关信息,并通过抵押品传递给贷方,担保交易的成本将迫使借款人披露其真实信息。如果银行同时使用利率指标和担保指标来检查借款人的潜在风险,竞争将使用自我选择机制来使信贷市场达到一个分离均衡的状态,而担保在这过程中起到了重要的信号作用(Bester, 1985; Mendoza, 2010)[5][6]。学者将再担保包含在担保研究中,先后形成了交易成本理论、信号传递理论、逆向选择与道德风险理论、关系贷款担保理论等经典担保及再担保指导理论。

20 世纪 80 年代以后,随着全球一体化加快,在较成熟的担保制度基础上,学者们利用实证研究等方法对再担保体系建设进行了完善研究。如对不同国家的担保制度进行比较研究:对德国、意大利和英国等担保模式比较研究(Bannock, 1985; Melisso, 2014)[7][8];对日本、韩国、中国台湾再担保体制进行对比研究(Wang Lizhu, 2009)[9];对再担保机构在解决不同国家小微企业融资困难中的作用机理(Mendizabal 等,2014; Farinha 等,2014)[10][11]、再担保模式选择(Thorsten 等,2008)[12]、再担保政策效果评估(Grahame, 1996; Marc, 2009; Oh 等,2009;Kevin 等,2015)[13][14][15][16]等方面进行了研究。

(2) 融资再担保风险形成研究

在非对称信息市场下的小微企业融资过程中,银行"惜贷"、"慎贷"或采用信贷配给制，要求借款人提供高额担保或接受高额利息，逆向选择和道德风险的存在使担保的积极作用被负面效应所取代，风险显著增加。因此，逆向选择和道德风险将导致信贷配给中的违约风险（Stiglitz 等，1981）[17]，而且当借款人是风险中性者时，同样也会发生逆向选择效应，并增加担保和再担保风险（Wette，1983）[18]。此后，通过对中小企业融资难的实证研究，学者们进一步检验了信贷配给理论对担保和担保风险形成的影响（Stiglitz 等，1992）[19]。

进入二十一世纪后，为提高担保效率并防范风险，学者们利用实证或者数学模型的方法探究了不同国家或区域内担保和再担保风险的成因（Gendron 等，2006）[20]，如交易关联性、信息传播（Bidisha 等，2012）[21]、宏观经济状况（Abhiman 等，2007）[22]、市场利率变化（Driessen 等，2005）[23]等。其中，代偿损失是影响再担保机构风险产生的关键因素（Sohn 等，2005）[24]。此外，学者们参照金融机构风险研究，从不同的研究角度，将担保与再担保风险进一步细分为业务风险、操作风险、市场风险、体系风险、综合风险等几个方面（Jeon 等，2008；Kuo 等，2011；安东尼·桑德斯等，2009；约翰·赫尔，2013）[25][26][27][28]。

（3）融资再担保风险度量研究

再担保体系中的风险量化研究大多是借鉴商业银行风险量化的方法。其中传统度量方法多偏向于定性分析，Anthony 等（2009）[29]把传统的信用风险度量方法分为三种：以 5C 评估法为代表的信用风险专家度量方法；根据债务人的情况评定其信用级别的信用风险评级度量方法；将影响违约概率的关键因素加权算出一个量化数值的信用风险评分度量方法。与传统度量方法不同的是，现代度量方法更侧重于定量分析，Markowitz（1952）探索性地将统计学分析方法应用到风险计量领域，使风险研究方法从定性层面拓展到定量层面[30]。目前，主流的风险定量度量方法主要有三类。第一类是财务风险度量，有学者比较期权交易和再担保业务的流程，在一系列的假设条件下得出担保其实是担保方的看跌期权（Black 等，1973；Nawdha，2019）[31][32]。在此研究的基础上，Justin（2020）以债务是有限的和可能面临破产情形下进行为前提，得出担保费率与风险强度成正比[33]。第二类是基于信用评级的主体运营风险量化，如 Altman（1968）基于财务比率和破产之间的关系提出了 Zeta 评分模型，该模型适用于分析企业财务和经营状况，进而量化运营风险[34]；Mounir（2020）进一步将 Zeta 评分模型应用到商业银行领域[35]。第三类是信用风险度量，通过对影响企业违约因素的权重加权平均来衡量风险的大小，如 KMV 公司提出的期望违约率模型、摩根财团提出的 Credit Metrics 方法以及瑞士信贷银行提出的 Credit Risk＋方法等。

（4）融资再担保风险传染研究

国外学者通过探究再担保风险传染原因寻找分析风险传染过程中涉及的主体和因素。学者们普遍认为违约相关是信用风险传染的重要原因，这种违约相关可以概括为企业群体外部和群体内部两个方面：外部原因主要包括宏观经济、市场利率变化、市场的不完全信息（Xin Sui 等，2020）[36]、商品价格（Lei Wang 等，2019）[37]、交易对手行为（Chakrabarty 等，2012）[38]；内部原因为企业间关联关系以及信息传递（Xiaofeng Xie 等，2019），即债务人之间业务与法律关系等因素的依存性导致金融机构关注的贷款损失尾部分布[39]。围绕风险传染诸多原因，学者们建立数学模型分析其相关因素。通过建立信用风险传染模型，得出债务人违约可能性大小除了受到债权人自身因素影响以外，还受到宏观经济影响及其他债券违约传染带来的影响（Merton 等，1974；Davis 等，1999；Dewi 等，2018）[40][41][42]。此外，Xu Song 等（2019）借鉴计量经济学的思想分析交易对手行为，得出风险传染与行业不良贷款回收率呈负相关，与风险暴露比例、被传染企业的杠杆率呈正相关关系[43]。Philip 等（2003）则通过建立基于信息渠道传染的虚弱指数模型，发现债务人之间的违约传染与市场中的不完全信息相关[44]。

（5）融资再担保风险治理

探讨再担保风险的影响因素以及控制机制是融资再担保业务风险治理研究的主要方向。由于难以对再担保风险的演变进行详细量化，学者认为，通过把握关键要素可以实现对再担保风险的有效治理。部分学者提出了担保放大倍数理论，认为放大倍数能够对资产价格产生杠杆效应，进而引起各国金融危机爆发（Moore 等，1997；William 等，2017）[45][46]，学者们还从不同的视角下探索研究了代偿损失（Moon 等，2011）[47]、市场利率与商品价格的变化调整（Driessen 等，2005）以及宏观经济情况（Arito 等，2013）[48]、信息传播渠道(Bidisha 等,2012)等其他因素对再担保风险治理路径的影响。除了对关键影响因素采取治理措施以实现风险控制之外,对再担保等第三方融资机构来说,与借款人保持良好关系也可以有效地缓解信息不对称问题。因此,建议再担保机构与贷款企业尽量保持长期合作关系,以减少风险造成的损失,降低企业的融资成本(Hester, 1979)[49]。此外,再担保机构还可以通过使用违约率模型估计预期损失(Melisso 等,2014)、利用信用违约互换(Jiaming Li 等,2017)等方法实现对风险的治理[50]。

针对再担保风险控制的研究,学者们对借贷双方交往行为(Robert 等,1994)[51]和主体内部资本与人力资源和信贷行为之间的关系(Mark, 1993; Moore 等,1997)[52]展开研究,指出信贷中逆向选择的影响将在一定时期内超过正向的激励效应,贷款者可以通过调整担保的要求和用不同的贷款利率去影响担保的贷款和不同风险的项目组合;由此得出风险控制相关的宏观因素包括经济的波动(Song Xu 等,2020)、市场利率变化(Jing Huang 等,2019)[53]、信息传播(Stefano 等,2019)[54],微观因素包括放大倍数、代偿损失(Farhad 等,2020)[55]等。针对主要影响因素,Jeon 等(2008)使用违约率模型估计期望损失,Hull 等(2011)[56]进行衍生品信用违约互换研究,Dai 等(2012)[57]对银企合作进行实证研究,指出对于再担保等融资中介机构来说,可通过加强融资担保机构与受保企业的沟通、改变担保业务的评估方法等实现信息交流,所以再担保体系内部以及金融机构应进行深入交流(Mei-Ling Tang 等,2018; Joseph 等,2019)[58][59]。同时,大力发展互助担保协会,有效弥补担保量小的缺陷(Cowling 等,2018)[60]。

1.2.2 国内相关研究的学术史梳理及研究动态

(1) 融资再担保体系建设

随着 20 世纪 90 年代我国探索建立担保机构,有学者对中国的信用担保模式进行探讨,分析比较了几种小微企业信用担保模式,总结出了几种主流模式,并提出在合适时机,建设小微企业信用再担保机制(吕薇,2002)[61]。国内学者梁鸿飞(2003)[62]认为西方信贷融资担保理论适用于竞争性金融市场下银行与企业信贷融资关系。学者通过总结西方发达国家建立信用担保体系建设的经验,并对我国担保机构运营进行实证研究,认为我国信用担保机构面临的主要问题是辅助融资功能和社会职能定位之间不协调(黄磊等,2005)[63],可从机构组织、资本筹集和管理等方面改进,建立符合我国国情的中小企业信用担保体系(张翔,2011)[64]。此外,由于我国担保机构经营的政策性特征,担保业资本收益率甚至低于银行存款利率,仅从事担保业务的担保机构缺乏生存能力(董裕平,2009)[65],从风险补偿视角出发,构建银担协作型信贷模式,有利于担保行业的良性发展(顾海峰,2014)[66]。

2008年至2011年,我国担保机构数量经历了从爆发式增长到急剧萎缩的过程。学者们开始对信用再担保机制进行研究,强调要将再担保机构纳入担保体系建设中来,并提出构建以再担保为核心的担保监管体系,利用再担保机构资产和信用优势来分散担保机构面临的风险,在提升融资担保服务水平的同时,大大降低监管成本(陈晓红等,2005;陈革章等,2006)[67][68]。杨胜刚等(2006)[69]通过建立数理模型,探讨反担保物、担保比例与逆向选择和道德风险之间的影响关系,学者们多认为建立再担保风险分担机制是解决担保风险的措施之一(杨军红等,2011;杜朝运等,2013)[70][71],并借鉴了美国、日本、德国等国家再担保建设经验,探索我国再担保模式的选择与体系的构建(王燕霞,2007;梅强等,2008;何婷婷,2014;张坤,2016)[72][73][74][75]。随着再担保模式的建设逐步完善,国内一些省份开展再担保业务的先进经验也备受瞩目,诸如深圳模式(李春燕,2016)[76]、四川模式(李江源等,2017)[77]、山东模式(赵成凤等,2017)[78]、安徽模式(祝亚辉,2017)[79]等,给我国的再担保体系建设和运营提供了丰富的可推行的实践经验。2018年,国家融资担保基金正式成立,完成了国家融资担保体系最后一步架构搭建工作,但在国家融资担保体系运营初期,以省级再担保机构为核心的业务开展过程还存在着一系列困境亟待研究解决(魏少贤,2019;吴晓冀,2020)[80][81]。

(2) 融资再担保风险形成

融资再担保体系中产生的各类风险因素是融资再担保体系风险形成的重要来源,因此,国内学者多从风险因素角度研究再担保风险的形成问题。学者们从博弈论的角度对再担保风险进行研究,得出在不完全信息条件下,再担保体系的风险包括外生风险和体系内部风险两方面,其中外生风险主要来自于受保企业的逆向选择及道德风险问题(常磊,2019;那颂,

2017)[82][83]、法律风险和经济下行带来的市场操作风险(李苍舒等,2018)[84]。学者们结合贝叶斯平均生存模型、模糊综合评价模型(高彦斌,2015)[85]、遗传算法(王丽萍等,2018)[86]、BP神经网络(张发明等,2019)[87]和AHP层次分析法(周茜等,2019)[88],总结出宏观经济变化、行业状况、上下游企业经营状况等客观因素对融资信用违约有显著影响。而体系内部风险主要来自再担保机构的内部风险,包括业务风险(杨松等,2018)[89]、操作风险(马维晓,2016)[90]等。研究表明,企业盈利能力与总资产比率、产权比率、负债率指标以及产品状况、管理水平、财务状况和资信状况等企业内部因素是影响再担保风险的关键因素(刘志雄,2019;童毛弟等,2019;崔华泰,2019)[91][92][93]。总的来说,再担保体系中存在的三个主体——担保机构、银行、政府部门都会产生风险,这些风险将沿着再担保业务链条传导给再担保机构,同时,再担保机构还面临着来自自身运营的风险(马国建等,2012;谢加志,2018)[94][95]。再担保业务中的逆向选择问题、再担保业务的单一化、担保业法律建设滞后、反担保变现困难以及风险分担不合理是再担保业务风险产生的主要原因(项立岭,2017)[96]。诸多风险致使再担保机构在体系内承担的代偿风险大于其利润,虽然短期内通过调节相关主体间的风险分担比例能够缓解再担保机构在收入上的困难,但是长远来看,这种收支不平衡的情况会长期存在(张俊民等,2018)[97]。

针对上述诸类影响因素,我国学者对探索融资担保体系的建立和业务过程完善进行探索。薛菁等(2012)[98]认为担保体系中多方参与主体作为有机整体,将再担保机构和担保机构的风险通过业务运营联系起来,各主体之间的利益是相辅相成、互相制约的,并提出风险分担比例、代偿率等指标是平衡各方收益与成本的关键因素。具体而言,银行在利率优惠政策、担保放大倍数、授信额度等合作条件上支持力度不够将导致风险转移给担保机构和再担保公司,而担保公司提交项目质量差、自有资金投资失误将造成资金损失从而影响代偿能力。同时,再担保公司在风控制度、尽职调查等风险管理方面的疏忽也会加大再担保业务风险的治理难度(谢加志,2018)。因此在担保经营这一分支上,国内学者也进行了一系列研究。运用数理分析、博弈分析、线性回归分析以及Logistic模型、AHP、DEA等多种方法,从不同角度对担保风险的形成根源及危害等进行了研究(龚瑾瑜等,2006;钟田丽等,2008;

万良勇等,2009;崔晓玲等,2010;刘海明,2016)[99][100][101][102][103]。

(3) 融资再担保风险评价

再担保风险评价的对象一般是指再担保项目或担保机构,如敖慧(2007)[104]针对评估担保项目的风险时,构建了针对信用担保项目的风险评价指标体系,并刻画了担保风险在信息不对称情况下,项目实施主体的博弈使得担保风险按照某一路径传导的过程。此后,灰色预测法(金鑫,2008)[105]、Logistic 模型(周宇等,2008)[106]、信号灯模型(尹靖华等,2010)[107]、灰色模糊评价法(马国建等,2013)[108]等模型方法被广泛应用于融资再担保体系风险评价的有关研究中。

有学者从宏观风险指标和微观风险指标两大方面着手建立再担保风险评价指标体系,其中宏观指标包括经济发展状况、政策支持状况、制度完备状况,微观指标则主要面向担保机构、受保企业及合作银行(何祖玉等,2003;徐临等,2017)[109][110]。在面向业务主体的风险评价中,业务主体的资产状况、财务状况及运营状况的相关指标是评价关注的重点(朱明等,2010)[111],学者据此进行了大量的理论和实证研究(李志荣,2012;何涌等,2013;屈宝林等,2015;叶怡汝,2019)[112][113][114][115]。但由于小微企业往往存在管理制度不够标准、信息披露不够完全的问题,给担保风险评价操作带来了一定阻碍。因此针对小微企业的风险评价实证研究成果还相对匮乏。

(4) 融资再担保风险传染

对担保链风险传染的研究,国内学者大多从股权关系、担保关系、交易对手风险等方面着手研究,通过信用风险随机动态传染模型(李丽等,2015)[116]、Copula 违约模型(何华等,2020)[117]、滤子理论模型(徐临等,2017)、风险传染过程(孙国民,2019)[118]和传染路径(邵慰等,2019)[119]研究,认为企业间联保贷款使得风险具有传染性(徐攀等,2018)[120],最终损失由金融机构承担,并从金融机构信贷决策视角分析群体性信用风险爆发机理(冯鸿凌,2018)[121]。此外,有学者对浙江小微企业担保链断裂引致金融风险的案例进行了分析,分别从担保链的复杂性和脆弱性两方面阐述了担保链的风险传染特征,研究指出以保证担保为基础的担保链的存在容易造成一家企业的银行债务风险通过投资传染渠道等形式传导至其他企业，形成多米诺骨牌现象（杜权等，2010；张乐才，2011；杨宏翔等，2013）[122][123][124]。少数学者认为一家公司的违约传染主要有两方面的信息影响，即时的和延迟的市场影响（陈艳声等，2018）[125]。

针对传染渠道，学者们对风险传染的内生因素和外在因素展开研究。有学者建立了担保链风险传染模型。担保机构确定合理的置信水平，可以保证担保机构在一定的风险概率下获得无风险收益（陈晓红等，2008）[126]，这对于不同风险情况下相应风险收入的定价提出了要求。实证发现，企业互保形式的担保链一旦发生违约，风险将沿着担保链传染路径迅速扩散，具有高传染性，因此，违约相关性是违约率研究中应该纳入考虑的重要因素（童中文等，2008）[127]。在担保风险于担保链上的传染过程中，系统中各主体群在社会环境中面临博弈和选择，由此形成的风险演化既存在逐步减弱的分散机制，也存在增强的反馈机制，其中担保企业的集中度和相似度对风险传染有正向的增强作用，此时控制合理的保证金率、提升担保公司之间的协作水平以及提高资产变现率有助于化解担保链风险（马国建等，2015；李梅等，2018）[128][129]；而在金融机构间的风险传染过程中，信用风险传染和公司条件生存概率受信用违约强度、信用违约的相关性及序列性的影响更明显（周利国等，2019）[130]。信用风险传染除了受上述客观不可抗风险因素影响，还受信用主体心理行为的影响，风险传染规模与个体之间关联度、风险态度和信用事件成正相关关系，与金融市场监管程度、个体抵御风险能力和社会网络异质性成负相关关系（陈庭强等，2020）[131]，信用风险传染系数和信用风险关联度的降低或提高能使单位时间内信用风险治理率得到有效抑制（钱茜等，2019）[132]。此外，有学者认为银行的收贷金额与企业应该准备的流动资产二者之间呈现出正相关的关系（吴宝等，2011；宋潞平等，2017）[133][134]，以及危机停止传染的条件与担保链中企业担保调整后的资产负债率和对外担保金额有关（张泽旭等，2012）[135]。

(5) 融资再担保风险治理

2011年以后，担保困境已经在较大范围内发生，国内学者们从多方面切入再担保控制与治理的研究。从风险预警角度出发，学者们对预警机制、预警指标、预警模型等做了大量研究。担保机构风险主要分为有形风险和无形风险两类（曹宏杰，2010）[136]，风险预警机制建立的过程就是风险评估的过程和风险识别理论的优化过程(孟疏影,2017)[137]。对于来自受保企业的风险,可通过监控受保企业的盈利能力变化、偿债能力变化、管理能力变化、拓展能力变化实现对风险的有效预防,基于信息甄别与信用增进双重视角,可防止因管理不规范、违规操作等引发的风险(顾海峰,2014、2018)[138][139],同时企业内部控制在风险预警的评估阶段发挥重大作用(袁洋等,2014)[140]。金融企业风险预警理论中的"信号灯模型"在再担保体系风险预警中得到广泛应用,通过预先确定企业违约的风险阈值,提出企业信用违约的预警值,实现风险预警的功能(李蔚等,2007;宋冬梅等,2010;尹靖华等,2010;赵爱玲等,2014;靳晨升等,2017)[141][142][143][144]。此外,模糊风险预警理论(任彦峰,2012)[145]、灰色系统理论(赵辉等,2017)[146]等也被运用于研究担保机构风险预警中。

从再担保风险分担机制角度看,科学的风险分配比例有利于提升再担保体系的整体风险治理水平,进而避免出现合作主体间利益获取和风险分担不对称的问题(王志强等,2012;薛钰显等,2013;于孝建等,2013)[147][148][149]。陈坚(2007)[150]从政府、银行、信用担保机构、企业四个主体的角度阐述了如何构建担保风险分担机制,提出政府应该在信用担保风险分担中发挥主要作用,通过静态博弈模型研究银行和信用担保机构的行为特征,利用完全信息和不完全信息条件下的讨价还价博弈模型研究银行和担保机构的风险分担。一些学者认为,由于与再担保业务风险联系最紧密的因素是合作方的经营状况,而再担保机构面对合作方的有意隐瞒时,很难找到有效途径进行确认,因此再担保机构只能采取被动的风险应对手段(陈晓芳等,2010)[151],无论是采取加强内部控制,还是努力提升风险预警能力(马国建等,2012)[152],其目标都是降低代偿率,只有这样才能实现减弱再担保机构风险的积累;此外,部分学者对再担保机构不得不承担担保链最终风险抱着另一种态度,认为再担保的成立就是做风险的兜底者,这是由再担保机构的政策性决定的,回避或试图将风险再次转嫁的行为是不可取的(赵爱玲等,2011)[153]。孙国民(2019)认为在宏观经济上行时担保链发挥风险消释作用,企业从中获益;经济下行时担保链发挥风险传染作用,易爆发道德风险。由此,从再担保体系外部角度,学者们提出关系型贷款、建立健全小微企业社会信用体系、集中化贷款等渠道缓解信息不对称,降低小微企业融资的信用风险（邓超等，2017；文学舟等，2019；周茜等，2018）[154][155]。此外，刘昱岐（2014）[156]建立信息透明度模型对集群内企业信用行为分析得出小微企业集群融资模式有助于降低信用风险的发生概率，但集群企业信用优势的发挥需要政府监督机关的介入（蒋晓薇，2019）[157]。从再担保体系内部角度，学者们认为体系内主体应从制定适宜的风险管控战略着手（郑文莉等，2019）[158]，完善机构内部风险管理体系、业务创新与组合、财务管理和同业合作（宋庆阁，2013）[159]，同时与银行建立合理的风险分担机制（刘兰，2019）[160]。此外，从再担保机构经营风险的角度看，再担保机构和担保机构的混业经营会导致风险代偿加剧（全国省级融资再担保机构发展报告，2018）[161]，不过也有学者认为再担保业务的利润远低于行业代偿额，同时单一化业务会导致风险过于集中，因此，鼓励再担保机构开展多元化经营来分散风险（张祖望，2018）[162]。

1.2.3　文献简要述评

从上述国内外的研究情况来看，国外对融资担保及再担保的相关研究起步较早，将再担保风险的研究纳入担保风险的研究范围，形成了一系列具有指导意义的担保理论，对融资再担保风险演化的研究也经历了由理论到实践的过程，产生了丰富的研究成果。国外成熟的研究成果对我国担保行业的发展起到了重要的指导作用，但由于国情存在差异，国外的实践成果不能完全适用于我国现阶段的国情。因此，我国融资再担保风险演化研究需要在借鉴国外实践经验的基础上，根据我国的现实情况研究有中国特色的融资再担保业务风险规制路径。

我国再担保行业起步较晚，国内学者聚焦融资再担保业务运作模式、再担保业务风险形成与识别、再担保业务风险管理研究，在再担保风险传染机制、风险分担机制和风险度量等方面取得重要进展，部分研究成果已应用于再担保体系的制度建设和全面风险控制。然而，现有研究依然在以下方面存在不足：一是我国再担保机构成立不久，但再担保系统风险已经出现，急需实证分析局部再担保体系风险形成的原因、过程等；二是各级政府以新设、参股等方式建立再担保机构，在国有资本保值、民营资本盈利的现实要求下，多主体动因及形成再担保风险的机理，需要深入分析；三是国外以竞争性金融市场为前提，规则边界清晰，然而我国融资再担保风险分担涉及财政转移支付、国有及民营复杂多样的经济关系，现有的融资再担保业务风险演化相关研究主要通过演化博弈模型、系统动力学模型等仿真模型刻画再担保业务风险与收益的演化情况，然而上述模型均属于确定性模型，未充分考虑风险因素随机变动对演化过程的影响，需要构建随机模型对风险演化机理，进一步深入探讨其风险的定量研究；四是随着新冠肺炎疫情的全球传染，类似的重大事件对中小企业的影响之下，风险传染的新特点及相应的依赖融资担保体系对中小企业的救助等，也需要深入研究。

1.3　研究内容、思路及方法

1.3.1　研究对象

在国家再担保基金运营初始阶段且风险分担采用封顶制的前提下，主要围绕省级融资再担保体系，分析辖内担保机构风险状态、再担保体系风险形成机理及其演化规律，系统地探讨再担保体系风险防范策略。具体包括：在对再担保体系基本问题进行界定基础上，首先研究再担保业务涉及的地方政府、担保机构等多主体合作机制及形成风险的特征等；接着通过实证调查，分析再担保体系风险形成过程；然后进行拓展研究，尝试用计算实验等方法设计我国再担保体系风险演化系统，分析风险演化规律及风险防范政策的调节效果。

1.3.2　研究内容总体框架

在涉及货币又涉及信用的经济关系和交易行为的金融定义范围内，对现实问题进行观察，对融资再担保体系风险研究内容进行凝练，总体框架如图 1.1 所示。

(1) 再担保多主体合作机制及风险特征

本部分运用银保监会、工信部等数据，结合本课题实地调查，对相关理论进行文献回顾，科学界定研究内涵，研究再担保体系多主体合作机制及形成风险的特征。

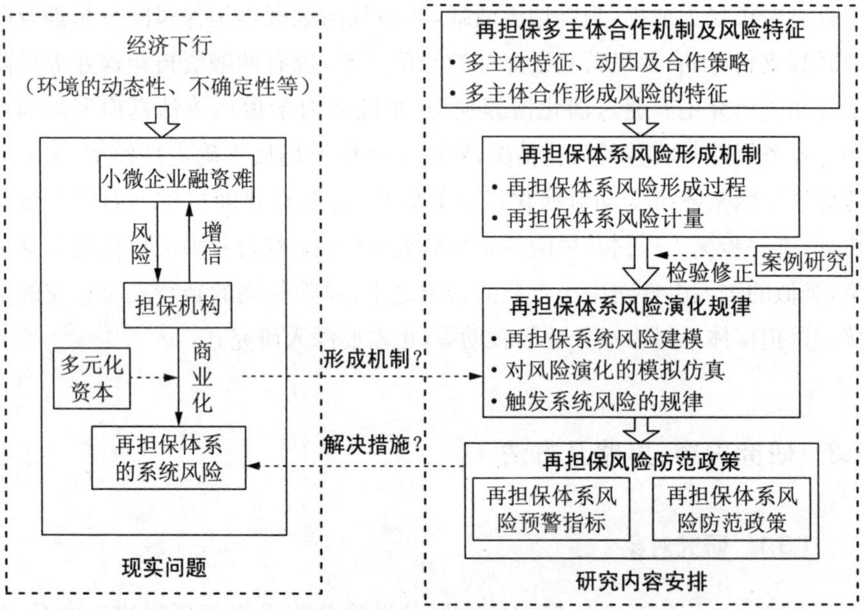

图 1.1　研究的逻辑框架

① 再担保多主体合作机制研究。首先，再担保体系多主体特征分析。全面了解当前再担保体系运行状况，厘清再担保涉及的担保机构、地方政府及银行等主体，对多主体本质特征进行分析，绘制出再担保体系组织结构图。其次，再担保体系运行效率测度。对再担保体系运行中的资本投入、人员投入、营业支出等投入指标，以及再担保政策性产出、经济性产出等产出指标进行分析，构建 DEA 模型对融资再担保体系运行效率进行评价。第三，再担保体系协同演化研究。考虑再担保机构盈利水平、再担保业务开展能力和风险控制水平三个指标对系统内多主体各自功能的实现与保障的影响，运用哈肯模型对融资再担保体系协同演进进行实证，分析再担保业务的开展能力及全国再担保业务协同度。

② 再担保多主体合作形成风险的特征分析。对图 1.2 多主体合作形成的风险进行梳理，对相互影响、互为因果的复杂关系及影响因素进行分类，对风险的原生性、非对称性、非理性、隐蔽性及动态性等特征进行分析，并对因子分析与聚类分析法、网络计量法等风险计量方法进行适用性研究。

③ 小微企业融资再担保体系多主体合作收益分析。从系统动力学角度

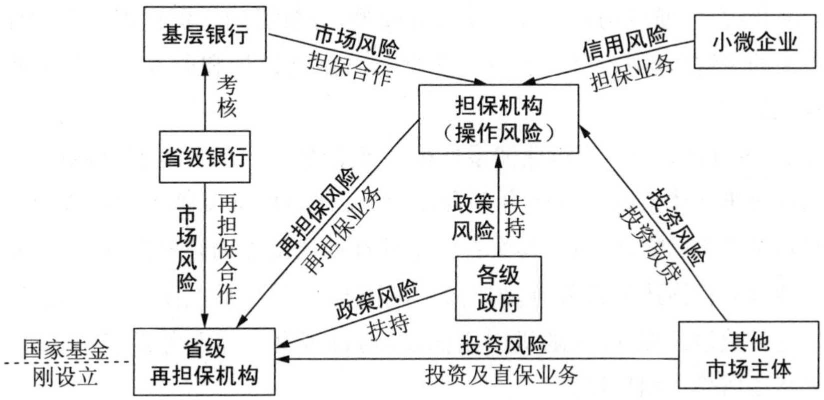

图 1.2　小微企业融资再担保体系风险示意图

着眼，研究多主体收益视角下的融资再担保体系建设机理，构建多主体收益的系统动力学模型并仿真，探究调节放大倍数、小微企业再担保业务比例、代偿率、担保（再担保）费率等指标对平衡多主体收益的影响。

(2) 小微企业融资再担保体系风险形成机制

① 小微企业融资再担保体系风险形成机理研究。首先，分析再担保体系的运营机理，筛选出再担保体系风险影响因素；其次，建立风险敞口模型，研究风险传导过程和主体收益情况，比较各方主体收益，研究外部环境因素对主体收益的影响。

② 小微企业融资再担保体系风险形成主要参数研究。通过计算实验，直观分析主要参数的变化对各主体风险与收益的动态变化趋势的影响，找到影响风险与收益的关键性变量，总结重要因素如何促成再担保体系风险的发生。

(3) 小微企业融资再担保体系风险演化规律

考虑到事后调查可能存在信息缺失以及普适性问题，需要在内容(2)实证研究的基础上深化理论研究。

① 小微企业融资再担保体系内部风险演化博弈分析。首先，建立再担保机构与担保机构的双方演化博弈模型，分析再担保机构风险分担中的控制措施，分析风险演化的作用规律和影响因素；进而构建再担保机构、担保机构、协作银行三方主体演化博弈模型，分析围绕再担保业务，三方合作中

风险演化过程，通过构建三方演化博弈模型，分析影响融资再担保多主体决策行为的关键要素及其作用，为再担保运营制度设计和业务开展研究提供机理性研究。

② 小微企业融资再担保体系外扰动风险研究。借助生物学种群竞争思想构建再担保体系内部主体竞争合作模型，刻画再担保体系内部担保机构和再担保机构的交往现状；其次将体系外扰动风险作为随机因素引入，构建随机微分方程描述体系外扰动风险影响下再担保体系主体业务变化状况；最后进行数值模拟，改变随机因素强度，通过观察主体业务量变化，总结体系外扰动风险作用规律。

(4) 小微企业融资再担保体系风险治理研究

① 小微企业再担保体系风险治理实证研究。总结再担保体系下各主体主导的风险治理现状；以河北融投担保集团有限公司风险事件为实例，分析再担保体系中风险的产生、演化及治理措施。

② 小微企业再担保体系风险预警指标研究。对再担保体系中多主体间风险进行总结分析，总结当前影响再担保体系风险的关键指标，筛选并构建再担保体系风险预警指标体系并建立相应的再担保风险预警模型。

③ 小微企业再担保体系风险防范研究。一是从国家、省及地市三级政府层面，围绕监管信息系统、风险评估能力、风险处置预案、公众引导等方面，研究政府的风险防范制度；二是依据再担保体系风险形成规律，研究体系中关键担保机构界定、多部门联合监管制度、反担保物处置制度等，分析精确切断风险传播的相关政策。

1.3.3 研究的主要目标

(1) 对小微企业融资再担保体系风险状态进行评价，形成风险分析体系。基于再担保体系风险的调研，对风险进行系统分析与度量，形成再担保体系下的风险分析体系。

(2) 设计小微企业融资再担保体系风险演化模拟实验，进行制度设计与政策建议的制定。鉴于制度与政策等因素对再担保体系风险的影响，对于不同政策的影响过程进行情景仿真，寻求政策作用的最优路径和方式，为设计风险防范制度和引导政策体系的完善打下基础。

1.3.4 研究思路

(1) 研究的基本思路

首先,以调查分析与文献研究为基础,分析再担保体系的多主体合作机制及形成风险的机理;其次,采用实证调查和数理分析相结合的方法,研究再担保体系风险生成机制;然后,以计算实验方法再现社会经济系统现实情景,分析动态环境及多元主体参与下,融资再担保风险演化规律;最后,通过建立再担保风险预警指标体系、风险防范政策体系等措施实施对风险的有效预防。技术路线如图 1.3。

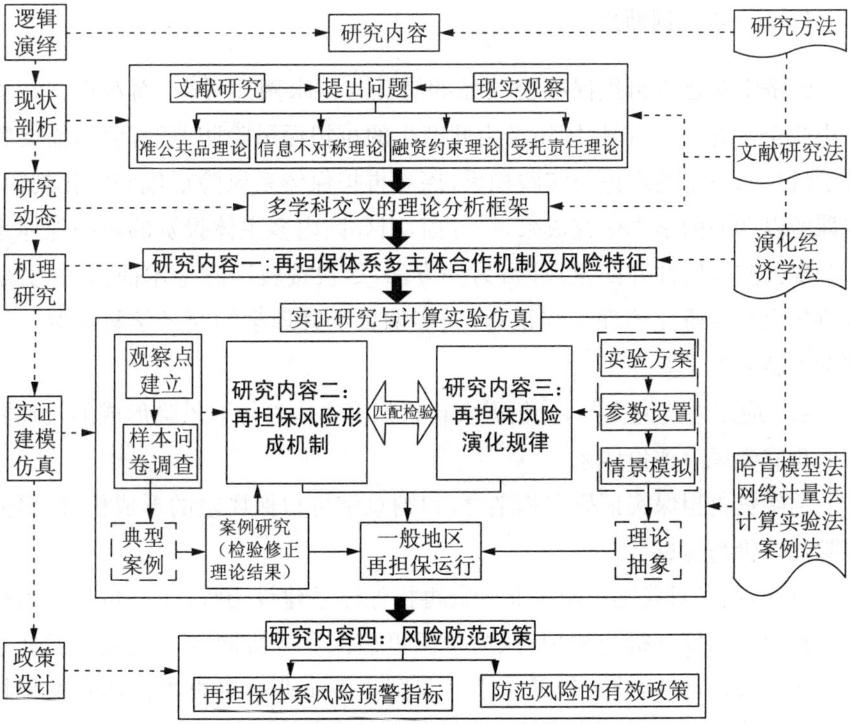

图 1.3 研究的技术路线图

(2) 具体研究方法

以准公共品理论、融资约束理论等理论为基础,跟踪了解掌握国内外最新前沿和动态情况,主要研究方法:(1)案例分析法,利用与中国融资担保协会的合作，选择国有股份的北京再担保公司、混合股份的江苏再担保公司以及出现风险的河北再担保公司，分析再担保体系风险生成情况；(2)演化经济学方法，构建再担保机构与多主体博弈的演化博弈模型，分析再担保机构行为策略的选择；(3)运用哈肯模型及协同理论，通过有序度和协调度分析，对区域内担保机构整体风险状态进行评估；(4)以网络计量方法的关系矩阵为工具计量再担保体系风险，揭示再担保体系风险的结构特点；(5)计算实验方法，以计算实验方法模拟现实再担保体系运行，展现因素调整对再担保风险的动态影响，由简单到复杂的风险演化过程，分析规律性，探讨风险应对防范政策等。

1.3.5 研究创新点

经济学对融资再担保准公共品的属性与供求阐述透彻，而对现实情境下小微企业的扶持、担保困境及由此产生的再担保风险防范等问题，需要管理学科提供一定的理论与实践积累，探寻再担保体系风险形成与演化规律。本课题以严谨的学术研究成果，一方面，引导国内多主体投资的再担保体系回归准公共品属性并防范风险；另一方面，尽快接轨国际学术前沿，拓宽融资再担保风险研究的理论与视角，充实偏重于管理学的交叉学科研究。课题的创新之处主要在于：

(1) 应用性研究方面，分析融资再担保多主体参与下风险形成的机理并进一步完善风险评价体系

与融资再担保实证研究相结合，归纳总结再担保风险的形成机理、研究风险的评价与计量。

首先，通过对我国小微企业融资再担保体系建设历程、主要再担保品种及再担保协同度分析与梳理，认为全国再担保业务协同度在地域间发展水平差异较大，且整体处于较低水平。我国小微企业融资再担保体系的架构“一体二翼三层”已基本成形，再担保“增信”形式主要以一般责任再担保、连带责任再担保等为主，而分险作用突出的比例再担保占比还不高，国家、省级融资再担保机构大多实行分险封顶制度以控制风险；再担保制度创新，是我国融资再担保体系建设的重要内容，各省再担保机构在发展中也形成自特色的再担保运营模式，比较典型的如安徽的政策支持为主的“4321”再担

保分险模式、江苏的民营资本参与的不出险返还模式、北京的财政支撑下的代偿模式以及广东的综合金融服务再担保模式等;从我国融资再担保机构业务开展情况梳理,部分省级再担保机构在业务开展中仍以直保业务(融资担保)为重点推动方向,再担保业务规模相对于直保业务规模仍然偏小,个别省级再担保机构甚至尚未开展再担保业务,再担保作用与功能有待进一步发挥;全国再担保业务协同度在地域间发展水平差异较大,且整体处于较低水平,极易引发再担保体系风险。

其次,通过实证方法,对我国小微企业融资再担保体系风险形成、现状及成因等传染进行系统分析,明晰我国再担保体系风险形成机理。①随着近年来外部经济下行,担保机构的内部控制措施不足及盲目扩张,加之相关监管不到位,担保行业出现大规模代偿,融资担保机构承担的风险代偿也显著增加,而代偿追回及风险拨备却在下降,融资担保机构存在混业经营、主业辅业倒置等问题。②再担保资本总额呈逐年上升的趋势,但是增长较为缓慢,不同的再担保公司注册资本差异较大,总体注册资本规模偏小,平均拨备覆盖率呈上升的趋势,但是增长较为缓慢,一方面全国再担保平均代偿余额在逐年上升,另一方面再担保准备金提取金额的增长速度较为缓慢。从收入的结构来看,虽然营业收入总额保持增长的趋势,但是再担保收入却呈逐年下滑的态势,而直保业务收入和投资等其他业务收入则平稳上升。再担保机构多数都维持在保本微利的状态,从全国平均放大倍数来看,总体偏低,有 1/4 的甚至不足 1 倍,代偿总体持续增加,其中直保业务是导致再担保机构代偿风险增加的一个重要因素。③再担保业务多主体合作,担保机构与再担保机构之间存在直保业务竞争与再担保业务合作下总体风险敞口增加、协作银行收缩合作或提升与担保机构之间协作的门槛、担保与再担保合作中普遍采用风险封顶的方式,多主体合作中风险不减。④从外部环境分析,融资市场的系统风险逐渐表现出集中爆发趋势,对融资担保业监管政策趋严但监管体制依然不顺,这种情况造成再担保机构的风险控制和监督都无法达到金融机构要求的高度,导致部分区域的再担保机构或再担保体系成为我国金融系统中的薄弱环节和风险累积环节。

再次,沿着融资再担保风险传染路径,分析风险形成的关键影响要素,研究影响要素的作用过程,探究风险形成机理。①通过分析小微企业融资再担保体系的功能逻辑，筛选出再担保体系风险形成的关键影响要素；②建立风险敞口模型，分析影响要素对担保机构、再担保机构和协作银行等三类主体的收益影响；③最后通过计算实验，基于 Netlogo 平台就关键因素对再担保业务风险的影响进行数值模拟与仿真分析，将主要参数变化和各主体风险与收益变化之间的动态趋势直观地呈现出来，进而总结再担保体系风险形成过程中关键因素起到的作用，根据仿真结果总结风险形成机理，提出风险预警启示。分析结果表明：一是再担保体系外部的风险主要来源于小微企业资产和经营状况以及银行对于反担保物变现的要求；再担保体系的内部风险主要来源于体系内主体对于风险分担和收益的划分。二是担保机构和再担保机构收支不平衡的状况是再担保体系内主体运营风险的重要原因。三是企业相似度加剧了再担保体系代偿风险。四是风险分担比例、再担费率和政府补助是防范再担保风险形成的重要因素。

(2) 基础理论研究方面，明晰小微企业融资再担保风险演化机理。运用计算实验等方法演绎再担保体系风险演化规律。改进风险防范措施等研究，完善和丰富再担保理论，为解决融资再担保环节关键性的风险管理问题提供理论支持。

首先，基于系统理论，阐述融资再担保体系多主体现实运营关系，分析风险演化的实践背景与理论基础；建立多主体收益的系统动力学模型，分析多主体收益详细的影响因素；通过多主体收益的系统动力学分析发现：一是提升放大倍数对多主体提升收益起到明显促进作用；二是提升小微企业再担保业务比例、降低国家融资担保基金费率并提高风险分担比例能够促进融资担保机构的收益；三是代偿率是影响融资担保业整体收益的关键要素；四是适当降低国家融资担保基金费率并提高风险分担比例，能有效补偿担保与再担保机构落实费率下调政策对其造成的影响。

其次，对于再担保体系多主体风险演化，一是建立“担保机构—再担保机构”演化模型，分析再担保体系内的主体合作中风险演化规律；二是建立“担保机构—再担保机构—银行”、“担保机构—再担保机构—政府”的演化博弈模型，分析再担保多主体合作对再担保体系风险演化机理。

在再担保体系内多主体博弈中，再担保业务代偿风险、再担保与担保业务合作风险等受到多种因素影响，包括区域内被担保企业相似度、反担保物可能的变现率、银行承担的风险比例、担保费率及再担保费率等。此外,由于再担保业务的“准公共品”性质,政府行为,如政府补偿率对于再担保体系的影响也十分关键,再担保机构的风控策略受上述因素影响,如地方政府为再担保体系提供的奖补保障较多,担保及再担保机构具有较强的内控能力,在代偿损失下降时,再担保机构愿意选择进行再担保,承担一定的风险;反之,再担保机构则将选择规避风险,甚至拒绝更多再担保。

在担保及再担保机构与银行的博弈中,再担保费率、再担保机构对担保机构的奖励性优惠以及各主体获得的超额优惠的提高有助于主体向理想方向演化,协作银行违约成本和再担保业务风险变量随机波动的增加对系统的稳定性产生影响。在诸多风险影响因素中,担保机构代偿风险相关因素为再担保费率;再担保机构运营风险相关因素为协作银行从再担保业务中获取的超额收益;银行与再担保体系协作风险的影响因素有担保机构的违约成本以及再担保业务风险变量随机波动的增加。值得注意的是,当再担保机构采取奖励性优惠政策时,再担保机构与担保机构双方的主体内部风险都会受到影响,且再担保业务的规模效应带来的三方超额收益将会作用于每一个主体的风险产生过程。

在担保及再担保机构与政府的博弈中,地方政府对再担保的扶持性补贴、地方政府对再担保业务的考核损失、融资再担保费用、融资再担保代偿损失及融资再担保准入成本是再担保机构运营风险的相关要素。其中,融资再担保准入成本与再担保机构的运营风险在数值上成正比关系;再担保费、再担保业务考核以及再担保代偿损失与再担保机构的运营风险在数值关系上成反比。值得注意的是,政府对融资再担保的扶持补贴对于担保机构和再担保机构的行为影响存在拐点,因此应控制在合理范围内,以免担保和再担保主体滋生风险喜好心理。

再次,对于体系外部扰动因素影响研究,构建体系外扰动因素影响下的再担保体系业务运营模型,通过数值模拟分析扰动因素对于再担保体系业务开展的影响。

体系外扰动因素的影响机理分析结果显示,该类风险直接扰乱体系内主体的业务管理,致使主体业务量不稳定而产生经营风险,随后进一步影响主体间的协作方式,加剧双方的业务竞争和道德风险。当风险因素强度达到一定强度后，给担保机构带来生存危机，最终导致担保机构因无力代偿或破产或违约，破坏再担保体系业务链条。且体系外扰动因素的变化对某些类别风险产生影响，其中随机因素影响强度和主体运营风险呈正相关，即主体运营风险随着随机因素强度增加而加剧，也就是说，体系外扰动因素变量随机波动的增加会造成主体不稳定性提高，易爆发业务风险。

(3) 将以往关注的再担保原生风险分担，延伸到系统动态量化再担保体系的整体风险并进行预警研究，借助对实际案例的深入分析，探索再担保体系风险在现实情境下的形成和演进路径。建立风险分级预警指标体系，并由此形成防范风险的政策体系应用于融资再担保机构风险控制、银行对小微企业融资的风险防范，或者监管部门对再担保体系风险的监管，完善相应的政策，探索再担保提升信贷资源配置效率的典型作用路径，有助于解决小微企业融资难问题以及为融资担保行业的风险防控提供前瞻性、先进性、可操作性的决策依据。

(4) 研究方法上的创新。运用演化博弈模型研究多主体策略选择，对风险防范措施做出优化与完善；将融资再担保体系风险现象抽象成计算实验模型进行仿真研究，并将再担保体系外对风险的扰动因素作为随机变量引入计算实验模型，是对现有研究方法的拓展和深化。

1.4 本章小结

本章节是绪论部分，主要围绕国家社科基金项目课题，分析与总结了研究背景、国内外研究现状，研究内容及研究思路，研究目标及创新点等。在新发展阶段，我国小微企业发展面临新的问题，国家将小微企业融资担保体系的建立与完善视作解决融资难等问题的有效手段之一，但融资担保体系也存在风险分散机制不全，担保不保等问题。因此，从五个方面梳理了国内外文献后，在对再担保体系基本问题进行界定基础上，设计了四部分研究内容，明晰了研究思路与研究方法，归纳了融资再担保行业发展中的中国经验等理论成果，演绎了国内外理论研究成果对我国再担保实践的指导，拓宽融资再担保风险研究的理论与视角，充实偏重于管理学的交叉学科研究。

第二章　小微企业融资再担保基础理论

2.1　研究内涵界定

2.1.1　小微企业

工业和信息化部、国家发展改革委、国家统计局、财政部等于2011年联合印发《关于印发中小企业划型标准规定的通知》，我国的小微企业可从小型和微型两类来认定，相关标准如表2-1所示。

表2-1　小微企业划分标准

行　业	营业收入	资产总额	从业人数	类别
农林牧渔业	50—500万且			小型企业
	＜50万			微型企业
工　业	300—2 000万且		20—300人	小型企业
	＜300万或		＜20人	微型企业
建筑业	300—6 000万且	300—5 000万		小型企业
	＜300万或	＜300万		微型企业

续表

行　　业	营业收入	资产总额	从业人数	类别
批发业	1 000—5 000 万且		5—20 人	小型企业
	<1 000 万或		<5 人	微型企业
零售业	100—500 万且		10—50 人	小型企业
	<100 万或		<10 人	微型企业
交通运输业	200—3 000 万且		20—300 人	小型企业
	<200 万或		<20 人	微型企业
仓储业	100—1 000 万且		20—100 人	小型企业
	<100 万或		<20 人	微型企业
邮政业	100—2 000 万且		20—300 人	小型企业
	<100 万或		<20 人	微型企业
住宿业	100—2 000 万且		10—100 人	小型企业
	<100 万或		<10 人	微型企业
餐饮业	100—2 000 万且		10—100 人	小型企业
	<100 万或		<10 人	微型企业
信息传输业	100—1 000 万且		10—100 人	小型企业
	<100 万或		<10 人	微型企业
软件和信息技术服务业	50—1 000 万且		10—100 人	小型企业
	<50 万或		<10 人	微型企业
房地产开发经营	100—1 000 万且	2 000—5 000 万		小型企业
	<100 万或	<2 000 万		微型企业
物业管理	100—2 000 万且		100—300 人	小型企业
	<100 万或		<100 人	微型企业
租赁合同商业服务业		100—8 000 万且	10—100 人	小型企业
		<100 万或	<10 人	微型企业
其他行业			10—100 人	小型企业
			<10 人	微型企业

此次划分与之前中小企业划分标准有所不同，首次为微型企业设立划分标准，且此次划分结合我国企业发展社会环境、业务种类和财务状况，降低了资产总额标准，使更多企业可以享受相关的政策扶持。也可从此标准中看出，我国中小微企业与大企业相比，规模小、实力弱，在与大中型企业竞

争中处于劣势，且与大企业业务配套中，经常存在流动资金被占用、拖欠的情况，原本资金流量不足的小微企业，难以进行大规模的业务扩展和技术研发，必须依靠融资业务补充经营发展所需资金，但受自身财产条件限制，在融资过程普遍无法提供充足的抵押物，在信贷市场中同样处于劣势。如此条件下，融资担保业务开展的必要性不言而喻。

2.1.2　小微企业融资担保

融资担保正是在小微企业因信贷融资受阻时应运而生，并在各级政府政策扶持下不断规范与发展。担保是指通过信用保证或资产抵押的形式来督促债务人按时履约的制度。融资担保，作为金融辅助中介服务，为解决企业或个人的融资需求而诞生，是对银行等债权人的一种还款承诺，约束担保人和债务人的融资行为，保证债务人违约时借款合同能够按照既定的合同继续履行。在小微企业融资贷款中，经银行认可，由依法设立的担保机构为被担保企业提供担保，作为第三方信用介入到金融机构与企业之间，一方面提高了借款企业或个人的资信等级，增加了企业或个人融资的可获得性，同时也要按约定履行一定的代偿责任，当被担保企业贷款无法偿还时，由担保机构确保贷款合同中的相关责任和义务得以继续完成，通过分担风险保障银行等债权人的资金安全。小微企业融资担保是将担保机构的资产衍生的信誉证明和保证能力结合在一起的中介服务活动，适当收取费用，对商业银行作出偿还债务的保证承诺。其运营如图 2.1 所示。

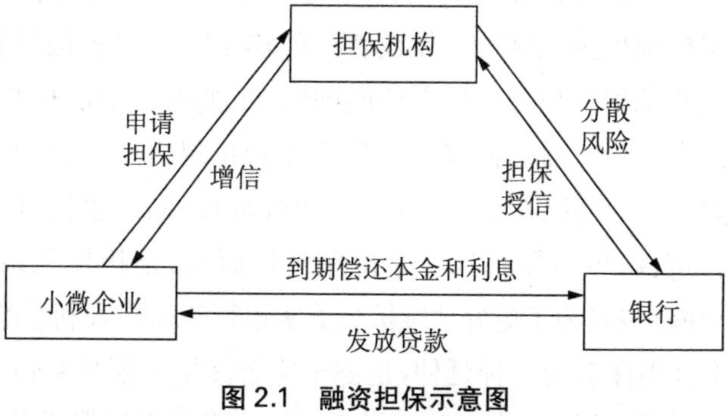

图 2.1　融资担保示意图

图 2.1 可以看出，融资担保是破解小微企业融资难问题的重要制度和关

键环节。融资担保为符合条件的小微企业在其融资过程中提供信用担保，协助银行等金融机构分散信贷风险，在大大提高银行贷款业务的安全性及收益稳定性的同时，增加小微企业获得融资的可能性，缓解其融资困难。具体而言，融资担保有助于降低因信息不对称所引起的融资获得性不足、银行风险分散渠道少等现实问题，为小微企业增加信用，提高银行的贷款信心及为小微企业融资的性价比，以实现"准公共品"供给的功能。但是随着担保业务的逐渐壮大，银行将全部或部分贷款风险转移至担保机构，担保机构风险分散渠道缺失和放大倍数低等问题日益制约其发展，导致融资担保的作用无法顺利实现。为此，融资再担保环节又成为必要的环节，包括融资再担保体系的建立，以规模效应对接银行，为担保机构增信分险，规范引领担保行业的发展。

2.1.3 小微企业融资再担保

(1) 融资再担保

融资再担保是指为融资性担保机构建立再担保的担保制度，以符合相关要求、具有一定资质的融资性担保机构为服务对象，通过开展再担保业务为这些担保机构提供一定再担保支持。融资再担保是担保行业发展到一定阶段，根据国家扶持小微企业的相关政策要求，由各级政府成立的以政策性再担保公司为主，再担保政策为准则，通过契约的方式与符合特定要求的融资性担保机构签订融资再担保合同，约定为其提供一定再担保支持。当担保机构无法独立承担代偿责任时，再担保机构将会按照业务合同事先确定的比例向担保机构提供比例再担保或者一般连带责任再担保服务。再担保机构为担保机构承担一部分代偿责任的同时，也拥有相应的权利，再担保机构在履行再担保责任之后也拥有向贷款企业和担保机构追偿的权利。一般而言，再担保机构享有担保机构拥有的一切抗辩权，同时也拥有属于再担保机构独有的抗辩权，再担保相对于原担保责任而言，是担保关系的延续，增进信用分散风险，也是为了更好地维护与落实银行等债权人利益的一种保障，是小微企业融资担保链的一种延伸，是健全完善融资担保体系以及防范系统性金融风险的探索和创新。承载为小微企业提供融资再担保服务的公司制机构统称为小微企业融资再担保机构。小微企业融资再担保运营如图 2.2 所示。

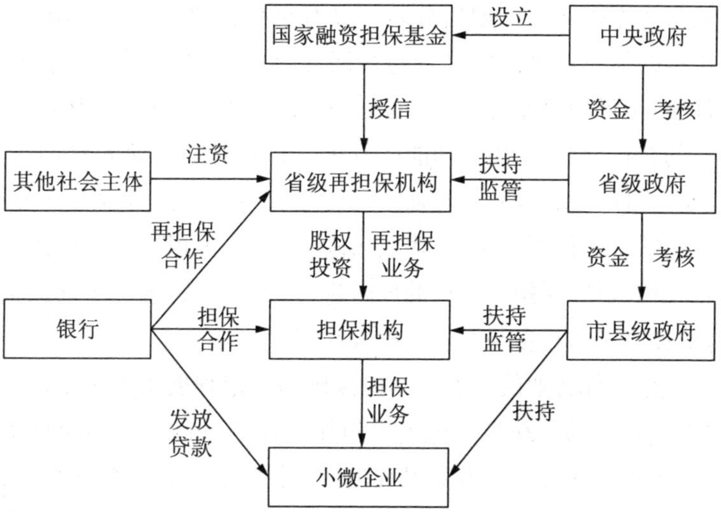

图 2.2　小微企业融资再担保运营示意图

如图 2.2 所示，再担保机构通过介入银担合作参与到小微企业融资过程中，有利于畅通银担合作渠道。银行作为资金供应方，向小微企业授信，由担保机构承担代偿以完成风险转移，在再担保机构的保障下，银行分担部分代偿风险；政府作为宏观调控者，对担保机构和再担保机构提供一定的政策及财政支持，并行使监管职能，促使其向政府指导的方向发展。

(2) 融资再担保功能

2016 年 8 月国务院颁布的《关于促进融资担保业加快发展的意见》文件中，明确定位了再担保机构的政策性职能，将省级再担保机构定位为政府扶持的平台、促进银担合作的窗口，其主要职能在于充分带动区域内各类融资性担保机构为符合相关政策的小微企业和"三农"融资服务。再担保业务开展过程中，担保机构、银行与地方政府等融资再担保体系参与主体通过再担保业务有效连接，依托再担保机构搭建起多方合作关系，切实为小微企业融资提供支持服务。融资再担保功能可以归纳为下面三个方面：

一是体现政府的政策意图。政府通过出资建立再担保机构，出台相关再担保政策，引导银行及合作担保机构开展业务，促使金融资源流向政府所倡导的行业或企业，协助符合国家经济产业政策的小微企业获得融资，进而缓解其融资难问题。

二是为协作担保机构增信分险。没有再担保机构参与情况下，银行根据担保机构的信用等级决定是否与其展开合作，以及合作中的授信额度及代偿条件等，担保规模小、运营不规范、条件苛刻等问题一直困扰着担保机构与银行的合作，制约了担保功能的发挥。在政府的引导下，当再担保机构逐步形成再担保体系，以其相对强大的资金实力为担保机构进行再担保，增进担保机构的整体信用水平；当代偿风险发生时，再担保机构按比例承担约定的代偿补偿责任，对担保机构的风险进行有效分散，进一步确保银行资金安全，进而提高了银行参与合作的积极性。

三是规范担保行业的发展。再担保机构一定程度上汇聚了地方扶持小微企业的政策与资源，在签订融资再担保协议的基础上同担保机构建立合作关系，以再担保业务为纽带实现对担保机构审查和监督的职能；或者以股权投资的形式入股担保机构，介入到担保机构的日常经营决策，从而规范其经营；再担保机构分别在事前、事中和事后通过评估审核准入条件、监督业务操作规范、披露违约行为等形式对担保机构的行为进行约束和监督，以再担保业务引领担保行业的发展。

(3) 融资再担保业务模式

在实践中，再担保机构提供的融资再担保业务的模式主要有三种：

一是增信型再担保业务，也称一般保证责任再担保，是指再担保机构以协议的形式将担保机构纳入融资再担保业务，对其担保业务提供再担保服务，当代偿责任发生时，担保机构先进行赔偿，如果以其所有财产代偿之后仍然不能履行应代偿责任，则由再担保机构负责补充剩余部分的代偿。该融资再担保业务实际上是对风险进行兜底，以提升银行等债权人与担保机构协作的信心，进而实现提升担保机构信用等级的目的。通常，在一般责任再担保模式下，只有当贷款企业及担保公司均无力偿付，且法院已出具《强制执行终结裁定书》的情况下，才由再担保机构按照合同约定直接向债权人履行代偿义务。

二是补偿型再担保业务，也称连带责任再担保，连带责任再担保业务，是再担保机构承担代偿责任的顺序要晚于担保机构，当小微企业无法偿还贷款时，银行等金融机构可以指定由担保机构或者再担保机构任意一方进行代偿，最终让贷款安全具有较高的保障，也是一种风险联合兜底，为提高担保机构的信用水平，为了应对市场需求的变化，提升银行等对担保机构的认可度，但一般对再担保机构履行代偿责任的条件会进行具体的约定。

三是比例再担保业务，是指再担保机构与担保机构对将来可能会发生的代偿责任按照一定的比例通过签订合约的方式确定下来，明确收取担保费标准及代偿风险的分担比例，包括代偿的条件。当代偿发生时，再担保机构须要按照事先确定的比例和方式与担保机构共同承担代偿责任，是一种合作的风险分担机制，在提高担保机构代偿能力的同时也能够保障经营的稳定性。比例再担保模式下，担保机构向银行全额代偿之后，再担保机构一般会按照合同约定的代偿金额为担保机构分担损失，之后由担保机构负责追偿，并将追回款项按照代偿比例返还给再担保机构。

2.1.4　小微企业融资再担保风险

(1) 融资再担保风险概念

风险是对未来结果不确定性和离散性的呈现，由于社会经济活动中各种难以预测因素的存在，导致实践活动的实际结果与期望目标发生背离，进而给经济活动主体带来超额收益的或然性以及遭受损失的可能性。从本质来说，风险是现实世界中客观存在的，同时结果又是不确定的，体现在风险产生可能性的不确定，以及风险发生时间、发生状态以及未来结果的不确定；从内涵来说，风险具有双重内涵，即收益的或然性与损失的可能性，因而风险控制防范的目标是降低给行动主体带来潜在损失的概率，也就是所谓的“纯粹风险”。

对于融资再担保领域而言，风险一是指小微企业违约现象发生后，代偿风险沿着担保链不断传染至再担保体系内其他行为主体，在再担保机构、担保机构、银行以及地方政府中传导；二是指再担保是一种分险的合作机制，合作分险过程中，由于体系内部主体经营管理不善以及外部客观环境变动、业务合作不畅导致再担保体系的合作滞塞、利益损失甚至合作机制失效等，带来再担保业务停滞或再担保体系瓦解，在实际业务开展中给再担保体系内多主体带来可能的损失；三是指再担保分险业务合作中，主体自身经营风险、政府政策变化等风险。相应的风险需要通过经验、技术、制度等来识别、控制、缓释和化解。

（2）融资再担保风险的特征

小微企业融资再担保风险的产生机制及其表现形式相对比较复杂，相对于其他领域内的风险而言，再担保风险既有共性特征，也表现出一定的独有特征，对这些特征的正确认识与把握，能够在一定程度上有助于对再担保风险的识别与控制。小微企业融资再担保风险主要体现出以下几个特征：

① 风险来源的双重性。在融资再担保体系运行中，省级再担保机构与省级银行直接“总对总”对接，开展银担合作业务；银行的基层业务单位又与担保机构合作开展担保业务合作；另一方面，再担保机构又要与担保机构合作，开展相应的再担保业务合作。因此，再担保机构、担保机构及银行等主体，同时承受来自协作的两个主体的风险，风险来源或呈现双重性。

② 风险形式的多样性。在再担保体系中，担保机构、银行、政府等主体之间存在密切的业务合作关系，任何一方主体行为都会产生一定的风险，并传染至再担保机构，如融资小微企业的信用风险、担保机构的运营风险、银行自身的信贷管理风险及政府的政策风险等。此外，再担保机构风险也可能表现为体系内部操作风险、体系外部宏观经济环境变化风险等，所以再担保机构风险形式呈现多样化特征，是多种因素叠加的综合结果。

③ 风险收益的不对称性。对于生产、投资等其他领域来说，风险与收益往往呈现出正相关关系，即承担高风险对应着获得高收益。但对于再担保领域而言，风险与收益则并不呈现这种正相关关系，即风险与收益严重不相匹配。一方面，再担保具有“准公共品”属性，再担保机构定位于履行政策性职能，主要服务于政策性融资担保机构，而担保机构普遍存在较高的经营及财务性风险，再担保机构同样面临较高的风险威胁；另一方面，尽管再担保机构采用政府出资主导，市场化运营，但没有完全按照市场化的标准收取再担保费，只能收取较低的再担保费甚至免收再担保费，导致业务收入难以弥补风险损失。

④ 风险难以转移性。一些风险经营类机构（如保险公司）可以依据大数法则，运用多种市场组合手段将风险分散或转移，而再担保机构处于小微企业融资担保链的最末端，是整个融资再担保体系风险的最终兜底者，很难将风险再次转移和分散。作为风险的最终承担者，再担保机构即使获得政府的风险补偿，仍然无法摆脱最终的风险兜底人身份。因此，再担保机构风险

呈现难以转移的特征。

⑤ 风险控制的被动性。从债权属性看，再担保也属于担保债权，即以小微企业融资债务清偿为目的，并体现出依附性。从担保关系建立直至解除的过程中，即使融资小微企业已经表现出不愿或不能履行合约意向，未到期前，再担保机构也没有权利来提前结束再担保关系，只能借助特定的合作渠道向放款银行和原担保机构作出预警性提醒，加强保中监管或者借助代偿后的追偿机制来降低损失，并不能随意停止担保或再担保。因此，再担保机构风险又呈现出控制被动性的特征。

⑥ 可追偿性。在贷款小微企业与担保机构、再担保机构建立担保再担保关系后，担保及再担保机构依法享有追偿权，即按照约定履行代偿义务后，可以依法对贷款小企业以及反担保人追还代偿损失。尽管存在政策性功能定位——帮助担保机构增信分险，但并不意味着再担保机构需要放弃追偿的权利，当贷款企业或者反担保人具备偿还能力，再担保机构就可以运用合法手段实施追偿，最大限度挽回代偿损失。

(3) 融资再担保风险表现形式

综合考察分析融资再担保业务流程、参与主体以及融资再担保行业外部环境，融资再担保风险分为再担保体系内部风险和体系外扰动风险。内部风险指再担保体系主体内部交往以及与外界合作的过程中由主体或业务相关因素引发并对再担保体系经营管理产生影响的风险。该类风险主要分为两种：一是由于再担保体系内部主体资本不足、混业经营、业务操作不规范、内部控制制度不完善等行为引发的风险，主要包括融资担保机构信用风险和融资再担保机构经营风险；二是由于体系内部主体之间或与其他主体合作时由于合作门槛过高、道德风险加持等原因造成的风险，包括再担保机构与担保机构之间的代偿风险、再担保机构与小微企业的违约风险和经营风险以及再担保机构与协作银行之间的协作风险和信用风险。该类风险均为再担保业务链条中的常规风险，具有可预见性，可通过分析行业数据得出。体系外扰动风险指一切与再担保体系相关的外界环境的波动对体系日常运营和管理带来的风险，主要包括政府政策变化风险、法律风险、信贷市场风险等。该类风险由再担保体系外部因素产生，根据现实政治经济大环境不断变化，其波动具有随机性。

融资再担保体系的风险示意图如图 2.3 所示，其中较小圈层内的风险为体系内部风险，小圈层和大圈层之间的风险为体系外扰动风险。下文将对各类风险进行详细说明。

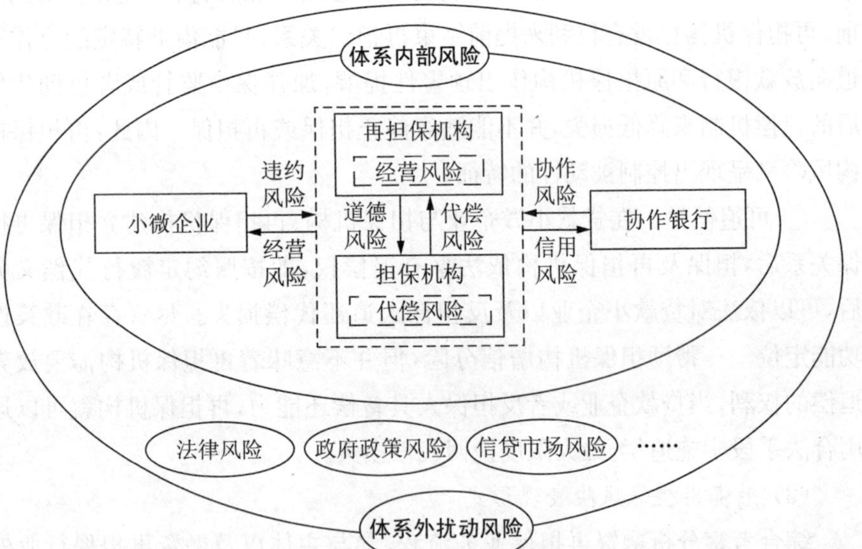

图 2.3　融资再担保体系的风险示意图

第一，政府政策风险。政府部门给担保体系带来风险的原因在于政府对担保再担保业务不当的行政干预、出台相关政策不稳定或者工作监管中缺位或越位。其中，政府部门行政干预主要指各级政府以发展地方经济和促进社会安定为理由，以行政命令指定担保形式和途径，直接干预融资担保机构业务运作。小微企业政策的不稳定性带来的风险指宏观经济环境变化或经济结构的调整使政府对小微企业的扶持力度变化，直接影响企业融资担保业务的开展；或政府变动对再担保体系的资金投入，使担保机构和再担保机构没有稳定的资金补充来源。政策监管缺失是指融资再担保机构监管部门的不明确，在国家层面多个部委对再担保机构下发运营管理规定，地方层面上由各省、自治区、直辖市人民政府自行管理再担保机构。此等政出多门的监管模式造成再担保行业的经营和风险控制缺乏统一的体制，易造成管理上的混乱及监管不到位。

第二，法律风险。一是在部分省市对融资再担保行业资产管理、业务运作、资金补偿等方面的立法不足，造成法律约束力不强，违规现象严重，风险控制力较弱。二是国家现有法律对受保企业经营规范以及担保主体业务违规行为的界定较为模糊，使再担保机构进行业务追踪监管时对不良行为的治理无所凭借，给再担保机构的风险控制带来困难。三是现有法规对于融资担保机构税收优惠政策和代偿追偿诉讼等方面的漏洞，对银行的既得利益和政策性融资担保体系建设推进造成影响。

第三，信贷市场风险，主要指融资信贷市场环境的不景气给多主体经营带来的风险。对小微企业来说，自身信息披露的不及时加上信贷市场的紧缩，会导致贷款的获取更为困难，不良贷款的比例也会持续增高。由此造成银行信贷配给现象进一步加重，削减贷款业务规模以及担保机构授信额度，造成担保市场和再担保市场的萎靡，其政策性功能无法充分展现。如此的“多米诺效应”将使再担保合作主体陷入不良锁定的循环之中。

(4) 体系内部风险

融资再担保体系内部风险，首先是小微企业违约风险，其次是多主体合作机制失效或失灵的风险，最后是各自主体自身的经营风险等，最终使再担保体系面临代偿支付危机或再担保功用失效。风险体现在以下几方面：

一是小微企业违约风险。违约风险指小微企业市场竞争能力弱使得其经营过程中面临多重风险，最终以违约方式将支付贷款的压力传导给融资再担保体系。具体而言，如小微企业经营者素质较低、经营能力有限或经营手段不正当导致企业竞争力低下，出现经营风险。或者小微企业技术创新和产品开发能力有限导致小微企业技术含量低，无法形成长远的技术优势，缺乏市场竞争能力。也可能是小微企业经营不稳定出现经营风险，类似的经营风险转化为信贷的违约风险。

二是多主体合作风险。再担保机制是地方政府、银行、担保机构、再担保机构等多主体形成的风险分担合作机制，任何两方合作出现问题，都会影响甚至中断再担保合作业务，因此，从再担保体系角度，防范合作风险是重要的风险之一。首先，是再担保机构与协作银行之间的协作风险和信用风险。两者的协作风险指双方在合作过程中业务地位的不对等造成的授信额度不高、风险分配不均等问题，集中体现在银担合作的不稳定性。一方面，担保机构在和协作银行进行合作谈判时，后者往往利用自身的强势地位要求将代偿风险全部由担保机构承担。或者在融资担保过程中，协作银行为了控制不良率，在银担合作过程中降低授信额度、提高保证金要求，导致担保机构业务规模受限，收益与所承担的风险不匹配，经常性地“保一赔百”，引起次生风险的爆发。其次，再担保机构与担保机构合作中产生的风险。从时间进程来看，2008 年率先成立的东北中小企业信用再担保股份有限公司是我国再担保体系较早的实践，其他省份再担保机构成立的时间普遍较晚，而我国担保机构已经经过了二十多年的担保实践，运营的时间普遍较长，担保机构与再担保机构围绕再担保业务的合作，在代偿赔付条件及赔付的及时性，特别是当受保企业大规模违约，代偿额骤增等极端情况出现时，双方会出现未按协议约定履行债务，不按照协议进行贷款风险的清偿。也可能因担保机构信用发生变化，或者再担保机构、银行提高了合作要求，相关的再担保业务可能受影响甚至中止。另外，在合作中，担保机构也可能利用信息不对称向再担保机构提交资信质量较差的担保业务，再担保机构也可能通过附加不合理条款提升门槛与条件，甚至为了追求高收益高利润，再担保机构从事边际收益更高的直保业务，这一定程度上挤占了担保机构的市场空间，类似的问题都会影响双方的合作并产生风险。

三是多主体各自的运营风险。首先是担保机构的操作风险，担保机构在企业审查环节没有充分了解企业各项信息和数据，易导致草率决策。或在决策过程中，对企业的财务风险关注不足，当业务集中于某一行业或企业时，后者的衰退就会对公司经营业绩带来重大的危机；也可能因担保机构员工缺乏金融从业经验，业务执行力不强，且对新员工的管理缺乏专业培训，致使新员工的融资担保业务专业性不足，易产生担保隐患，诱发违约风险；出险后的不良资产处置，融资担保机构不良资产处置具有滞后性，且处置方法比较传统、资金占压成本高、效率低下，威胁融资担保机构经营中的资金流。最后，各地对于担保公司的监管部门不统一，政策的多变与不专业也可能诱发担保机构的操作风险。

四是融资再担保机构经营风险，指企业因为再担保产品价格、战略制定、营销策略等经营决策导致的未来收益不确定性，尤其是资金杠杆的不当利用而导致资金周转迟滞、资产负债变动引致的风险。作为再担保体系的核心主体，再担保机构的经营风险主要体现在代偿压力、资金渠道和经营合规性方面，具体而言，高数值的代偿率以及较高的风险承担比例致使再担保机构代偿压力巨大。政策环境下资金补充机制的不健全以及业务的单一性对企业现金流的影响。再担保机构利用政策性资金开展业务风险更高的直保业务和其他风投类业务，造成主营业务现金流量不足的同时增加了非主营业务支出。类似的风险都可能诱发再担保机构的经营风险。

小微企业融资再担保体系各主体经营风险并获得部分收益，且具有逆经济周期扶持企业发展的基本要求，随着我国经济进入转型调整时期，经济下行中各类风险集聚、叠加且有集中爆发的可能性，探索建设中的小微企业融资再担保体系，制度建设是否健全，实施力度是否到位，关系到中小微企业的发展，也关系到我国市场机制健康运行中政府的调节作用发挥的功效，我国融资再担保制度政府主导并市场化运营，理论与实践层面都不成熟，这是两种不同性质的力量，好在社会主义市场经济改革中摸索出了可指导的理论，将政府与市场的关系作了较为深刻的阐述，市场是一种机制，制度是一种规则，仍需要从经济学的角度，梳理融资再担保制度的逻辑。

2.2　融资再担保制度的经济学分析框架

市场经济制度的基本功能是通过市场机制配置资源，包括金融信贷资金，以利率为价格杠杆，调节供需双方的需求，在外界不干预的情况下，理想的市场可以做到市场出清。我国处于社会主义市场经济的初级阶段，阶段性特征非常明显，我国信贷市场上金融双轨制机制、主体市场地位不平等、行政的力量仍影响着市场等等，类似因素的存在，使得金融信贷市场体现了信贷配给的特点。从银行与小微企业主体关系方面分析，由于我国市场经济体制改革时间短，营商环境还不完善，小微企业品质普遍不高，管理不规范，从经济人逐利角度，具有有限的理性认识，容易产生机会主义的倾向，刻意隐瞒不利于自身融资的信息，造成银行与小微企业间所拥有的信贷融资相关信息呈现非对称状态，并进一步强化银行放贷时的逆向选择和小微企业获得贷款后的道德风险问题；而长久以来处于强势一方的银行，竞争优势地位明显，加之国民经济中大中型企业处于主导地位，与银行合作更为密切，使得银行对小微企业的融资性价比低，银行没有积极性，强化了信贷市场的信贷配给行为，我国的小微企业信贷，属典型的市场非出清。而面广量大的小微企业，是国民经济与社会发展的基石，经济与社会效益显著，需要政府适当的行政力量介入，调节信贷资源的配置，适当扶持小微企业的发展，组织增信理论从发达市场经济国家的经验中总结出来，用以指导政府与市场关系中信贷市场准公共品供给问题。担保再担保制度作为准公共品供给，正是小微企业信贷约束下一种有效的信用增进方式，其准公共品的定位从最初的探索到非常清晰并形成成熟的制度，既帮助小微企业增信分险，又降低了小微企业融资成本，使得更多具有较高边际收益的小微企业获得信贷支持，以政银合作、信用风险防范分担等制度建设为核心的组织增信能够实现信用的增级、风险的防范以及稀缺资源的合理配置，适度调节信贷市场非出清现象。信用再担保制度的经济学分析逻辑如图 2.4 所示。

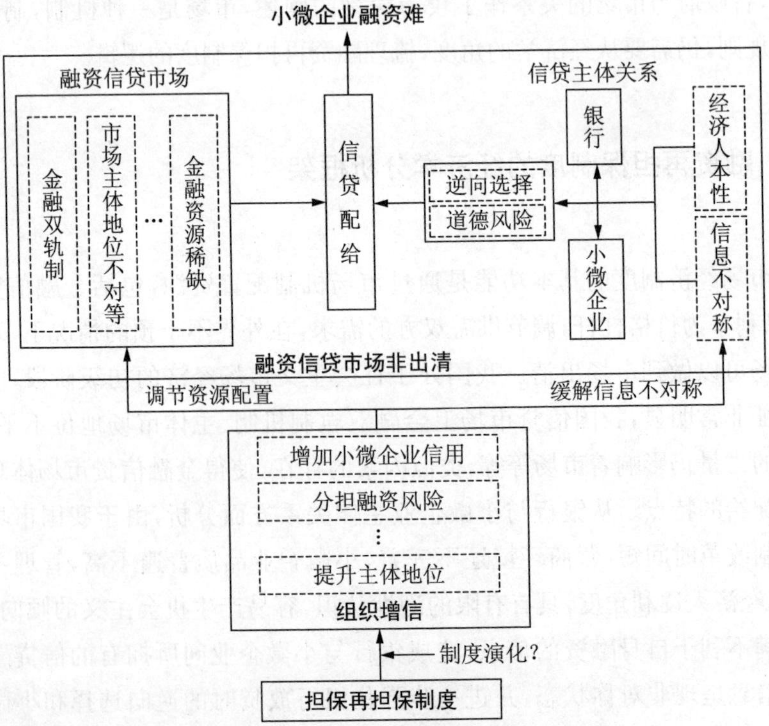

图 2.4　再担保制度的经济学分析逻辑示意图

2.2.1　信贷主体关系分析

(1) 企业的起源与性质

根据新古典经济学的观点，企业被理解为将要素转化为产出的生产函数，即在生产技术水平给定的条件下，人力、资金、设施等要素投入量与产品或服务产出量之间的数量函数关系。从本质上来说，企业是以完全理性的"转换者"存在的，按照利润最大化的原则组织土地、劳动力、资本、技术和企业家才能等要素和信息，向市场提供商品和服务，并根据市场所传递出的价格信号来增加(或减少)生产要素的投入，以及调整生产要素之间的配置比例。由此可以看出，新古典经济学对企业行为的分析是基于两个假设条件下展开的：一是企业被认为是经济的、完全理性的，具备有用的信息、精于计算地追求利润最大化目标；二是企业被看作是在市场经济中已经存在的、完全有效运转的、为赚取利润而从事商品生产活动的一个完整的经济单位。

尽管新古典经济学企业理论在理解企业最优产出、产业的整体行动等方面具有积极的作用，但其研究的前提是建立在企业是自然存在的基础上，未能解释企业的产生与变迁、企业的内部行为等根本问题，而以科斯、威廉姆森、张五常等为代表的新制度经济学企业理论在一定程度上弥补了上述缺陷。在对新古典经济学假设进行修正的基础上，新制度经济学确立了更符合经济实际的效用最大化和有限理性假设范式。其中，效用最大化是指企业被假定能够观察到自身利益，并在现有的约束条件下追逐自身利益，而这些约束条件就是现存的制度结构。此外，新制度经济学抛弃了新古典经济理论的"完全理性"假设，而提出了"有限理性"(或称之为不完美个人理性)假设，即企业决策制定者的偏好被认为是不完全的，并且会随着时间发生变化。基于上述假设范式，新制度经济学企业理论将企业看作是一种契约，或者是各种契约的集合。在这种认识下，学者们对企业的性质这一问题进行了全面的论述。

① Coase(科斯)的企业性质观点

新古典经济学沿袭古典政治经济学的主要思想，认为竞争市场是无摩擦市场，所有主体可以零成本参与市场行为，但新制度经济学认为市场交易是存在风险的，因而市场运行中存在交易成本。Coase(1937)最早提出交易成本的存在，包括交易前的交易对象搜寻、交易中的价格磋商和合同签订以及交易后合同履行的监督，并由此逐渐形成了以交易费用为核心的企业理论，认为企业是一种配置资源的方式，而配置资源的方式是有成本的，如每一个交易所产生的谈判、签约费用等。从内涵来说，Coase 把交易成本界定为使用价格机制的成本，包括获取相关信息所支付的费用、进行交易谈判和签订契约所要支付的费用以及利用价格机制的其他不利成本[163]；Arrow(1965)将交易成本界定为利用经济制度（市场、企业、政府管制、道德准则等）的成本[164]；孙国峰(2004)提出交易成本与制度的动态演化有关，将其界定为与交易活动有关的制度运行成本[165]；徐传谌等(2009)认为应该从制度和产权视角界定交易成本的内涵，即一系列制度成本，如谈判、签订合约、监督、改变制度安排、界定产权等，其本质是为了获得交易收益而损耗的社会资源[166]；宋宪伟等(2011)基于交易活动本质视角，认为交易活动目的在于改变社会整体产出在不同个体间的分配关系，而这样的活动所引起的成本都属于交易成本范畴[167]。总的来说，新制度经济学家所考察的交易成本包括建立制度、维持制度运转、改变制度等方面涉及的所有费用。

Coase 还认为企业之所以存在，是因为交易成本的存在和企业降低交易成本的功能。具体而言：首先，若不存在企业，生产要素所有者通过市场机制交易进行合作生产，要素所有者之间必须相互签订一系列契约。当企业来组织生产时，这一系列契约就被一个契约代替，从而降低交易成本。其次，市场契约多为短期契约，企业则是相对稳定的长期契约，而长期契约可以降低重复交易发生的频率，以节省一部分交易成本，并更好地应对未来的不确定性。

② 威廉姆森的企业性质观点

威廉姆森(1971)在科斯观点的基础上，进一步完善了交易费用理论。除了前文提出的有限理性假设以外，威廉姆森认为契约人的行为还具有机会主义特征，即如果能够使自身获得更大的利益，他们愿意牺牲他人的利益作为代价。同时，在契约人完全可信的前提下，交易合约就存在订立的可能。但是现实中，一方面，契约人可能掩盖偏好、歪曲数据、故意混淆是非而普遍存在“利用欺骗的手段进行自利”的行为；另一方面，缔约人的有限理性属性使得完全合同的订立难实现，主要是因为机会主义者和非机会主义者的鉴别成本太高。因此，威廉姆森从契约的不完全性和机会主义行为角度出发，将交易费用划分为事前的交易费用和事后的交易费用。其中，事前交易费用是指基于未来不确定性的考量，交易双方在订立契约前对于一些事项作出规定所产生的费用，如双方权利、义务以及责任等；而事后交易费用是指契约订立后一些事项发生所产生的费用，如交易一方的违约费用、契约重新修订费用、交易双方冲突解决费用、交易关系维持费用等[168]。

威廉姆森认为企业之所以取代市场，主要是因为能够降低交易费用。首先，相对于市场制度而言，以牺牲集体利益来获取个人利益的机会主义倾向被减弱；其次，企业相关制度安排下，能够有效监督和审核内部的一切活动；再次，争端或纠纷在企业内部同样能够得到有效处理与解决；最后，信息不对称现象在企业内部能够得到缓解（杨德才，2019）[169]。

③ 张五常的企业性质观点

张五常（1983）选择从契约安排的视角探讨产品市场和要素市场之间界限问题，提出在合理的制度安排下，要素的投入者拥有三种特定的权利，即使用要素的排他权利；使用要素后获得收益的权利；交易要素的权利（如出租、转让等）。按照他的观点，企业是一种契约，一种要素所有者与代理人签订的契约。同时，张五常认为企业这种契约安排的产生并不是因为能够提高决策正确程度，或者有利于规模经济的实现和分工协作的开展，或者偷懒、欺骗和机会主义行为的规避，而是在于能够显著降低交易费用，如契约签订的数量、了解产品信息的费用、交易特性考核的费用、计算报酬的费用（费方域，1996）[170]。

综上所述，从科斯创新性地提出交易费用概念，并认为企业作为经济协调工具和资源配置方式，能够降低交易费用，到威廉姆森将交易费用从概念层面推向操作层面，同样认为作为一种交易治理结构的企业能够降低事前和事后交易费用，再到张五常用契约的一般性和设计的特殊性来阐述企业存在的本质，都能看出市场中每一个人（含法人）都是有限理性的经济人，当信息不完全，制度存在缺陷时，经济人则会产生投机行为，进而导致交易成本的增加。

(2) 信贷主体间的信息不对称

企业作为一系列契约的汇集点，在进行生产经营活动时，经历购、产、销环节，借贷资金、购买生产要素、生产和销售产品或服务等均会与其他经济主体发生契约关系。与此同时，各经济主体之间契约的缺陷、外部的不确定性、合作关系的不稳定性等因素均能给参与交易主体带来一定的风险。其中，信息不对称是契约形成与履行过程中容易引发各经济主体之间交易行为风险的重要因素。

信息不对称理论最初由 Arrow(1963)[163] 在研究社会医疗保险福利问题时提出的，此后 Akerlof 等以经典的“二手车市场”问题为例对其作了进一步的阐述。所谓信息不对称是在市场经济活动中，活动参与主体所掌握的信息存在差异，如卖方比买方掌握更多产品或服务的信息，掌握更多信息的主体较信息不足的主体在市场交易过程中占据优势地位，此时前者通过充当其他主体的信息中介，可以从中获得收益。

Stiglitz(1981)分析了保险市场中信息不对称现象，相对于保险公司而言，投保人掌握更多自身信息，信息优势促使投保人在获得保险后采取投机行为，产生道德风险，进而导致保险公司的损失增加[17]。刘雅文等(2007)[171]、李俊江等(2015)[172]等研究表明我国信贷市场中的信息不对称现象是中小企业融资难的根本原因。具体而言，由于社会信用体系尚未建成，小微企业信息披露不全面，银行在业务审核中无法获取全部信息；而企业缺乏信息获取渠道，对银行的各类信息了解不全面，信息不对称现象由此产生。高萌(2019)详细阐述了信贷融资市场中融资企业与金融机构间信息不对称的具体体现。首先，信息不对称体现在信贷融资供需对接过程中的不对称。从资金来源渠道看，小微企业资金来源于内源融资渠道及外源融资渠道，内源融资渠道是指企业将自身的储蓄(如留存收益、折旧、内部集资等)作为主要资金来源，而外源融资是指企业将外部经济主体(如证券市场、银行等)作为主要资金来源。由于内源融资规模相对较小，不足以支撑小微企业发展的资金需求，且我国证券市场对小微企业设置了较为严格上市要求，因而目前我国大部分小微企业更多地依赖于银行等金融机构来获取融资。与此同时，地域限制、信息披露制度的不完善性以及信息获取的高成本性，促使银行倾向于将稀缺的信贷资金贷给大企业。其次，信息不对称体现。在信贷融资过程中在小微企业与银行的融资洽谈中，小微企业会刻意隐匿不利于融资的信息，只展示能够证明自身信誉和偿债能力的信息。随着银行对小微企业的信用要求越来越高，小微企业在提供财务信息时，存在与会计、审计方面串通共同制造虚假信息的可能，如伪造利润、修改报表等，以获取银行的信任。同时，企业出于商业保密的考虑，很少对外公布自身内部核心信息，如交易信息、战略信息等。因此，银行很难及时查证小微企业经营信息的真实性，并且银行与其他政务部门之间也无法做到及时的信息共享，这种信息不对称情况必然导致银行面临极大的信用风险。最后，信息不对称在贷后管理中的体现。对小微企业放贷后，银行需要定期进行跟踪并评价其信用，估算小微企业可能的违约概率，以防范信贷风险的发生。从银行实践来看，Merton、Credit Monitor 等违约估算模型的有效性在很大程度上依赖于小微企业的历史财务信息，但这类信息往往会被一些不良企业恶意操纵篡改，加之小微企业难以提供抵押物，进一步放大了银行面临的信贷风险[173]。

(3) 信贷主体间的逆向选择和道德风险

Stiglitz(1981)[17]研究认为，由于银行与资金需求企业之间的信息不对称，金融机构并不清楚借贷项目的盈利性，从而产生逆向选择问题，同时也不清楚资金是否被恰当使用，从而产生道德风险问题。如果信息不对称现象发生在信贷前则会引发企业的逆向选择，发生在信贷后会引发企业的道德风险。

逆向选择指风险喜好类贷款企业从自身收益出发，追逐高风险、高收益项目，寻求更高的收入水平支持自身发展，然而一旦发生违约事件，贷款者的亏损将远大于其收益(龚旭云，2020)[174]。在难以完全获取融资企业信息的前提下，银行为了控制信贷风险，只能根据历史贷款坏账率来确定贷款利率，并在允许范围内适度提高贷款利率。当贷款利率相对较高时，盈利水平高、信用等级良好且愿意履行贷款合约责任的低风险融资企业往往难以接受，导致其融资需求逐渐减弱；相反，盈利水平低、偿债能力弱且合约履行意愿较低的高风险融资企业则更容易接受，进而其融资需求不断提高。在这样的信贷市场中，高风险融资企业数量不断增加，低风险融资企业数量则不断减少，直至被挤出信贷市场，随之而来的必然是银行的贷款坏账率不断提高，最终银行也会被迫退出这一信贷市场。

另一方面，在信贷市场上，道德风险(moral hazard)是信息不对称引起的又一结果。道德风险是由于借款方各项信息不完善，贷款方无法完全获取其信息来监督其运营，使得借款方做出欺骗贷款方的业务行为，不利于贷款方的收益，其中最直接的道德风险就是借款方的违约行为（沈红波等，2019）[175]。现代数字化技术（大数据、区块链、云计算、人工智能等）的发展使得银行能够相对全面地收集融资企业的相关信息，并据此向该企业发放贷款，但融资企业仍然存在获得贷款后不履行合约的动机。尽管在签订贷款合约时，银行明文规定所贷资金的具体使用方式、途径等，但银行难以做到对这笔资金的动态监控，且监控成本较高。因此，融资企业获得资金后，可能会将这笔资金投入到高风险高收益的领域中，且这种投机行为并不会被公开或共享。如果融资企业的投机行为取得成功，则融资企业既获得高额收益，又能够及时履行融资合约责任；如果融资企业的投机行为失败，甚至导致企业破产，则银行将面临巨大的损失。

2.2.2 小微企业融资信贷市场分析

在传统货币理论中，无论是凯恩斯主义还是货币主义学派，都注重货币市场的作用而忽视金融机构和信贷市场的影响。一直到 20 世纪五六十年代，信贷市场在经济中的作用才逐渐得到重视。不论是金融市场发达的国家，还是金融市场不发达的国家，间接融资都比直接融资更重要，信贷市场在融资规模方面比股票、债券市场大得多。对于我国小微企业而言，信贷融资是小微企业融资的主要方式，如银行信贷，即银行作为贷出资金的主体，小微企业作为借入资金主体，以信用为纽带，以利率为价格，以信贷合约来明确双方的权利和义务，进行资金流通的过程，这在一定程度上缓解了制约小微企业发展和运营的资金难题。为此，在实践层面，国务院、银监会、中国人民银行等相继出台了一系列针对小微企业信贷融资的扶持政策，引导金融机构积极探索小微企业贷款模式、产品和服务创新。在理论层面，我国学者对小微企业的信贷融资途径、模式等作了大量的研究，如李勇等（2013）通过分析小微企业融资中的麦克米伦缺口问题，提出了小微企业融资的政策性支持方式、信贷工厂模式、关系型融资以及互联网信贷等，以期弥补麦克米伦缺口[176]；殷孟波等（2014）论证了银行贷款技术与小微企业信贷可得性之间的关系[177]；施刚（2016）对比了国外商业银行的小微企业信贷模式，并提出促进我国商业银行开展小微企业信贷业务的客户细分及产品差异化、弱化抵押、零售化和批量化管理等对策[178]；胡恒松(2019)基于信贷政策视角，探究了小微企业融资问题及对策，研究成果为我国小微企业融资奠定了一定的理论基础[179]。然而，由于我国信贷市场起步较晚、发育迟缓，加之信贷市场中金融双轨制机制、市场主体地位不对等、金融资源稀缺等因素的存在，促使了银行对小微企业实行信贷约束。

(1) 金融双轨制

金融双轨制指同一时期管制体制内资金市场和不受管制的民间资金市场并存，以利率双轨制为主要标志。我国的双轨制主要体现在处于金融监管体系之中的以商业银行为主的各类金融机构构成的“轨内”金融行业；处于监管体系之外的民间资金体系构成的“轨外”金融体系，民营企业更多地依赖于非正规的民间金融(马国建，2017)[180]。由于我国小微企业自身的弱质性，即信用等级低、资本实力弱、经营管理不规范等，促使“轨内”金融机构为小微企业提供贷款的意愿较低，或刻意提高贷款标准，将小微企业排除在符合贷款条件的客户之外。那么，在当前融资需求和“轨内”金融体系无法对接的情况下，小微企业多转向“轨外”金融体系，即民营经济组织、集体或个人经营的银行或非银行金融机构，如互助储金会、钱庄、典当铺、抬会、呈会等。

尽管“轨外”民间金融在一定时期内能够弥补正规金融融资缺口、降低融资信息成本以及合理配置民间金融资源等，但随着我国经济与金融体制改革的深入，市场经济的成熟发展，民间金融的负面效应亦会更加凸显。一方面，民间借贷的利率水平高于银行同期利率的3—4倍，极大地加重了小微企业的负担，而小微企业微薄的利润根本难以应对高昂的融资成本，加之人民银行、银监会、工商税务和司法机关等部门的监管缺失，很可能会导致民间融资风险的扩大，从而转变成非法集资；另一方面，在资金完全可以自由流通的市场环境下，正规金融机构的资金和不遵循法定利率随行就市的民间资金的“双轨”定价必然引起信贷资金的“脱媒”现象。在趋利性本性的引导下，原本投资于国家政策导向支持产业、企业或地区的资金会流向高利贷团体，进行一系列资金市场投机活动或者虚拟泡沫经济投资活动。小微企业或个人，通过向两个渠道借款，导致两个渠道的风险交织在一起，形成系统风险。因此,金融双轨制下,小微企业通过双渠道借款,一定程度上缓解了融资难,但融资贵,背负了较高的风险,"轨内"金融机构则会更加谨慎对待小微企业的借贷行为,加剧了"惜贷"现象的产生及长久缓解小微企业融资的难度。

(2) 市场主体地位不对等

尽管我国金融组织体系中存在诸多股份制商业银行、农村信用联社、城市商业银行以及村镇银行,包括诸多小额贷款公司等,各类金融机构以多种业务服务小微企业融资,但由于规模较小,与国有商业银行的业务规模仍不能相比,总体上以小微企业融资业务为主,但在满足率方面仍无法与数量庞大、在国民经济发展中占据重要地位的小微企业地位相匹配。国有商业银行在垄断经营地位支配下,更偏爱于为风险较低、资产规模较大、质量较好的大中型企业提供融资服务,造成了我国金融市场压抑与融资低效率,出现了严重的信贷歧视现象,对小微企业的信贷投入不足,导致小微企业处于融资边缘化的地位。为此,政府出台了大量扶持小微企业信贷融资的政策,银行也适时推出迎合小微企业需求的金融产品和其他金融服务,但基于降低交易成本和金融风险的考虑,绝大部分的金融产品仍然要求小微企业提供抵押物,导致即使银行有贷款意向,小微企业也没有办法满足贷款条件而不得不放弃向银行申请贷款。

从博弈论视角来看,信贷市场中信贷资源投向,是中大中型企业与小微企业在市场机制下,与银行博弈的结果,小微企业的资产规模小、受经济周期运行和波动影响较大、风险抵御能力较弱,且向银行提供的抵押资产的价值有限,更难以拥有不同银行间融资贷款和到期时间错位优势,以实现以贷养贷。而拥有资源丰富的大企业,通过挤占小微企业贷款、综合财务筹划、银行贷款等,系统筹划债务。最终,小微企业会被大中型企业排挤出信贷市场,进一步加剧小微企业融资难,导致融资获批概率降低、博弈难度增大。

(3) 金融资源稀缺

20 世纪 30 年代,深受全球性经济危机的影响,英国政府着手调查全国金融业和工商业,以麦克米伦为首的"金融产业委员会"在广泛调研的基础上,于 1931 年在调研报告中提出中小企业在具有担保条件下仍然存在较大的资金缺口,即资金需求量远远大于资金供给量。此后,这一资金缺口被称为“麦克米伦缺口”(Macmillan Gap),体现了现代中小企业由于普遍存在着金融资源短缺,特别是长期融资由于金融资源供给不足而形成的巨大资金配置缺口。自《麦克米伦报告》之后,世界银行对全球范围众多国家中小企业的发展情况作了多次调查,如 Bolton 报告、Wilson 委员会报告、Aston 商学院报告等都证实中小企业资金供给不足的问题普遍存在,如美国中小企业发展资金来源中,55%的资金来源于外部主体,如亲友、商业银行、中小企业管理局等。

改革开放以后,我国民营企业总体规模不断壮大,“麦克米伦缺口”问题也愈加严重。尽管中央政府采取了一系列刺激经济的措施,如加大货币供应量,但仍然难以满足数以千万计小微企业的融资需求。根据世界银行公布的《中小微企业融资缺口》报告,我国约超过 41% 的中小企业存在信贷融资难,小微企业潜在融资缺口甚至可能达到 76%;央行公布的调查报告同样表明融资需求在 200 万人民币以下的中小企业很难获得商业银行的支持。从经济学上均衡的视角来看,小微企业“麦克米伦缺口”的产生实际上是一种均衡向非均衡变迁的过程,如图 2.5 所示。在计划经济体制下,我国企业发展过程中“麦克米伦缺口”现象并不显现,即资金供给量 S 和资金需求量 D 能够实现相对稳定的均衡状态,交叉点 E 为稳定状态下企业资金供求均衡点。在市场经济体制下,信贷市场中银行作为资金供给方,处于强势地位,而小微企业作为资金需求方,则处于弱势地位,其短期均衡状态发生变动。在信贷资源受限情况下,银行等金融机构为企业提供信贷服务时一般按照市场竞争逻辑,即从大到小的顺序。因此,银行等金融机构为小微企业提供的资金支持等服务大幅降低,即资金供给曲线 S 移动至 S',在价格 i_0 不变的情形下,此时的资金供给量为 Q_1,那么资金供需缺口为 Q_0-Q_1,小微企业对信贷资金的需求远没能得到满足。

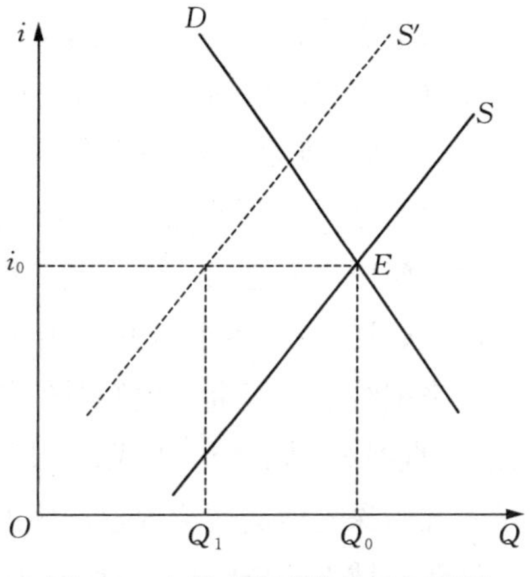

图 2.5　小微企业融资缺口示意图

实际上,在我国小微企业信贷市场中,除了上述提到的金融双轨制、市场主体地位不对等、金融资源稀缺因素以外,还存在信用体系不完善、担保再担保体系不健全等问题,在这些因素的叠加作用下,银行等金融机构在信贷市场中只能限制小微企业信贷资金的供给,加剧了小微企业的融资难困境。

2.2.3 小微企业融资的信贷配给

(1) 信贷配给的产生

由前文分析可知,由于信贷主体间信息不对称以及信贷市场资源稀缺等因素的存在,往往导致银行发放贷款时的信贷歧视和融资企业获得资金后的难以监管问题,银行的期望收益会下降,利益失衡局面由此产生,也无法体现社会公平公正性,进而使资源配置不平衡。由此,信贷配给成为银行的次优选择。

较早意识到信贷配给现象的经济学家 Adam Smith 和 Keynes, Adam Smith(1776)在《国富论》著作中这样写道:"法定利息率若低于最低市场利息率,其结果将无异于全然禁止放贷取利的结果。如果所取得的报酬少于货币使用之所值,则债权人便不肯借钱出去,所以债务人得为债权人冒险接受货币使用之全值而支付一笔费用";而 Keynes(1930)在《货币论》中讨论了"未被满足的借方需求",并提出市场经济活动中的银行主体会运用非价格手段来配给信贷资金。他们对信贷配给的描述并未引起其他学者的深入探究,一直到 20 世纪 60 年代,以 Hodgman(1960)、Jaffee(1969)等为代表的学者开始探究信贷配给现象产生的原因,以及银企关系、银行对信贷风险的认知等视域下信贷配给问题,这些学者的研究成果为信贷配给理论的发展奠定了坚实微观基础。20 世纪 70 年代以后,信息经济学的发展促使信贷配给理论逐渐走向成熟。以 Stiglitz 等(1981)、Bester(1985)等为代表的学者开始运用信息理论和契约理论分析信贷市场中的经济现象,基于信贷市场中的信息不对称视角构建了逆向选择模型和道德风险模型,认为信贷配给产生的主要原因是信贷市场中存在信息不对称和代理成本。在此基础上,学者们开始多角度地论证信贷配给的存在,如 Sharp(1991)的委托—代理视角、Williamson(1986, 1987)的信贷分配和金融崩溃理论等(任建军,2009)[181]。

基于上述学者们关于信贷配给的研究成果，可以从宏观和微观两个层面来解释信贷配给的内涵。就宏观层面来说，在不变的信贷利率条件下，信贷配给在信贷市场上表现为信贷资金供给小于资金需求；而从微观层面来说，两种情况可解释为信贷配给现象：一种是银行只满足融资企业资金申请额度的一部分；另一种是在众多的融资企业中，银行只满足其中一部分企业的融资需求，即使剩余企业愿意支付较高的信贷利率。由此可见，实行信贷配给的市场中，银行是依据信贷利率来优化决策的，价格也并非是市场非出清的前提。彭磊(2004)详细阐述了信贷配给与信贷市场的均衡结构，并提出银行提高信贷利率的结果可能是信贷风险水平的上升，那么银行贷款也不是信贷利率的单调递增函数。因此，信贷配给在本质上是市场非出清的一种状态，此时的均衡性体现在固定信贷利率下边际收益与边际成本的均衡[182]。如图 2.6 所示，在既定利率下，*MR* 为对应的边际收益，*MIC* 为边际信息成本，*E* 点是两者在信息不对称程度临界值 § 下的均衡点。当银企间信息不对称程度高于 § 时，*MIC* 大于 *MR*，那么银行则不会批准融资企业的贷款申请，信贷市场也将出现分割，形成非市场出清的结构状态。

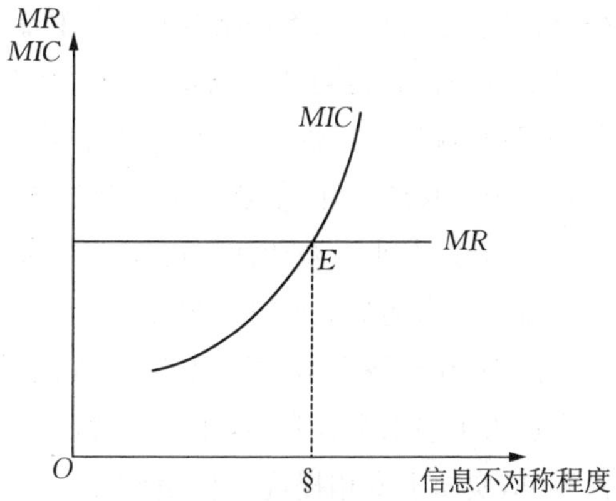

图 2.6　信贷配给下的结构状态

(2) 信贷配给约束下的信用风险

信用风险是信贷市场中非常重要的金融风险形式之一，存在于一切含有信用的金融活动中，是指债务人不履行或者不能履行契约，致使债权人承担损失的可能性。刘攀(2008)在新制度经济学的框架下，从政府介入、机会主义等方面解释和分析了信贷市场中信用风险问题[183]。

第一，为解决信息不对称问题，银行等金融机构产生多种甄别借款者的机制，通过一些非价格条件的设置，从而产生信贷配给机制，最终带来了小微企业信贷市场长期处于失灵与分割的状态。具体而言，在融资供给量既定的条件下，大企业相对于小微企业所占份额更多，小微企业的发展必然受到损害，进而可能造成失业率较高、税收减少、经济波动等问题。在这种情况下，政府必然要介入和干预信贷市场，表现为让银行承担指定用途的政策性贷款。政府的行政干预在一定程度上将改变信贷资源的配置，约束银行信贷决策的条件也将发生改变。从小微企业的角度来看，政府提供的隐性担保促使小微企业产生投机意愿，即倾向于投资高风险、高收益的项目，而未获得政府隐形担保的企业则会被排挤出信贷市场，进而加剧了整个信贷市场的风险。

第二，信贷配给理论证明了为了减少借款企业的道德风险以及逆向选择等不利因素，基于贷款风险和自身利益的角度出发，银行应以低于市场出清的利率对企业进行贷款。然而，如前文所述，小微企业普遍存在资产规模小、财务数据周期短、治理结构和管理机制不完善、经营持续性差、易受外部经济形势和行业周期影响以及自身抗风险能力较弱等问题，银行往往会采取一刀切策略，使得资产状况、信用水平较好的那部分小微企业也无法获得信贷资金。长此以往，信贷资金不断流向个别行业或少数的企业，信贷市场也被不断分割，小微企业面临更加严重的信贷配给，违约风险也随着融资效率和盈利能力的降低而进一步加剧。

此外，在经济人本性的驱使下，加之信贷配给制度的作用，银行信贷业务人员为了追求个人利益，在给小微企业办理信贷业务时，可能由此产生隐性利率，实质上变相提高了信贷利率，增加了小微企业的融资成本，整个信贷市场的风险水平也会提升。

2.2.4 组织增信理论

由前文可知，在信贷配给制度的约束下，小微企业信贷市场的风险伴随着机会主义、制度缺陷等因素的作用而存在，而信用增进作为一种管理信用风险的综合性金融服务制度和工具，是实现社会融资结构的进一步优化以及信贷市场风险的有效分散和转移的必然要求，体现了政府推动信贷市场发展以及鼓励小微企业发展的政策意图，同时也顺应建立有效的市场风险分散和分担机制并进行风险专业化管理这一发展趋势，在进一步提升整个信贷系统的风险管理能力中，实现扶持小微企业发展的目的。

(1) 组织增信的基本原理

20 世纪 80 年代以后,金融技术的发展为信用风险的防范与治理提供了一个契机。学术界和金融界开始将金融技术运用到信用风险的评价、化解以及信用等级的提高,并由此形成了信用工程学科。这一学科的发展使得信用风险的传递和扩散得到了有效的遏制,并在控制风险总量的前提下,优化信用风险结构(石红军,1999)[184]。从实践成果来看,信用增级技术对风险结构优化具有显著的作用,主要通过资本、抵押、质押、担保、保险等途径来分解与组合信用风险结构,改善信贷市场融资准入条件,提升企业融资获得率。此外,日本经济学家青木昌彦深入剖析了东亚经济的发展模式与成效,重点考察了政府在此过程中所发挥的作用,并据此提出了“市场增进论”。与“政府推动论”和“市场亲善论”相比,“市场增进论”认为政府在经济活动中的协调作用必不可少,但不应以过多干预市场资源配置的形式,而是侧重于推动商业协会、金融中介、贸易商会、农村合作组织等民间组织的发展,形成政府与市场相辅相成的协调机制。

组织增信正是在信用增级原理和市场增进理论的基础上,以国家信用为基础,借助国家、各级政府的政治优势及相关社会组织的组织优势,通过体制改进和制度创新,增加市场主体的信用,弥补市场机制的不足,引导、规范市场行为,增强相关弱势市场主体信用意识和提升信用能力(林勇等,2006)[185]。从前文分析可知,市场主体的经济人本性及银企间信息不对称性,使得信贷市场存在道德风险和逆向选择,进而引发信贷资源配给现象,这进一步提高了小微企业等主体的融资难度。而组织增信正是解决融资难问题的有效途径,也就是说,基于政府在信贷市场中的协调和担保效用,在银行、融资企业、担保机构、再担保机构等参与主体间设计合理的合作制度、风险分担制度等,促进融资企业的信用水平的提升和整个信贷市场信贷风险的分散。

由此可见,组织增信的本质是制度(合作制度、信用制度、风险防范制度等)建设,目的是提升信用等级、合理配置稀缺资源以及强化风险控制。用有限的财力或者风险损失准备,不管是用财政的形式,或者用铸币税的形式,甚至市场主体的捐赠,以一个机构本身资本金和呆账准备金的形式,都是在试图依靠有限财力或风险准备金来承担更大风险,若制度建设比较完善，融资风险将由负责落实制度的组织承担，真正由财政、金融机构和基层政府承担的损失比例将比较低。最终所要承担风险的数量，则完全取决于制度建设效果，取决于道德风险的控制和信用建设的成效。发达的信用制度基本可以消除道德风险带来的损失，既是制度建设的目的和效率所在，也是政府增信推动社会信用发展的基本原理。总体而言，将组织增信运用于小微企业金融可以增强政银合作的协同力，使得金融机构能够有效配置和整合大量信贷资源，并能够缓解银企信息不对称问题，将贷款风险在银行、企业和政府间平摊，使得借款方真正承担应有的风险。

(2) 信用再担保的增信机理

基于经济学视角，信用增进可以被界定为市场经济活动主体信用不足情况下，借助于第三方机构来提升其信用等级，以便在市场活动中顺利获取产品或服务。就小微企业融资领域而言，由于其资本规模、管理水平、信息披露机制等因素造成的信用不足问题，从而难以获取银行信贷资金。那么，信用增进就是借助融资担保机构等第三方信用主体，提升小微企业信用水平，并帮助其获取信贷资金。在现实信贷市场中，担保机构也存在信用不足的问题，而融资再担保就是再担保机构为担保机构增进信用，保证银担合作顺畅，使更多的信贷资金流向小微企业。

樊娅(2018)详细分析了融资再担保增信的原理，如图 2.7 所示，其中纵

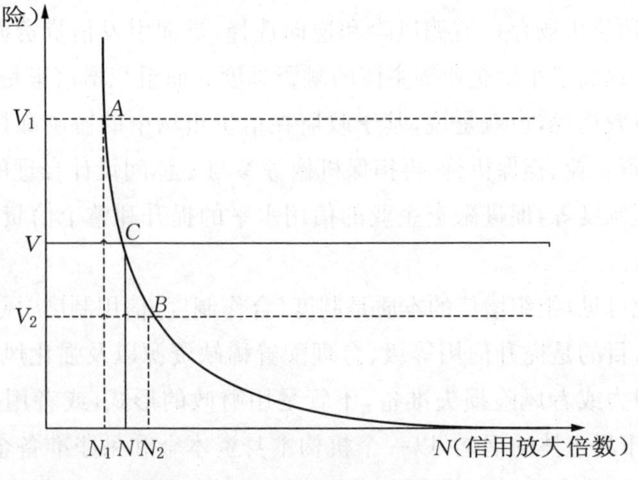

图 2.7　融资再担保增信原理

坐标表示再担保业务合作主体分担的风险，横坐标表示信用放大倍数，曲线 V 表示银行承担的信贷风险与信用放大倍数之间的关系，图中曲线则表示再担保机构承担的风险与信用放大倍数之间的关系。假设 V 表示银行的风险控制水平，即银行所能承受风险的临界值，此时银行授信的放大倍数为 N。当与再担保机构建立合作关系后，担保机构信用水平得到提升，部分风险也转移给再担保机构，银行承担的风险也随之降低至 V_2，放大倍数则会提升至 N_2，更多信贷资金在担保、再担保机构的作用下流向小微企业。与此同时，随着银行放贷资金的增加，再担保机构所要承担的风险也将增加至 V_1，当 V_1 超过再担保机构所能承受风险的临界值时，再担保业务的开展将被再担保机构审慎对待，融资再担保功能的发挥也受到限制[186]。

2.2.5　融资再担保制度的特性与制度演化

(1) 再担保准公共品特性

从经济发展经验来看，当市场存在上述市场失灵和市场缺陷时，政府通常采取行政法律、财政、金融等手段介入和干预市场，由政府提供公共产品或准公共产品而得以实现。1954 年，Samuelson 在《公共支出的纯理论》中指出，公共物品是每个人对这种物品或服务如国防安全服务的消费，都不会减少其他人对该物品消费，且由政府或非营利性机构提供的物品，具有受益的非排他性和消费的非竞争性。其中，非竞争性意味着增加的消费者引起的社会边际成本为零，在公共物品的消费上，人人都可获得相同的利益；而非排他性是指任何人对公共物品都不具有所有权，在一个既定的供给水平下，公共物品一旦提供，不能阻止另外一些人从中受益，所有社会成员都可以同时享有同等的消费利益。与公共物品相对应的，则是私人物品，具有消费的竞争性和受益的排他性特征，可以通过市场机制获得供给。Buchanan (1965)、Blundell(1990)、植草益(1992)等学者对 Samuelson 的观点并不同，甚至提出了质疑，形成了准公共品的概念，认为准公共产品介于纯公共产品和私人产品之间，指具有有限的非竞争性或非排他性的公共产品，如政府兴建的公园、教育、高速公路等，在理论上应采取政府和市场共同分担的原则。周自强(2011)依据上述基本特征的思路，将准公共品划分为三类：具有强的非排他性和弱的非竞争性的准公共品、具有强的非竞争性和弱的非排他性的准公共品、非竞争性和非排他性都不充分的准公共物品。其中，第二类准公共品可称为排他性准公共品，这类物品有一个临界的饱和点或“拥挤点”，在未达到饱和状态时，消费具有非竞争性，增加一个消费并不会减少其另外一个消费者从该产品消费中获得利益，也不会因此增加额外成本。一旦达到“拥挤点”后，再增加消费者则改变了性质，会影响到其他消费者对该物品消费中的收益或成本，如高速公路拥挤后，增加的车辆越多，其他车辆的驾驶者受到了影响。因而，当排他性装置在技术上可行和经济上合算时，是可以借用市场的方式加以提供并保持一定的限度[187]。

基于上述观点，从融资担保效用的公益性而言，信用再担保属于介乎公共物品与私人物品之间的准公共品，其准公共物品的属性凸显。原因在于，信用再担保机构的设立并非完全为了营利，同时还负担了便利小微企业融资、促进小微企业发展的职能，既具备公益服务价值，又可以通过市场机制予以实现。因此，担保机构可以为小微企业增信分险，而信用再担保机构则是担保机构的进一步延伸，通过帮助担保机构分担部分风险、提高信用水平。担保、再担保的出现能够在一定程度上解决银企之间信息不对称的问题，利用自有资金或政府出资，为小微企业提供担保服务，弥补其信用不足的缺陷，从而降低了小微企业的融资难度，实现信用再担保机构“准公共品”的定位功能。同时，相对于银行而言，担保机构对于小微企业的属地化优势，能够降低边际信息成本，使得更多具有较高边际收益的小微企业获得信贷支持。

(2) 再担保制度的演化

制度变迁理论始于20世纪70年代前后，其代表人物主要有诺斯、科斯、青木昌彦等，其基本理论框架是：在自然环境、人口结构、技术水平、产权及道德文化等外在制度环境相关的因素发生变化，如何向主体提供新的获利机会，从而推动提供改变制度、创造新制度的动机的产生，为了主体或社会获得更大的收益或节约某些交易成本，促进主体必须进行相关制度创新；当新制度所带来的边际收益与旧制度运行所需边际成本时，制度变迁会暂时停滞，制度结构就达到了某种“均衡”；要改变这种均衡，只有当环境改变时，才会又发生对新制度的“需求”或“供给”。当制度的供给及需求仍处于基本均衡时，制度是相对稳定的；当现存制度不能满足人们的需求时，就会产生制度变迁的动力。就信贷市场而言，同样存在小微企业融资需求不能得到满足的困境，因此，在规模经济、内化外部性等动因的驱动下，融资再担保以特定的方式，从一种博弈均衡移动到另一种博弈均衡。

① 融资再担保制度变迁动因分析

从制度均衡观视角来分析，制度均衡是指在影响人们的制度变迁供给与需求的因素保持一定时，制度变迁的供给与制度变迁需求相对稳定，制度安排不再变动的一种相对静止状态；而制度不均衡是指，人们对现存制度的供给存在一种不满意或不满足、意欲改变而又尚未改变的一种状态，这种不满足或不满意是因为现行制度带来的净收益小于另一种可能制度所带来的，也就是出现了一个可供选择新的盈利机会，会产生新的潜在制度变迁可能的需求和供给，并激发潜在制度变迁需求大于原有制度保留需求，潜在可能的制度变迁供给大于实际制度供给。由于影响制度变迁需求与供给的因素始终处在变化之中，导致制度的形成和发展过程中，制度均衡是理想态而非均衡是一种"常态"。科斯(1937)是较早对制度变迁需求方面展开分析的，他指出"一旦考虑到进行市场交易和成本，那么显然只有这种调整后的产值增长多于它所带来的成本时，权利的调整才能进行"。他分析变化了的环境、技术、人口及意识形态等如何向人们提供新的获利机会，从而提供制度变革的动机。诺思等(1993)在科斯的研究基础之上，指出当在现有制度结构下，由规模经济、外部性、交易成本和风险所引起的收入的潜在增加不能内在化时，一种新制度的创新可能应运而生，并构造了一个制度需求分析框架。

1) 再担保制度的规模经济性

规模经济一般反映的情况最有效(单位成本最低)的产出，可能需要企业的生产规模很大。相对于规模小的企业，生产规模大的企业所拥有的规模经济优势，主要是单位成本低。在准公共品属性定位和政府给予的大力支持下，再担保是对担保的担保，其发挥的作用主要是增加担保行业的信用力，扩大整个担保行业的放大倍数，提高服务小微企业的业务规模。随着担保业务规模、人员数量、机构数量的扩大而发生的单位营运成本下降，单位收益上升的现象，即规模经济性。再担保制度产生的规模经济性主要表现在外在经济与内在经济两个层面，外在经济则是指整个担保业规模扩大而使单个担保机构得到了良好的人才、信息、资金融通等便利服务而引起收益的递增现象;而内在经济是指单个担保机构由于业务营运规模的扩张,从内部引起收益的增加。

2) 再担保制度的内部化外部性

外部性说明的是经济主体(包括厂商或个人)的经济活动对他人和社会造成的非市场化的影响,即社会成员(包括组织和个人)从事经济活动时其成本与后果不完全由该行为人承担。当出现正外部性时,生产者得不到应有的效率补偿;当出现负的外部性时,受损者也得不到损失补偿。从科斯及诺思等学者理论,外部性是新制度经济学所关注的重大问题。科斯主要关注如何使负外部性内在化,而诺思则主要关注如何使正外部性内在化。如前文所述,在融资供给量既定的条件下,大企业往往能够得到更多的信贷资金,则小微企业的资金份额相对减少,其发展必然受到损害,这种资金配置效率的低下,使得大企业产生的正外部性没有外溢到小企业,小企业缺少资金导致生产的负内部性也没有得到补偿。因此,政府以直接出资的方式组建再担保机构,为担保行业增信分险,安排政策性资金来支持小微企业的发展。在某种程度上,再担保制度创新的实质上就是正外部性内在化的过程。

3) 再担保制度对风险的克服性

风险在未来的交易中有时不可能预测到,风险的盛行是削减经济活动的一个因素,一些合理制度的功能之一就是降低风险和减少不确定性。前文分析得知,在信贷配给制的约束下,政府的行政介入和机会主义进一步加剧信用风险的产生,那么银行、担保机构需要一定的方式将风险合理转嫁出去,而再担保制度的创新正是各种风险管理及化解的有效途径。所谓风险转嫁是指某个经济主体的债权人为了规避风险损失,有意识地将损失或与损失关联的或然结果转嫁给其他经济主体(保证人或债务人)承担的路径和方式。从信贷市场的具体实践来看,通过构建省级或区域性融资再担保体系,各方参与主体签订再担保业务合作契约,将其承担的借款企业可能无法偿还借款的损失风险部分转嫁给再担保机构,从而将可能风险损失降到最低限度。正是再担保制度为担保机构提供的稳健的授信服务,使得信贷市场的资金融通和其他交易行为得以顺畅进行。而再担保机构承接的风险,由政府、社会相关利益者分担,并通过社会信用体系,逐步制约并保障社会不诚信行为的可控性。

② 融资再担保制度变迁方式分析

从制度变迁的主体来看，制度变迁可划分为两种变迁方式，即强制性变迁和诱致性变迁。其中，强制性制度变迁是在政府行政命令和法律作用下对原有制度不均衡的反应，并在国家政府和地方政府强制性权力下产生新的制度安排，这种强制性权力保证了新制度安排的规模经济优势，以及制度实施与组织成本等方面的优势；而诱致性制度变迁是在原有制度无法继续产生利益的前提下对新的外在利润的响应，由个人或团队自发地创造新的制度安排，并逐渐替代原有的制度安排（杨德才，2019）[188]。基于制度变迁视角，国外典型的再担保制度，即以日本、美国为代表的再担保制度，基于其民主政治的基础，通过政府强制性变迁为主，诱致性变迁为辅来实现的，担保再担保基金完全由政府财政出资或由政府直接运行，再担保制度设计程序简洁、运行高效，再担保风险分担比例、费率等比较合理；而以韩国、中国台湾地区为代表的再担保制度，具有后发优势，以政府诱致性变迁为主，强制性变迁为辅的演进方式形成的，这种制度变迁能够充分发挥市场机制作用，调动多主体参与的积极性来推动再担保的发展[152]。

从我国小微企业再担保制度建设历程来看，大致经历了萌芽阶段（1999年—2007年）、探索阶段（2008年—2014年）以及规范发展阶段（2015年—　），是从强制性制度变迁到诱致性制度变迁的过程。首先，我国再担保制度的建立属于一次创造性、开拓性的制度建设，在萌芽与探索阶段的实践是粗放式的，由于经验缺失导致一系列问题的出现。一是制度基础薄弱，难以发挥效用。再担保制度发挥作用的前提是需要整套的协同制度，如风险分担制度、资本金补偿制度、绩效考核制度等，配套制度不完善导致放大倍数、代偿能力等方面受到限制。二是业务模式难以统一。由于我国地域广大，各区域间的经济发展水平处于不平衡状态，使得各省或区域的再担保运行机制、业务产品、分险机制等无法进行科学的规范。尽管存在上述问题，但政府强制性权力在短时间内推动了再担保制度在各省或区域内的建立与运行，并取得了显著的成效。因此，从这个层面来说，我国再担保制度的产生是政府主导下的强制性变迁。其次，随着再担保制度的功能定位、顶层政策设计等逐步达成共识，并且再担保业务市场化运营的不断深入，推动再担保制度建设的政府强制性作用开始慢慢淡化，而再担保机构、担保机构等微观主体开始扮演越来越重要的作用。在潜在利益的动力下，再担保体系中微观主体不断产生制度需求，并自主性地参与新制度的设计与更替，如形成“4321”政银担分险制度。最终，在新制度正常运作并发挥既定功能的情况下，政府部门逐渐解除微观主体自主行动的限制，以鼓励新的制度创新。因此，再担保制度的产生又是由信贷市场上微观主体主导下的诱致性变迁（杜朝运等，2014）[189]。

总的来说，再担保制度的产生有其深刻的制度性变迁动因，再担保制度的快速发展是对信贷市场资金供给不足的市场需求反映，在产生与发展过程中是既受政府主导又受市场需求驱动而进行的强制性和诱致性制度变迁，有效地弥补了信贷市场融资信用的不足。

2.3 演化博弈等研究方法

2.3.1 研究方法的选择

制度经济学等理论可以帮助我们厘清中国经济改革中的很多问题，汗牛充栋的浩瀚文献也证明了这一视角对中国问题的适用性。与此同时，现有文献仍然无法解释关于中国经济改革的若干理论困境，特别是最根本的制度发展路径问题，即“改革从哪里来，往哪里去?”。制度作为社会契约，是社会参与者不断博弈然后相互妥协后产生的。对制度满意者会选择遵守，不满意者会寻求变化，微观层面的公共选择信息汇总后会对最终决策者提供阶段性概率信息，以决定下一步的制度变化方向。微观博弈演化出宏观制度变化。演化博弈理论注重“尘埃是如何落定的、而不是落定后的结果”，为课题提供了建设性的理论设想与方法。

信用再担保作为一种为促进小微企业发展的制度设计，其产生的原因是当前的信用担保制度无法满足小微企业的融资需求，故而同样存在“非均衡—均衡—非均衡”的演变过程，也是一个帕累托改进的过程。因此，可以运用新制度经济学方法（如博弈论、行为经济学和实验经济学、成本—收益分析、边际替代分析、均衡分析等），并结合生物学方法来研究信用再担保制度运行中信用风险的演化。然而，诸类方法在再担保领域特定方向的研究中具有不同的功能，但部分方法受其缺陷限制导致研究范围存在局限。比如，我国小微企业信息的残缺性决定了企业的收入、利润等信息难以获取，且小微企业以民营为主，企业信息与企业主个人信息交叉，账表不全且混乱，数据获取较为困难，实证方法难以开展；我国融资担保链风险的相关数据统计获取较为困难，且各地区担保机构数量、规模大小不一，样本聚类存在障碍，且无法显示出再担保业务主体间群体交往的特点，部分统计学计量方法适用范围有限。

基于以上分析，在选取再担保体系风险研究方法时，需考虑以下两点。一是信息的可获取性方面，担保机构和再担保机构受政府管理，相关数据较易获取。二是再担保体系群体交往的特性，担保机构和再担保机构两群体的行为以“有限理性”为基础，二者交互过程中竞争与合作并存，与企业群体、银行群体有合作，且受外界经济政治和市场环境影响，将种群作为研究对象的方法较为合适。因此，以群体为研究对象且研究对象数据易于获取的研究方法更为适合，故选取演化博弈方法作为制度变迁中的主要研究方法，参考现实数据进行模拟仿真。

考虑到我国仍处于市场经济发展的初级阶段，随着国内改革开放政策的推进与国际发展环境的变化，再担保制度变迁中难免受到随机因素的干扰，国内不同区域的担保及再担保机构发展也会出现较大的差异。因此，研究中选择哈肯模型来研究不同区域再担保业或再担保机构发展的不平衡问题；选择 Lokta-Volterra 模型、恒化器模型和随机模型方法研究多主体交往中，受随机因素影响时主体行为的变化规律，充分描述再担保体系内外部风险现实情境，并基于近年担保、再担保行业数据，用计算实验的方法进行数值模拟，探究再担保风险演化规律和风险控制。

2.3.2　演化博弈方法

(1) 演化博弈方法的功能介绍

演化经济学假定，人们的理性是有限的，对他人行为预期很难正确无误；他们通常是通过模仿、学习和不断试验对外部世界的冲击作出反应。演化博弈模型是演化经济学最基础的模型之一，以有限理性的参与人群体为研究对象，探究多群体动态的演化过程，从而描绘出某几个群体通过不同决策最终达到一个均衡状态的途径。演化博弈理论在演化稳定策略(ESS)的提出后开始受到系统化研究，而这一策略的提出者是英国两位生物学家 Smith 和 Price。在此基础上，生态学家 Taylor 和 Jonker 又提出了复制者动态的概念，这两个概念最终成为了演化博弈的理论核心。随着演化博弈理论研究的日渐成熟，其应用边界不断扩大，已广泛地应用于分析社会制度变迁、管理模式调整等问题。

再担保业务的开展是由再担保制度决定的，因此对相关制度的演化研究很大程度上能够反映再担保业务及风险的演化。在中小企业融资再担保运营过程中，各业务主体(再担保机构、担保机构、合作银行等)围绕自身期望收益，观察其他主体的决策行为并采取相应的行动：再担保机构与担保机构存在直接的业务合作中，主要围绕风险分担、收费及赔付方式等讨价还价并展开博弈，再担保机构在自主决策的情况下更愿意开展增信型再担保业务而非补偿型再担保业务，担保机构的意愿正好相反，导致担保机构申请再担保的积极性不高，因而再担保机构需要通过降费让利等优惠措施吸引担保机构积极开展业务合作，或者在适当时机改变再担保形式，以扩大自身业务规模。此外，合作银行的授信及风险分担等政策决定了担保机构的净资产放大倍数，担保机构的实力、风险代偿政策等也影响了与银行的合作。因此，多主体的博弈策略及相应的支付矩阵，既影响双方直接合作，也间接影响多主体的合作，深刻影响着再担保业务的规模及再担保政策的变化。通过刻画融资再担保业务主体的决策路径，来阐明主体博弈策略选择，进而研究再担保政策的演化趋势，分析融资再担保业务的风险演化机理。

(2) 演化博弈模型的运算

① 演化博弈策略

演化博弈策略是指博弈群体中大多数群体选择演化博弈策略时，选取的较稳定的博弈策略，少数选择其他策略的主体则面临改变策略或演化过程中被淘汰出去。从数理视角来界定演化博弈策略：假设某一群体中大部分主体选择策略 x，小部分变异群体选择策略 y，则 y 策略被称为突变策略；将变异群体的比例设为 a，$a\in[0,1]$，那么这一由选择 x 策略的群体和选择 y 策略的群体组成的混合群体为 $(1-a)x+ay$；如果对于任何的 $y\neq x$，存在一个

$b \in [0, 1]$，可以使得不等式 $u[x, (1-a)x+ay] > u[y, (1-a)x+ay]$ 对于所有的 $a \in [0, b]$ 都能成立，则 x 为演化稳定策略（樊娅，2018）[186]。

② 复制者动态方程

复制者动态方程是指在博弈过程中，参与博弈的主体通过模仿、学习对手博弈策略，不断改进自身的策略选择。其基本原理是由于博弈群体的有限理性与重复博弈，如果某一策略的收益高于平均水平，那么这一策略将会被更多的博弈主体所选择，用微分方程来表示，该方程是博弈群体某一策略选择的比例与时间的导数。当复制者动态方程的值大于零时，选择该策略的博弈主体增加。

假设在某一特定的情境下群体 A 与群体 B 博弈，群体 A 的策略有 A_1 和 A_2 两种。当群体 A 选择 A_1 策略的初始人群比例为 x，此时收益支付为 U_x；选择 A_2 的初始人群比例则为 $1-x$，收益支付为 U_{1-x}；那么群体 A 的平均收益支付为 $\bar{U}=xU_x+(1-x)U_{1-x}$，群体 A 在这个博弈过程中选择策略 A_1 的复制动态方程如下：

$$F(x)=\frac{\mathrm{d}x}{\mathrm{d}t}=x[U_x-\bar{U}] \tag{2.1}$$

只有当 A_1 满足 $F(x)=0$ 且 $F'(x)<0$ 的条件时采用该策略，才能使系统达到稳定状态（樊娅，2018）[186]。

通过构建演化博弈模型，刻画融资再担保多主体决策行为的演化趋势，进而分析再担保业务主体间的行为策略博弈对业务风险的演化影响。

2.3.3　随机模型

(1) 功能介绍

随机性指在单轨道实验中结果呈现波动且不确定，但在多轨道实验中结果具有统计性质。随机微积分方程起源于马氏过程的构造和 Kolmogorov 的分析方法与 Feller 的半群方法，应用于系统科学、工程科学、生态科学等各个方面。现实中，再担保体系内主体间策略选择和合作关系直接受小微企业经营形势、协作银行政策波动和经济环境、法律环境等因素影响在不同状态波动，主体业务产出及风险演化趋势随之变化。同时，再担保风险的演化过程类似于传染病传染过程(周利国等,2019;蒋晓薇,2014;苏捷,2019)[130][158][190],风险传染路径和风险强度受多因素影响具有随机性。

(2) 应用举例

环境噪声是生态系统的重要组成部分,因此流行病模型、谣言传播模型不可避免地受到环境噪声的影响(Mao 等,2002)[191]。Sun 等总结环境的不稳定性将导致体系内部相关要素呈现无规律波动状态[192]。首先设立谣言模型如下:

$$\begin{cases}\dfrac{\partial S}{\partial t}=d\ \dfrac{\partial^2 S}{\partial x^2}+A-\beta SI-\mu S+\alpha I^2\\[2ex]\dfrac{\partial I}{\partial t}=d\ \dfrac{\partial^2 I}{\partial x^2}+\beta SI-(\mu+\eta)I+\alpha I^2\end{cases}\tag{2.2}$$

其中 $t>0$, $x\in D=(0, L)$是齐次诺依曼边界条件$\dfrac{\partial S}{\partial v}(t, x)=\dfrac{\partial I}{\partial v}(t, x)=0$, $t\geqslant 0$, $x\in D$,且

$$\begin{cases}S(0, x)=\rho_1(x),\ x\in D\\I(0, x)=\rho_2(x),\ x\in D\end{cases}\tag{2.3}$$

其中 $S(t, x)$和 $I(t, x)$分别表示在 t 时刻,距离为 x 时谣言敏感用户的密度和谣言感染用户的密度。L 描述的是谣言与其他社交网络用户之间距离的上限。

参数 $\Re_0=\dfrac{\beta A}{\mu(\mu+\eta)}$是确定性系统的基本再生数,基于 $\Re_0$ 的数量大小,可得以下结论:

① 若 $\Re_0<1$,则系统(2.2)有唯一平衡点 $E_0=\left(\dfrac{A}{\mu}, 0\right)$,而且它是全局渐进稳定的。

② 若 $\Re_0>1$,除了 E_0,系统(2.2)有唯一一个正平衡点 $E^*=(S^*, I^*)$使得若谣言存在(即 $I\neq 0$),则 $\beta S-(\mu+\eta)-\alpha I=0$,即 $S=\dfrac{\mu+\eta}{\beta}+\dfrac{\alpha I}{\beta}$。将 S 代入式(2.2),可得

$$\begin{cases} I^* = \dfrac{(\Re_0 - 1)\mu(\mu+\eta)}{\beta(\mu+\eta)+\mu\alpha} \\ S^* = \dfrac{\mu+\eta}{\beta} + \dfrac{\alpha}{\beta}\dfrac{(\Re_0 - 1)\mu(\mu+\eta)}{\beta(\mu+\eta)+\mu\alpha} \end{cases} \tag{2.4}$$

且 E^* 是全局稳定的。

现实中,担保机构和再担保机构围绕再担保业务、直保业务展开竞争与合作,支撑着担保体系的发展。而担保与再担保业务直接受小微企业经营形势与协作银行政策波动等因素影响,使担保业务量和直保业务量受干扰处于波动状态。因此,需要引入随机变量如受保企业违约率、政策变化等来表示外生因素对担保体系的影响。布朗运动是用来描述悬浮微粒做无规则运动的随机过程模型,本文借鉴其环境温度越高,布朗运动越激烈的特点,建立了一类随机再担保风险模型,并试图基于对该随机模型的研究来揭示外生因素对再担保体系的影响规律。

2.3.4 哈肯模型

(1) 功能介绍

哈肯模型是协同学理论创始人哈肯提出的一类自组织理论,通过该模型可以找到系统的线性失稳点,从而区分快弛豫参数和慢弛豫参数,利用绝热消去法消去快弛豫参数后,确定序参量,从而定量地对系统演化进行分析。

我国各省市间市场经济发达程度不一,省级再担保机构的成立时间和资本实力均存在差异,因此,我国不同地域开展再担保业务的成熟度、协同度一定程度上也具有差异。本文通过建立哈肯模型,试图系统地评价全国各省市再担保业务的发展概况和发展水平,同时,确定影响再担保业务协同度的主要因素并刻画其影响路径,为后文分析再担保业务风险的演化机理打下基础。

(2) 运算过程

哈肯模型以“绝热消去法”为理论基础,借由系统的序参量来表示系统的有序化水平,进而刻画系统所处状态。假设 q_1 为某子系统及参量的内力;q_2 被该内力所控制,系统所满足的运动方程为:

$$\dot{q}_1 = -\gamma_1 q_1 - a q_1 q_2 \tag{2.5}$$

$$\dot{q}_2 = -\gamma_2 q_2 + b q_1^2 \tag{2.6}$$

式中：γ_1、γ_2 代表两个子系统的阻尼系数，$|\gamma_2| \gg |\gamma_1|$，且 $\gamma_2 > 0$ 被称为该运动系统的"绝热近似假设"，在实际运用中要求二者相差至少大于一个数量级。若"绝热近似假设"成立，突然撤去 q_2，q_1 来不及变化。令 $\dot{q}_2 \approx 0$，从式(2.6)可以得到

$$q_2 = \frac{b}{\gamma_2} q_1^2 \tag{2.7}$$

q_1 即序参量，进而解得序参量演化方程，也即系统演化方程：

$$\dot{q}_1 = -\gamma_1 q_1 - \frac{ab}{\gamma_2} q_1^3 \tag{2.8}$$

利用系统势函数来反映完整系统的当前情况，势函数通过对 $\dot{q}_1$ 做相反数积分求得：

$$V = \frac{1}{2}\gamma_1 q_1^2 + \frac{ab}{4\gamma_2} q_1^4 \tag{2.9}$$

经济分析中用到的变量一般为离散化变量，需要对面向连续型随机变量的物理方程进行预处理，即：

$$q_1(k+1) = (1-\gamma_1) q_1(k) - a q_1(k) q_2(k) \tag{2.10}$$

$$q_2(k+1) = (1-\gamma_2) q_2(k) + b q_1(k)^2 \tag{2.11}$$

哈肯模型主要通过确定系统关键作用参量，构建参量与参量之间的运动方程，进而有效分辨出系统中的序参量，对系统的整体协同水平进行评价。这种研究思路也可以应用到再担保业务系统的协同演进水平评估中。

2.3.5 Lotka-Volterra 模型

(1) 功能介绍

该模型主要分析自然种群间的竞合关系，最初用于研究亚得里亚海中某些鱼类的数量波动，分析食物链条中的生物层级以及种群数量变化规律。现多应用于研究海上运输产业、医疗产业、产业集群和产业创新、产业技术

创新网络以及产学研合作。

(2) 应用举例

假设某系统中存在两个种群，种群 2 为捕食者，分别用 $x(t)$ 和 $y(t)$ 来表示种群 1 和种群 2 的数量，则种群 1 的数量变化率 $\mathrm{d}x(t)/\mathrm{d}t$，种群 1 自然生长的增长率为 $a_1>0$，考虑两种群竞合关系，用 $b_1>0$ 来表示二者相遇几率，则种群 1 的数量变化方程如下所示：

$$\frac{\mathrm{d}x(t)}{\mathrm{d}t}=a_1x(t)-b_1x(t)y(t) \tag{2.12}$$

同理，设 $-a_2y$ 表示种群 2 一段时间内的消逝数量，b_2xy 表示种群 2 在对应时间内的生长量，可构造该种群数量模型如下：

$$\frac{\mathrm{d}y(t)}{\mathrm{d}t}=-a_2y(t)+b_2x(t)y(t) \tag{2.13}$$

结合(2.12)、(2.13)，可以得出两种群的数量方程：

$$\begin{cases}\dfrac{\mathrm{d}x(t)}{\mathrm{d}t}=a_1x(t)-b_1x(t)y(t)\\[2ex]\dfrac{\mathrm{d}y(t)}{\mathrm{d}t}=-a_2y(t)+b_2x(t)y(t)\end{cases} \tag{2.14}$$

充分考虑单个种群的内耗和种群之间的互利关系，优化公式(2.14)可得：

$$\begin{cases}\dfrac{\mathrm{d}x(t)}{\mathrm{d}t}=x(a_1+b_1x+c_1y)\\[2ex]\dfrac{\mathrm{d}y(t)}{\mathrm{d}t}=y(a_2+b_2y+c_2x)\end{cases} \tag{2.15}$$

Lokta-Volterra 模型最初用于描述海洋中多类食物链上层生物种群捕食下层生物种群的情况，旨在描述捕食者相互竞争的状况。在融资再担保体系中，当再担保机构开展直保业务，便需要和担保机构共同争夺小微企业这一客户资源，双方构成直接竞争；且我国小微企业数量每年递增，双方业务处于买方市场。如此情景与 Lokta-Volterra 模型的应用背景类似，因此本文借用 Lokta-Volterra 模型的思想构建担保群体和再担保群体的业务竞争模型，刻画二者业务竞争情况，为体系外扰动风险变量的引入做铺垫。

2.3.6 恒化器模型

(1) 功能介绍

恒化器是一种微生物连续培养的常用装置(如图 2.8)，由培养容器、供液系统和供液系统组成，微生物在后两套装置中吸收着由第一套装置输出的营养，当第二套装置营养饱和时，营养物质随导管流入最后的装置，如此两个烧杯里的微生物合力消耗营养。该模型能够实现营养物质在整套设备中以稳定的速率输入并在实验过程中保持同等浓度，不仅可探究单类微生物的发育，也可分析多类微生物生长环境和所需营养的差异。

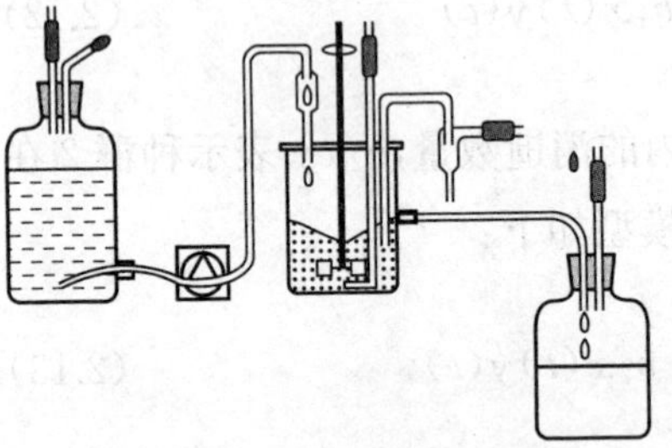

图 2.8 恒化器装置示意图

(2) 运算过程

首先构造恒化器模型环境的一般动力学模型如下：

$$\begin{cases}\dfrac{\mathrm{d}S(t)}{\mathrm{d}t}=(S^0-S(t))D-\dfrac{x(t)}{\gamma}f(S(t))\\ \dfrac{\mathrm{d}x(t)}{\mathrm{d}t}=(f(S(t))-D)x(t)\end{cases} \tag{2.16}$$

其中 $S(t)$ 和 $x(t)$ 分别表示 t 时刻恒化器中限制性营养和微生物的浓度，$f(S)$ 代表微生物对营养的功能性反应函数，参数 S^0 为输入营养的浓度，D 为恒化器的稀释率，刻画营养转化率的参数 γ 称为产率因子。

微生物对营养的功能性反应函数的是 Monod 型函数[91]，即 $f(S)=\dfrac{mS}{a+S}$，其中 m 和 a 分别表示微生物的最大增长率和半饱和常数。替换后式(2.16)可变为：

$$\begin{cases}\dfrac{\mathrm{d}S(t)}{\mathrm{d}t}=(S^0-S(t))D-\dfrac{mS(t)x(t)}{a+S(t)}\\ \dfrac{\mathrm{d}x(t)}{\mathrm{d}t}=\left(\dfrac{mS(t)}{a+S(t)}-D\right)x(t)\end{cases} \tag{2.17}$$

当 $m \geqslant D$ 时，模型的动力学行为完全决定于输入营养的浓度 S^0 和微生物的得失相当常数

$$\lambda = \frac{aD}{m-D} \tag{2.18}$$

若 $S^0 \leqslant \lambda$ 确定性模型仅存在唯一的边界平衡点 E_0，并且全局渐近稳定，此时微生物将在恒化器中趋于绝灭；若 $S^0 \geqslant \lambda$，除边界平衡点 E_0 外，还存在唯一的正平衡点 $E^* = (S^*, x^*) = (\lambda, S^0 - \lambda)$，并且 $E*$ 全局渐近稳定。

恒化器装置中，营养物质连续不断由培养基注入培养室，微生物在连通的培养室中吸收营养物质，第一个连通器内的微生物无法消耗的物质会流入第二个连通器，双方合作吸收。在再担保体系中，小微企业违约产生的代偿大部分由担保机构和再担保机构商定分担比例共同承担。如此情景与恒化器装置的实验过程类似，因此本文借用恒化器模型的思想构建担保群体和再担保群体的业务合作模型，描述二者业务合作情况，为体系外扰动风险变量的引入做铺垫。

2.4　本章总结

本章在对小微企业、融资担保、再担保内涵以及再担保风险特征、来源等充分阐述的基础上，着重探讨了信用再担保制度研究的经济学逻辑以及相关研究方法的运用。从制度功能分析，再担保制度的政策性定位既凸显了其公益服务价值，又需要通过市场机制来实现增信分险的功能，基于新制度经济学理论，小微企业是有限理性的经济人，银企双方信息不对称，在金融双轨制且信贷配给情境下，融资市场无法出清，必要的组织增信如何缓解信息不对称，促进小微企业融资，梳理出研究的经济学理论研究逻辑。从融资再担保制度变迁角度分析，融资再担保制度缘于多主体需求，基于风险转嫁、矫正信息不对称性等动因下产生的，以演化经济学方法为主要工具，研究在政府主导的强制性变迁和市场微观主体驱动的诱致性变迁综合作用下，并考虑随机因素的作用，选择 Lokta-Volterra 模型、恒化器模型和随机模型方法研究多主体交往中，受随机因素影响时主体行为的多方博弈与演化，以及再担保制度的变化规律，从研究方法层面梳理出研究方法的选择逻辑。

第三章　小微企业融资再担保体系建设现状分析

3.1　融资担保机构发展现状

3.1.1　融资担保机构发展历程

为了扶持中小微企业，解决一直困扰中小微企业发展的融资难题，结合我国实际情况并借鉴国外成熟经验，改革开放以后，随着经济发展及中小微企业整体规模与实力的提升，在我国建立融资担保机构以缓解中小企业微融资难问题成为可行的措施之一。我国探索建立的中国经济技术投资担保公司于 1993 年成立，自此，我国融资担保机构主要经历以下几个发展阶段，发展历程如表 3.1 所示，融资性担保机构在促进中小微企业融资方面，发挥了重要作用。

3.1.2　融资担保机构数量与资本金规模

我国担保行业发展延续了“量减质增”的趋势，整体实力持续增强。截

表 3.1　我国融资性担保机构发展历程

时　　间	发展阶段	阶　段　特　点
1993—1997	起步探索阶段	各类担保机构探索成立，银担合作渠道初步建立，但整体担保业务不大
1998—2002	基础构建阶段	“一体两翼”担保格局初步形成，中小企业需求增加，政府扶持力度提高，各类担保机构涌现
2003—2008	扶持发展阶段	宏观环境良好，担保市场迅速拓展，民营担保机构井喷式发展，占据市场主导，同时违规经营现象并现
2009 至今	规范整顿阶段	宏观环境变化，风险事件频发，监管问题显现，政府整顿力度加强

至 2019 年末，全国共有融资担保法人机构 5 562 家，较 2018 年减少 491 家，下降 8.1%。其中，国有控股机构 2 646 家，同比增长 0.2%，占比 47.6%；民营及外资控股机构 2 916 家，同比下降 14.5%，占比 52.4%。机构数量变动情况如图 3.1 所示。

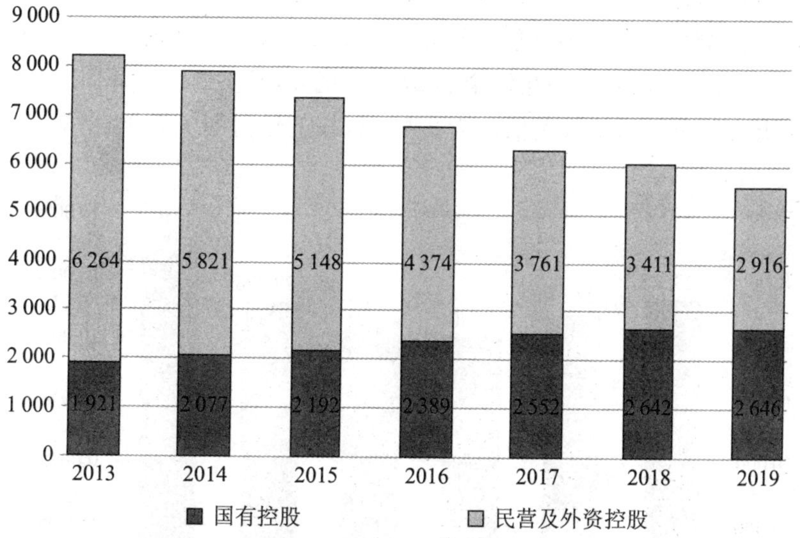

图 3.1　融资担保机构数量变化情况

融资担保机构注册资本规模结构占比情况如图 3.2 所示。2019 年全行业实收资本 11 744 亿元，同比增长 3.33%。注册资本在 10 亿元(含)以上融

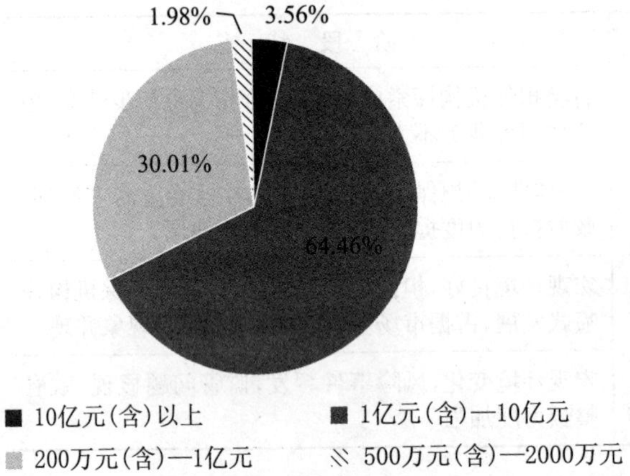

图 3.2　注册资本规模结构占比情况

资担保机构198家,较上年末增加8家;1亿元(含)—10亿元融资担保机构3 584家,较上年末减少285家;1亿元以下融资担保机构1 669家,较上年末减少50家;500万元(含)—2 000万元融资担保机构110家,较上年减少164家。行业整体资本实力不断增强,部分注册资本较低的机构逐渐退出市场。

3.1.3　融资担保机构业务开展情况

在机构数量持续下降的情况下,融资担保业务规模显著增长。截至2019年末,融资担保行业在保余额37 304亿元,较上年增加5 086亿元,同比上升15.8%。融资担保在保余额27 017亿元,较上年同期增加4 021亿元,上升17.5%。行业放大倍数为2.14倍,较上年同期上升13.2%。另外,

图 3.3　融资担保在保余额变动图

非融资担保在保余额为 4 688 亿元，业务规模小幅下降，较同期减少 7 亿元，同比下降 0.2%。融资担保业务规模的跳跃式增长，部分源于银保监发〔2019〕37 号文发布后，在融资担保在保余额中新纳入住房置业担保及互联网消费贷担保业务数据。

3.2 我国融资再担保机构发展现状

我国融资担保机构自 20 世纪 90 年代起探索建立，机构数量经历了从爆发式增长到急剧萎缩的过程。通过调研不难发现，融资担保机构自身经营不规范、抗风险能力弱等问题普遍存在。另外，逆经济周期下小微企业经营环境进一步恶化，违约风险增加，担保机构代偿率持续走高。因此，探索融资再担保机构的构建成为规范担保行业运营并防范系统性风险的重大举措。

3.2.1 融资再担保机构发展历程

1999 年，原国家经贸委公布了《关于中小企业信用担保体系试点建设的指导意见》，其中首次提出"再担保"，针对再担保机构的设立、资金来源、主要职能、业务活动、机构监管等方面作出了系统化的解释。2000 年发布的《关于鼓励和促进中小企业的发展若干政策意见》首次提出构建国家再担保机构，同时将省级再担保机构的试点工作提上日程。2001 年，安徽担保集团与下辖的铜陵担保公司开展了第一笔融资再担保业务。2007 年，全国第一家跨区域再担保机构——东北再担保公司成立。此后，在政策支持与市场需求的双重引导之下，部分省份也陆续筹建了省级再担保机构。

如表 3.2 所示，2017 年底 28 家省级再担保机构(含承担再担保功能的担保机构)注册资本金总计 698.34 亿元，较 2016 年增加 45.84 亿元，增幅 7%。其中，湖南担保集团、河南担保集团、广西再担保、内蒙古再担保、黑龙江鑫正、宁夏再担保 6 家机构实现增资，注册资本金共计增加 45.84 亿元。28 家省级再担保机构平均注册资本金规模 24.94 亿元，较 2016 年增加 1.64 亿元。其中，注册资本 10 亿元以下的有 6 家，10 亿元(含)－20 亿元的有 9 家，

表 3.2 全国再担保机构资本总额变动情况

机构简称	注册资本			
	2016 年	2017 年		
	金额	金额	变化额	变化率
安徽担保	107.66	107.66	0	0
河南担保	51.57	62.07	10.50	20.4%
广东再担保	60.1	60.1	0	0
江苏再担保	57.34	57.34	0	0
湖南担保	16.32	40	23.68	145.1%
黑龙江鑫正	32.38	34.01	1.63	5.0%
东北再担保	30	30	0	0
浙江担保	30	30	0	0
贵州担保	30	30	0	0
青海担保	26.57	26.57	0	0
北京再担保	20	20	0	0
福建再担保	17	17	0	0
新疆再担保	15.37	15.37	0	0
湖北再担保	15	15	0	0
山西再担保	13.93	13.93	0	0
广西再担保	5	13	8	160.0%
山东再担保	11.91	11.91	0	0
内蒙古再担保	8.53	10.53	2	23.4%
宁夏再担保	10	10.03	0.03	0.3%
上海再担保	10.01	10.01	0	0
甘肃再担保	9.64	9.64	0	0
河北再担保	8.75	8.75	0	0
重庆再担保	8	8	0	0
江西再担保	7	7	0	0
陕西再担保	5.42	5.42	0	0
山西企业再担保	5	5	0	0
合　计	652.50	698.34	45.84	7.03%

20亿元(含)—30亿元的有4家,30亿元(含)—50亿元的有5家,50亿元以上(含)的有4家,安徽省担保集团以107.66亿元高居榜首。

3.2.2　融资再担保业务形式

(1) 国家融资担保基金业务运作方式

2018年7月刚成立的国家融资担保基金以再担保业务合作先行,面向省级再担保机构及地方设立的融资担保基金开展合作,推动了三层融资再担保体系的建设,通过激励与考核机制,引导合作机构聚焦小微、“三农”主业发展。

实行准入授信管理和考核激励,积极推进比例分险再担保业务。国家融资担保基金通过对合作省(市)担保及再担保机构实行准入、授信管理,对符合一定要求的业务开展比例分险再担保业务合作。在机构准入方面,选择业务能力较强、风险管控较好、具备一定地区政策支持、展业潜力较大的行业机构进行合作,并根据业务开展情况,在合作期限内给予一定的授信规模。在业务合作方面,一是要符合小微、三农、创业创新及战略新兴等国家政策重点扶持领域;二是担保费率要在一定标准内;三是与银行合作,开展融资担保项目。同时,国家融资担保基金定期对合作机构进行小微、“三农”业务规模、户数占比及代偿指标考核,对业务开展好、风险管控佳的合作机构予以奖补,以帮助促进合作机构主动作为发挥作用。

三级分险,压实合作,切实助力风险分担模式落地。国家融资担保基金分担原担保项目债权金额20%的风险责任,同时要求合作担保及再担保机构分险比例不低于国家融资担保基金分险比例,与直保机构形成三级分险,压实风险分担模式。在担保业务开展的不同阶段,根据实际开展情况,国家融资担保基金为合作机构分别提供增信和分险支持,以减轻合作担保、再担保机构经营压力,增强合作机构政策性担保业务展业能力,促进行业发展的活力与韧性。

保底封顶,防控风险,确保政策性融资担保业务可持续发展。合作项目发生代偿时,依次由涉及项目的直保机构、省级再担保机构、国家融资担保基金逐级按比例进行风险代偿,追偿收入按照分险比例进行返还。国家融资担保基金对合作机构设定年度代偿率指标要求,遵循下保底、上封顶的原则，差异化设定合作业务的分险比例，动态调整合作机构授信规模，加强自身及合作机构的风险管控，确保合作业务的可持续发展。

平衡权责，形成合力，构建银担合作的良好生态。国家融资担保基金设立以来，充分利用自身中央财政与银行股东的资源优势，从顶层推动银担之间“总对总”合作，实现风险分担补偿，推动构建政府性融资担保机构和银行业金融机构共同参与、合理分险的银担合作机制。截至2018年末，已与9家银行签订了“总对总”战略协议，与17个省（自治区、直辖市）级担保或再担保机构签署了再担保合作协议，另与5个省份担保及再担保机构签订了合作意向协议，总业务规模达到326亿元，为25 245户提供担保，其中单户500万元及以下的担保金额占比约为60%。国家融资担保基金业务合作取得积极进展，引导放大作用初步显现。截至2019年末，全国小微企业融资担保业务增长9.8%，融资担保费率下降0.3%，国家融资担保基金再担保合作业务规模突破2 400亿元、担保户数16万户。

(2) 融资再担保机构业务运作方式

自2007年设立第一家再担保机构以来，再担保机构成为完善小微企业融资担保体系的关键环节，逐步构建起小微企业及“三农”等主体融资支持的长效机制。截至2019年底，全国所有的省份、直辖市或自治区成立了省级再担保机构或者建立了承担融资再担保职能的政策性担保机构，推进再担保业务落地，对接国家融资担保基金，并对辖内融资性担保机构开展再担保业务。各地因势利导，再担保体系运营方式也不尽相同。

增信型再担保业务：增信型再担保业务主要的功能是增强金融机构例如银行等债权人对担保公司的信心，从而达到增进合作担保公司信用的目的，帮助其建立与银行业等金融机构的合作关系。截至2017年底，共有19家省级再担保机构开展了增信型再担保业务，其中河南、陕西、宁夏、广东等14家机构的再担保业务以此模式为主。根据承担责任的方式不同，增信型再担保业务主要包括两类产品：一般责任再担保和附条件的连带责任再担保。

代出保函型再担保业务：代出保函型再担保业务主要适用于未获得银行业金融机构等债权人授信准入的担保公司或超出合作担保公司担保能力的项目担保。由再担保机构代担保公司向债权人出具保函承诺，担保公司则向再担保机构提供反担保,并对项目代偿承担全部或部分责任的业务。该类业务具体涉及的产品较多,如分保、联保、技援再担保、溢额再担保等,但从其承担责任的方式上看,此类业务实际属于类直保业务。截至 2017 年末,全国累计 7 家省级再担保机构推出了代出保函型再担保业务,其中内蒙古再担保全部为此类业务。

补偿型再担保业务:补偿型再担保业务最主要的功能是为合作担保公司提供风险分担,保障其资产流动性,协助担保公司快速恢复代偿能力。截至 2017 年,全国共计 17 家省级再担保机构已推出比例再担保业务,其中江苏、北京、浙江等 10 家机构的再担保业务以此模式为主。从担保公司的现实需求看,由于比例再担保业务可以切实提供分险分担,因此,是担保公司最为需要的一类再担保业务。

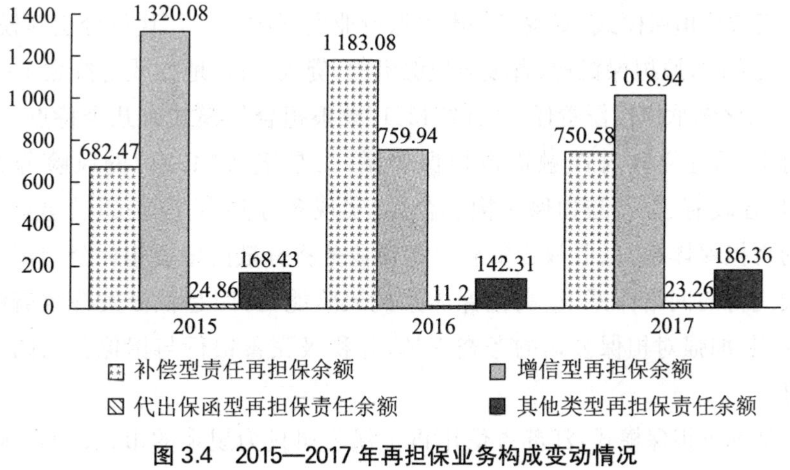

图 3.4　2015—2017 年再担保业务构成变动情况

其中,补偿型再担保业务按照责任承担方式的不同,又可以进一步细分。一般责任再担保:截至 2017 年底,全国共有 10 家再担保机构开展了一般责任再担保业务,其中甘肃、河南、山西、东北、湖北等再担保机构开展的再担保业务以一般责任再担保业务为主。连带责任再担保:截至 2017 年末,全国有 6 家再担保机构开展连带责任再担保业务,其中广东再担保的再担保业务以此模式为主。比例再担保:北京、江苏和浙江等省市的再担保业务以此模式为主。

通过上文分析不难发现，一般责任再担保与连带责任再担保均以发挥“增信”作用为主，而比例再担保则以发挥“分险”作用为主。

(3) 再担保业务典型模式分析

我国中小企业融资再担保体系采取“一体两翼三层”的运营模式，国家再担保基金针对省级再担保公司开展强制再担保业务和一般再担保业务相结合的业务；省级再担保机构对市级互助性和商业性担保机构开展一般再担保业务，对市、县级政策性担保机构开展强制再担保业务；县、市级担保机构为中小企业向银行申请贷款提供担保服务。此外，地市级担保机构在收到市级中小企业信用担保监督管理部门委托时，对县级中小企业担保机构进行监督和指导。不同地区再担保机构在发展中也形成了不同的再担保运营模式，从省级层面来看，典型的有以下几种：

安徽再担保模式：安徽省提出担保行业发展的“4321”代偿分担新模式，代偿发生时，原担保机构、省级再担保机构、贷款银行、地方政府按照 4∶3∶2∶1 的比例承担代偿责任。安徽“4321”政银担合作模式有几个特点，一是政府主导，建立政府性融资再担保体系；二是坚持“4321”的风险分担比例，加强政府、银行与担保机构的合作，实现多方共赢；三是通过建立多层次的再担保体系，以股权投资和再担保业务将分散的融资担保公司编织成稳健运行的网络体系，提高担保体系抗风险能力；四是积极发挥政府的引导作用，加强对担保公司的考查审核，并积极完善银行与担保公司的对接制度。

江苏再担保模式：江苏省信用再担保公司只为规定的市、县(市、区)担保公司的项目提供再担保服务，政策规定的项目担保费按 3∶7 分配。出现代偿时，先由担保公司办理全额代偿，担保公司凭借银行的代偿证明向省再担保机构申请代偿补偿，省再担保机构经过审核通过后再按照 5∶5 的比例承担相应的代偿责任，担保机构同时应对相关违约担保人进行追偿。对未发生代偿事项的担保公司，省级再担保公司根据当期保费收入的 30％退还给担保公司，以此来作为奖励。

北京再担保模式：北京中小企业信用再担保公司只与一些资金实力强、经营规范的担保公司签订再担保合同，再担保费率为担保费的 30％。出现代偿时，担保公司与再担保公司各承担 50%的代偿责任。对于无法授信再担保条件的担保公司，采用一事一议的方法，对符合条件的担保项目提供再担保。对于授信项目下可能产生的道德风险，通过“免责条款”或者事后确认的方法来解决。

广东再担保模式：广东省信用再担保公司参考了股份制的方法来设定再担保基金。符合再担保条件的担保公司将上年末在保余额的 1%—2%购买再担保基金中的份额，每份基金为 50 万元，按照原始价格 1∶1 购买，每个担保机构最高限额为 1 000 万元。担保机构还需缴纳担保费收入的 40%作为再担保费用，再担保基金的收入与利息中的一部分作为再担保风险准备金。当发生代偿时，先由担保公司办理全额代偿，担保公司凭借银行的代偿凭证向再担保机构提出申请，再担保机构审核通过后按照 3∶7 的比例分担代偿责任，并减少该担保机构的基金份额，同时担保机构承担向违约人追偿的责任。

3.2.3　融资再担保机构业务开展情况分析

(1) 再担保业务开展简况

截至 2017 年年底，全国 28 家省级再担保机构的直保及再担保在保余额总计 3 598.53 亿元，较 2016 年末增加 463.94 亿元，增幅 15%。从具体规模分布来看，安徽省担保、江苏再担保、北京再担保、广东再担保在保余额超过 300 亿元，分别是 1 077.8 亿元、584.6 亿元、369.47 亿元和 346.21 亿元。年末在保余额过百亿元的机构还有河南省担保集团 216.7 亿元、东北再担保 158.02 亿元、陕西再担保 120 亿元、四川再担保 111.49 亿元。除湖北再担保、湖南担保集团因正值组建期间暂未开展再担保业务外，其余 26 家再担保机构均已开展再担保业务。从各机构再担保业务变化情况看，2017 年中有 19 家机构的再担保业务规模实现了不同幅度的增长，其中云南再担保、新疆再担保、四川再担保、江西再担保 4 家机构再担保在保余额增幅较大，分别为 69 317%、300%、262%、206%；浙江担保、贵州担保、安徽担保 3 家机构再担保在保余额增幅也超过了 50%，再担保业务规模增长较明显。甘肃再担保、重庆再担保、东北再担保、山东再担保等 8 家机构，再担保业务规模则出现了不同幅度的下降，统计如表 3.3。

表3.3 2017年末全国各再担保机构在保余额变动情况

机构简称	再担保责任余额	补偿型再担保责任余额		增信型再担保责任余额		代出保函型再担保责任余额		其他类型再担保责任余额	
	金额	金额	占比	金额	占比	金额	占比	金额	占比
江苏再担保	171.90	171.90	100%	0	0%	0	0%	0	0%
浙江担保	32.86	32.86	100%	0	0%	0	0%	0	0%
广西再担保	5.63	5.63	100%	0	0%	0	0%	0	0%
新疆再担保	0.85	0.85	100%	0	0%	0	0%	0	0%
黑龙江鑫正	95.24	93.00	98%	0	0%	2.24	2%	0	0%
江西再担保	5.96	5.79	97%	0.17	3%	0	0%	0	0%
北京再担保	159.85	152.73	96%	0	0%	7.12	4%	0	0%
湖南担保	13.84	10.88	79%	2.96	21%	0	0%	0	0%
福建再担保	23.18	14.95	64%	8.23	36%	0	0%	0	0%
安徽担保	532.97	233.50	44%	299.47	56%	0	0%	0	0%
四川再担保	79.28	9.51	12%	69.77	88%	0	0%	0	0%
山西再担保	18.66	2.16	12%	16.50	88%	0	0%	0	0%
河南担保	216.70	13.45	6%	203.25	94%	0	0%	0	0%
河北再担保	0.82	0.05	6%	0.77	94%	0	0%	0	0%
重庆再担保	29.00	1.20	4%	27.00	93%	0	0%	0.80	3%
甘肃再担保	28.23	0.99	4%	27.24	96%	0	0%	0	0%
广东再担保	20.90	0.29	1%	16.56	79%	4.02	19%	0.03	0%
东北再担保	144.00	0.64	0%	54.12	38%	1.18	1%	88.06	61%
山东再担保	57.14	0.20	0%	48.45	85%	0	0%	8.49	15%
陕西再担保	120.00	0	0%	120.00	100%	0	0%	0	0%
云南再担保	83.30	0	0%	5.72	7%	4.11	5%	73.47	88%
宁夏再担保	67.50	0	0%	67.50	100%	0	0%	0	0%
上海再担保	31.53	0	0%	30.02	95%	1.51	5%	0	0%
贵州担保	20.71	0	0%	20.71	100%	0	0%	0	0%
青海担保	15.51	0	0%	0	0%	0	0%	15.51	100%
内蒙古再担保	3.08	0	0%	0	0%	3.08	100%	0	0%
山西企业再担保	0.50	0	0%	0.50	100%	0	0%	0	0%
湖北再担保	0	0	—	0	—	0	—	0	—
合　计	1 979.14	750.58	38%	1 018.94	52%	23.26	1%	186.36	9%

表 3.4　2017 年末全国再担保机构直保业务开展情况

机构简称	直保业务分项情况						
	在保责任余额	在保户数	户均在保余额	融资担保在保余额		非融资担保在保余额	
				金额	占比	金额	占比
安徽担保	453.24	439	1.03	378.26	83%	74.98	17%
江苏再担保	432.00	132	3.27	432.00	100%	0	0%
广东再担保	171.78	380	0.45	153.38	89%	18.40	11%
黑龙江鑫正担保	164.18	2 743	0.06	156.88	96%	7.30	4%
东北再担保	106.84	130	0.82	105.88	99%	0.96	1%
北京再担保	73.73	492	0.15	11.68	16%	62.05	84%
河南担保	71.17	81	0.88	71.17	100%	0	0%
云南再担保	53.15	110	0.48	51.20	96%	1.95	4%
青海担保	41.71	72	0.58	31.71	76%	10	24%
贵州担保	37.78	91	0.42	33.08	88%	4.70	12%
浙江担保	27.52	8 651	0.00	27.52	100%	0	0%
山东再担保	25.09	45	0.56	17.79	71%	7.30	29%
上海再担保	24.82	74	0.34	12.16	49%	12.66	51%
甘肃再担保	18.81	1 822	0.01	12.86	68%	5.95	32%
山西再担保	18.05	203	0.09	16.46	91%	1.59	9%
内蒙古再担保	15.98	73	0.22	15.98	100%	0	0%
陕西再担保	15.71	436	0.04	15.00	96%	0.71	4%
重庆再担保	10.42	31	0.34	7.42	71%	3	29%
福建再担保	5.71	5	1.14	5.71	100%	0	0%
宁夏再担保	4.86	164	0.03	4.86	100%	0	0%
山西企业再担保	2.15	32	0.07	2.15	100%	0	0%
湖南担保	1.00	2	0.50	1.00	100%	0	0%
河北再担保	0.24	1	0.24	0.23	96%	0.01	4%
江西再担保	0	0	—	0	—	0	—
湖北再担保	0	0	—	0	—	0	—
广西再担保	0	0	—	0	—	0	—
四川再担保	0	0	—	0	—	0	—
新疆再担保	0	0	—	0	—	0	—
合　　计	1 775.94	16 209	0.11	1 564.38	88%	211.56	12%

(2) 直保业务规模

从总体来看,部分省级再担保机构在业务开展中仍以直保业务(融资担保)为重点推动方向,再担保业务规模相对于直保业务(融资担保)规模仍然偏小,少数机构尚未开展再担保业务,再担保作用有待进一步有效发挥。

3.2.4 融资再担保机构运行效率分析

(1) 单个再担保机构运行效率分析

DEA 模型用来衡量同一行业内不同主体之间的相对效率,其效率测度模型包括两种:投入导向和产出导向模型。Charnes 等(1978)提出的 CCR 模型是效率评价最常用的 DEA 模型[193],但也存在一定的局限,即无法进一步区分有效的 DEA 决策单元。Andersen 等(1993)[194]在传统 DEA 模型上提出的超效率(Supper Efficiency)DEA 模型,可以实现对所有决策单元的排序,克服了传统 DEA 模型存在的缺陷。投入导向 DEA 模型是指在现有产出不变的前提下,对资源投入情况的有效性进行评价;产出导向 DEA 模型是指在现有资源投入条件下,对产出情况的有效性进行评价。由于我国再担保机构的建设处于初级阶段,其经营及效率评价注重考察在现有资源的投入条件下,融资再担保的产出情况,因此本文选择产出导向的超效率 DEA 模型对融资再担保效率进行评价(樊娅,2018)[186]。

① 产出导向 SE-DEA 模型构建

若有 n 个需要进行评价的再担保机构,将第 j 个再担保机构记为 DMU_j,每个 DMU_j($j=1, 2, 3\cdots n$)有 m 种投入和 r 种产出,则第 j 个 DMU 的 m 种投入可以表示为($x_{1j}, x_{2j}, \cdots, x_{mj}$),$r$ 种产出为($y_{1j}, y_{2j}, \cdots, y_{rj}$)。此时 DEA 效率的评价指数是:

$$h_j = \frac{\sum_{s=1}^{r} u_s y_{sj}}{\sum_{i=1}^{m} v_i x_{ij}}, \ i=1, 2, \cdots, m; \ j=1, 2, \cdots, n; \ s=1, 2, \cdots, r \tag{3.1}$$

其中 x_{ij} 代表第 j 个再担保机构的第 i 种资源投入,y_{sj} 代表第 j 个再担保机构的第 s 种产出,v_i 代表再担保机构第 i 种投入占的权重,u_s 代表再担保机构第 s 种产出占的比重。

不妨将第 j_0 个再担保机构的运行效率设为基准，构建再担保机构运行效率评价指数的约束方程，得到再担保机构效率评价测度模型，如式(3.2)所示。

$$\max h_{j_0}=\frac{\sum_{s=1}^{r}u_s y_{sj_0}}{\sum_{i=1}^{m}v_i x_{ij_0}}$$

$$s.t.\begin{cases}\dfrac{\sum_{s=1}^{r}u_s y_{sj_0}}{\sum_{i=1}^{m}v_i x_{ij_0}}\leqslant 1,\ j=1,\ 2,\ \cdots,\ n \\ u\geqslant 0,\ v\geqslant 0\end{cases} \tag{3.2}$$

上述规划问题较为复杂，考虑将其转化为线性规划并求解。取上述规划的对偶形式，引入投入产出相关的松弛变量 s^- 与 s^+、阿基米德无穷小变量 ε，转化得到式(3.3)所示的线性规划问题。

$$\min[\delta^* -\varepsilon(\sum_{i=1}^{m}s_i^- + \sum_{s=1}^{r}s_s^+)]$$

$$s.t.\begin{cases}\sum_{j=1}^{n}x_j\lambda_j + s_i^- = x_0 \\ \sum_{j=1}^{n}y_j\lambda_j - s_s^+ = \delta^* y_0 \\ \lambda_j\geqslant 0 \\ s_s^+,\ s_i^+\geqslant 0\end{cases} \tag{3.3}$$

上式中，δ^* 代表再担保机构运行效率的测度值；λ_j 代表第 j 项评价指标所占的权重，松弛变量 s_i^- 和 s_s^+ 代表再担保机构投入和产出改进的路径。

② 融资再担保效率评价标准

基于 DEA 效率测度模型的基本原理，通过分析式(3.3)对应的最优解 δ^*，以及松弛变量 s^-、s^+ 取值即可判断再担保机构的运行效率，具体而言：

当 $\delta^* \geqslant 1$ 时，说明再担保机构运行效率值等于或大于 1，此时判定再担保机构是 DEA 有效的。此外，当松弛变量 s^- 与 s^+ 均取 0 时，代表当前再担保机构的投入产出是最优配比；当松弛变量 s^- 与 s^+ 取非零值时，表示当前的投入产出配比并不是最优。由于本文主要研究无效再担保的改进方向，对于 $\delta^* \geqslant 1$ 时松弛变量的取值情况不做深入分析。

当 $\delta^* < 1$ 时，再担保机构运行效率测度值不足 1，判定再担保机构运行是 DEA 无效的。另外，松弛变量 s^- 与 s^+ 的取值情况反映了再担保机构运行效率提升的改进路径，s^- 代表达到 DEA 有效需要减少的投入量，s^+ 代表达到 DEA 有效需要增加的投入量。

③ 小微企业融资再担保效率评价的实证分析

1）样本来源与数据处理

在中国融资担保协会的帮助下，课题组通过对 2018 年全国 29 家省级再担保机构运营情况的调研，获取了与本研究相关的再担保机构运营数据。在剔除个别无效或错误样本数据后，保留了 24 家机构的样本数据，样本有效率为 83%，研究结果基本能反映国内省级再担保机构的整体运行效率。

结合前文制定的效率评价目标，考虑从政策性和经济性两个维度构建超效率 DEA 模型，依据计算结果判断再担保机构的运行效率。

由于 DEA 效率测度模型不允许指标数值为负数，但部分再担保机构的净利润指标为负值，为提高模型的适用性，参考杨力（2011）等人的研究，对净利润指标对应数据进行标准化处理，具体公式为：

$$yi' = 0.1 + 0.9^* \frac{y_i - y_{\min}}{y_{\max} - y_{\min}}$$

上式中，y_i 代表净利润的原始数据，$y_{\min}$ 表示净利润中的最小值，$y_{\max}$ 代表净利润中的最大值，y_i' 表示标准化后的数值，取值范围为[0，1]。

2）基于政策目标的效率测算与分析

以政策性目标为导向测度再担保机构运行效率。将 24 个有效样本的运营数据导入 DEA-SOLVER 软件，计算得到效率值和对应的松弛变量的取值，如表 3.5 所示。

表 3.5　基于政策目标的融资再担保效率测算值

DMU	效率值	s^{1-}	s^{2-}	s^{3-}	s^{1+}	s^{2+}	s^{3+}
1	0.005	0.00	12.40	2 601.95	363.87	0.00	0.00
2	0.190	0.00	19.49	1 338.78	245.50	0.00	0.00
3	0.009	2.44	0.00	4 730.77	446.30	0.00	0.00
4	0.026	0.00	35.40	29 259.71	887.83	0.06	0.00
5	2.090	0.00	0.00	527.06	0.00	0.02	0.00
6	0.377	0.00	10.54	0.00	264.71	0.15	0.00
7	0.541	0.00	0.00	4 280.29	0.00	0.00	6.66
8	1.868	0.00	0.00	380.79	153.70	0.00	3.52
9	0.071	0.00	18.09	4 251.96	246.52	0.02	0.00
10	2.233	26.91	0.00	2 547.22	0.00	0.00	0.00
11	0.385	0.00	0.00	3 931.20	0.00	0.00	0.00
12	1.055	12.40	0.00	0.00	223.32	0.16	0.00
13	0.847	0.00	28.56	4 319.80	0.00	0.11	0.00
14	0.041	74.73	0.00	3 930.02	1 178.02	0.00	0.00
15	0.113	49.88	0.00	22 015.82	0.00	0.78	0.00
16	0.035	0.00	17.73	2 050.52	0.00	0.25	0.00
17	1.633	4.56	30.27	0.00	0.00	0.00	17.90
18	0.266	0.00	0.00	36 757.99	65.75	0.00	0.00
19	2.228	0.00	7.66	0.00	0.00	0.71	0.00
20	0.351	11.68	0.00	0.00	102.07	0.00	29.28
21	0.160	25.54	0.00	12 023.84	0.00	0.45	25.44
22	0.359	7.79	0.00	14 760.65	0.00	0.86	1.79
23	0.124	2.20	0.00	62.30	304.07	0.02	0.00
24	0.179	0.00	28.73	1 789.84	298.56	0.00	0.00
mean	0.633	—	—	—	—	—	—

从表 3.5 所示的输出结果来看，样本的 DEA 效率平均值为 0.633，其中效率值大于 1 的机构（DEA 有效的）占样本比例的 25%，共有 6 家；效率值小

于1的机构(DEA无效的)占样本比例的75%,共有18家。具体的再担保机构运行效率值分布情况如图3.5所示,各机构运行效率的取值差异显著。

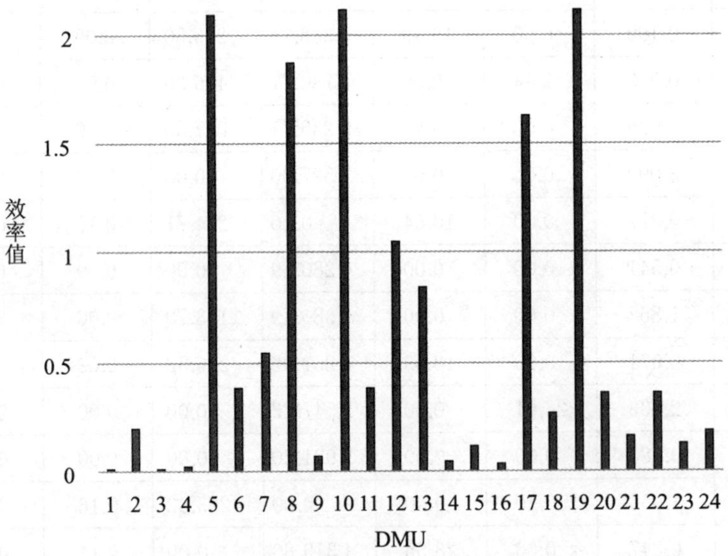

图3.5 融资再担保机构效率值的分布图

另一方面,松弛变量的取值反映出所有指标均存在产出不足或投入冗余,表明当前再担保机构存在资源使用效率不足的问题。具体情况如表3.6所示。

表3.6 DEA无效再担保机构的投入产出情况统计

	指　标	数量	占无效再担保机构的比例
投入冗余	净资产 x_1	7	38.89%
	员工人数 x_2	8	44.44%
	营业支出 x_3	16	88.89%
产出不足	再担保在保余额 y_1	11	61.11%
	补偿型再担保占比 y_2	9	50%
	合作担保机构数量 y_3	4	22.22%

以投入指标为例,7家再担保机构的净资产存在投入冗余,占DEA无效

机构数量的 38.89%；8 家机构存在员工人数投入冗余，占 DEA 无效机构数量的 44.44%；另有 16 家机构存在营业支出投入冗余，占 DEA 无效机构数量的 88.89%。从产出指标来看，61.11%的机构存在再担保余额不足的情况，无效再担保机构中有 50%存在补偿型再担保业务不足，约有 22.22%机构存在合作担保机构数量不足的情况。上述评价结果表明再担保业务的高支出、在保余额规模小与代偿补偿不足是导致政策性目标无效的主要原因。

3）基于经济目标的效率测算与分析

基于再担保机构经济性维度的评价指标，构建产出导向的超效率 DEA 模型，借助 DEA-SOLVER 软件计算再担保机构运行效率值和投入产出的松弛变量，测算结果如表 3.7 所示。

表 3.7　基于经济目标的融资再担保效率测算值

DMU	效率值	s^{1-}	s^{2-}	s^{3-}	s^{1+}	s^{2+}	s^{3+}
1	0.807	4.31	22.61	0.00	3 755.84	8.09	0.00
2	0.759	0.00	0.00	18.36	366.45	0.00	0.00
3	0.986	0.00	16.87	0.00	2 579.78	4.14	0.00
4	1.070	0.00	0.00	0.00	0.00	332.57	0.00
5	1.148	0.00	0.00	15 933.2	0.00	201.62	0.71
6	1.240	0.00	0.00	956.17	0.00	0.00	0.00
7	1.072	0.00	0.00	0.00	1 318.84	98.44	0.00
8	2.233	18.36	0.00	0.00	2 727.50	0.00	0.00
9	0.647	0.00	0.00	0.00	1 612.83	0.00	0.00
10	1.726	0.00	66.80	0.00	0.00	0.00	0.28
11	1.352	0.00	0.00	13 625.6	0.00	0.00	0.15
12	2.638	0.00	55.23	0.00	0.00	959.97	0.00
13	1.161	20.67	0.00	0.00	0.00	0.00	0.04
14	0.821	4.44	0.00	0.00	0.00	226.47	0.00
15	1.084	0.00	19.70	1 829.84	0.00	41.93	0.00
16	0.498	0.00	0.00	0.00	0.00	84.50	0.22
17	0.797	0.00	0.00	0.00	0.00	0.00	0.03

续表

DMU	效率值	s^{1-}	s^{2-}	s^{3-}	s^{1+}	s^{2+}	s^{3+}
18	0.650	0.00	0.00	0.00	0.00	471.47	0.05
19	0.776	0.00	0.00	0.00	0.00	0.00	0.18
20	1.075	0.00	0.00	0.00	2 305.73	53.29	0.00
21	1.177	0.00	0.00	644.46	1 865.07	0.00	0.00
22	1.086	0.00	0.00	0.00	0.00	236.88	0.12
23	0.637	0.00	0.00	0.00	0.00	0.00	0.05
24	0.545	0.00	0.00	2 101.18	0.00	0.00	0.00
mean	1.06	—	—	—	—	—	—

从经济目标来看，样本机构运行效率的平均值为1.06，其中效率值大于1(DEA有效)的有13家，占有效样本的54.17%；再担保效率值小于1(DEA无效)的有11家，占有效样本的45.83%。具体的效率测度值分布如图3.6所示，各机构的测量结果同样存在显著差异。

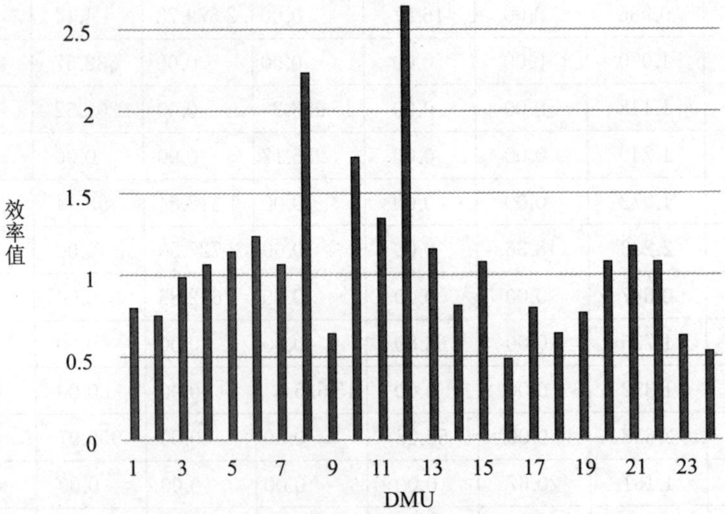

图3.6 融资再担保机构效率值的分布图

经济目标下投入产出的松弛变量如表3.8所示。投入指标的松弛变量反映出各有2家机构存在净资产和营业支出投入冗余，各占无效再担保机构数量的18.18%；另有1家机构的员工数量存在冗余，占无效再担保机构数量的 9.09%。产出指标的松弛变量反映出有 4 家机构存在营业收入不足，2 家机构净利润有待提高，5 家机构的再担保补贴收入偏低。通过对比可知，再担保补贴的不足可能是导致再担保机构经济目标无效的主要原因。

表 3.8 DEA 无效再担保机构的投入产出情况统计表

指标		数量	占无效再担保机构的比例
投入冗余	净资产 x_1	2	18.18%
	员工人数 x_2	1	9.09%
	营业支出 x_3	2	18.18%
产出不足	营业收入 y_4	4	36.36%
	再担保补贴收入 y_5	5	45.45%
	净利润 y_6	2	18.18%

4）政策目标与经济目标的综合分析

根据 DEA 效率值是否大于 1 评价再担保机构运行效率，得到了表 3.5 和表 3.7 所示的政策性目标和经济性目标下各机构的效率测度值。根据政策性目标、经济性目标是否有效，构建 4 个效率值分布区间，即(政策目标有效、经济目标有效)、(政策目标有效、经济目标无效)、(政策目标无效、经济目标无效)、(政策目标无效、经济目标有效)，各象限内的机构分布情况如图 3.7 所示。

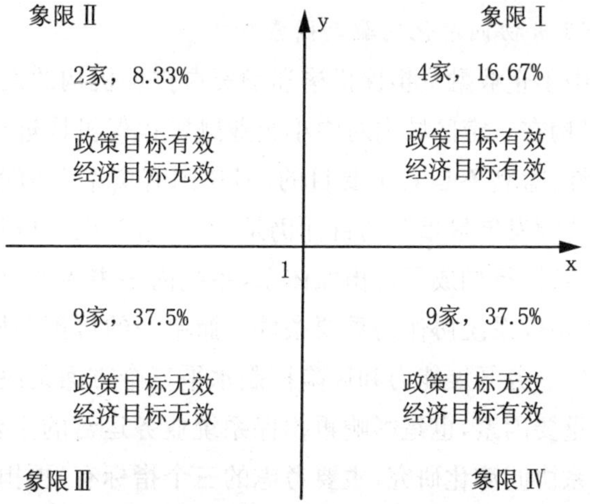

图 3.7 综合政策与经济目标的再担保机构分类图

第Ⅰ象限内的再担保机构同时实现政策目标和经济目标，这类机构有4家，分别是DMU_{12}、DMU_{10}、DMU_8、DMU_5，占样本群体的16.67%；这类机构既有效实现了政策目标，扶持了小微企业融资，同时也实现了经济目标，获得了一定的利润，是较为理想的经营状态。

第Ⅱ象限内再担保机构的政策目标是DEA有效的，但是经济目标是DEA无效的。该区域内的再担保机构实现了政策性目标，但公司的经济效益较差，不具备长期发展的潜力。这类机构仅有2家，占样本总量的8.33%，分别是DMU_{19}、DMU_{17}。第Ⅲ象限内再担保机构的政策目标与经济目标均无效，这类机构有9家，分别是DMU_{24}、DMU_{23}、DMU_{18}、DMU_{16}、DMU_{14}、DMU_9、DMU_3、DMU_2、DMU_1，占样本总量的37.5%。这类机构既未实现扶持小微企业融资的政策功能，同时自身经济效益也较差，不仅需要政府资金的扶持的同时，还需要通过经营体制的调整提升经济效益，才能实现长远的发展。第Ⅳ象限内再担保机构的经济目标是DEA有效的，但是政策目标是DEA无效的，这类机构共有9家，占有效样本总量的37.5%，分别是DMU_{22}、DMU_{21}、DMU_{20}、DMU_{15}、DMU_{13}、DMU_{11}、DMU_7、DMU_6、DMU_4。这类机构经济效益较好，实现了盈利性的目标，但是偏离了再担保机构保本微利、支小支农的政策定位，需要政府通过考核机制的优化进行引导，兼顾经济性与政策性目标的实现。

(2) 多个再担保机构协同效率分析

① 再担保业务协同演化的驱动因素分析

由前文对中小企业融资担保机构和融资再担保机构的发展状况的简单梳理，再担保机构在一定区域内对中小企业融资担保机构进行增信分险，具有准公共品属性，盈利不是其主要目的，但在国有资本保值考核要求下，保持再担保机构持续发展最重要的目标仍是少亏损；其次，再担保机构与担保机构、地方政府及银行构成了再担保体系，系统内多主体各自功能的实现与保障，是决定再担保系统协作的重要条件。而单一的再担保机构其盈利（或减少亏损）水平、业务开展能力和风险控制水平三个方面是决定其能否实现再担保功能的重要因素，也是影响再担保系统业务运营的主要因素。因此，我国再担保体系协同演化研究，主要考虑的三个指标有：再担保机构盈利水平、再担保业务开展能力和风险控制水平。

② 指标的数据来源

从再担保机构实际运营出发，其盈利水平、再担保业务开展能力和风险控制水平三个指标分别以净资产收益率、放大倍数及年度直保代偿发生额来测度。数据来源于再担保协会提供的 2016 年和 2017 年全国再担保机构经营情况。鉴于个别省市再担保业务开展时间晚于 2017 年，且缺失数据较多，故予以剔除，研究对象为 21 个省市再担保机构。具体指标值分别见表 3.9 和表 3.10。

表 3.9　指标选取及测算方法

指标名称	分指标名称及内涵	指标公式
净资产收益率(ROE)	担保费收入(GFI)：测度再担保公司担保业务收入 利息收入(IR)：衡量存入银行的准备金利息收入 资金业务收入(CBI)：衡量自有资金投资收益 一般费用(GE)：包括人员费用、日常运营费用等 代偿额(CL)：测度再担保机构的代偿损失额 所有者权益(OE)：衡量企业的平均净资产	$ROE=\frac{(GFI+IR+CBI)}{OE}-\frac{(GE+CL)}{OE}$
放大倍数(GMA)	贷款余额(LB)：衡量再担保公司的再担保规模 保证金(CD)：再担保公司存放在银行的保证金	$GMA=\frac{LB}{CD}$
年度直保代偿发生额(DIC)	直保业务在再担保公司担保业务中占比较大，DIC 指针对中小企业开展直接担保所发生的代偿额，用以衡量再担保公司的坏账损失	

注：结合再担保机构的业务收入和代偿支出分析，机构收入和代偿支出大多来自直保业务。据统计数据显示，2017 年全国 21 家再担保机构的再担保收入占比 9.92%，直保收入占比 45.57%；再担保代偿占比 15.28%，直保代偿占比 84.72%。故选取年度直保代偿发生额为反映风险控制水平的指标。

表 3.10　全国 21 省市再担保业务相关指标值

地　　区	净资产收益率 ROE		放大倍数 GMA		年度直保代偿发生额 DIC(万元)	
	2016	2017	2016	2017	2016	2017
1 北京再担保	1.41%	0.08%	17.21	17.51	787.61	5 205.97
2 山西国信再担保	2.12%	1.90%	0.39	1.50	6 297.00	6 701.70
3 内蒙古再担保	0.33%	0.24%	0.50	0.36	9 186.00	8 499.00

续表

地　区	净资产收益率 ROE		放大倍数 GMA		年度直保代偿发生额 DIC(万元)	
	2016	2017	2016	2017	2016	2017
4 黑龙江再担保	4.23%	4.13%	0.41	2.31	10 745.00	17 780.00
5 上海再担保	4.44%	4.67%	2.62	2.56	12 005.56	656.54
6 江苏再担保	4.59%	3.00%	7.90	9.60	5 700.00	0.00
7 浙江再担保	0.14%	1.06%	0.72	1.30	4 630.00	4 600.00
8 安徽再担保	1.71%	1.26%	5.58	4.36	60 539.53	48 209.60
9 山东再担保	9.43%	6.54%	11.49	5.65	12 810.00	22 314.00
10 河南再担保	3.18%	2.20%	6.20	3.78	68 200.00	63 495.00
11 湖北再担保	1.00%	1.07%	0.20	0.26	6 800.00	7 012.00
12 湖南再担保	2.68%	1.27%	5.43	5.74	226.66	366.33
13 广东再担保	3.94%	2.88%	5.09	5.22	1 844.61	0.00
14 四川再担保	1.00%	1.05%	1.50	3.10	6 970.00	6 943.00
15 贵州再担保	0.24%	1.31%	0.87	0.43	7 800.00	7 840.00
16 云南再担保	2.00%	1.59%	0.01	0.01	12 300.00	6 500.00
17 陕西再担保	4.10%	3.24%	14.41	14.29	6 728.00	16 300.00
18 甘肃再担保	0.18%	0.23%	10.29	6.64	6 828.49	17 396.09
19 青海再担保	0.41%	−0.79%	0.44	0.47	58 871.00	26524.35
20 东北再担保	2.68%	0.97%	5.79	6.82	4 018.15	0.00
21 福建再担保	−2.22%	0.00%	1.33	1.20	2 990.00	2 900.00

③ 哈肯模型建立及再担保演化序参量识别

1）驱动因素两两分析

模型包括三个变量，分别是 ROE、GMA、DIC，然而哈肯模型仅适用于两个序参量的识别，因此考虑采用两两分析的方式，并借助 EVIEWS 8.0 软件对数据进行回归求解，计算结果见表 3.11。

表 3.11　变量间两两分析结果

序号	模型假设	运动方程	结论
①	$q_1=\mathrm{ROE}$ $q_2=\mathrm{GMA}$	$q_1(k+1)=0.75q_1(k)-0.01q_1(k)q_2(k)$ (6.005**)　(−0.887**) $q_2(k+1)=0.923q_2(k)-471.404q_1(k)^2$ (12.941**)　(−2.514**) $\gamma_1=0.25$；$\gamma_2=0.077$；$a=0.01$；$b=-471.404$	1) 运动方程成立 2) 不满足绝热近似假设 3) 模型假设不成立
②	$q_1=\mathrm{GMA}$ $q_2=\mathrm{ROE}$	$q_1(k+1)=0.984q_1(k)-3.647q_1(k)q_2(k)$ (10.42***)　(−1.99***) $q_2(k+1)=0.691q_2(k)-0.0000352q_1(k)^2$ (9.77***)　(−1.61**) $\gamma_1=0.016$；$\gamma_2=0.309$；$a=3.647$；$b=-0.000\,035\,2$	1) 运动方程成立 2) 满足绝热近似假设 3) 模型假设成立，GMA 是系统序参量
③	$q_1=\mathrm{GMA}$ $q_2=\mathrm{DIC}$	$q_1(k+1)=0.892q_1(k)-7.2*10^{-6}q_1(k)q_2(k)$ (12.92**)　(−2.35**) $q_2(k+1)=0.767q_2(k)+19.569q_1(k)^2$ (8.873***)　(0.870**) $\gamma_1=0.108$；$\gamma_2=0.233$；$a=7.2*10^{-6}$；$b=19.569$	1) 运动方程成立 2) 不满足绝热近似假设 3) 模型假设不成立
④	$q_1=\mathrm{DIC}$ $q_2=\mathrm{GMA}$	$q_1(k+1)=0.398q_1(k)-0.079q_1(k)q_2(k)$ (4.63***)　(4.92**) $q_2(k+1)=0.855q_2(k)-3.5*10^{-10}q_1(k)^2$ (11.597***)　(−1.321**) $\gamma_1=0.602$；$\gamma_2=0.145$；$a=-0.079$；$b=-3.5*10^{-10}$	1) 运动方程成立 2) 不满足绝热近似假设 3) 模型假设不成立
⑤	$q_1=\mathrm{ROE}$ $q_2=\mathrm{DIC}$	$q_1(k+1)=-7.7*10^{-7}q_1(k)+3.6*10^{-5}q_1(k)q_2(k)$ (−4.001***)　(4.835**) $q_2(k+1)=0.743q_2(k)+1\,205\,841q_1(k)^2$ (10.25***)　(1.5) $\gamma_1\approx1$；$\gamma_2=0.257$；$a=-3.6*10^{-5}$；$b=1\,205\,841$	1) 运动方程不成立 2) 模型假设不成立
⑥	$q_1=\mathrm{DIC}$ $q_2=\mathrm{ROE}$	$q_1(k+1)=0.491q_1(k)+12.96q_1(k)q_2(k)$ (5.69***)　(3.86**) $q_2(k+1)=0.655q_2(k)-1.53*10^{-12}q_1(k)^2$ (9.43***)　(−1.29**) $\gamma_1=0.509$；$\gamma_2=0.345$；$a=-12.96$；$b=-1.53*10^{-12}$	1) 运动方程成立 2) 不满足绝热近似加设 3) 模型假设不成立

注：括号内为 t 值；*、**、*** 分别表示在 10%、5%、1%水平上显著，无 * 号表示不显著；运动方程③中阻尼系数相差不足一个数量级，因此不满足绝热近似假设。

由上表的分析可以看出，2016—2017 年间中国再担保体系协同演进的驱动因素 ROE、GMA、DIC 中，GMA（再担保机构放大倍数）是再担保协同演进的序参量，由此进一步求解势函数，即可得到系统演进的新稳定态解即协同值。

2）势函数求解

根据上文分析，选取再担保机构放大倍数（GMA）为序参量，净资产收益率（ROE）为状态变量，用这两个变量来描述再担保系统的演化过程。根据哈肯模型得到再担保演化过程：

$$\dot{GMA}=-\gamma_1 GMA-aGMA*ROE \tag{3.4}$$

$$\dot{ROE}=-\gamma_2 ROE+bGMA^2 \tag{3.5}$$

式中 a、b、γ_1、γ_2 为控制参数，等式（3.4）和（3.5）分别体现了对应描述的系统之间的作用关系。根据试算可知，此时 $a=3.647$，$b=-0.000\,035\,2$，$\gamma_1=0.016$，$\gamma_2=0.309$，将参数带入式（3.4）（3.5）可得：

$$\dot{GMA}=-0.016GMA-3.647GMA*ROE \tag{3.6}$$

$$\dot{ROE}=-0.309ROE-0.000\,035\,2GMA^2 \tag{3.7}$$

使用绝热消去法令 $\dot{ROE}=0$ 可得：$ROE\approx\frac{b}{\gamma_2}GMA^2=-0.000\,114\,GMA^2$，从而得到序参量方程：

$$\dot{GMA}=-0.016GMA+0.000\,415GMA^3 \tag{3.8}$$

令$\dot{GMA}=0$，求得序参量方程的解：$GMA^1=0$，$GMA^2=-6.209$，$GMA^3=6.209$，式（3.8）求反积分可得势函数：

$$F=0.008GMA^2-1.04*10^{-4}GMA^4 \tag{3.9}$$

势函数的二阶导数为：

$$\frac{d^2F}{d(GMA)^2}=0.016-1.248*10^{-3}GMA^2 \tag{3.10}$$

当 $GMA^1=0$ 时，代入二阶导数式（3.10），得$\frac{d^2F}{d(GMA)^2}=0.016\,0$，表明

当 $GMA^1=0$ 时，F 有极小值 $F_{\min}=0$，$GMA^1=0$ 是唯一稳定解。势函数形状如下图 3.8 所示：

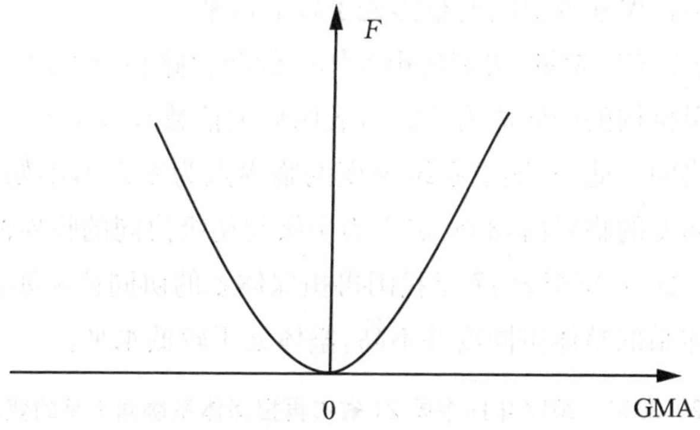

图 3.8　再担保体系的势函数曲线 *a*

将 $GMA^2=-6.209$，$GMA^3=6.209$ 代入二阶导数式（3.10）得 $\frac{d^2F}{d(GMA)^2}=-0.032<0$，说明势函数在 GMA=±6.209 处有极大值，势函数的形状如图 3.9 所示：

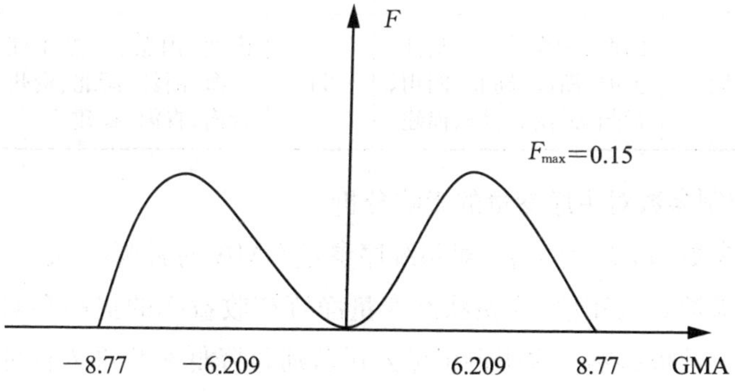

图 3.9　再担保体系的势函数曲线 *b*

势函数 F 的结构特性反映了再担保系统演化机制，也就是当状态参量（q_1，q_2）和控制参数（a，b，γ_1，γ_2）发生变化时，系统的势函数也会随之变化，从原来稳定态转化为不稳定态。势函数的图 3.9 反映出，当控制参量处于适当范围下，再担保机构的放大倍数和净资产收益率两个变量会发生非零作用，形成新的稳定态解即系统协同值 GMA＝±6.209。

3）序参量识别结果分析

I. 全国再担保业务协同度整体处于较低水平

GMA 为系统序参量，决定再担保体系的演化路径与方向。通过计算得到省级再担保机构的协同值为 6.209，表明放大倍数趋近于 6.209 时，系统状态达到高度协同。此外，鉴于系统突变的临界点为 6.209，不妨将 6.00 定义为中高级协同度的临界值，3.00 定义为中级与初级协同的临界值，3.00 以下为初级协同。2016 年至 2017 年我国再担保体系的协同情况如表 3.12 所示，可见再担保体系的整体协同度并不高，整体处于较低水平。

表 3.12　2016—2017 年间中国 21 省市再担保体系协同水平的变动情况

协同状态＼省份＼年份	2016	合计	2017	合计
高级协同	北京、江苏、山东、河南、陕西、甘肃	6	北京、江苏、陕西、甘肃、东北	5
中级协同	安徽、湖南、广东、东北	4	安徽、山东、河南、湖南、广东、四川	6
初级协同	山西、内蒙古、黑龙江、上海、浙江、湖北、四川、贵州、云南、青海、福建	11	山西、内蒙古、黑龙江、上海、浙江、湖北、贵州、云南、青海、福建	10

II. 控制参数对主序参量的影响分析

控制参数(a, b, γ_1, γ_2)对系统序参量 GMA 的影响，主要有：

控制参数 a 为正值，反映状态变量净资产收益率的提高会对序参量放大倍数产生消极影响。说明再担保公司若通过降低客户准入标准拓展业务规模、开拓投资领域等方式提高净资产收益率，将会诱发担保公司或中小企业代偿风险、导致再担保公司风险集聚，从而代偿增加，促使银行采取缩减授信额度等措施，削弱再担保公司的信用杠杆功能，降低其放大倍数。

b 为负值，反映了放大倍数的提高一定程度上会降低再担保机构的净资产收益率。放大倍数是由再担保公司的风险控制能力和信用能力所决定的，因此再担保机构放大倍数的提高反映了其再担保能力的增强，再担保业务随之扩大，但是由于我国再担保公司成立时间不长，自身担保实力参差不齐，加之外部信用环境不理想且再担保体系风险防范措施不完善，再担保业务的扩大一定程度上将会增加再担保机构的代偿发生额，导致其净资产收益率下降。

γ_1 和 γ_2 皆为正值，表明再担保系统内部形成了放大倍数和净资产收益率的双重负反馈机制，即再担保机构放大倍数处于较低水平的同时，净资产收益率也在逐年下降，这主要是担保机构违约风险较高，担保机构与再担保机构之间合作水平不高导致的。

总而言之，在国家大力扶持中小企业、“三农”等普惠金融的背景下，通过对融资再担保体系协同演进的实证分析可以得出，再担保业务的开展能力是决定再担保体系演进的序参量，全国再担保业务协同度在地域间发展水平差异较大，且整体处于较低水平，极易引发再担保体系风险。

3.3　本章总结

通过对我国小微企业融资再担保体系建设历程、主要再担保品种及再担保协同度分析与梳理，我国再担保体系“一体二翼三层”的架构已经形成，主要以一般责任再担保与连带责任再担保等“增信”再担保为主，比例再担保具有突出的分险作用，但所占比例还不高，再担保机构大多实行分险封顶制度；再担保制度是我国融资再担保体系建设中一项重要的创新，各地再担保机构在发展中也形成具有地区特色的再担保运营模式，如安徽的政策支持为主的“4321”再担保分险模式、江苏的民营资本参与的后补及不出险奖励模式、北京的财政支撑下的代偿模式以及广东的综合金融服务再担保模式等；从我国融资再担保机构业务开展情况梳理，部分省级再担保机构在业务开展中仍以直保业务（融资担保）为重点推动方向，再担保业务规模与直保业务（融资担保）规模相比仍然偏小，有些机构至今并未开展再担保业务，再担保作用有待进一步有效发挥；全国再担保业务协同度在地域间发展水平差异较大，且整体处于较低水平。

第二篇

我国小微企业融资再担保体系风险形成研究

第四章　小微企业融资再担保体系风险现状分析

4.1　融资担保机构风险现状

随着市场经济的繁荣发展，在小微企业融资过程中融资担保机构发挥增信分险的作用也日益明显。同时，融资担保机构承担的风险代偿也显著增加，特别是近年来外部经济下行，加之相关监管不到位，担保机构内部的控制措施并不健全，部分担保机构盲目扩张，行业大规模代偿现象频繁出现，导致一些担保机构经营不善，甚至面临破产危机。

4.1.1　信用风险压力不容忽视

(1) 担保代偿额居高不下

截至2019年末，全行业累计担保代偿额1 971.63亿元，较2018年增长132.81亿元，增幅7.22%。其中，2019年融资担保新增代偿额518.89亿元，较上年减少 20.91 亿元，降幅 3.88%(见图 4.1)。政府性担保机构虽然在规模实力、风控水平等方面强于民营担保机构，但是由于承担了较多的小微、“三农”业务，其担保业务代偿风险明显高于民营担保机构。另一方面，相较于政府性担保机构，民营担保业务成本高，因此违规经营的动机更大，从而也存在着极大的代偿风险。

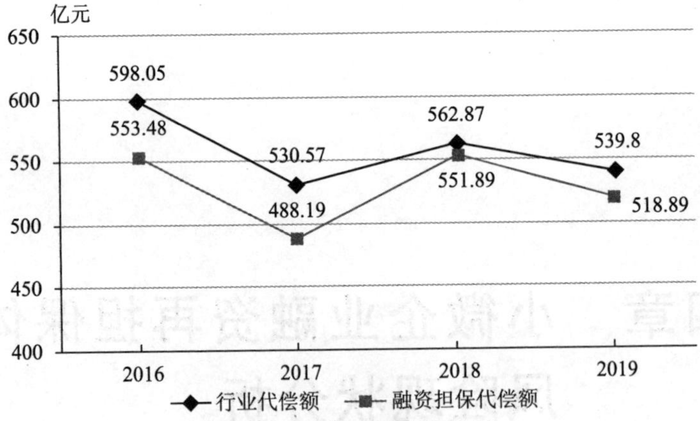

图 4.1 代偿金额变化情况

(2) 代偿率稳中有升，达到近年最高水平

截至 2019 年末，担保行业整体代偿率为 2.38%，相较于上年下降了 0.22 个百分点。其中，融资担保代偿率为 3.44%，相比上年降低 0.3 个百分点(见图 4.2)。虽然整体代偿率有所下降，但依旧维持在较高水平，特别是融资担保代偿率远高于行业代偿率。代偿率指标的上升表明，尽管受到经济不景

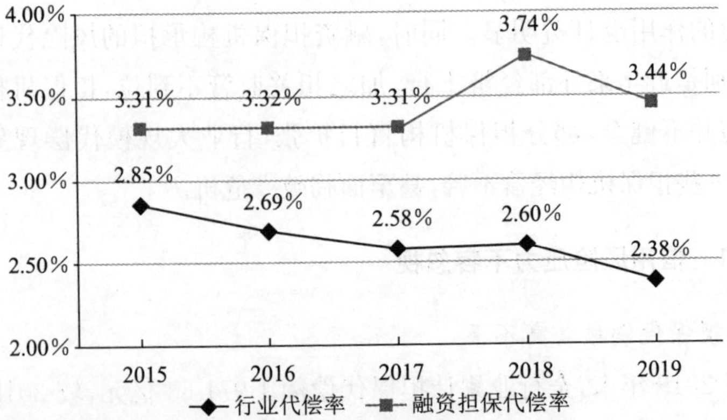

图 4.2 融资担保机构代偿率变化情况

气、结构调整等众多因素的影响，担保机构仍在发挥着逆周期稳定经济的作用，积极履行代偿责任；另一方面，也说明行业的运营能力正面临着考验，部分担保机构受到地方财政政策支撑乏力以及历史负担重的影响，其持续经营能力经受制约。

(3) 代偿回收率与损失率略有上升

截至2019年末，担保行业代偿回收率为17.90%，较上年上涨1.65个百分点。其中，融资担保代偿回收率为17.65%，较上年上涨4.26个百分点。与此同时，担保损失率也有小幅上涨。其中，全行业担保损失率为0.25%，较上年上升0.07%；融资担保损失率为0.36%，较上年上涨0.11%。

4.1.2 财务状况趋于良好

从行业机构资产负债情况看，截至2019年末，融资担保行业资产负债率为22.55%，偿债能力有保障。资产总额16 306.83亿元，较上年增加1 071.81亿元，同比增长7.0%，机构资产总额连续五年增长；担保机构平均资产规模2.93亿元，同比增长25.2%。负债总额3 677.40亿元，比上年增加612.94亿元，同比增长20.0%。此外，行业资产流动性也有所改善。截至2019年末，行业整体流动性资产14 933.20亿元，较上年增加3 553.40亿元，增长31.2%；流动性负债2 498.94亿元，较上年增加406.23亿元，同比上升19.4%。流动性比率598.0%，较上年上升54.2%，短期偿债能力进一步提升。具体资产负债结构见图4.3、图4.4。

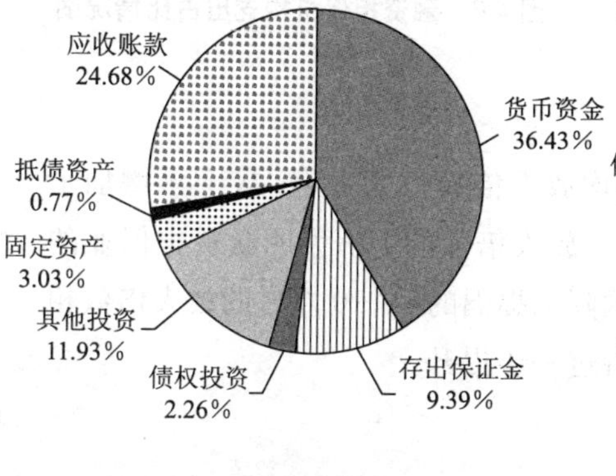

图4.3　融资担保机构资产结构及占比情况图

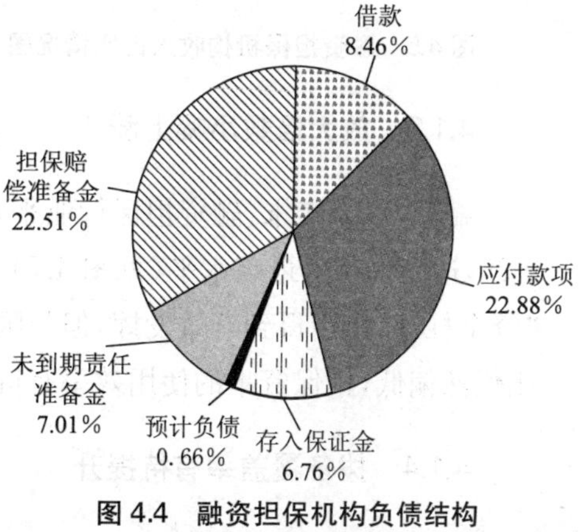

图4.4　融资担保机构负债结构及占比情况图

从行业担保业务收入、成本情况看，总体保持良性发展状态。2019 年度，担保业务收入 719.09 亿元，同比增长 59.0%，其中融资担保业务收入 336.64 亿元，同比增长 5.46%；担保业务成本 228.59 亿元，同比下降 25.8%；担保业务利润 490.49 亿元，较上年增长 240.31%。

行业净资产收益率 1.11%，与上年基本持平，总体上处于保本微利状态。2019 年，全国融资担保机构净利润 140.98 亿元，较上年下降 16.60 亿元，降幅 10.8%。主要是利息净收入大幅下降和业务管理费用大幅上升导致。2019 年度利息净收入 109.58 亿元，较上年同期下降 59.42%；业务管理费用 528.09 亿元，较上年同期上升 73.44%。具体收入、成本状况详见图 4.5、图 4.6。

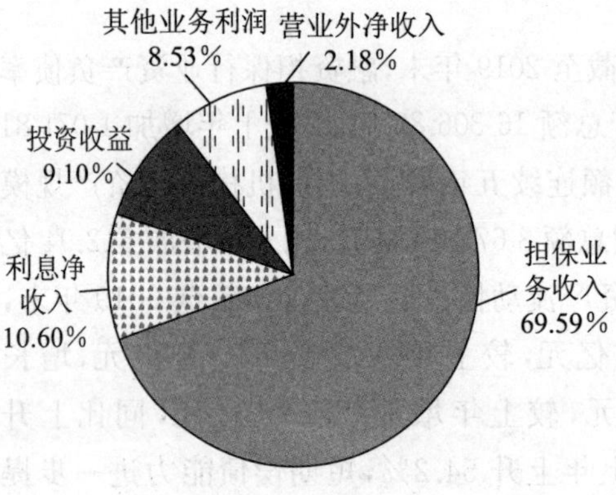

图 4.5　融资担保机构收入占比情况图

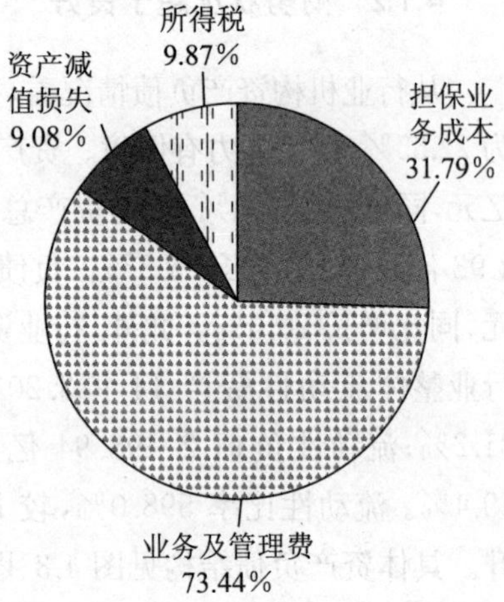

图 4.6　融资担保机构支出占比情况图

4.1.3　放大倍数小幅上涨

截至 2019 年末，融资担保行业平均放大倍数为 2.14 倍，较上年增加了 0.25，达到近年来最高水平（见图 4.7）。放大倍数的上涨说明融资担保业的“资金杠杆”作用得到有效发挥，但与国际上提倡的 5—10 左右的放大倍数相比仍然偏低，担保资本的使用效率有待进一步提升。

4.1.4　拨备覆盖率有待提升

截至 2019 年末，担保行业拨备覆盖率为 64.13%，较上年上升 1.63%，但

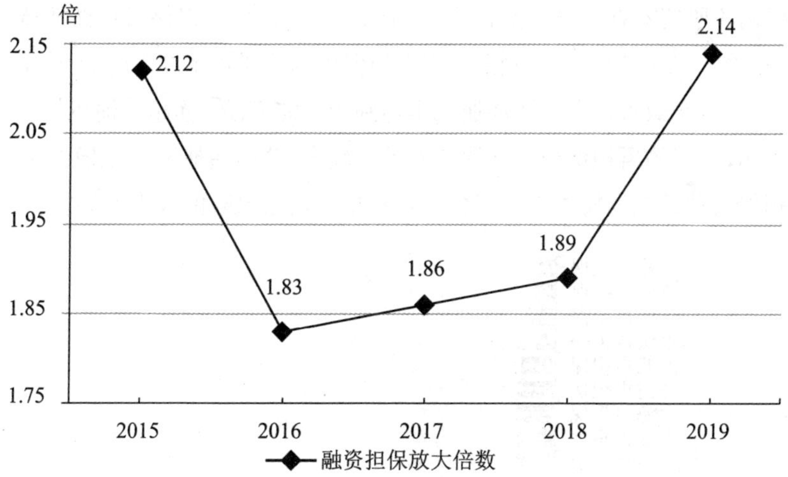

图 4.7　融资担保放大倍数

是该指标依旧偏低，担保准备金难以覆盖代偿风险，存在系统性风险爆发的可能。应重点关注该指标变化情况，以便及时采取相关措施，防范化解风险，确保行业机构持续经营能力。

4.2　融资再担保机构风险发生现状

4.2.1　资本规模

再担保机构资本规模的大小与抗风险能力直接相关，当其他条件相同的情况下，资本规模越大，再担保机构抵御集中性风险冲击的能力也就越强，因而再担保机构的资本规模是衡量其抗风险能力的重要指标。国内省级再担保机构的资本规模呈逐年上升的态势，但是增长较为缓慢。截至2017 年底，28 家省级再担保机构注册资本金总计 698.34 亿元，较 2016 年增加 45.84 亿元，增幅为 7%；平均注册资本金规模 24.84 亿元，较 2016 年增加1.64 亿元。其中，湖南担保集团、河南担保集团、广西再担保、内蒙古再担保、黑龙江鑫正、宁夏再担保 6 家机构实现增资，注册资本金共计增加 45.84 亿元。另外，在统计的 28 家再担保机构中，有 4 家再担保机构注册资本在 50 亿元以上；5 家再担保机构注册资本在 30 亿元(含)—50 亿元之间，4 家再担保机构注册资本在20亿元(含)—30亿元之间,9家再担保机构注册资本在10亿元(含)—20亿元之间,剩余6家再担保机构注册资本在10亿元以下。值得注意的是,安徽省担保集团注册资本达到107.66亿元,远超其他机构。统计结果表明,不同的再担保公司注册资本差异较大,总体注册资本规模偏小,有6家再担保公司的注册资本在10亿元以下,抵御代偿风险的能力偏弱。

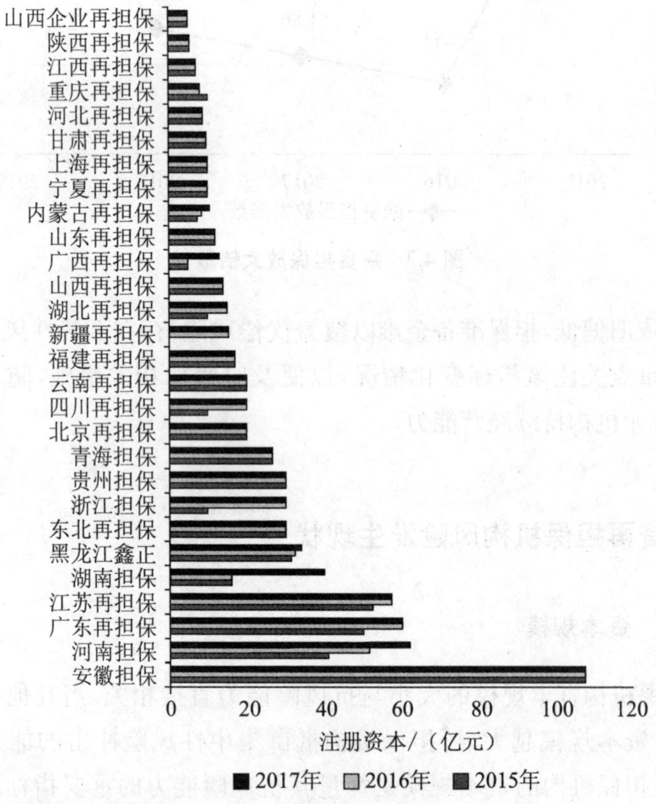

图4.8 2015—2017年省级再担保机构资本总额变动情况

4.2.2 财务指标

(1) 收入情况

从总体来看,全国28家省级再担保机构的营业收入总额保持缓慢增长的态势。2017年省级再担保机构营业收入总额为34.53亿元,较2016年增加3.26亿元,增幅10.4%。从收入的结构来看,再担保业务收入呈逐年下滑的态势，直保业务和投资等其他业务收入平稳上升，且直保业务、投资等其他业务收入所占比例超过 90%，再担保费的收入占比较低(见图 4.9)。

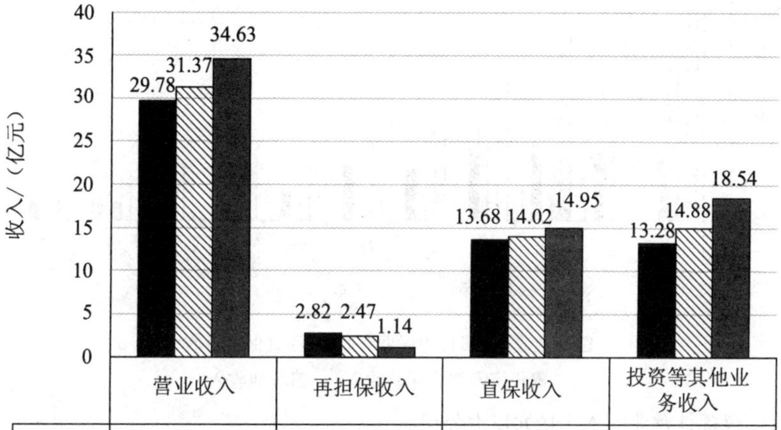

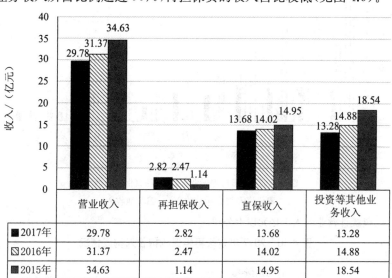

	营业收入	再担保收入	直保收入	投资等其他业务收入
■2017年	29.78	2.82	13.68	13.28
▧2016年	31.37	2.47	14.02	14.88
■2015年	34.63	1.14	14.95	18.54

图 4.9　2015—2017 年省级再担保机构收入构成情况

从个体角度看，各机构营业收入差异较大。以 2017 年数据为例，营业收入超过 1 亿元的机构有 11 家，除山东再担保及东北再担保因代出保函型再担保业务获得较高收入外，其余 9 家机构的再担保收入占比都不超过总收入的 20%。其中，河南担保、江苏再担保、安徽担保、云南再担保、广东再担保直保收入占比较高；浙江担保、黑龙江鑫正的资金运营收入占比超过 50%。此外，28 家提供数据的再担保机构中，还有 16 家机构的营业收入未突破 1 亿元(见图 4.10)。

(2) 净利润

再担保机构虽然为非盈利性机构，但是净利润同样可以体现再担保机构的经营绩效与业务结构的合理性，并从侧面反映出再担保机构财务风险的大小。截至 2017 年末，28 家省级再担保机构中有 27 家实现盈利，共实现净利润 115 262 万元，同比增长 8.7%。其中，净利润超过 1 亿元的有 4 家，另有 5 家机构净利润超过 3 000 万元。就变动趋势来看，有 14 家机构净利润实现增长，其中广东再担保增幅较大，福建再担保在 2017 年扭亏为盈，其余 12 家机构净利润均出现不同程度的下降，特别是青海担保在 2016 年、2017 年出现了连续亏损(见图 4.11)。综上，再担保机构多数维持在保本微

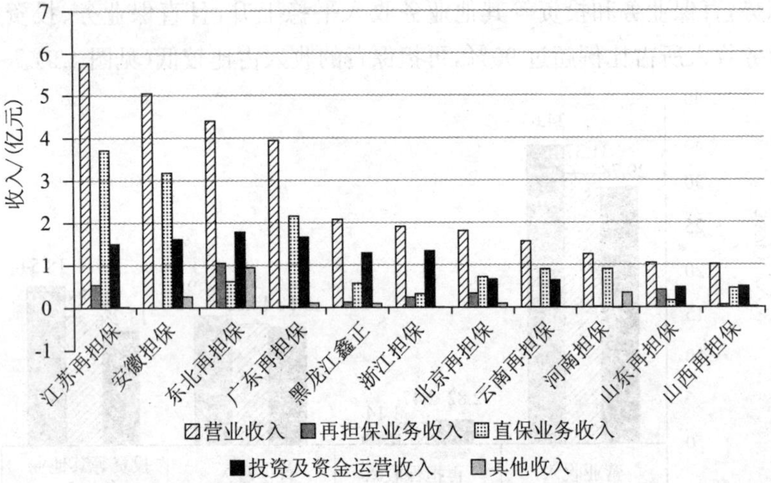

注:仅统计营业收入 1 亿元以上公司。

图 4.10　2017 年省级再担保机构收入构成情况

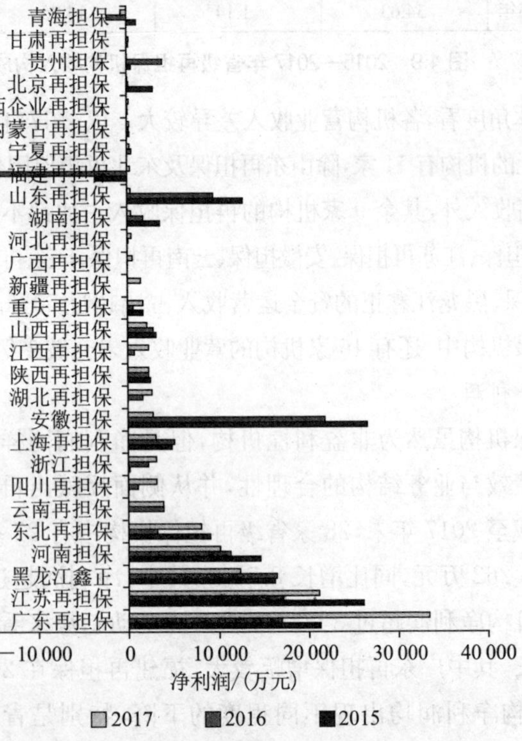

图 4.11　2015—2017 年省级再担保机构净利润变化情况

利的状态，少数机构实现了较高的净利润，也有个别机构出现亏损，资金流动性风险依旧存在。

(3) 净资产收益率

净资产收益率是净利润与净资产的比值，净资产收益率越高，说明公司使用自有资本获得净收益的能力也越强，公司财务风险也越低。从统计的情况来看，再担保机构的净资产收益率呈逐年下滑趋势，2017 年末的收益率仅为 1.44%。从个体角度来看，差异较大。青海再担保公司与福建再担保公司都出现了负净资产收益率的情况(后者在 2017 年扭亏为盈)，另有 6 家再担保机构的净资产收益率持续 3 年低于 1%。从变化情况上看，有 10 家再担保机构的净资产收益率呈逐年下滑的趋势(见图 4.12)。通过分析可知，再担保行业整体盈利能力处于较低水平，这主要与再担保机构的准公共产品属性相关，但是对于负的净资产收益率也要引起足够的重视，应及时地调整自身的发展战略，改善业务结构，并积极和政府建立长期稳定的资金补

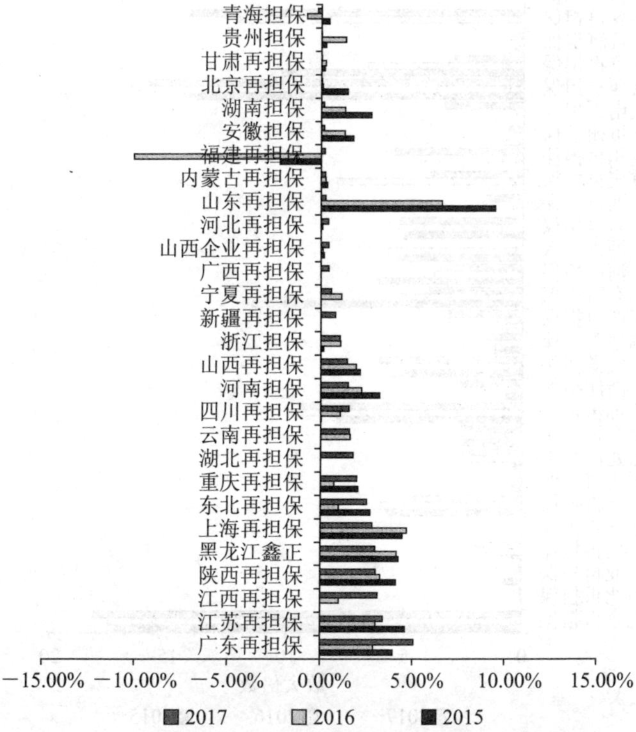

图 4.12　2015—2017 年省级再担保机构收益率

偿的关系，避免由于资金链断裂引发系统性风险。

4.2.3 运营指标

(1) 放大倍数

截至 2017 年末，国内省级再担保机构的平均放大倍数为 4.51 倍，整体处于较低的水平。从个体角度来看，差异较大。北京再担保、陕西再担保近三年的放大倍数均超过 10，宁夏再担保 2016 年与 2017 年的放大倍数分别达到 12.02 和 14.14，说明这 3 家再担保机构对净资产的放大效果较好，但是放大倍数已经超过警戒线 10，高杠杆也存在着高风险，需要加强对再担保风险的管控；东北再担保、广东再担保和江苏再担保近三年的放大倍数都超过了各年行业的平均水平，且控制在较为合理的水平；另外仍有 7 家省级再担保机构的放大倍数不足 1 倍，对资金的利用效率偏低(见图 4.13)。

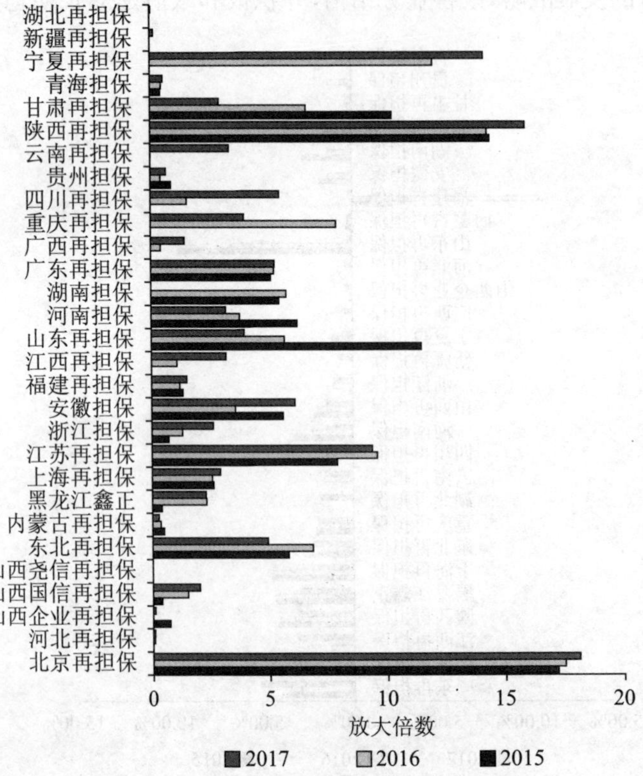

图 4.13 2015—2017 年省级再担保机构放大倍数

(2) 再担保代偿额

再担保行业的代偿情况不容乐观。截至 2017 年末,国内省级再担保机构的代偿总额为 59 799 万元,同比增长 35%。代偿额大幅度的上升,说明再担保机构的分险功能正在逐渐加强,同时也暴露出再担保行业代偿风险在不断地增加。从个体来看,各地再担保代偿额变动幅度较大。以 2017 年数据为例,共有 11 家再担保机构发生了再担保业务的代偿,新增代偿金额超过 5 000 万元的机构有安徽再担保 26 216 万元、北京再担保 9 556 万元和东北再担保 8 335 万元;新增代偿额超过 1 000 万元的机构包括广东再担保 4 027 万元,江苏再担保 3 638 万元,浙江担保 2 490 万元,四川再担保 1 949 万元,黑龙江鑫正 1 304 万元;其余 18 家机构未发生再担保业务的代偿(见图 4.14)。因此,再担保机构运营面临压力巨大,风险的管控能力仍然有待加强。

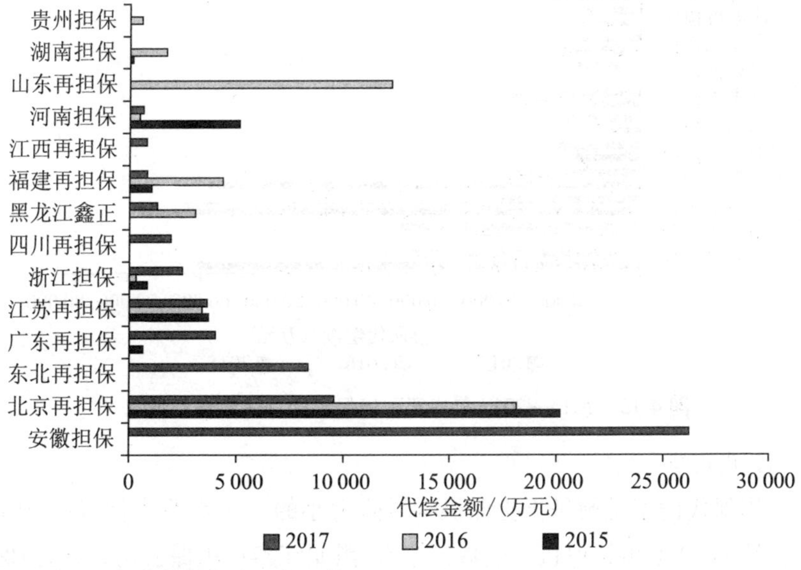

注:除去三年代偿额都为 0 的机构。

图 4.14 2015—2017 年省级再担保机构代偿额情况

(3) 直保代偿额

从发生直保代偿的 17 家再担保机构的运营情况来看,直保代偿额总体保持下降的趋势,但是总量依旧庞大。2017 年直保代偿额约为 199 096 万元,较 2016 年下降 15 398 万元,降幅 7.2%。从各家机构的具体数据来看,当年直保代偿额超过1亿元的机构共有7家，青海担保、河南担保、山东再担保、安徽担保、内蒙古再担保、东北再担保和甘肃再担保等机构的直保代偿额保持在较高的水平，7家机构的直保业务代偿额共计15.23亿元，占全部直保代偿额的76%。近年来，担保行业代偿保持高发态势，再担保机构为提升利润水平，大量开展直保业务，然而直保业务的代偿普遍高于再担保业务，这也是导致再担保机构代偿风险增加的一个重要因素。

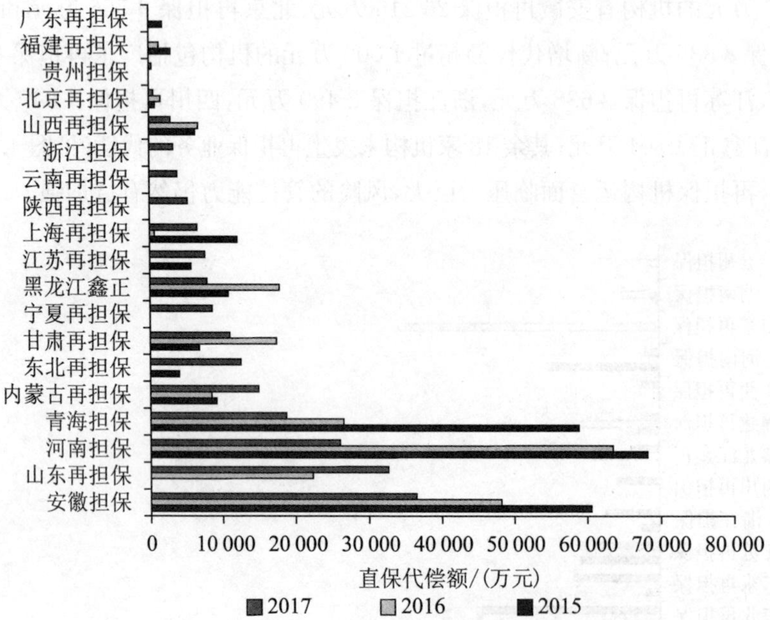

图4.15　2015—2017年省级再担保机构直保代偿额情况

(4) 代偿率

再担保代偿率是衡量再担保机构风险大小的一个重要指标，从2016年发生代偿的19家再担保机构的数据来看，黑龙江鑫正担保公司、河南担保公司、山西国信融资再担保公司、甘肃再担保公司、内蒙古再担保公司、青海再担保公司的直保业务代偿率处于行业较高水平。其中，河南再担保的直保代偿率已经达到12%，远远超出同行业的平均水平。再担保业务的代偿率的情况要优于直保代偿率，除黑龙江鑫正13.76%的再担保代偿率外，其余机构的再担保代偿率都控制在较为合理的水平(见图4.16)。因此，再担保机构开展直保业务过程中，直保业务是导致代偿发生的主要原因，再担保机

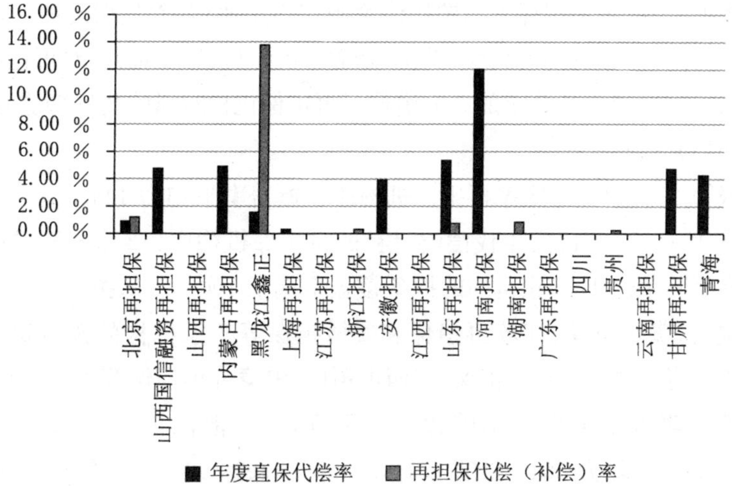

图 4.16　2016 年省级再担保机构代偿率情况

构一定要加强对被担保企业或项目的审核，防止代偿率不合理的增长给再担保公司带来代偿风险。

(5) 追偿额

截至 2017 年末，有 17 家实现了代偿追偿，追回总额为 6.86 亿元，相比 2016 年的 11.43 亿元下降近 40%(见图 4.17)。因此，再担保追偿回收的任

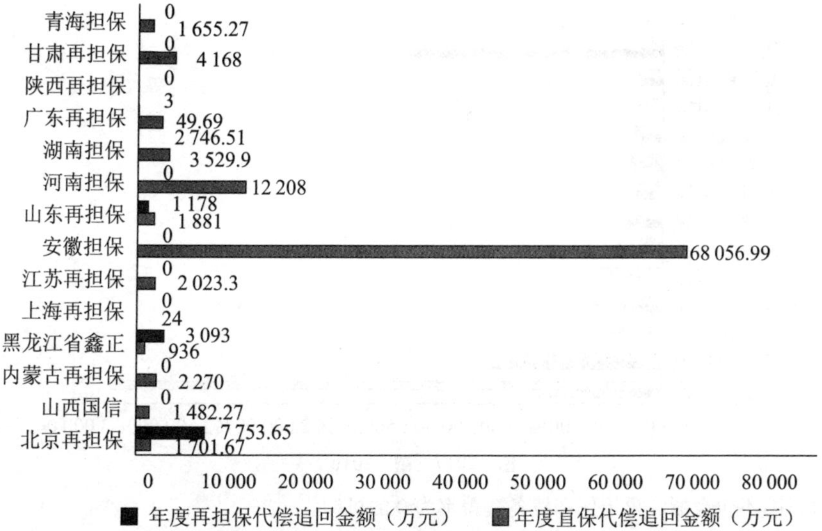

图 4.17　2016 年省级再担保机构追偿情况

务仍然艰巨，许多再担保公司的代偿余额在逐年递增，而代偿追回的比率却很低，部分再担保机构的代偿（补偿）余额已经超过了10亿元，对再担保机构资产的流动性产生了严重的影响削弱了再担保机构对风险的抵御能力。

（6）拨备覆盖率

截至2017年末，28家再担保机构拨备覆盖率平均为144.77%，较2016年提高4%。22家已发生代偿（补偿）的再担保机构中，12家机构的拨备覆盖率在平均值之下，6家机构的拨备覆盖率低于100%。从拨备覆盖率的变化情况看，贵州担保、江苏再担保和安徽担保等7家机构的拨备覆盖率较2016年末有所提高，浙江担保、陕西再担保、内蒙古再担保等10家再担保机构的拨备覆盖率则出现不同程度的下降，其中浙江再担保从2016年的50 687.86%下降为2017年的751.37%，降幅高达99%。虽然从整体看，行业拨备覆盖情况有所改善，但部分机构拨备覆盖率已低于100%，个别机构拨备覆盖率甚至低于50%，且有进一步降低的趋势（见图4.18），往年经营积

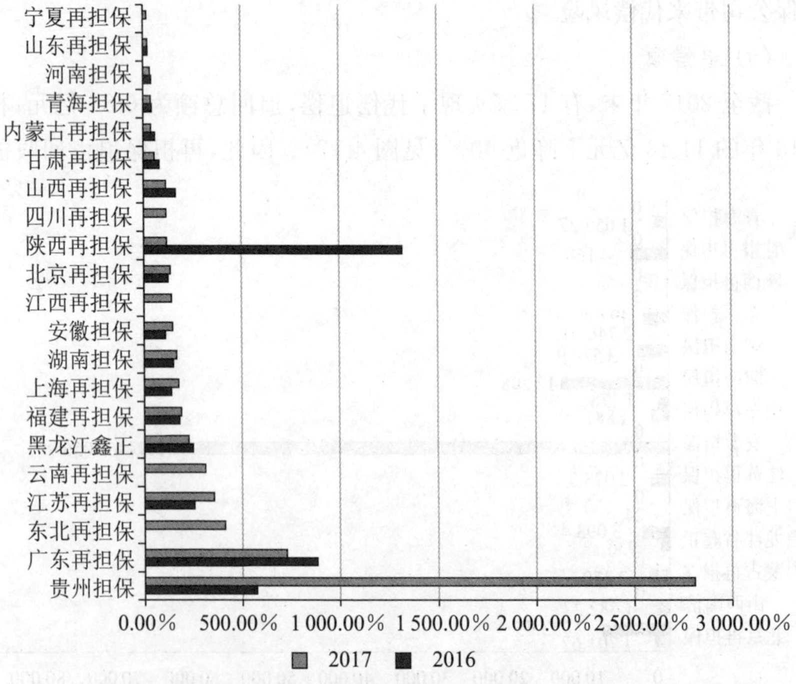

注：不包含浙江再担保和拨备覆盖率为0的机构。

图4.18　2016—2017年省级再担保机构拨备覆盖率情况

累的准备金已不足以支持代偿(补偿)支出,实际已在使用资本金对外进行代偿(补偿),如不能适度控制代偿(补偿)额的增长并及时实现追偿回收,将对再担保机构的长期稳定经营造成不利影响。

4.2.4　人员素质匹配

当前再担保机构员工学历水平普遍较高,以北京小微企业信用再担保有限公司为例,拥有本科及以上学历的员工占比达到94%以上,且大部分都为拥有经济、法律、管理、技术等从业资格的专业型人才。但员工实际操作经验不足,无法满足相关岗位的实战要求,在业务处理过程中的操作失误成为一大问题。

由于管理者素质不高,缺少制约,会出现与他人合谋违规经营,涉嫌合同诈骗等问题,给再担保机构带来严重的经济损失,危害比普通员工带来的操作风险更为严重。而再担保机构管理层人员的失误比一般员工的操作失误带来的危害更为严重。如2016年5月,山东再担保集团董事长安郁杰突然辞职且去向不明,随即王洪于同年6月出任董事长一职,但很快在2017年1月辞职;后又由集团总裁龚建兵接任,于短短两个月后辞职。山东再担保集团董事长职位在短短九个月,三次易位,给集团发展带来了巨大的负面影响。据悉,安郁杰于2016年3月以山东再担保集团名义为某装饰公司民间贷款提供担保,受保金额高达3 600万。然而借款到期时,借方无力偿还借款,债权人仅从山东再担保处追讨得600万元,债权人在多次要求山东再担保履行担保代偿义务无果之后,将山东再担保告上了法庭。由此可见,管理者素质不足、缺少制约而造成的违规经营,给再担保机构带来的信誉损失和经济损失更为严重。

4.3　再担保业务多主体合作风险现状

4.3.1　担保机构与再担保机构之间的合作风险

担保机构与再担保机构之间合作风险主要体现在以下两个方面。首先,再担保机构直接开展直保业务,造成与担保机构在担保业务市场的竞争，成为直接竞争对手，压缩了担保机构的市场空间。再担保机构为了追求高收益高利润，从事边际收益更高的直保业务及资金运营业务，这一定程度上挤占了自己应该扩张的再担保业务，对担保机构的服务减少，非但不能增加小微企业担保规模，还容易导致部分担保机构退出市场。其次，风险敞口扩大。由于直保业务中，缺乏担保机构的分险作用，再担保机构自身承担风险的比例较大，导致其风险敞口扩大，代偿压力随之增加。如下表所示，运用公式“风险敞口＝风险代偿－收益”，计算 2015—2017 年各年再担保业务及直保业务相应的风险敞口（见表 4.1 与表 4.2），直保业务相较于再担保业务风险损失更大。

表 4.1　2015—2017 年各年再担保业务风险敞口　（单位：万元）

年　份	再担保业务收入	再担保业务代偿额	再担保业务风险敞口
2015	31 066	31 694	628
2016	28 600	44 332	15 732
2017	33 400	59 799	26 399

注：再担保业务风险敞口＝再担保业务代偿额－再担保业务收入。

表 4.2　2015—2017 年各年直保业务风险敞口　（单位：万元）

年　份	直保业务收入	直保业务代偿额	直保业务风险敞口
2015	177 520	244 695	67 175
2016	154 500	219 300	64 800
2017	152 400	199 100	46 700

注：直保业务风险敞口＝直保业务代偿额－直保业务收入。

最后，缩减补偿型再担保业务规模。再担保机构因自有资金有限，开展其他业务往往以缩减再担保业务尤其是补偿型再担保业务为代价。补偿型再担保业务最主要的功能是为合作担保机构提供风险分担，保障其资产流动性，协助担保公司快速恢复代偿能力。因此，如果补偿型再担保业务的开展规模持续缩小，担保机构将无法得到再担保机构的增信和分险，其风险将加剧且难以分担。如图 4.19 所示，近年来，再担保机构的补偿型再担保业务占比有所回落。

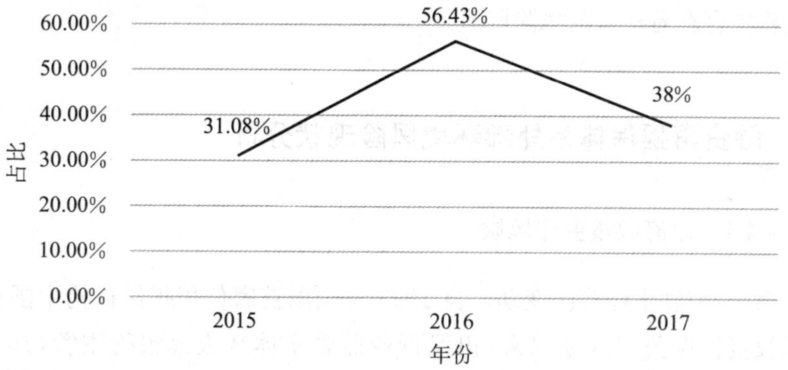

图 4.19　补偿型再担保业务在保责任余额占全部再担保业务的占比情况

4.3.2　担保机构与协作银行之间的协作风险

银担合作的风险主要体现在银行信贷从紧，对担保机构设置较高的融资条件，从而导致担保机构代偿高发。在 2011 年，温州爆发了大规模的信贷违约事件，致使工商银行总行要求对担保机构相关业务纳入统一的授信管理，同时，大幅缩减对融资担保机构的授信额度，关联业务也必须报由总行进行审批。自此，国内各家银行开始收紧信贷甚至中断与民营担保公司的合作。这一环境下，担保机构的融资成本普遍显著性大幅上调，进而受保企业融资成本水涨船高，这就直接使得华鼎担保公司等融资担保机构爆发了资金链方面的危机，进而引起融资担保链上风险的传导。

在银担业务合作过程中，担保机构无法偿付到期贷款，往往选择违约，爆发信用风险。由于经营主业融资成本较高，且收益率低，担保机构往往通过违规操作，利用本该用于再担保的资金进行其他业务投资，导致风险增加，爆发担保机构违约事件。2011 年年末，圣沃投资担保机构因从事非法民间融资业务，同时将资金用于高风险投资，如楼市、证券以及为小微企业进行短期资金周转收取利息的高风险项目，时值外部经济环境波动，投资项目遭受风险纷纷亏损，面对投资者的提前兑付，其无法偿还，最终陷入破产危机。近些年，无论是外部经济环境还是国内经济环境均不稳定，大量融资担保机构非法违规经营导致资金链断裂，因此反映出诸如融资担保机构的混业经营、主业辅业倒置、监管考核缺位等多方面严重的问题，在银担业务合作过程中存在着极大的风险隐患。

4.4 融资再担保体系外部环境风险现状分析

4.4.1 政府政策变化风险

第一，监管主体多次变动。自 1993 年全国首家信用担保机构中国经济技术投资担保公司成立以来，担保行业监管主体从人民银行主管（1993—1998）、财政部与发改委主管（1999—2002）到形成多头分业监管（2003—2008）局面，经历了数次变动，致使行业监管松散。直到 2009 年，国务院办公厅发布了《关于进一步明确融资性担保业务监管职责的通知》，确立了担保行业二元监管体制——中央层面，建立由银监会牵头，财政部、工信部、发改委等多部委参与的融资性担保业务监管部际联席会议；地方层面，遵循"谁审批设立、谁负责监管"的原则，施行属地监督制度。2018 年 3 月银保监会合并打破了监管部门壁垒，实现了单一监管机构对融资再担保体系内所有主体、产品的穿透式监管，如图 4.20 所示。

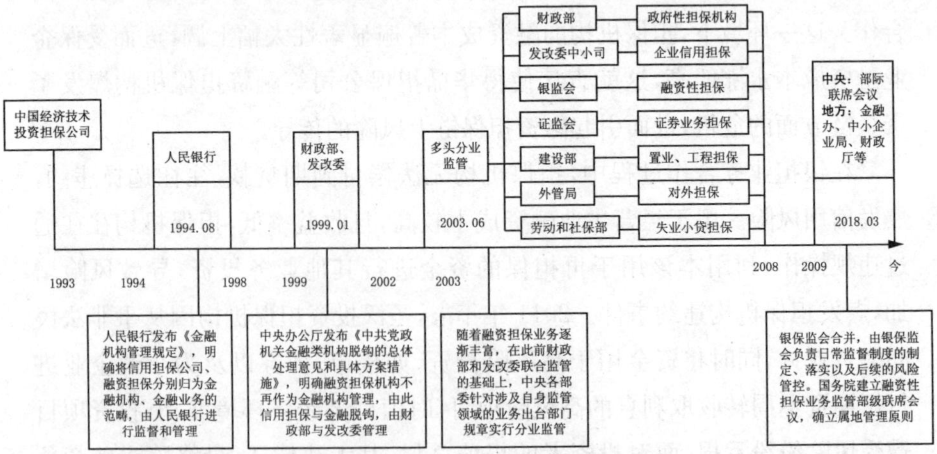

图 4.20 融资担保行业监管主体变化

第二，监管政策趋严趋细。由于前期监管主体交接递进存在着一定间隙，使得早期行业政策不可避免地出现缺乏连贯性的问题，2009 年联席会议成立后，融资担保行业政策的发布才开始系统而密集起来（如图 4.21 所示）。2010 年国务院颁布了第一个行业监管核心文件，对机构设立门槛、风险控制、经营规则等方面进行初步约束。随着中投保担保公司等风险事件集中出现，国务院出台文件明确强化政府在融资担保行业的角色，促进银政担三方共同参与，尝试控制违约风险。面对 2015 年中海信达担保、河北融投等担保公司代偿违约事件频发的情况，国务院在 2017 年促使顶层设计落地，在界定融资担保业务、机构注册资本、担保计量方法之后，有重点地对担保机构在保责任余额计算方法及资产管理等方面作出明确规定。从近些年的政策文件可以看出政府对于再担保行业的监管呈现“财管先行，强推合作，趋细趋严”的态势。

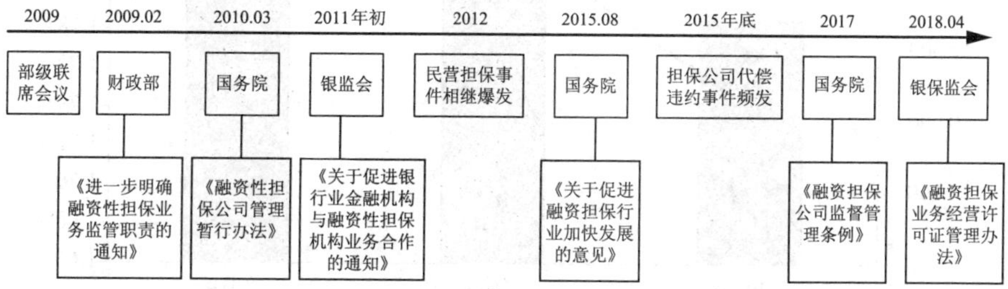

图 4.21　融资担保行业近十年主要监管政策

4.4.2　融资信贷市场风险状况

不良贷款率是风险形成的源头，其带来的风险溢出加重各业务主体的代偿压力和经营风险。受到经济大环境不景气的影响，融资担保行业的风险持续累积，并表现出集中爆发的态势。特别是从 2015 年开始，商业银行的不良贷款余额与不良贷款率持续上升。据银监会监控统计，截至 2019 年第四季度我国商业银行不良贷款余额达到了 2.41 万亿元，相比 2018 年第四季度增加了约 3 900 亿元；不良贷款率高达 1.86%，相比 2018 年上升了 0.03 个百分点，如图 4.22 所示。信贷市场环境的持续低迷给融资担保业务开展带来了巨大阻力。为了控制持续增长的不良贷款规模，银行首先收紧风险较大的小微企业信贷业务，同时降低担保机构的授信规模，减少与担保机构的合作频率，这导致担保机构的经营压力越来越大，生存难度越来越高。担保行业经历了数次行业内部整顿，尤其是 2012 年以来，一方面宏观经济下行，另一方面担保行业内非法集资、骗贷等风险事件接连爆出，担保企业数量持续下降，截至2018年末，全国仅剩6 000余家，相比2012年8 500余家的历史高点大幅缩减。对再担保机构而言，虽然相比担保机构实力与风险抵御能力稍强，与银行的合作关系也相对紧密，目前受到的影响还不明显，但如果银行继续提升门槛，势必引发再担保市场的缩减，对再担保行业的发展十分不利。

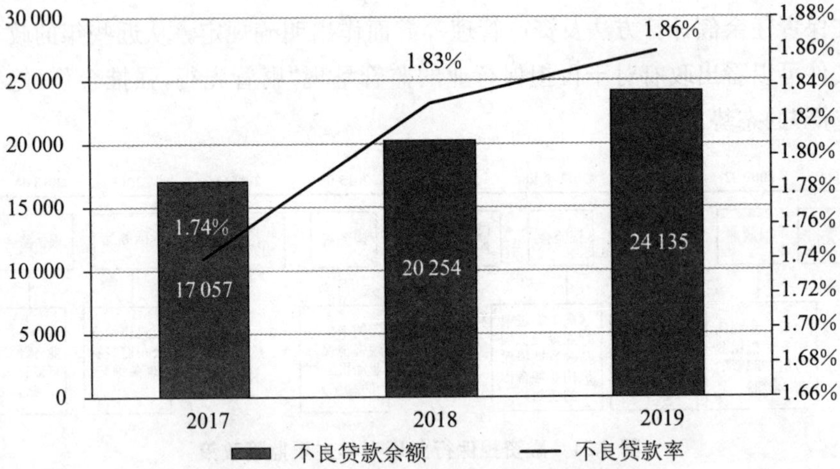

图4.22　商业银行不良贷款余额增长趋势图

4.4.3　法律法规风险状况

当前再担保机构面临的法律风险，主要在于法律法规的不明确性和再担保行业监管法律的不完整性。

(1) 我国法律体系中涉及再担保行业的法律法规包括《担保法》、《最高人民法院关于适用〈中华人民共和国担保法〉若干问题的解释》、《小微企业促进法》以及《企业破产法》等。具体而言，对于担保业务活动，我国主要以《担保法》、《物权法》、《小微企业法》、《公司法》等法律对担保行为直接或间接地加以规定，规范业务发展。《担保法》明确了担保行为的内涵、开展担保业务活动的基本原则，是融资担保公司开展业务的基本规范。《小微企业促进法》在政策优惠、资金支持、业务发展等方面明确了中小微企业发展的促进方针和规则，是我国扶持小微企业发展的基本法。《小微企业融资担保公司风险管理暂行办法》对于担保行业、担保公司内部管理、经营范围、内部机构设置、评定审查程序、风险管理要求也做出了规范性说明;《融资性担保公司董事、监事、高级管理人员任职资格管理暂行办法》扩展了董事、监事的职能范围。《任职资格管理办法》中对于高级管理人员的范围添加了 CRO(首席风险官)、CCO(首席合规官)及其他有权行使公司运营决策权或能够影响风险防控的人员。

(2) 法律监管主体方面,由 2010 年颁布的《融资性担保公司管理暂行办法》附则中规定,各省、自治区、直辖市人民政府对地方再担保机构自行管理,同时需上报融资性担保业务监管部门联席会议进行备案,部分地区再担保机构的监管部门如表 4.3 所示,可以发现不同地区再担保机构的监管部门不统一,尽管财政部、工信部、银监会等部委均曾发布过针对再担保机构的

表 4.3　部分省份(直辖市、自治区)再担保机构监管部门

省　名	监管部门
辽宁省	金融办负责监管
江西省	
天津市	
广东省	
云南省	财政厅负责监管
山西省	
安徽省	
吉林省	工信厅负责监管
黑龙江省	
河北省	
湖北省	经信委负责监管
湖南省	
山东省	民经委负责监管
四川省	金融办与小微企业局共同监管
宁夏回族自治区	金融办与工信委共同监管

管理政策或指导意见，但全部未明确过监督再担保机构的责任，我国再担保机构始终处于缺乏统一管理的局面，无法达到与金融机构同等的风控监督水平，致使再担保机构成为融资担保业务风险积累的关键环节。

地方政府法律监管条例方面，近些年来也出台了如表4.4所列的规章制度，以部门规章为基础，地方性政府按照本地实际情况，分别对各自辖内担保行业管理出台试行办法和暂行办法。

表4.4 地方性担保行业监管规章

地方机构	相关文件、活动
河北省政府	《河北省支持小微企业融资若干措施》
湖北省金融办	湖北省新型银政担合作机制推广会
浙江省人行	《关于金融支持浙江小微企业园发展意见》
山西省政府	《山西省关于做好2018年中小微企业信用担保资金申报工作通知》
铜川市政府	《铜川市关于开展小微企业贷款保证试点办法》
深圳市政府	《深圳市中小微企业银行贷款风险补偿资金池工作方案》

4.5 融资再担保体系风险方面存在的问题及原因

4.5.1 小微企业融资再担保体系风险方面存在问题

(1) 体系内部风险方面存在问题

① 担保机构代偿风险爆发甚至超过其代偿能力

近些年集中爆发的担保违约事件以及担保代偿额和代偿率的持续走高的趋势，暴露出了担保机构收益支出不平衡和风险控制能力不足的问题。收支方面，2018年担保业务收入452.11亿元，同比增长16.27%，而担保业务成本307.98亿元，同比增长73.87%，担保业务虽有盈利，但业务成本的高速增长成为小微担保机构经营隐患。风险控制方面，部分国有担保公司由于资本实力孱弱无法抵御风险集中冲击，如海泰担保资本的绝对规模偏小，注资规模与行业其他公司存在差距，且股东支持力度偏弱，仅有的一次增资发生在2011年，且增资规模仅为2亿元；部分担保公司业务扩张激进，内部风控缺失，监管指标超限，如河北融投2010年—2014年间在保余额从28.25亿元扩张至500多亿，增幅超过16倍，后期现金流量不能匹配代偿金额。

② 再担保机构运营风险增加但主要在直保业务方面

近年来再担保新增代偿和直保业务新增代偿的比较，揭示出再担保机构业务种类和运营方向不合理的问题。

业务种类方面，再担保仍以增信型和代出保函型业务为主，补偿型再担保业务开展不理想。截至2017年，28家开展再担保业务的机构有19家再担保机构开展了补偿型再担保业务，但其在保责任余额仅占全部再担保业务的38%，较2016年下降了18个百分点。开展增信型再担保业务的机构共计19家，其在保责任余额占全部再担保业务的52%，较2016年提高了15个百分点。另外，内蒙古再担保开展的全部是类直保的代出保函型再担保业务；而云南再担保、青海再担保和东北再担保主要开展的是其他类型的再担保业务。

运营方向方面，直保业务的开展使融资再担保机构的经营方向偏离主业。截至2017年末，23家机构直保业务在保责任余额为1 775.94亿元，其中，融资担保业务在保责任余额1 564.28亿元，占直保业务总额的88%。从整体看，28家再担保机构的直保业务规模占再担保业务规模的43%，相比于2016年末的40%有所上升。如表4.5所示，多家省级再担保机构直保业务占比超过平均值，占据过多业务流量，限制了再担保业务的发展。

表4.5　直保业务占比较高的再担保机构

机构简称	直保(融资担保)在保余额(a)		再担保在保余额(b)		a/b(%)	
	2016年	2017年	2016年	2017年	2016年	2017年
广东再担保	104.55	153.38	332.68	346.21	31%	44%
甘肃再担保	14.76	12.86	63.65	28.23	23%	46%
山西再担保	12.91	16.46	22.03	29.39	59%	56%
云南再担保	19.78	51.20	0.12	83.30	16 483%	61%
东北再担保	79.43	105.88	226.00	158.02	35%	67%
江苏再担保	301.44	432.00	589.00	584.50	51%	74%
山西企业再担保	0.45	2.15	0	0.50	—	428%
内蒙古再担保	19.49	15.98	3.29	3.08	592%	519%

③ 银担合作不畅且银行一般不承担风险

担保机构在与协作银行合作中缺乏话语权，处于弱势地位。具体表现为：一是双方在风险分担存在不合理性。相较于担保机构和再担保机构而言，银行等金融机构在再担保业务开展中能够以较低成本获取借款人的资信信息，处于信息优势一方，且在实践中主债权人即银行等金融机构能够在发现债务人存在问题的时候，行使不安抗辩权等权利，甚至提前解除融资借款合同，而担保机构则无权单方面停止和解除合同，存在很强的被动性。这意味着再担保机构在再担保业务中承担了巨大的体系风险，同时，就现实而言，协作银行在谈判中往往具有更大的话语权，要求承担更小的风险分担比例甚至不参与风险分担，从而导致担保机构承担的风险与收益不匹配。二是银行因小微企业资金实力对小额贷款缺乏合作热情，对担保机构实力认可度低，不愿配合担保机构展开担保业务合作。《融资性担保公司管理暂行办法》中规定，融资性担保公司的担保责任余额以其净资产的 10 倍为上限，然而实际合作中，部分银行限制责任余额额度，控制融资业务规模。三是担保贷款利率偏高。2018 年四季度银行业新发放普惠型小微企业贷款平均利率 7.02%，各类银行的贷款利率在基准利率上浮约 10%—30%，削减企业现金流量，对多方合作产生间接不良影响。

④ 再担保机构对担保业务风险代偿不足且合作深度不够

再担保体系内部合作的问题主要在于再担保合作覆盖程度和运行机制存在不足。一是再担保合作覆盖深度不足，分险功能有待提高。2017 年全年新增再担保代偿金额 59 799 万元，达到近年来的峰值。从整体看，虽然再担保代偿金额较去年大幅增长，但相比于 2017 年全国 382.67 亿元的新增担保代偿金额而言，获得再担保代偿的比例仅有 1.6%。从个体看，再担保代偿支出数额最高的安徽担保新增代偿为 26 216 万元，占行业全部代偿金额的 44%；数额最低的黑龙江鑫正担保集团新增代偿 1 304 万元，仅占 2.2%；其余 18 家机构未发生代偿。二是再担保机制的运行效果有待提升。2015 年《国务院关于促进融资担保行业加快发展的意见》要求以股权投资和再担保业务为主要手段构建本地区统一的再担保体系。目前部分省市也已基本完成了体系建设的基础工作，但存在再担保业务合作未深入乡镇、地方担保机构支小支农积极性不高且拓展业务的专业化程度较低的问题。

(2) 融资再担保外部环境方面存在的问题

① 再担保机构监管主体不统一

再担保机构往往受多头领导监管，导致公司定位不清晰，体系风险难以得到及时有效地监管。以某省再担保机构为例，该机构业务开展受到所在省金融办的指导，同时向其第一大股东当地省财政厅获取资金和政策上的支持。2011年当地省政府因成立金融控股集团，省财政厅将所持有的该机构的股权无偿划转给金融控股集团，后者目前受省国资委监管。因此，该再担保机构在业务规模和利润考核指标方面受到国资委监管，同时业务开展按规定由金融办指导。如此多头领导的监管机制在我国各省再担保机构中普遍存在，导致再担保机构既需要发挥有关政策性准公共品定位的作用，又要满足上级主管单位的高盈利考核指标，迫使公司体系风险的监管难以准确定位，一定程度上导致了再担保体系风险监管不及时。

② 资金补偿制度不健全

资金来源的缺乏和高出自身承受能力的代偿成为融资担保发展的桎梏，然而融资担保政策性环境和其业务准公共产品的定位限制了其市场化运营，资金链条单一，而现阶段再担保体系的风险补偿制度存在较大问题。首先，全国各省市陆续发布管理办法，规定每年从财政预算中安排一定比例的风险补偿专项资金用于扶持满足一定条件的政策性担保机构和再担保机构。但是总体上看，财政补贴门槛较高，与再担保业务的发展需求来比，财政资金投入无论总量还是结构以及稳定性都存在差距。其次，风险准备金是担保机构重要的内部风险补偿渠道，但是目前责任准备金、代偿损失准备金税前扣除等政策还未落实，计提准备金制度对机构的运营而言存在压力。其三，一旦发生代偿损失，融资担保机构和再担保机构取得被担保人的反担保物的代位求偿权后，制定追偿措施。然而，由于国内担保业领域的司法制度上仍不完善，诉讼审批周期较长，往往导致相关的追偿案件审理程序陷入僵局，短期内难以回笼资金，造成流动性风险。

③ 担保法律体系不完善

一方面，与担保直接相关的法律和规章不完善。目前除了《中华人民共和国担保法》之外，没有指引担保机构发展、规范担保机构行为而设立的专门性法律制度。另外，担保机构的发展与部分法律条款仍有冲突，如《中华人民共和国公司法》第60条明确规定,公司经理不得以公司资产为公司股东或其他个人债务人的贷款进行担保,如果不为股东担保,会无人入股或入股后公司资产担保的价值不足,对担保机构发展也会造成影响。还有,《融资性担保公司信息披露指引》部分规范过于原则性而缺乏操作性,如规定了担保公司需向债权人公开的信息类别,然而未明确指出各类别信息的具体内容,导致债权人对担保主体进行资料审核时没有统一的标准,易造成信息疏漏。另一方面,部分法规政策的规定与现实实施操作存在一定错位。如《担保法》及《担保法解释》中只针对一般意义自然人与法人间担保关系的调整,且规范行为只包括一般担保行为,而不包括再担保机构担保行为,对担保这一行业的特殊性质未给予充足的考虑;再如《小微企业促进法》、《企业破产法》中的规定则与担保业实际情况不匹配——执法力不足,无法有效维护再担保机构的权益,导致的结果是法规缺乏实操性;于2010年出台的《融资性担保公司管理暂行办法》偏重着眼于担保机构的风险防范与控制,对具体性的公司运作、业务操作问题没有做出明确指引。

4.5.2 小微企业融资再担保体系风险存在问题的原因分析

(1) 内部原因分析

① 再担保体系内各主体混业经营

再担保业务的主要服务对象是小微企业和“三农”主体,但在当下社会经济增长速度持续放缓的态势下,小微企业及“三农”业务的经营风险巨大,因此再担保业务开展过程中各主体代偿风险高发,再担保业务经济收益难以覆盖风险代偿等支出,导致各参与主体为了追逐高收益而偏离主业,混业经营,再担保业务整体协同度低,再担保体系难以发挥其准公共品作用。

② 融资担保体系内各主体管理机制不完善

员工专业化水平不高、业务运营不规范和风控体制不完善是造成运营风险和代偿风险的主要原因。员工专业化水平方面,担保业作为一个具有高风险性的行业,其业务从业人员不仅应当具备金融、财会类综合知识,还需要掌握国家产业政策、各种金融工具,然而现阶段各地担保机构、再担保机构的人员业务经验整体不足、知识储备欠缺,识别、预警和治理风险能力较差,业务操作风险敞口往往得不到及时处理和控制。业务运营方面,主体混业经营严重，业务监管不到位。目前经济下行的形势下违约事件频发，融资担保机构和融资再担保机构为追逐高收益而偏离主业，如担保机构为摆脱资金困境，热衷于大项目和高盈利、高风险的投资业务；再担保机构在发展直保业务的同时拓展多元化业务经营渠道，机构运营偏离主业。而主体内部缺少对于非主营业务资源分配和运营规范的规定，逐利心理驱使内部资源向该类业务倾斜，降低了资产的流动性和安全性，风险来源与风险类型呈现多样性与复杂性特征。风控体制方面，从风险预警角度，担保主体仅通过财务报表和业务访谈了解申保企业，未多方调查其市场竞争力、客户关系、上下游业务链条等情况，得出的结论较片面。从风险内控角度，项目全过程仅由项目部跟进，未安排专门风险岗位，风险操作不专业。从风险补偿角度，受业务规模和资金流限制，部分担保机构缺乏条件进行风险准备金的提取。

③ 再担保运行机制不健全

目前部分建立了再担保体系的地区中，再担保合作的开展滞塞，主要原因在于无论是股权投资还是再担保业务，在操作和管理过程中过于粗放，没有明确细致的规定。在股权方面存在投而不管问题，没有形成完善且有效的股权管理制度和方法，以保证政府相关部门的政策意图能够通过担保公司的内部治理机制得到贯彻落实。在再担保业务方面，存在着单一追求业务规模，体现出担保公司实际需要的风险补偿型再担保业务占比较低，忽略业务结构和质量等问题，无法有效引导合作担保公司向符合政策导向的小微企业进行业务倾斜。

④ 银担合作地位的不平等和业务经营的逐利心理

合作地位的差别是造成银担合作困境主要原因。担保机构为小微企业融资增信分险，其经营内容实际上是银行信贷业务的延伸，因此，在与协作银行的合作过程中难具有话语权，造成双方的收支不符合风险与收益的匹配性。此外，双方的“经济人”思想引致了双方的道德风险。担保机构方面，收支的不平衡使其违规套取甚至抽逃资金。例如，2012 年华鼎融资担保有限公司和中担投资信用担保有限公司遭遇资金链危机，主要是由于私自动用担保对象的保证金。银行方面，在再担保方式和风险承担均对自己有利的情况下，为追求业务规模，放松贷前调查时的资信审查和贷后的资金用途追踪,使得担保贷款投入到高风险的领域,加大担保贷款回收的风险。

(2) 外部原因分析

① 受保企业自身风控能力不足

受保企业资金实力和风险承担能力弱成为不良贷款率居高不下的根本原因。一是受保企业抗风险能力较差。小微企业受制于规模和经营成本,组织结构简单,缺少风险调控部门,在同行业竞争激烈、议价能力不足,或经济环境不景气、信贷市场紧缩时,无力采取应急举措。二是受保企业内控机制失衡。小微企业多为"家族式"管理模式,决策多以经验为主,缺乏科学长远的规划,一旦管理层决策失误,就会导致企业的运营出现混乱。三是受保企业财务体系不健全。企业经营数据记录和财务报表编制不规范,且企业的资金额度少、流动快,资金动向难以监控,导致担保公司和企业之间的数据存在差异。

② 宏观经济形势不稳定

小微企业群体作为再担保链条上的最下游环节,其经营发展受宏观经济环境的深刻影响,一旦小微企业群体违约风险集中爆发,风险极易传染至整条再担保链。当前,受国内经济结构调整和国际贸易冲突的影响,我国面临着一系列不确定性问题,如地方政府平台债务高企、企业生产成本攀升、资本泡沫化加剧等不稳定因素不同程度上影响着小微企业的发展,时刻都有可能成为引爆再担保体系风险的"灰犀牛"事件。

③ 小微企业服务体系建设落后

与大企业相比,小微企业总体素质不高,在市场中处于弱势,需要政府及社会相关组织通过建立专门的服务体系来为小微企业提供支持或服务,解决问题并扶持其健康成长。特别在担保项目辅导、项目合规性及项目风险评估方面,服务体系中的专业组织能为其是否贷款和寻求担保提供建议或服务,有效降低小微企业和担保机构因达不到担保要求或决策失误而带来风险。目前国内小微企业服务体系建设滞后,不能适应企业的需要,服务效果有限。

④ 再担保体系风险分担及损失补偿机制尚不完善

省级或区域性再担保机构给予了地方担保机构有效的分险渠道,使担保机构的代偿损失可以获得一定补偿,为其维持担保能力施以援手。然而目前，我国尚未建立健全多层次的再担保风险分担体系，再担保机构同样处于缺乏有效分险渠道的窘况。当前再担保机构的代偿损失依靠各地政府给予的一定补偿，而在当前担保代偿高发的情况下，目前的政府补贴制度显得力有不逮。为避免再担保体系陷入风险大规模积聚的境况，必须建立完善的政策支持体系，通过对再担保机构长期稳定注入资本、对融资再担保机构风险再补偿的措施，达成保障融资再担保机构持续发挥功能的目标。

⑤ 融资再担保行业的法律定位不明确

截至目前我国尚未将融资再担保的地位、责任等属性通过法律形式或相应管理条例加以明确。在已发布的有关法律法规中，虽然对再担保机构出资形式稍稍涉及，但诸如融资再担保机构运行方式、业务开展等方面的管理制度探索浅尝辄止，因此对融资再担保机构经营行为的约束力不强。另一方面，由于融资再担保的地位未得到法律明确确认，导致再担保体系难以获得主流金融机构的普遍认可，即使开展合作，业务审批过程繁琐且严格，严重降低了业务开展效率；同时，部分担保机构还存在对再担保的增信分险作用认识不足的问题，加上融资再担保业务设计还不够规范，加入再担保体系需要一定成本，使得担保机构采用融资再担保模式的意愿不足。以上问题不仅限制了再担保机构业务开展的规模，更不利于再担保机构长期持续性的发展。

⑥ 我国社会信用体系不完善

当前，我国的社会信用体系还不健全，小微企业和担保行业的信用数据严重缺乏。此外，由于再担保机构无法借助银行的信用调查系统以获得共享的信息资源，并且再担保业内没有完善的信息交流渠道，不仅不可能实现行业之间的信息资源共享，而且再担保机构也无法获得有效的担保机构相关信用资讯。因此，在再担保业务开展中，小微企业和担保机构相比再担保机构，占据着信息优势地位，在信息不对称的情况下，很可能导致逆向选择及违约风险的出现，进而大大增加了再担保机构方的代偿风险；为控制这种情况，再担保机构选择缩减与担保机构的合作频率与规模，又反过来限制了获取担保信息的途径。一旦陷入这样的恶性循环，将严重影响再担保机构的经营运作。

4.6 本章小结

本章首先介绍融资再担保体系的发展历程以及现阶段的机构规模和业务规模。(1)随着近年来外部经济下行,担保机构的内部控制措施不足及盲目扩张,加之相关监管不到位,担保行业出现大规模代偿,融资担保机构承担的风险代偿也显著增加,而代偿追回及风险拨备却在下降,融资担保机构存在混业经营、主业辅业倒置等问题。(2)再担保资本总额呈逐年上升的趋势,但是增长较为缓慢,不同的再担保公司注册资本差异较大,总体注册资本规模偏小,平均拨备覆盖率呈上升的趋势,增长同样缓慢,一方面全国再担保平均代偿余额在逐年上升,另一方面再担保准备金提取金额的增长速度慢。从收入的结构来看,虽然营业收入总额保持增长的趋势,但是再担保收入却呈逐年下滑的态势,而直保业务收入和投资等其他业务收入则平稳上升。再担保机构多数都维持在保本微利的状态,从全国平均放大倍数来看,总体偏低,有1/4的甚至不足1倍,代偿总额持续增长,而直保业务是导致再担保机构的代偿风险持续增加的一个重要因素。(3)再担保业务多主体合作,担保机构与再担保机构之间存在直保业务竞争与再担保业务合作下总体风险敞口增加、协作银行收缩合作或提升与担保机构之间协作的门槛、担保与再担保合作中普遍采用风险封顶的方式,多主体合作合作风险不减。(4)从外部环境分析,融资市场的系统风险逐渐显现,对融资担保业监管政策趋严但监管体制依然不顺,这种情况使再担保机构的风险控制和监督无法达到金融机构的同等水平,并使得再担保机构成为金融体系中的薄弱环节和风险积累环节。(5)对于风险现状中存在的问题及原因从体系内外部两个角度进行阐述。其中体系内部存在担保机构收益支出不平衡和风险控制能力不足、再担保机构业务种类和运营方向不合理、担保机构在与协作银行合作中缺乏话语权、再担保合作覆盖程度和运行机制存在不足的问题,体系外部存在再担保机构监管主体不统一、资金补偿制度不健全、担保法律体系不完善等问题。

第五章　小微企业融资再担保体系风险影响因素研究

目前融资再担保体系面临各机构内部风险、体系外部风险以及体系多主体合作中断风险，而其服务对象小微企业又急需融资再担保体系分险，业务量的增加叠加了多种风险因素，扩大了再担保体系的风险敞口，因此，研究融资再担保体系风险形成，对于明晰再担保体系运营机理，进而研究再担保体系风险控制具有重要意义。本章以担保机构、再担保机构、银行为研究对象，构建主体的风险敞口模型和收益模型，通过寻找风险影响因素，研究影响因素的作用过程，探究风险形成机理。融资再担保体系风险形成机理分析思路：首先，分析再担保体系的运营机理，筛选出再担保体系风险影响因素；其次，建立风险敞口模型，研究风险传导过程和主体收益情况；再次，比较各方主体收益，研究外部环境因素对主体收益的影响；最后通过计算实验，直观分析主要参数的变化对各主体收益与风险演化趋势的影响，探索再担保体系风险形成的机理。

5.1 小微企业融资再担保业务运营逻辑

5.1.1 小微企业融资再担保基本功能

再担保体系运行过程中,地方政府、银行与担保机构等融资再担保参与主体构建起多方参与、连接紧密的再担保体系,致力于为小微企业、“三农”融资提供支持。融资再担保主要有以下几个方面功能:

一是体现政府的政策意图。再担保体系以政府性融资担保机构为主,承载着促进小微企业发展的重任,作为一类准公共品供给,逆经济周期中扶持小微企业发展,发挥着经济“稳定器”的作用。通过发挥担保的杠杆作用,撬动社会资本向国家倡导、具备基本融资条件且有核心竞争力、但达不到银行要求的小微企业倾斜,解决当前小微企业融资难、融资贵的难题。

二是为担保机构增信分险。银行在银担合作中占据主导地位,大量担保机构被排除在银担合作范围之外。再担保体系以“总对总”的协调能力、相对强大的资本金实力以及代表更高级别政府的信用背书,通过为担保机构进行再担保,增进行业整体信用水平,也为合作担保机构增加了分险渠道。当代偿风险发生时,再担保体系按比例承担代偿责任,对担保机构的风险进行有效分散,提高了银行参与银担合作的积极性。

三是规范担保行业的发展。再担保机构与担保公司不仅是业务合作的关系,再担保协议的签订以及股权投资等形式,也赋予了再担保机构审查监督的权利。再担保机构通过在事前、事中和事后评估审核担保机构的准入条件、监督担保机构的业务操作、披露担保机构的违约行为等形式,对担保机构进行约束和监督。此外,也可借助股权投资或业务托管等形式介入担保机构的日常经营决策,规范其经营,引领业内机构构建支小支农为主业的政府性融资担保体系。因此,融资再担保机构的本质功能是发挥准公共品的“规范、引领”功能。

5.1.2 我国再担保业务开展现实情境

我国再担保体系建设虽然较晚,但业务架构已初步建成,取得了成效,也存在一些问题，导致再担保的准公共品功能目前没有充分有效地发挥。这主要表现为在业务开展方面，已经建立的省级再担保体系中仍有少数机构未开展再担保业务，而是以经营直保业务为主。即使在已经开展再担保业务的情况下，以按比例分担风险模式为主的补偿型再担保业务的开展规模明显不足，难以有效满足担保机构对增信分险的需求。在风险分担方面，作为小微企业的资金供应方，协作银行与融资再担保体系建立合作关系，不承担或少承担风险分担责任，将小微企业的全部或大部分信贷风险转移至融资再担保体系，自身却不提供业务优惠，甚至为了控制风险，缩减授信额度，对信贷风险容忍度低，大部分风险抛给了担保机构，使后者担负着巨大的代偿压力；而再担保机构为规避风险，提高担保机构的进入门槛，在再担保费率和风险分担比例等业务合作条件上提高要求。在考核方面，条块分割的行政管理体制下，作为再担保链条上的核心环节，再担保体系的准公共品功能定位和上级主管单位对其要求的保值增值的考核要求相矛盾，导致再担保机构不愿扩大再担保业务，而将更多精力用于投资及直保等盈利业务，既与地方担保机构竞争，也导致地方担保机构参与再担保业务的意愿较低，往往仅提交部分高风险、低质量的担保项目纳入再担保。因此，从现实情境分析，与规范成熟的国外再担保体系相比，我国融资再担保业务仍是不稳定的合作关系，而不是简洁的分险机制。

5.2　小微企业融资再担保体系风险传导影响因素分析

5.2.1　小微企业融资再担保体系风险影响因素识别

从行业调研的结果来看，“比例再担保”业务模式接受程度较高，江苏、广东、北京、上海等地省级再担保机构均以该模式为主，具备较高的代表性。在该模式下，各参与主体事前约定风险分担比例，发生代偿时，代偿额在各主体之间合理分担，不再依靠单一主体的风险兜底，提升了体系的抗风险能力。本章基于比例再担保业务合作模式，以再担保业务为主线，尝试探究再担保体系风险的形成与传导机制。

图 5.1 展示了再担保风险的传导路径。小微企业还款能力不足出现风

险溢出，担保机构启动代偿机制，银行、再担保机构承担对应比例的风险。再担保风险的形成与传导受多种因素影响，考虑从体系内参与主体角度与体系外部环境视角，深入挖掘再担保体系的风险影响因素。在参考相关文献的基础上，将影响因素归纳为以下几类：

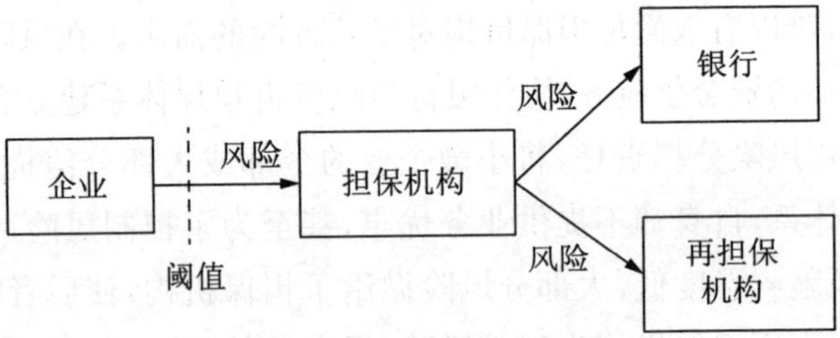

图 5.1 再担保业务风险传导路径

(1) 反担保物价值与变现率。企业经营不善导致资金链断裂，最终出现的资不抵债是再担保风险产生的根源，担保机构代为偿还之后可通过反担保物变现获得资金补充。如果受保企业提供的反担保物不足值或变现能力差，极有可能导致担保机构资金的损失（陈菲琼等，2010）[195]。因而反担保物的价值与变现率将直接影响担保机构的担保能力（杜朝运等，2014）[196]；常丽娟等(2012)认为担保机构处置抵押物能使自有资本获得补充，减少代偿损失压力，而反担保物变现率则影响抵押物变现的金额与速率，反映的是反担保品的质量[197]。

(2) 经济周期。担保与再担保是逆经济周期下政府发挥宏观调控的重要机制，因而不可避免受到外部环境因素的影响。其中，小微企业对宏观和区域经济环境的变化极为敏感。尽管再担保行业的冷热与经济周期的演变轨迹并非完全重合，但不可否认的是，经济周期仍然是影响再担保体系或有风险的重要原因（马国建，2015）[129]。赵爱玲等(2014)指出担保风险极大程度受到经济周期的影响，再担保体系的服务主体为小微企业，后者的脆弱性决定了经营绩效极易受到经济环境的影响，影响传入再担保体系的风险水平[143]。

(3) 企业相似度。该指标代表的是某一区域内同一行业或同一类型的受保企业数量，受保企业相似度越低，爆发系统性风险的可能性就越小，反之则风险爆发的可能性越大，容易出现“多米诺骨牌”效应（马国建等，2015）[129]。具体而言，同一区域、同一行业的上下游企业之间普遍存在互保的情况，进而形成担保链或担保圈。当一家机构出现资金链断裂时，有可能导致整个担保网络的崩溃，引发群体性信贷违约事件。此外，高企业相似度下银行倾向于降低风险预警阈值，增加了银行抽贷的风险(侯明等，2013)[198]。

(4) 风险分担比例。现行的再担保合作机制下，担保与再担保机构是代偿风险的主要承担者，部分地方政府可能提供代偿补贴。然而对于任何一个主体而言，均存在风险阈值，当代偿损失超过可承受的阈值时，势必出现风险溢出(薛钰显等，2013)[148]。合理的风险分担比例强调的是一种风险共担、利益融合的风险化解机制，因而该指标也是影响再担保体系风险的重要因素之一(王淼，2017)[199]。

(5) 担保、再担保费用。担保与再担保费本质是承担不确定性风险获得的收益，也是担保、再担保机构的主要收益(魏剑焘，2013)[200]；设置合理的担保费率至关重要，充足的保费收入是维持保本微利经营的重要条件(薛菁等，2012)[201]。李宝良(2012)还指出当前国内再担保业务利润普遍偏低，同时又缺乏财政资金的扶持，担保和再担保机构应对风险的能力不断被削弱。因此，担保和再担保费率也是影响再担保体系风险的因素[202]。

(6) 政府补助。保本微利的经营定位决定了政府性担保和再担保机构的经营并非以营利为目的，但代偿的发生又导致资本金不断流失，因而政府的财政补贴至关重要(汪辉等，2016)[203]。借助财政手段破解再担保体系中主体收益与风险分担不匹配的难题，例如对担保和再担保机构进行财政补贴或业务奖补，有助于提升再担保体系的抗风险能力(冯涛等，2011)[204]。国办发〔2019〕6 号文也明确指出了政府补贴对再担保体系可持续发展的重要作用。因此，政府补助也是影响再担保体系风险的重要因素。

基于上述分析，影响再担保体系风险传导的因素主要为担保(再担保)费率、政府补贴、反担保物的价值与变现率、企业相似度、经济周期、风险分担比例等六个关键要素。

5.2.2 风险影响因素的作用机理分析

(1) 基本假设

基于图 5.1 风险传导路径的分析，不妨假设融资担保机构的自有资本金为 D，银行授权合作担保机构的放大倍数为 n，当担保机构所有资本金均用于担保业务时，在保余额为 nD；令担保费率为 f_1，担保机构追偿率为 I；再担保费率为 f_2（在担保费的基础上收取）；各级政府对再担保体系的补贴比例为 β；r 为银行同期贷款利率；ρ 为银行信贷资金的机会成本；k_1、k_2、k_3 分别为担保机构、再担保机构、协作银行之间的风险分担比例。

(2) 风险传导分析

风险由企业传导至担保机构，由上述分析可知，企业贷款总额 $Z=nDP$ ($P\in[0,1]$)，代表本期担保机构面临的企业违约风险。其中，P 为本期内受保企业发生违约的概率，可能受到宏观经济环境、企业相似度等多种因素影响，为便于后续研究，假设 P 的取值仅与该区域内的企业相似度与经济周期指数相关。令 $P=ms$，其中 m 代表目标区域内企业之间的相似度，s 为该地区的经济周期指数。

假设 Y 为受保企业的风险阈值，令 $Y=XQ(Q\in[0,1])$，其中 X 为受保企业所提供的反担保物变现后净值的平均数，Q 为反担保物的平均变现率，反映的是资产变现的速率，其影响因素较多，包括经济周期指数与企业相似度等。假设 $Q=mcs$，m 是目标区域内受保企业的相似度，s 为该地区的经济周期指数，c 为反担保物的变现率。当 $Z<Y$ 时，受保企业有能力自身偿还贷款，风险未溢出；当 $Z>Y$ 时，受保企业风险超出阈值，出现风险溢出，并传递至担保机构，此时担保机构承担的风险为 $nDms-Xmcs$。

(3) 各主体承担的风险和收益分析

收益无法覆盖风险的部分称之为风险敞口，一般而言，最大风险敞口＝最大损失－业务收益。因此，融资再担保机构的风险敞口为 $DP-XQ$，即 $nDms-Xmcs$。当各主体按照约定比例分担代偿损失后，担保机构启动代偿追偿机制，追偿所得将按照风险分担比例补偿担保、再担保机构的损失。因此，整个再担保体系所面临的代偿风险为 $(nDms-Xmcs)(1-I)$，担保机构、再担保机构、协作银行需要承担的风险分别为：$k_1(nDms-Xmcs)(1-I)$、$k_2(nDms-Xmcs)(1-I)$、$k_3(nDms-Xmcs)$。

收益方面，向受保企业收取的担保费是担保机构最主要的收入来源，担保费收益为 $nDf_1(1-f_2)$；再担保机构的收益主要包括再担保费收入和各级政府提供的财政补贴，其收益可以表示为 $nDf_1f_2(1+\beta)$；协作银行的收益主要来自贷款利息，与此同时也要承担贷款资金的机会成本，例如投资或经营其他业务带来的收入等。因而在银担合作的框架下，协作银行可获得的收益为 $nD(r-\rho)$。

假设 Π 代表最大风险敞口，则担保机构的风险敞口 $\Pi(A)$、再担保机构的风险敞口 $\Pi(B)$、协作银行的风险敞口 $\Pi(C)$分别为：

$$\Pi(A)=k_1(nDms-Xmcs)(1-I)-nDf_1(1-f_2) \tag{5.1}$$

$$\Pi(B)=k_2(nDms-Xmcs)(1-I)-nDf_1f_2(1+\beta) \tag{5.2}$$

$$\Pi(C)=k_3(nDms-Xmcs)-nD(r-\rho) \tag{5.3}$$

考虑到上述风险敞口模型的计算结果难以比较，深入分析各主体的收益与风险关系存在一定难度，因而引入收益率参数 θ，代表各主体收益与最大风险敞口的比值，值越低说明该主体面临的风险越大，反之面临的风险则越小。担保机构、再担保机构和协作银行的收益率如式(5.4)(5.5)(5.6)所示：

$$\theta(A)=\frac{nDf_1(1-f_2)}{k_1(nDms-Xmcs)(1-I)-nDf_1(1-f_2)} \tag{5.4}$$

$$\theta(B)=\frac{nDf_1f_2(1+\beta)}{k_2(nDms-Xmcs)(1-I)-nDf_1f_2(1+\beta)} \tag{5.5}$$

$$\theta(C)=\frac{nD(r-\rho)}{k_3(nDms-Xmcs)-nD(r-\rho)} \tag{5.6}$$

5.3　各方收益率比较

5.3.1　担保机构与银行风险收益率对比

为了方便分析，暂不考虑变现率 C_1 和 C_2 的变化，可以得到：

$$\begin{aligned}\theta(C)-\theta(A)&=\frac{nD(r-\rho)}{k_3(nDms-Xmcs)-nD(r-\rho)}-\\&\quad\frac{nDf_1(1-f_2)}{k_1(nDms-Xmcs)(1-I)-nDf_1(1-f_2)}\\&=\frac{nD(Dms-Xmcs)[k_1(r-\rho)(1-I)-k_3f_1(1-f_2)]}{\Pi(A)\Pi(B)}\end{aligned} \tag{5.7}$$

实践中，银行与担保机构处于不对等地位，即银行承担较少的风险而获得更大的收益，担保机构得到较少的收益却承担主要的风险，由于 $\frac{nD(Dms-Xmcs)}{\Pi(A)\Pi(B)}>0$，且 $k_1(r-\rho)(1-I)>k_3f_1(1-f_2)$，即 $\theta(C)-\theta(A)>0$。可以看出，银行的风险收益率明显高于担保机构，这是目前担保体系建设中的一个难点。

5.3.2 融资再担保机构与担保机构收益率对比

同理，可以讨论：

$$\theta(A)-\theta(B)=\frac{nDf_1(1-f_2)}{k_1(nDms-Xmcs)(1-I)-nDf_1(1-f_2)}-\frac{nDf_1f_2(1+\beta)}{k_2(nDms-Xmcs)(1-I)-nDf_1f_2(1+\beta)}$$
$$=\frac{nDf_1(Dms-Xmcs)(1-I)[k_2(1-f_2)-k_1(1+\beta)]}{\Pi(A)\Pi(B)} \tag{5.8}$$

因为 $\frac{nDf_1(Dms-Xmcs)(1-I)}{\Pi(A)\Pi(B)}>0$，所以 $\theta(A)-\theta(B)$ 的正负性只需讨论 $k_2(1-f_2)-k_1(1+\beta)$ 即可。实践中，再担保机构具有政策性意图，收取较少的再担保费甚至不收担保费，承担较多的风险，所以 $k_2(1-f_2)-k_1(1+\beta)>0$，即表现为 $\theta(A)-\theta(B)>0$。但是，融资再担保机构长期的微利或者亏损运行状态不利于融资再担保体系的长远发展。

5.4 各方收益率影响因素分析

5.4.1 外部环境因素对风险收益的分析

对于担保机构，对 $\theta(A)=\frac{nDf_1(1-f_2)}{k_1(nDms-Xmcs)(1-I)-nDf_1(1-f_2)}$

求导可得 $\frac{\partial\theta(A)}{\partial m}=\frac{-k_1s(nD-Xc)(1-I)nDf_1(1-f_2)}{[k_1(nDms-Xmcs)(1-I)-nDf_1(1-f_2)]^2}<0$，

$\frac{\partial\theta(A)}{\partial s}=\frac{-k_1m(nD-Xc)(1-I)nDf_1(1-f_2)}{[k_1(nDms-Xmcs)(1-I)-nDf_1(1-f_2)]^2}<0$，$\frac{\partial\theta(A)}{\partial c}=$

$\frac{k_1msX(1-I)nDf_1(1-f_2)}{[k_1(nDms-Xmcs)(1-I)-nDf_1(1-f_2)]^2}>0$；同理，对于融资再担保机构，存在$\frac{\partial\theta(B)}{\partial m}<0$、$\frac{\partial\theta(B)}{\partial s}<0$、$\frac{\partial\theta(B)}{\partial c}>0$。可以看出，企业相似度 m、经济周期指数 s 对担保与再担保机构收益率呈负相关关系；贷款企业反担保物变现能力 c 与各方收益率呈正相关关系。

5.4.2　风险分担比例对收益的分析

对于担保机构来说，由于$\frac{\partial\theta(A)}{\partial k_1}=\frac{-nDf_1(1-f_2)(nDms-Xmcs)(1-I)}{[k_1(nDms-Xmcs)(1-I)-nDf_1(1-f_2)]^2}<0$，即融资担保机构收益率与自身的风险分担比例 k_1 呈负相关；同理，分别将再担保机构和协作银行的收益率对各自的风险分担比例求导可得$\frac{\partial\theta(B)}{\partial k_2}<0$、$\frac{\partial\theta(C)}{\partial k_3}<0$。可以看出，风险分担比率与各方的收益呈现负相关关系。

若担保机构、再担保机构以及银行收益率平衡的时候，即 $\theta(A)=\theta(B)=\theta(C)$时，令：

$$\begin{cases}k_1+k_2+k_3=1\\k_2(r-\rho)(1-I)-k_3f_1f_2(1+\beta)=0\\k_2(1-f_2)-k_1f_2(1+\beta)=0\end{cases}\tag{5.9}$$

当担保费率和再担保费率固定时，三个主体的最优风险分担比例如式(5.10)所示：

$$\begin{cases}k_1^*=\dfrac{f_1(1-f_2)}{f_1(1-f_2)+(r-\rho)(1-I)+f_1f_2(1+\beta)}\\k_2^*=\dfrac{f_1f_2(1+\beta)}{f_1(1-f_2)+(r-\rho)+f_1f_2(1+\beta)}\\k_3^*=\dfrac{(r-\rho)(1-I)}{f_1(1-f_2)+(r-\rho)+f_1f_2(1+\beta)}\end{cases}\tag{5.10}$$

各方最优风险分担比例与担保资金规模以及追偿率等指标没有直接关系，而由各自的收益决定。对于担保机构而言，保费收入与再担保费支出是关键影响因素；对于再担保机构而言，再担保费收入与政府补贴是影响其风险分担意愿的关键因素；对协作银行而言，贷款利率、机会成本、追偿率等因素是影响其风险分担的主要因素。

5.4.3 担保费率与再担保费率对收益的分析

由于$\frac{\partial\theta(A)}{\partial f_1}=\frac{nD(1-f_2)\times k_1(nDms-Xmcs)(1-I)}{[nDf_1(1-f_2)-k_1(Dms-Xmcs)(1-I)]^2}>0$，$\frac{\partial\theta(A)}{\partial f_2}=-\frac{nDf_1\times k_1(nDms-Xmcs)(1-I)}{[Df_1(1-f_2)-k_2(Dms-Xmcs)(1-I)]^2}<0$，因此担保机构收益率与担保费率呈正相关，与再担保费率呈负相关；同理，将再担保机构收益率分别对 f_1 和 f_2 求导可得$\frac{\partial\theta(B)}{\partial f_1}>0$、$\frac{\partial\theta(B)}{\partial f_2}>0$，所以再担保机构收益率与担保费率、再担保费率呈正相关，当其他变量固定不变，还可以求出最佳担保和再担保费率：

$$\begin{cases} f_1^*=\frac{(r-\rho)(1-I)[k_2+k_1\times(1+\beta)]}{k_3(1+\beta)} \\ f_2^*=\frac{k_2}{k_2+k_1(1+\beta)} \end{cases} \tag{5.11}$$

5.4.4 政府补贴的影响分析

对于再担保机构来说，由于$\frac{\partial\theta(B)}{\partial\beta}=\frac{Df_1f_2\times k_2(nDms-Xmcs)(1-I)}{[Df_1f_2(1+\beta)-k_3(Dms-Xmcs)(1-I)]^2}>0$，因此，再担保机构收益率与政府补助呈正相关关系；且由于 $f_2^*=\frac{k_2}{k_2+k_1(1+\beta)}$，$\frac{\partial f_2^*}{\partial\beta}<0$，即政府补助有助于降低再担保费率，变相地提高了担保机构的收益。

5.5 计算实验分析

为深入探究相关变量对各主体收益和风险的作用机理，筛选再担保体系风险形成的关键影响因素，尝试结合计算实验的方法进行可视化分析。

5.5.1　参数设置

在现状调研的基础上，设置相关变量初值。假定担保机构、再担保机构和协作银行按照 2∶2∶1 的比例分担风险，担保费率初值为 2%，再担保费率初值为 30%。贷款利率的设置参考同期银行基准贷款利率，即 $r_1=4.25\%$，同时将银行的无风险利率设定为信贷资金的机会成本，即 $\rho=2\%$。当前仅有少部分地方政府设立了代偿补偿基金或资本金补充机制，且政府补助也无法覆盖所有代偿风险，因而设置代偿补偿率 $\beta=50\%$。其余参数方面，令贷款总额为 10，反担保物变现后的价值为 10，受保企业相似度 $m=0.5$，反担保物变现率 $c=0.5$，追偿率 $I=0.2$，经济周期指数 s 在[0.5, 1]内随机取值。

5.5.2　仿真并分析

从图 5.2 中可以看出，经过 50 个周期模拟之后，银行是最大的收益者，

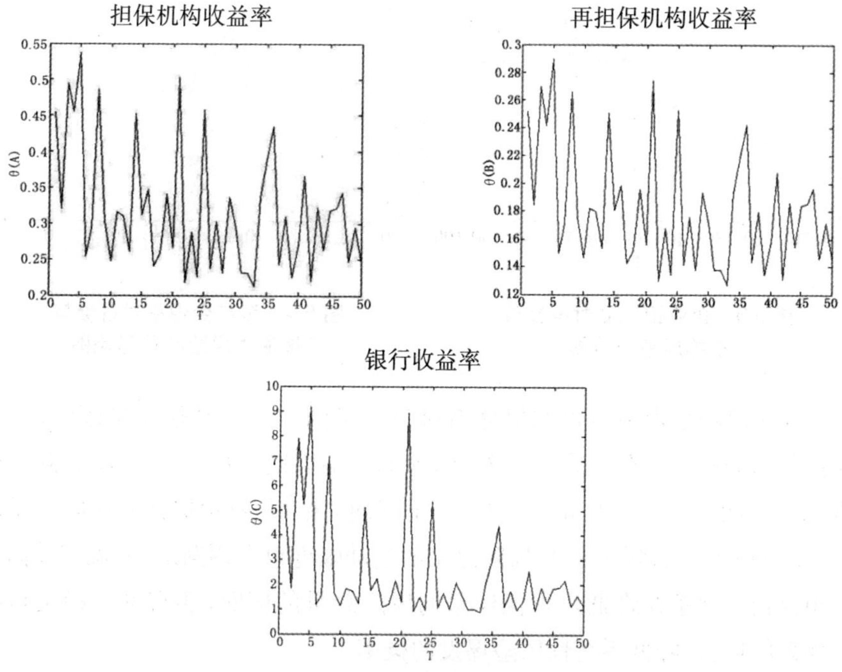

图 5.2　三方参与主体收益模拟图

占据经济效益绝对的主导地位；之后是担保机构，维持微利经营状态，最后是再担保机构。这充分体现了当前我国再担保体系下，各方参与者风险与收益不平衡的现状。

(1) 企业相似度与再担保体系风险总量的关系。其他变量不变，企业相似度在 100 个周期内从[0.3, 1]逐渐递增，仿真结果如图 5.3 所示。结果表明，受保企业相似度的逐渐提高，再担保体系面临的风险总量在不断增加，当企业相似度较高时，风险总量的波动幅度也随之增加，容易爆发系统性风险。现实情境中，担保或再担保业务有时具备一定的行业性或区域性特点，即主要面向某一特定行业或领域的企业提供担保和再担保服务。在宏观经济下行或者突发产业政策调整时，容易爆发集体性代偿事件，担保和再担保机构面临的风险也随之增加。

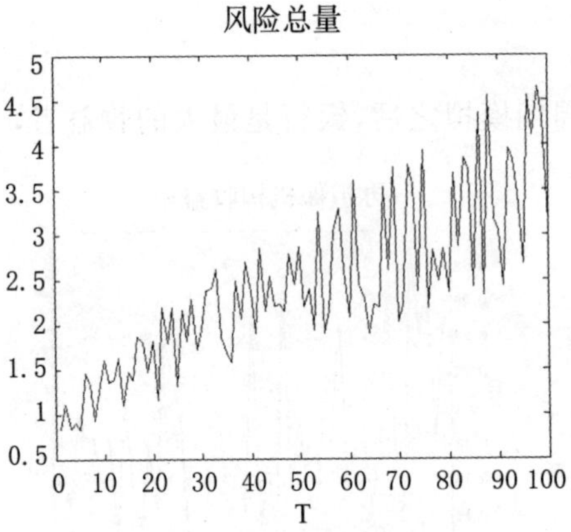

图 5.3 企业相似度对各参与主体风益影响图

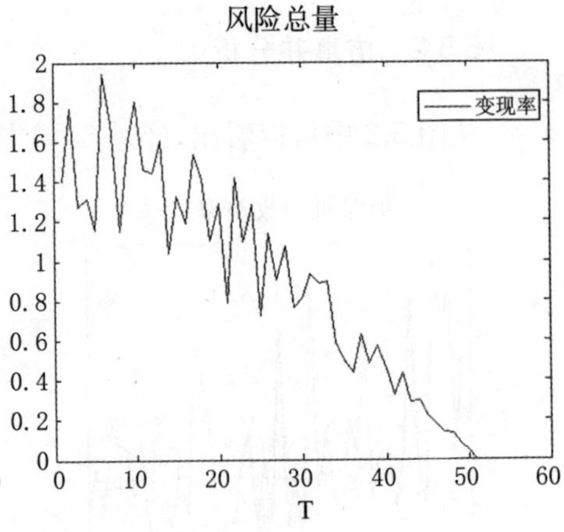

图 5.4 资产变现率对各参与主体最大风险敞口影响图

反担保物变现率与再担保体系风险总量的关系。其他变量固定，控制反担保物变现率 c 在[0.3, 0.8]逐步增加，经济周期指数 s 在[0.5, 1]随机取值，仿真结果如图 5.4 所示。经过 50 个周期的模拟，再担保体系风险总量从最高时的 1.9 左右降至 0，且风险总量的波动幅度也在逐渐缩小，说明较高的反担保物变现率在降低再担保体系的风险总量的同时，还有助于稳定再担保体系的运营，降低系统性风险爆发的概率。

(2) 不同风险分担比例下各参与主体收益变化情况。假定协作银行的风险分担比例分别为 10％、30％、40％，再担保机构的风险分担比例固定在 50％，仿真结果如图 5.5 所示。结果表明，银行的风险分担比例取 0.2 时，各主体收益率差距明显。银行承担最低的风险但获得的收益远远超过担保和再担保机构。当银行的风险分担比例逐渐提高，担保和再担保机构的收益率迅速上升，银行的收益率虽有小幅下降，当仍旧处于最高水平。

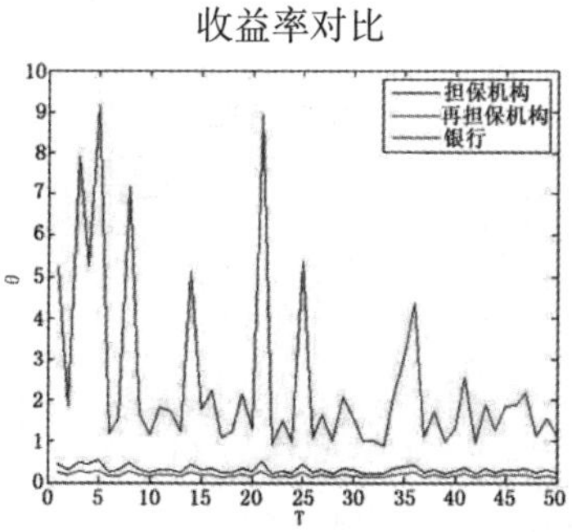

(a) $k_3=10\%$

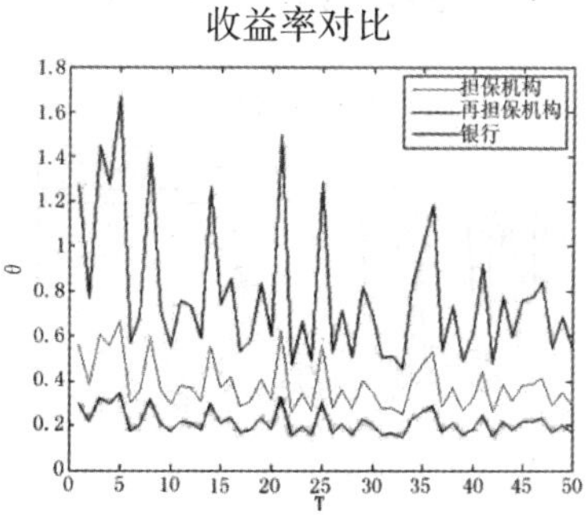

(b) $k_3=30\%$

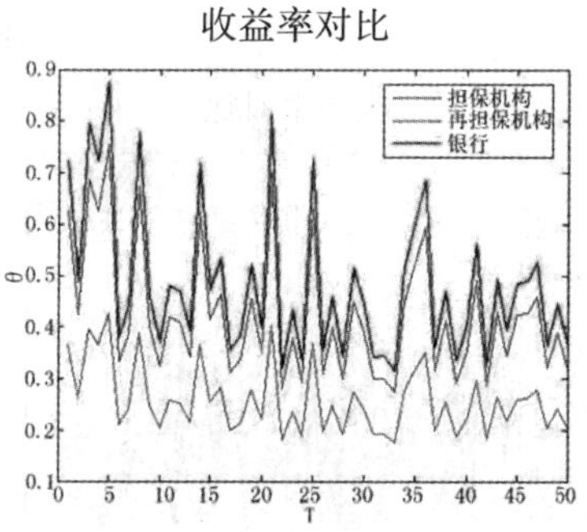

(c) $k_3=40\%$

图 5.5　风险分担比例对各参与主体收益影响图

现实情境中，银行凭借银担合作的优势地位，少承担甚至不承担风险，导致风险在担保机构和再担保机构集聚，不利于再担保体系的长期运行。相反，银行适度承担风险，不仅能大幅提高其他主体的收益，自身也并未受到太大的损失，且从长远发展来看，再担保体系的稳健运行对银行发展更为有利。

(3) 再担保费率对于再担保体系风险影响。假设风险分担比例 $k_1=k_2=0.4$，$k_3=0.2$，经济周期指数 s 在[0.5，1]之间随机取值，令再担保费率 f_2 分别为 10％、30％和 50％，其他参数不变。仿真结果如图 5.6 所示。在

10%的再担保费率下，担保机构和再担保机构的收益与风险出现严重失衡，再担保机构收益率远低于担保机构，说明再担保机构承担了代偿风险却并未获得与之匹配的收益；随着再担保费率的上升，这种现象有所改善，两者收益率差距逐渐缩小；当再担保费率增加到50%，担保机构和再担保机构的收益率已经十分相近。因此，在再担保实践中，需要对担保和再担保费率进行科学界定，以协调双方利益。

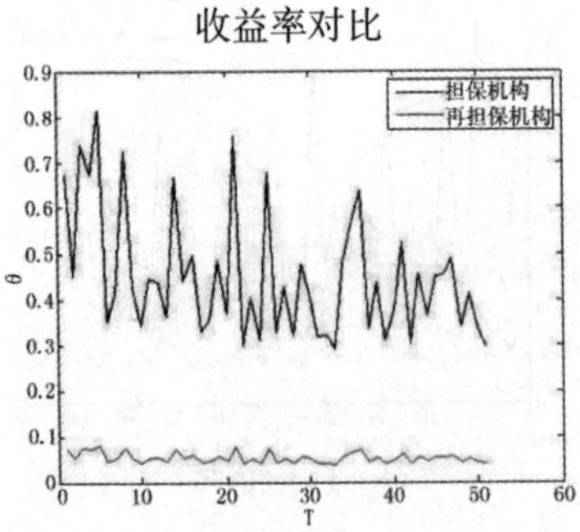

(a) $f_2=10\%$

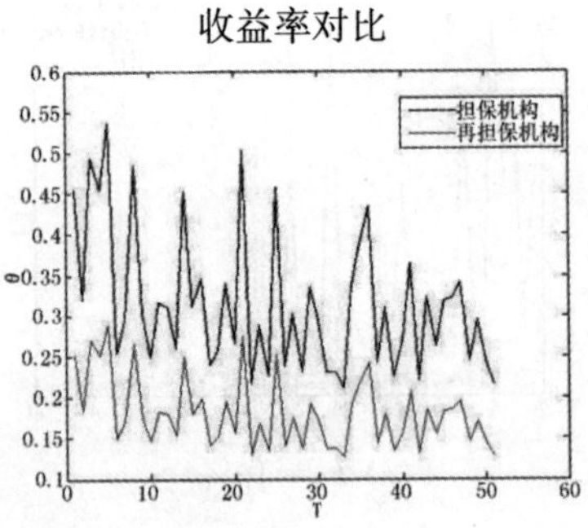

(b) $f_2=30\%$

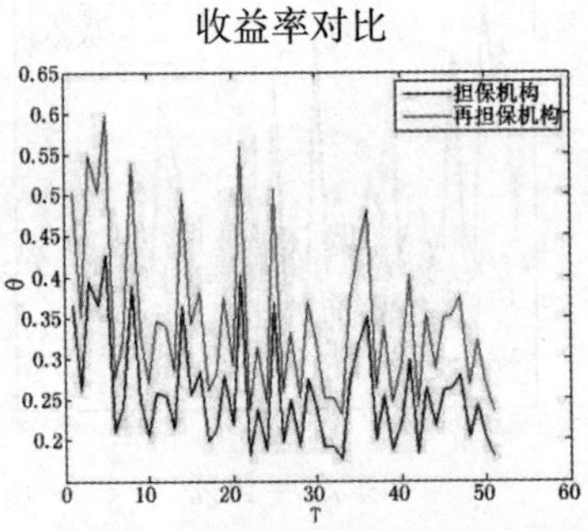

(c) $f_2=50\%$

图5.6　再担保费率对担保机构风险收益影响图

(4) 政府补贴对于再担保机构收益率的影响。令政府补贴率 β 分别取0.1、0.3、0.5，再担保费率在50个周期内率在[0, 0.3]之间均匀取值，仿真结果如图5.7所示。结果表明，政府补贴率的提高，能有效提升再担保机构的收益率，弥补较低的担保费率与较高的代偿额产生的风险敞口，提升再担保机构的抗风险能力。然而在现实情境中，能有效落实财政补贴机制的地方政府不多，持续的资本金补充与代偿补偿机制有待进一步完善和落实。

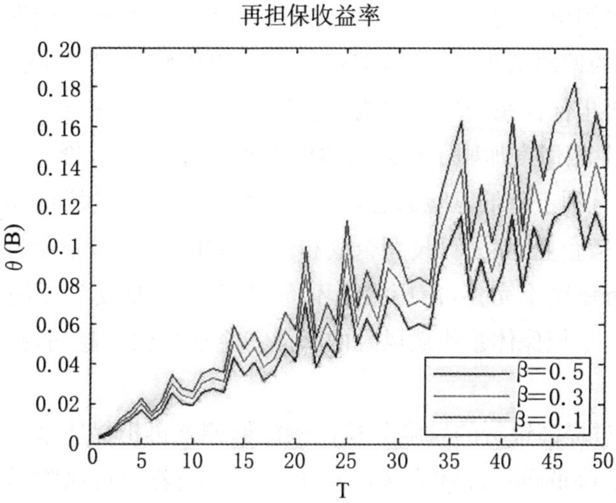

图 5.7　政府补助对再担保体系风险收益影响图

5.6　结果分析

5.6.1　主要结论

基于计算实验结果分析，得到如下结论：

(1) 通过分析再担保风险的传导路径，并结合再担保体系运行的现实情境，筛选出具有代表性的再担保体系风险指标，即反担保物变现率、企业相似度、担保费率、再担保费率、风险分担比例以及政府补助率。其中，企业相似度、反担保物的变现率影响传入再担保体系的风险总量；风险分担比例、担保费率、再担保费率以及政府补助率影响再担保体系内部多主体收益与风险的配比结构。可见，再担保体系外部风险主要来源于小微企业的经营状况以及银行对于反担保物变现的要求；再担保体系的内部风险主要来源于体系内主体对于风险分担和收益的划分。

(2) 再担保业务开展过程中，再担保机构呈现出的收益率最小，负担的风险最大，其次是担保机构，这是再担保机构分险作用的体现，银行承担的风险最小，却获得了最高的收益率，在再担保体系中占据绝对的优势地位。担保机构和再担保机构收支不平衡的状况使得二者开展投资等业务增加资金收入，且再担保机构为了缩小收支差距，开展直保业务与担保机构展开竞争。主业务的偏离减少了主体的流动资金，当代偿额较大时容易引发运营风险，削弱再担保体系的增信功能。

(3) 企业相似度加剧了传入再担保体系的总体风险，价值高且变现力强的反担保物有利于降低风险的总量。借助再担保体系的增信作用获得融资的多数为小微企业，除去科技型企业和国有资本企业外，企业自身可抵押资产有限，财务制度不完善，信用级别不高，业务经营易受到经济环境和政策环境的影响，是担保体系代偿风险的来源。企业相似度越高，担保体系的代偿风险越大。

(4) 通过提高银行的风险分担比例能够调整再担保体系与其他主体之间风险情况，降低再担保体系风险损失；同时，随着银行风险承担比例的提升，银行收益虽然有所下降，但仍然保持在较高的水平，面临的风险最低。

(5) 适度提高再担费率以及政府补助能有效平衡主体之间的风险与收益，缩小再担保机构与担保机构之间风险不对称的问题，降低再担保体系所负担的风险，但是当再担保费率过高时，再担保收益率就会超过担保机构，不利于担保机构的发展。

5.6.2 研究结论对再担保体系风险预警启示

(1) 再担保体系风险首先来源于贷款企业，担保机构以及再担保机构应当关注贷款企业的相似度以及反担保物的质量，降低风险损失。企业相似度越高，担保体系的代偿风险越大。

(2) 应当加强银行、担保机构、再担保机构间的合作，尝试构建风险共担的合作机制。当前的银担合作框架下，银行获得的收益最高，但是承担最少的风险，主要的风险集中于担保机构和再担保机构，主体收益与承担的风险并不匹配。需要进一步综合各方利益进行协调，变简单合作为明确的分险机制。

(3) 实践中，担保和再担保费率的提升能迅速增加担保和再担保机构的收益，但过高的费率与保本微利的经营初衷相违背，无法实现降低小微企业融资成本的政策目标，且《中小企业信用担保资金管理暂行办法》也明确规定担保费率不得超过银行同期贷款基准利率的50%。因此，科学界定担保与再担保费率，必要时通过财政资金加以扶持。

(4) 建立社会信用体系。融资再担保只是助力企业融资的手段，化解和规避风险，最重要的仍是企业稳定的经营与有保障的还款，企业信用有保障，才能保障融资担保行业的稳定发展。因此，建立与完善社会信用体系迫在眉睫。

5.7　本章小结

本章在总结融资再担保业务运营机理的基础上，围绕风险传导筛选风险影响因素，构建了风险敞口模型以及各主体收益模型，从而评价担保机构、再担保机构和协作银行等三类主体的收益受风险因素影响情况。接着根据实际情况，设定部分参数的初始值，基于 Netlogo 平台就关键因素对再担保业务风险的影响进行数值模拟与仿真分析，总结关键因素在再担保体系风险形成中的作用，最后根据仿真结果总结风险形成机理，提出风险预警启示。

分析结果表明：一、再担保体系外部风险主要来源于小微企业资产和经营状况以及银行对于反担保物变现的要求，再担保体系内部风险主要来源于体系内主体对于风险分担和收益的划分；二、担保机构和再担保机构收支不平衡的状况是再担保体系内主体运营风险的重要成因；三、企业相似度加剧了再担保体系代偿风险；四、提高风险分担比例、再担费率和政府补助是防范再担保风险形成并提升再担保体系运营效果的重要因素。

第三篇

小微企业融资再担保体系风险演化研究

第六章　小微企业融资再担保体系风险演化机理研究

6.1　融资再担保体系风险演化研究逻辑

基于前文再担保体系风险定义，风险由小微企业溢出后，在参与分险的多主体中传播的实质是受业务因素和环境因素影响下风险传播的方向和强度不断改变，造成多主体运营合作的不稳定性。掌握风险演化规律，即可改变相关因素并控制其传导路径，有助于提升再担保体系的风险防范能力。因此，研究再担保体系风险演化机理是再担保风险研究的重要环节。

6.1.1　融资再担保体系业务运营关系

经过十余年的发展，国内再担保体系的模式已逐渐成熟，具有代表性的有“安徽模式”、“江苏模式”、“北京模式”、“山东模式”、“广东模式”等，在扶持小微企业发展与规范担保行业发展方面发挥了重要的作用。随着国家融资担保基金有限责任公司在北京正式揭牌，由政府主导的“一体两翼三层”担保体系初步建立。

小微企业融资再担保体系运营流程参考图 6.1：①小微企业信用水平低，亟需担保机构为其增信；②担保机构与银行开展业务合作，同时申请再担保机构提供“增信分险”服务；③再担保机构审核通过后，同意向银行出具再担保函；④银行经审批后同意放款；⑤各级地方政府扶持并监管担保及再担保机构运营。其中，省级再担保机构一般由省财政出资设立并监管，为地方担保机构提供再担保服务，目前省级再担保机构引领下的中观层面的再担保体系是主要的再担保运营架构。

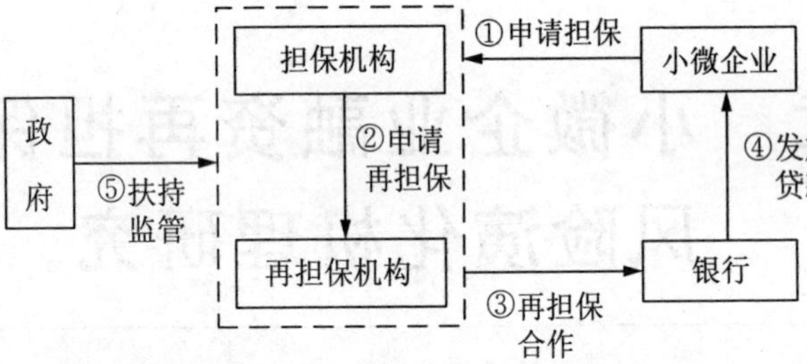

图 6.1　小微企业融资再担保运营流程图

作为信贷资金供给方的协作银行，在融资再担保体系多主体合作中占据优势地位，主要表现在：一是协作银行授权担保机构放大倍数，但由于融资担保机构风险事件频发，银行出于稳健经营的需要，授予担保机构的放大倍数普遍偏低，有的甚至不足 1 倍；二是协作银行仅承担少量风险或不承担风险，业务审批的机制也繁琐复杂，普遍缺乏银担合作的内生动力。再担保机构的介入改变了这种困境，通过“增信分险”功能的发挥，一方面分担了担保机构的部分代偿风险，另一方面也提高了银行对担保机构的放大倍数。

6.1.2　融资再担保的风险传导逻辑

(1) 基于再担保功能的风险演进

根据前文融资再担保体系示意图和风险示意图，再担保体系的基本功能是“增信分险”，风险的基本传导路径为：由小微企业发生违约行为后风险溢出，传播至地方担保机构，并在“一体两翼三层”的再担保体系内由下到上逐级传导到省级再担保机构及国家融资担保基金(如图 6.2)，风险传导过程中通过再担保业务缓释、分担风险。

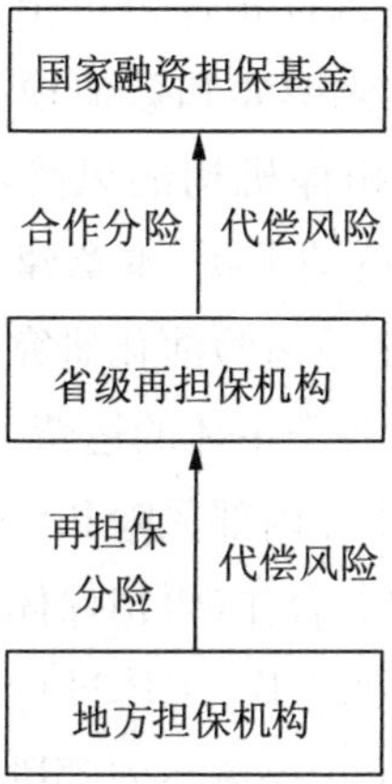

图 6.2　风险基本传导路径图

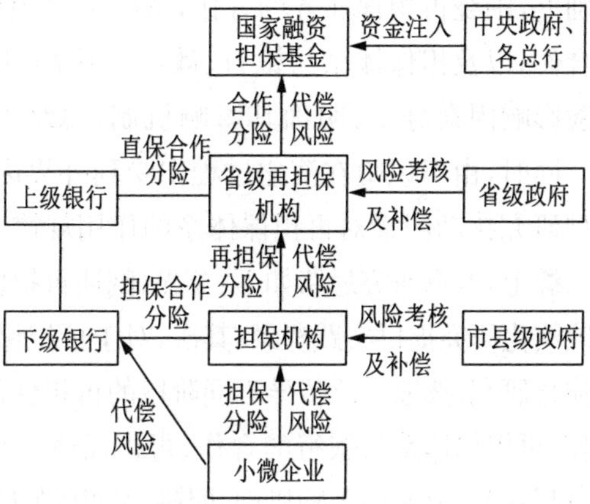

图 6.3　风险现实传导路径图

(2) 基于再担保机构业务运营的风险传导

现阶段，省级再担保机构是“一体两翼三层”融资再担保体系的核心主体，由于分险机制不完善及国有资本保值增值的考核要求等，再担保机构业务运营中暴露出诸多问题：体系内部很多担保机构尚未加入再担保合作，再担保业务覆盖程度以及合作深度有限；再担保机构直保业务比例过高，主营业务资源不足；国家融资担保基金成立不久，业务运营和分险机制不完善；各级政府的业务考核指标不合理，风险补偿不到位。受各类问题的影响，风险由小微企业溢出之后，附着于再担保业务或再担保机构的直保业务，传播至省级再担保机构，在担保机构、再担保机构和协作银行之间流转(如图 6.3)。同时三类主体的行为受政策扶持方向和政府风险补偿直接影响，风险在主体行为变化的过程中演化方向和强度不断改变。除此之外，经济大环境、社会信用环境等体系外部因素在不断变动中，这些因素的波动直接作用于整个再担保体系，影响风险的传播以及各主体的风险应对行为。

(3) 基于再担保业务的风险传导研究逻辑

从再担保制度充分发挥其增信分险本质性功能的角度来看，原本是简单的分险合作机制，而现实中省级再担保机构混业经营，用直保的收入弥补再担保代偿损失，有其现实的合理性。综合考虑我国再担保体系发展，吸引担保机构加入再担保，逐步降低直保并回归再担保主业依然是目标。因此，对再担保体系风险演化的研究，在对再担保业务合作对象进行收益分析的基础上，围绕再担保业务的合作，从融资再担保体系内部担保及再担保机构的合作，以及担保体系与银行、政府等协同，通过演化博弈和数值模拟进行风险影响因素分析，明确其影响机制，总结融资再担保机构的风险演化机理。同时，由于风险在演化过程中受到外界因素的波动干扰，本章建立随机模型研究扰动因素对再担保体系的作用规律，辅助体系风险演化研究。

综上，本章研究思路如下：首先，阐述再担保体系各类主体的运营关系，为风险演化研究提供实践背景；其次，对于再担保体系主体内部风险和合作风险的演化研究，选取风险传导不同阶段的再担保体系业务合作（再担保体系内部合作、再担保体系与银行的合作、再担保体系与政府的合作）主体进行演化博弈分析；明晰要素的影响机理，明确关键因素对融资再担保体系内部风险的作用方向、范围以及影响程度；最后，对于体系外扰动因素影响的研究，基于融资再担保体系内部主体交往现状，借鉴生态学思想构建担保机构和再担保机构竞争合作模型，营造再担保体系交往环境。考虑体系外扰动因素的不可控性和随机性，将相关环境因素作为随机变量引入构建随机模型，通过模型分析和数值模拟研究体系外扰动因素对于再担保体系风险演化的影响规律。

6.2 基于多主体收益的再担保体系风险影响要素分析

6.2.1 系统运行情境假设

“一体两翼三层”融资再担保体系涉及的主体包括国家融资担保基金、再担保机构、担保机构、协作银行和各级政府等，图 6.4 为再担保体系运行示意图。鉴于政府在再担保体系建设方面只起准公共品引导，以出资人身份建立政府性担保（再担保）机构并监管行业，并不直接介入担保（再担保）业务运营。因此，研究中不讨论各级政府及被服务的小微企业收益。系统动力学模型构建中主要针对协作银行、担保机构、再担保机构与国家融资担保基金的收益分别建立子系统，如图 6.4 中虚线框所示主体。

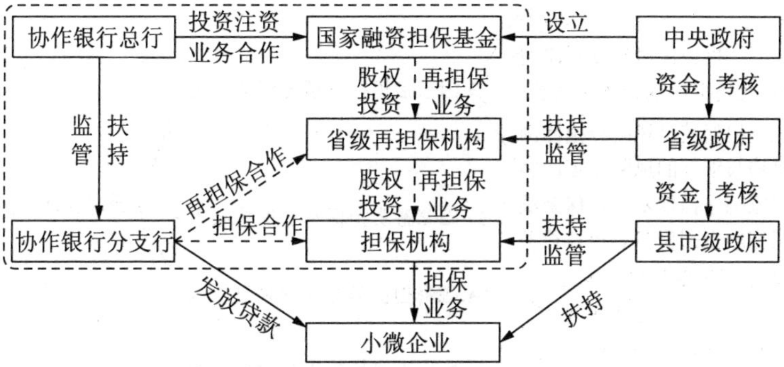

图 6.4　小微企业融资再担保体系运行示意图

基于以上围绕再担保体系的设想，作如下假设：一是假设担保机构、再担保机构、国家融资担保基金将资本金全部存入协作银行，并按照同期市场利率计息，不考虑对外投资等收益；二是国家融资担保基金、再担保机构和担保机构之间仅开展再担保业务合作，暂不考虑股权投资等情形；三是多主体业务运营成本不计入支出，只考虑与担保（再担保）直接相关的担保（再担保）费、代偿及政府财政补贴等；四是扶持小微企业的社会效益也暂不计入收益，只研究直接经济收益。

6.2.2　多主体收益因果关系分析

（1）国家融资担保基金收益子系统

对于国家融资担保基金而言，主要通过为省级再担保机构提供再担保获得保费收入，同时将资本金存入协作银行以获取利息收益。当发生代偿时，国家融资担保基金将按照约定的比例承担代偿风险，同时获得相应的追偿权，以追偿率表示国家融资担保基金追偿成功的概率。国家融资担保基金收益子系统影响因素如图 6.5 所示。

（2）再担保机构收益子系统

对于再担保机构而言，最主要的收入来源是再担保费，其次是将资本金存入协作银行获得的利息收益，代偿发生后的代偿追偿收入，以及政府对再担保机构的补贴。其中，再担保费主要与再担保机构的在保余额、担保机构费率与再担保机构费率相关，利息收入主要与再担保机构的资本金与存款利息，而追偿收入取决于代偿金额与追偿率，政府按照再担保机构的代偿情

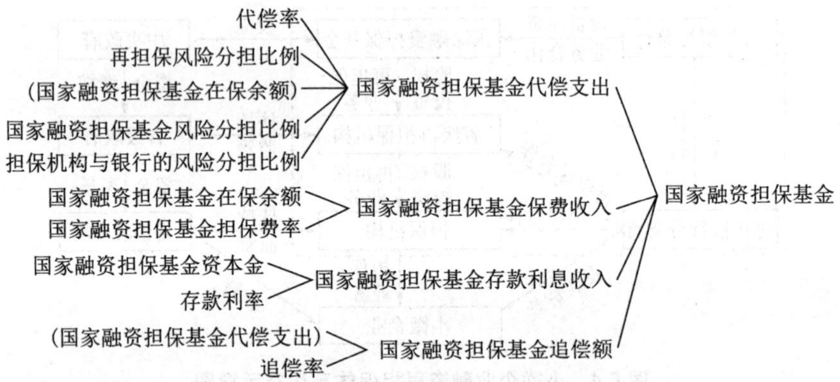

图 6.5　国家融资担保基金收益子系统原因树

况与补贴率对再担保机构提供财政补贴。支出方面，向国家融资担保基金缴纳的再担保费和业务代偿是再担保机构最主要的支出。其中，再担保费支出与国家融资担保基金的在保余额及其费率呈正比，业务代偿额则与在保余额、代偿率、多主体风险分担比例相关。再担保机构收益子系统影响因素如图 6.6 所示。

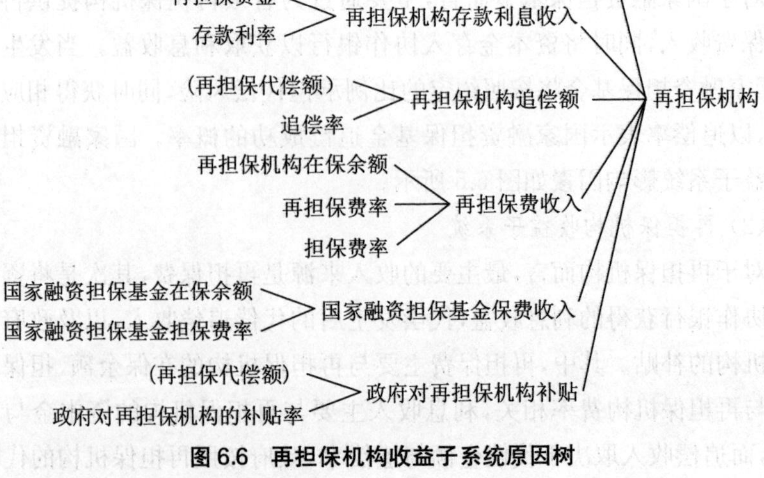

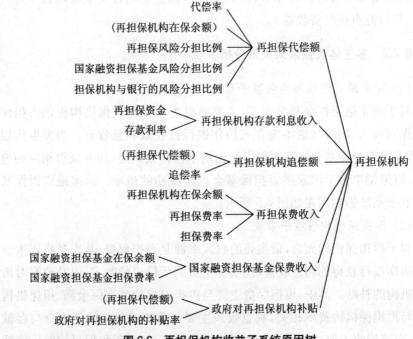

图 6.6　再担保机构收益子系统原因树

(3) 担保机构收益子系统

对于担保机构而言，最主要的收入来源是小微企业缴纳的担保费，其次是将资本金存入协作银行获得的利息收益，代偿发生后的追偿所得和政府的代偿补偿。其中，担保费收入取决于担保机构的在保余额与担保费率；存款利息收入与担保机构自身的资本金与协作银行的存款利息呈正相关；追偿额与担保机构的代偿额及追偿率成正比；政府的代偿补偿则依据担保机构的代偿额及对应的补贴率进行补偿。支出方面，向再担保机构缴纳的再担保费和业务代偿是担保机构最主要的两类支出。其中，再担保费支出与再担保机构在保余额及其费率呈正相关，代偿额与担保机构在保余额，以及担保机构、再担保机构、国家融资担保基金之间的风险分担比例有关。担保机构收益子系统影响因素如图 6.7 所示。

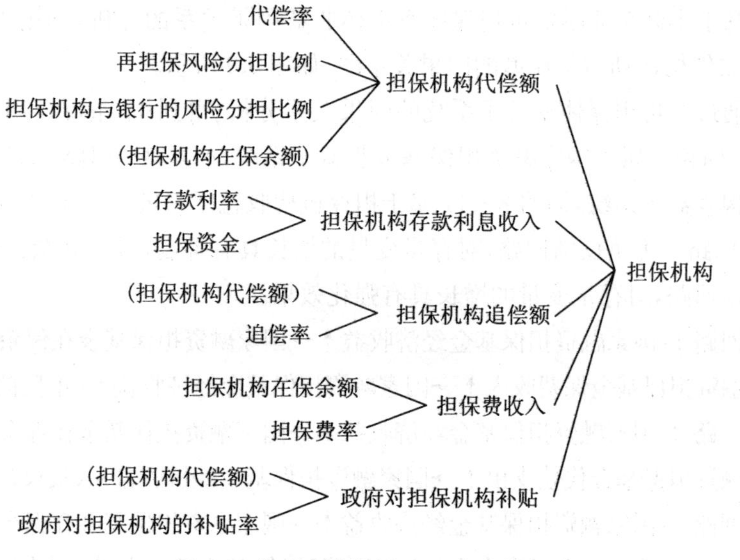

图 6.7　担保机构收益子系统原因树

(4) 协作银行收益子系统

协作银行与担保公司和小微企业开展业务合作。其中，协作银行通过为小微企业提供贷款获得利息收入。当代偿发生时，协作银行将依据自身与担保公司的风险分担比例，承担对应比例的风险。另外，银行还需要向国家融资担保基金、再担保机构和担保机构支付资本金存入产生的存款利息。协作银行收益子系统影响因素如图 6.8 所示。

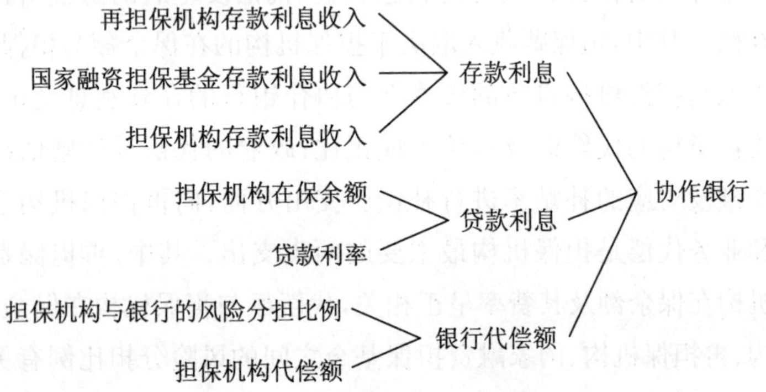

图 6.8　协作银行收益子系统原因树

基于小微企业融资再担保体系主体收益因果关系的分析，利用 Vensim PLE 软件构建动力学模型的因果关系图，如图 6.9 所示。

通过对再担保体系各子系统的因果关系分析，得到 11 条反馈回路。回路 1—回路 3 属于国家融资担保基金收益子系统，回路 4—回路 7 属于再担保机构收益子系统，回路 8—11 属于担保机构收益子系统。其中，回路 2、回路 5、回路 9 为负反馈回路，对存量变量的增长具有抑制作用，其余回路均为正反馈回路，对存量变量的增长具有强化效果。

回路 1：国家融资担保基金经济收益↑→国家融资担保基金在保余额↑→国家融资担保基金保费收入↑→国家融资担保基金经济收益↑（正反馈）；

回路 2：国家融资担保基金经济收益↑→国家融资担保基金在保余额↑→国家融资担保基金代偿支出↑→国家融资担保基金经济收益↓（负反馈）；

回路 3：国家融资担保基金经济收益↑→国家融资担保基金在保余额↑→国家融资担保基金代偿支出↑→国家融资担保基金追偿额↑→国家融资担保基金经济收益↑（正反馈）；

回路 4：再担保机构经济收益↑→再担保机构在保余额↑→再担保费收入↑→再担保机构经济收益↑（正反馈）；

回路 5：再担保机构经济收益↑→再担保机构在保余额↑→再担保代偿额↑→再担保机构经济收益↓（负反馈）；

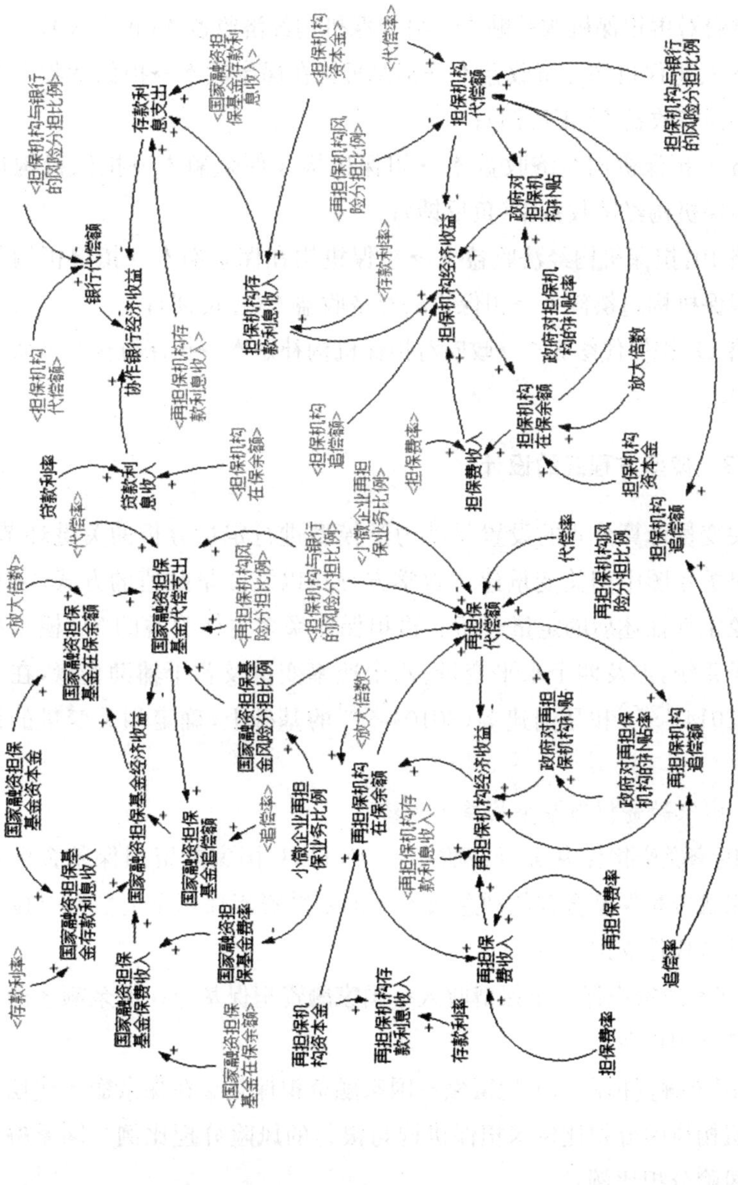

图 6.9 融资再担保体系主体收益因果关系图

回路 6:再担保代偿额↑→再担保机构追偿额↑→再担保机构经济收益↑(正反馈);

回路 7:再担保机构经济收益↑→再担保机构在保余额↑→再担保代偿额↑→政府对再担保机构补贴↑→再担保机构经济收益↑(正反馈);

回路 8:担保机构经济收益↑→担保机构在保余额↑→担保费收入↑→担保机构经济收益↑(正反馈);

回路 9:担保机构经济收益↑→担保机构在保余额↑→担保机构代偿额↑→担保机构经济收益↓(负反馈);

回路 10:担保机构经济收益↑→担保机构在保余额↑→担保机构代偿额↑→担保机构追偿额↑→担保机构经济收益↑(正反馈);

回路 11:担保代偿额↑→政府对担保机构补贴↑→担保机构经济收益↑(正反馈)。

6.2.3 模型方程式的设计

相关变量计算公式的设置是动力学模型进行定量分析的关键环节,通过对因果关系图中相关变量建立数学方程式以及变量赋值的方式,实现对研究对象定性描述后的定量分析。再担保体系多主体收益的 SD 模型中共有四个子系统,涉及四个水平变量、八个速率变量及若干辅助变量,在参考梅强等(2014)[205]和马国建等(2010)[206]的基础上,确定相关变量的计算公式。

(1) 国家融资担保基金收益子系统

① 国家融资担保基金经济收益= INTEG(国家融资担保基金保费收入+国家融资担保基金存款利息收入+国家融资担保基金追偿额-国家融资担保基金代偿支出,0);

② 国家融资担保基金保费收入=国家融资担保基金在保余额×国家融资担保基金担保费率;

③ 国家融资担保基金代偿额=国家融资担保基金在保余额×代偿率×再担保机构风险分担比例×担保机构与银行的风险分担比例×国家融资担保基金风险分担比例;

④ 国家融资担保基金存款利息=国家融资担保基金资本金×存款利率;

⑤ 国家融资担保基金在保余额=(国家融资担保基金资本金+国家融资担保基金经济效益)×放大倍数；

⑥ 国家融资担保基金追偿额=国家融资担保基金代偿额×追偿率；

⑦ 国家融资担保基金风险分担比例= IF THEN ELSE(小微企业再担保业务比例≥0.8，0.55，0)；

⑧ 国家融资担保基金费率= IF THEN ELSE(小微企业再担保业务比例≥0.8，0.002 5，0)。

(2) 再担保机构收益子系统

① 再担保机构经济收益= INTEG(再担保费收入+政府对再担保机构补贴+再担保机构追偿额+再担保机构存款利息收入-再担保代偿额,0)；

② 再担保费收入=再担保机构在保余额×再担保费率；

③ 再担保代偿额=再担保机构在保余额×代偿率×再担保风险分担比例×担保机构与银行的风险分担比例×(1-国家融资担保基金风险分担比例)；

④ 再担保机构存款利息收入=再担保机构资本金×存款利率；

⑤ 再担保机构在保余额=(再担保经济效益+再担保资本金)×放大倍数；

⑥ 再担保机构追偿额=再担保代偿额×追偿率；

⑦ 政府对再担保机构的补贴=再担保代偿额×政府对再担保机构的补贴率。

(3) 担保机构收益子系统

① 担保机构经济收益= INTEG(担保费收入+担保机构存款利息收入+政府对担保机构补贴+担保机构追偿额-担保机构代偿额,0)；

② 担保机构代偿额=担保机构在保余额×担保机构与银行的风险分担比例×代偿率×(1-再担保机构风险分担比例)；

③ 担保费收入=担保机构在保余额×担保费率；

④ 担保机构存款利息收入=存款利率×担保机构资本金；

⑤ 担保机构在保余额=(担保机构资本金+担保机构经济效益)×放大倍数；

⑥ 政府对担保机构补贴=担保机构代偿额×政府对担保机构的补贴率；

⑦ 担保机构追偿额＝担保机构代偿额×追偿率。

(4) 协作银行收益子系统

① 协作银行经济收益＝ INTEG(贷款利息－存款利息－银行代偿额,0);

② 贷款利息＝担保机构在保余额×贷款利率;

③ 存款利息＝再担保机构存款利息收入＋担保机构存款利息收入＋国家融资担保基金存款利息收入;

④ 银行代偿额＝担保机构代偿额×(1－担保机构与银行的风险分担比例)。

结合因果关系分析与动力学计算公式的设定,建立图 6.10 所示系统流图。

6.2.4 再担保体系多主体收益的模拟仿真

(1) 变量初值的设定

模拟数据初始值设置参考《2017 年中小企业融资担保行业发展报告》及《2017 年全国再担保机构发展报告》,相关变量取值:INITIAL TIME＝0;FINAL TIME＝50; Units for TIME: Year;各经济主体初始收益为 0。国家融资担保基金资本金为 661 亿元,再担保机构资本金为 698.34 亿元,担保机构资本金为 5 212.25 亿元,国家融资担保基金费率为 0.30%,国家融资担保基金风险分担比例为 50%,再担保机构费率为 30%,再担保机构风险分担比例为 50%,担保机构费率为 1.9%,担保机构与银行的风险分担比例为 80%,放大倍数为 2.68,银行存款利率为 1.50%,银行贷款利率为 5.60%,追偿率为 10.9%,代偿率为 3.1%,小微企业再担保业务比例为 80%,政府对担保机构的补贴率为 2%,政府对再担保机构的补贴率为 10%。

(2) 模型检验

小微企业融资再担保体系主体收益仿真结果如图 6.11 所示。结果表明:随着时间的增加,再担保体系中各主体收益呈逐渐上升的趋势,但是主体收益差距较大。协作银行收益＞担保机构收益＞再担保机构收益＞国家融资担保基金收益。仿真结果说明再担保体系中主体收益与风险承担存在严重失衡,融资担保机构与再担保机构(含国家担保基金)承担 80%的代偿风险,但是经济效益并不高,而协作银行在再担保体系运行过程中承担的风险最少,却获得了最高的收益,如果协作银行不承担风险,收益更高。同时,

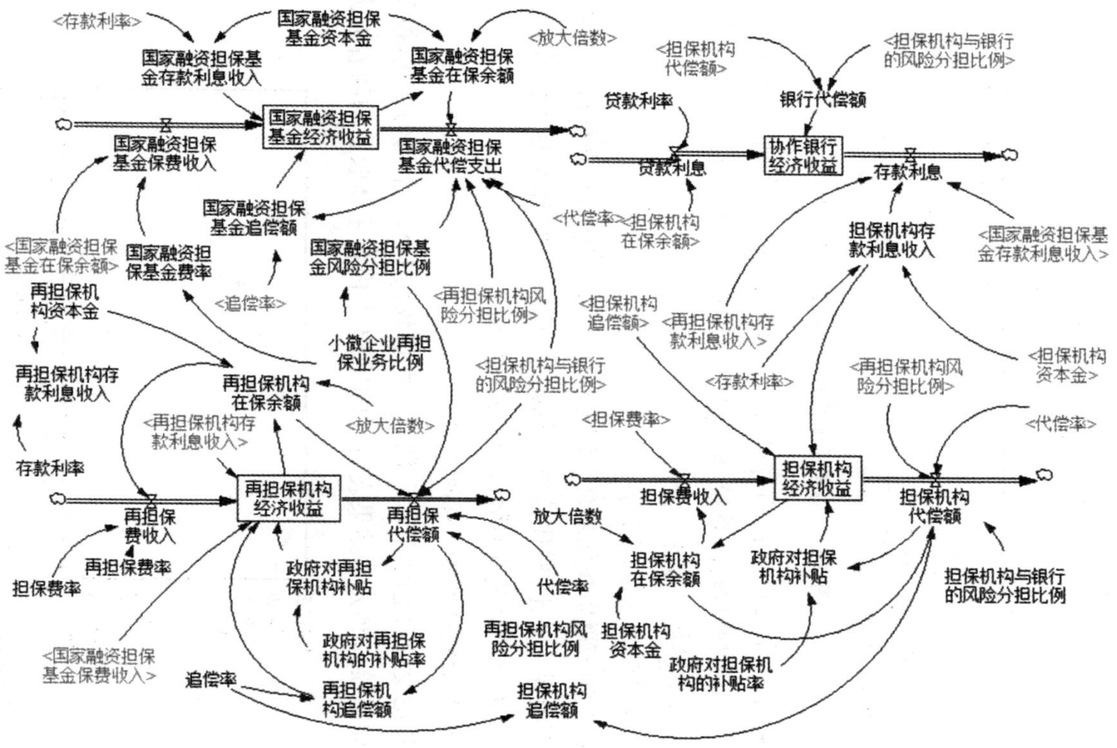

图 6.10　融资再担保体系主体收益系统流图

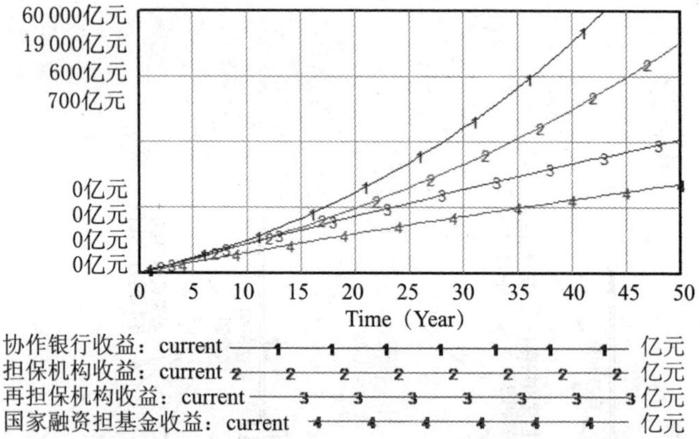

图 6.11　再担保体系多主体收益变动情况

上述结果也大致反映了再担保体系多主体收益的现实情境(马国建等，2010)[206]，说明所构建的系统动力学模型具有一定的时效性和合理性，可用于下文关键参数的敏感性分析。

(3) 关键参数的敏感性分析

为探究国家融资担保基金引领再担保体系建设中，行业的放大倍数、小微企业再担保业务比例、代偿率等参数对融资再担保体系多主体收益的作用机理，下面将结合关键参数进行敏感性分析。

① 放大倍数对主体收益的影响

在其他变量固定的情况下，调节放大倍数在 1→20 倍均匀变化，模型仿真结果如图 6.12 所示。结果表明：再担保体系内各主体收益均随着放大倍

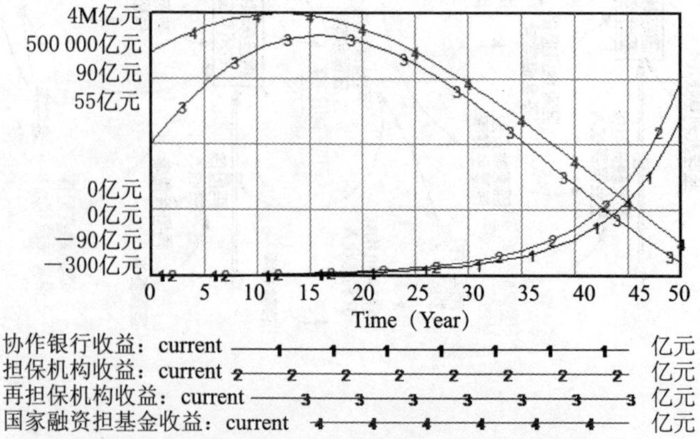

图 6.12　放大倍数变化对多主体收益的影响

数的提高而显著变化，说明主体收益对放大倍数的敏感性较强。其中，国家融资担保基金与再担保机构的收益呈现“倒 U”形特征，分别在 $t=12$ 和 $t=15$ 时刻达到峰值，之后两者收益均随着放大倍数的提高而下降，且分别在 $t=27$ 和 $t=29$ 时刻总收益出现负值。另外，担保机构与协作银行的收益始终随着放大倍数的提高而不断增加，且增长速率在不断加快。上述结果说明放大倍数对国家融资担保基金与再担保机构收益的提升效果存在临界值，需要注意保费收入与风险控制的合理平衡。

② 代偿率对主体收益的影响

在其他变量不变的情况下，调节代偿率在 1%→10%均匀变化，仿真结果如图 6.13 所示。结果显示：协作银行的收益随着代偿率的增加逐渐放缓，而担保机构、再担保机构与国家融资担保基金的收益均呈现先增后减的趋势。其中，国家融资担保基金、再担保机构收益分别在 $t=19$ 和 $t=21$ 时刻出现下降，担保机构收益约在 $t=29$ 时刻出现下降。拐点的出现警示保费收入及财政补贴到一定阶段不足以弥补代偿率增加带来的损失，而风险分担比率较低的银行对代偿率升高并不敏感，但存在着抽贷等系统性风险强化的可能。

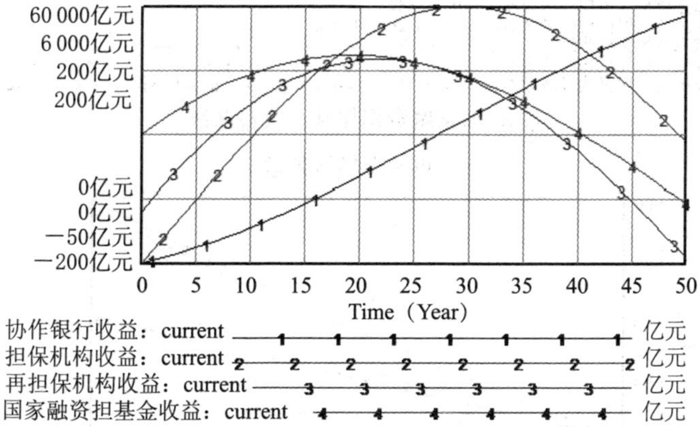

图 6.13　代偿率变化对多主体效益的影响

为分析国家融资担保基金相关参数变化对再担保体系分险效果的影响，调节国家融资担保基金担保费率及风险分担比例，考察其在行业不同代偿率情境下对多主体收益的影响，令三个变量分别取值(0%，0%，1%)、

(0%，0%，2%)、(0%，0%，3%)、(0.1%，20%，1%)、(0.2%，40%，2%)、(0.3%，60%，3%)，仿真结果如图 6.14 所示。各子图中，曲线 1～3 表示国家融资担保基金与再担保机构开展业务合作时的主体收益情况，曲线 4～6 表示国家融资担保基金未与再担保机构开展业务合作时的主体收益情况。图 6.14(a)中 $R_1<R_2<R_3$，这是由于国家融资担保基金风险分担比例提高导致其收益的下降；而 R_4、R_5 和 R_6 相等，这是由于国家融资担保基金未开展再担保业务所致。图 6.14(b)中，再担保机构收益 R_1、R_2、R_3 分别高于 R_4、R_5、R_6，说明相同代偿率下，国家融资担保基金的介入能有效减少代偿率提高对再担保机构造成的损失，且通过与子图 a 比较，再担保机构

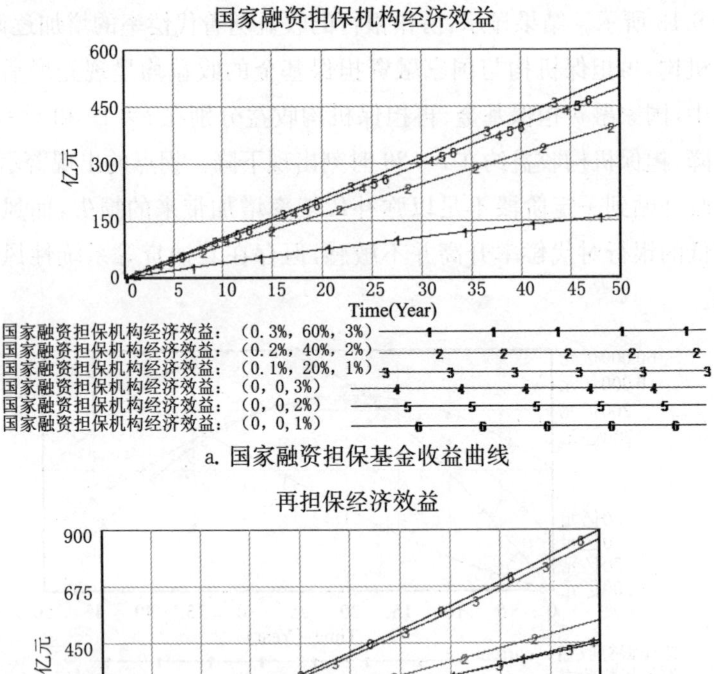

a. 国家融资担保基金收益曲线

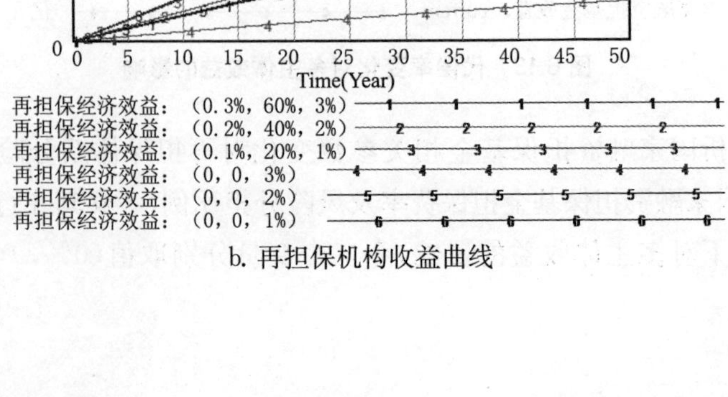

b. 再担保机构收益曲线

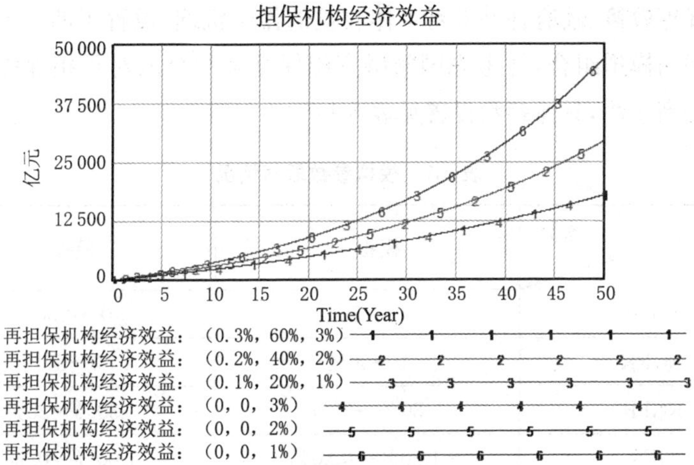

c. 担保机构收益曲线

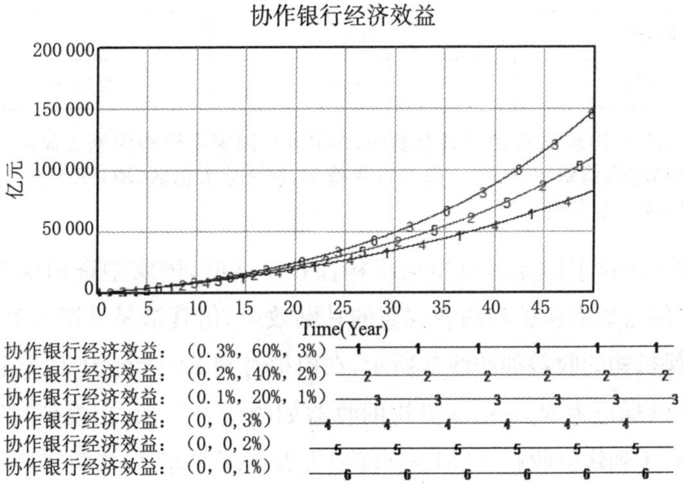

d. 协作银行收益曲线

图 6.14　国家融资担保基金介入对多主体收益的影响

的收益增量要显著高于国家融资担保基金收益的损失。子图 6.14(c)与子图 6.14(d)中，R_1 与 R_3，R_2 与 R_4，R_3 与 R_6 分别重合，说明在国家融资担保基金介入下，担保机构与协作银行的代偿损失并未得到有效降低。

③ 担保费率组合与政府补贴对多主体收益的影响

再担保体系建设中，促进担保和再担保机构下调费率是降低小微企业融资成本的最主要方式，为探究担保和再担保机构费率下调时，国家融资担保基金优惠政策、政府补贴等对主体收益的作用机理，设置了两组不同参数变化区间的模拟组合，并考虑国家融资担保基金的介入对再担保体系放大倍数的提高作用，具体参数设置见表 6.1：

表 6.1　模拟参数取值情况

参数 / 序号	模拟一	模拟二
NGFR	0→0.50%	0→0.50%
NGRR	0→50%	0→50%
RGFR	30%→25%	30%→25%
GFR	1.00%→0.50%	1.00%→0.50%
M	1→5	1→5
RGSR	10%	10%→30%
GSR	2%	2%→15%

注：NGFR＝国家融资担保基金费率，NGRR＝国家融资担保基金风险分担比例，RGFR＝再担保机构费率，GFR＝担保机构费率，M＝放大倍数，RGSR＝再担保机构补贴率，GSR＝担保机构补贴率。

模拟一探讨了担保和再担保机构保费下调时，国家融资担保基金的风险分担比例与费率调整对两者收益的补贴效应，仿真结果见图 6.15(a)。其中，再担保机构的收益如曲线 3 所示，在模拟时刻 12(标记为 T_1)，达到峰值收益 34.46(标记为 R_1)；担保机构的收益如曲线 2 所示，在模拟时刻 28(标记为 T_2)，达到峰值收益 1 281.91(标记为 R_2)；协作银行与国家融资担保基金的收益分别如曲线 1 和曲线 4 所示，两者收益均随着模拟时间的推移而不断增加。图 6.15(a)的仿真结果说明：当担保机构与再担保机构响应政策号召下调费率的同时，适度下调国家融资担保基金的费率并提高风险分担比例，能有效补偿担保和再担保机构保费下降对其带来的损失，且国家融资担保基金也并未出现收益的下降。然而，担保和再担保机构收益拐点的出现也说明国家融资担保基金的政策扶持效应存在临界值。

模拟二探讨了政府补贴对国家融资担保基金政策扶持效应临界值的影响，仿真结果见图 6.15(b)。其中，再担保机构的收益由曲线 3 表示，在模拟时刻 13(标记为 T_1'),达到峰值收益 38.17(标记为 R_1');担保机构的收益如曲线 2 所示,在模拟时刻 34(标记为 T_2'),达到峰值收益 1 532.27(标记为 R_2');协作银行与国家融资担保基金的收益分别如曲线 1 和曲线 4 所示,两者收益均随着模拟时间的推移而不断提高。通过图 6.15(a)与图 6.15(b)仿真结果对比可知,$T_1'>T_1$,$T_2'>T_2$,说明适度提高政府对担保与再担保机构的补贴比例,能有效推迟收益拐点到来的时间。另外,由于 $R_1'>R_1$,$R_2'>R_2$,说明政府补贴比例的提高还能显著增加担保和再担保机构的峰值收益。

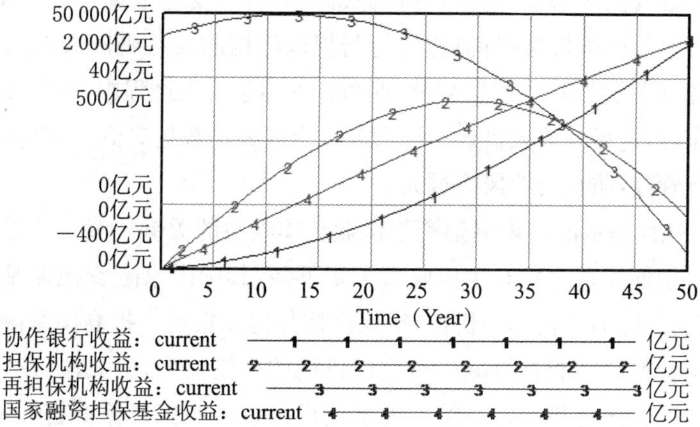

a. 补贴比例固定时的主体收益

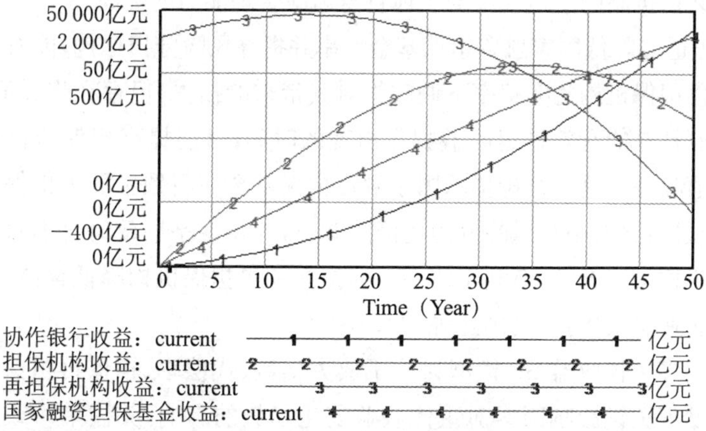

b. 补贴比例调整时的主体收益

图 6.15　不同参数组合下各主体收益情况

6.2.5 研究结论

为研究多主体收益视角下的融资再担保体系建设机理，建立了多主体收益的系统动力学模型并仿真，得出当前再担保体系多主体收益与风险分担并不均衡，调节放大倍数、小微企业再担保业务比例、代偿率、担保(再担保)费率等参数有助于平衡多主体收益，主要结论有：

(1) 放大倍数提升能显著促进多主体收益的增长，但是增长特征有差异。国家融资担保基金与省级再担保机构的收益变化呈现“倒 U”形特征，超过一定数值后增长缓慢；协作银行与担保机构的收益则随着放大倍数的提高呈现“U”形特征。上述结果说明再担保体系建设过程中，一方面要加强银担合作，迅速提升放大倍数；另一方面，当放大倍数提升到一定阶段时，应对其进行管控，防止行业风险过大。

(2) 代偿率依旧是影响融资担保业整体收益的关键要素。代偿率的提高导致再担保体系内所有主体收益大幅下降，其中国家融资担保基金最先出现负收益，随后是再担保机构、担保机构与协作银行。提高国家融资担保基金风险分担比例能有效减少再担保机构的代偿损失，但无法改变多主体收益下滑的整体趋势。这一结论警示建设融资再担保体系时，国家融资担保基金进行风险兜底并不能从根本上解决问题，系统风险的分散依赖多主体风险共担机制的落地实施与主体自身风险管理能力的提高。

(3) 适当降低国家融资担保基金费率并提高风险分担比例，能有效补偿担保与再担保机构落实费率下调政策对其带来的损失，但存在临界值，通过提高政府补贴能有效推迟收益拐点出现的时间，且能提高担保与再担保机构的峰值收益。这一结论提示国家融资担保基金在引领融资再担保体系建设时，通过自身费率与风险分担比例的调整，并督促基层政府合理对担保和再担保机构进行补贴，有利于体系内的担保和再担保机构降低整体费率，减轻小微企业融资负担(马国建等，2020)[207]。

上述多主体收益 SD 模型讨论了放大倍数、代偿率、担保再担保费率与政府补贴等关键影响因素对主体收益演化趋势的影响，关注单一或几个因素叠加对再担保体系收益与风险的作用机理。考虑到再担保体系运行的现实情境，收益与风险的变化是驱动多主体行为策略选择的关键，进而影响多主体风险分担机制的形成与维系。因此，需建立关键因素与主体行为策略的关联机制，从合作分险的角度深入剖析再担保风险演化机理，以期构建再担保体系风险防范机制。

6.3 融资再担保体系多主体风险演化机理研究

6.3.1 担保与再担保机构博弈分析

担保机构和再担保机构是代偿风险的主要承受者，二者的行为选择直接影响再担保业务代偿分担的合理性，进而影响着风险对于自身的作用强度。分析二者的博弈策略，探寻影响其行为的影响因素，有利于设计合理的风险分担机制，缓解自身代偿压力。而分析二者的博弈过程可由其业务功能出发。从再担保机构分险增信职能来看，再担保业务合作起到为担保机构分担风险的功能，因而再担保机构倾向于将自身所有的风险转嫁给再担保机构。再担保机构也会通过灵活采取对策，通过接受或拒绝再担保控制风险的输入。

(1) 博弈策略分析

① 担保机构博弈策略

再担保机构通过再担保业务为担保机构“增信分险”，然而信息不对称的存在导致再担保机构难以获得与合作担保机构相关的所有信息，业务合作中再担保机构处于劣势地位。在“理性经济人”假设下，担保机构可能利用这种信息不对称为自身谋利，出现不诚信的合作行为。具体而言：一是产生逆向选择。资本实力雄厚、抗风险能力强的担保机构选择不申请担保，部分抗风险能力弱、不满足合作条件的担保机构可能通过隐瞒或提供虚假材料的方式获得再担保，导致再担保机构合作的对象均为高风险机构。二是道德风险。担保机构获得再担保后，再担保机构为其提供风险兜底，担保机构可能放松对项目的尽职调查与保后监管，代偿率随之增加。此外，部分机构还利用再担保机构的增信功能，违规开展高风险投资业务等，最终导致资金链断裂的现象屡见不鲜，风险产生后与其合作的再担保机构同样受到牵连。

② 再担保机构博弈策略

现阶段，各省级再担保机构主要由省财政出资建立并监管运营，考核机制的错位与财政扶持政策落实的不到位等多种因素的叠加下，再担保机构的运营压力巨大。信息不对称情况下，再担保机构为减少风险的输入，倾向于降低对担保机构的风险容忍度，提高合作的门槛，甚至直接缩减再担保业务的规模。

(2) 模型假设

① 担保机构以及再担保机构决策者表现为"有限理性"。在进行决策时难以通过一次选择就作出最优决策，需要通过不断学习与模仿来调整自身的策略，因而决策的过程就是模仿学习的过程。

② 假设担保和再担保机构都是"理性经济人"，从自身利益最大化的角度制定并调整决策。即便是对于政府性担保机构和再担保机构而言，虽然"保本微利"是基本的经营定位，但是获得一定的盈利即是公司实现可持续发展的需要，也是壮大资本实力并提升担保能力的重要手段。

③ 假设担保机构和再担保机构发生代偿之后，地方政府按代偿金额的一定比例提供代偿补偿金，并监管行业的运营。

(3) 模型建立及博弈过程分析

为获得再担保机构的再担保，担保机构的初始策略倾向于诚信经营。在"理性经济人"假设下，担保机构是逐利的，尤其是部分民营或商业担保机构，在获得再担保服务后，可能为了扩大自身的收益而选择不诚信行为，如不履行尽职调查的义务、故意隐瞒自身的经营风险以及违规参与高风险投资业务等。因此，担保机构的策略空间为{坚持诚信(A_1)，不坚持诚信(A_2)}，并假定选择策略 A_1 的概率为 p，选择策略 A_2 的概率为 $1-p$，$p\in[0, 1]$。其中，当不坚持诚信时，担保机构会以一定概率 b 选择不诚信策略。

同理，在风险可控的范围内，再担保机构倾向于和担保机构合作，收取再担保费并分担风险；当发现担保机构违规经营，或是存在重大风险时，再担保机构也可能在后续的经营中，拒绝与该担保机构的合作。因而再担保机构的策略空间为{坚持守约(B_1)，不坚持守约(B_2)}，当不坚持守约时，再担保机构会以一定概率 a 选择不守约。并假定选择策略 B_1 的概率为 q，选择策略 B_2 的概率为 $1-q$，$q\in[0, 1]$。表 6.2 为双方交往的支付矩阵。

表 6.2　担保机构与再担保机构交往支付矩阵

		再担保机构	
		守约 $B_1(q)$	不坚持守约 $B_2(1-q)$
担保机构	诚信 A_1 (p)	$(\Pi-C_1)-T$ $U-C_2$	$(\Pi-C_1)-T$ $(U-C_2)+(1-a)H-(1-a)C_3$
	不坚持 诚信 A_2 $(1-p)$	$(\Pi-C_1)+(1-b)R-$ $\lambda(1-b)F_1$ $(U-C_2)-(1-b)S_1+$ $\lambda(1-b)F_2$	$(\Pi-C_1)+(1-b)R-\lambda(1-b)F_1-$ $(1-a)(1-b)(S_2+C_4)$ $(U-C_2)-(1-a)C_3-a(1-b)S_1+$ $\lambda(1-b)F_2$

注：括号内 p，$1-p$，q，$1-q$ 分别为选择该策略的概率。

双方在博弈时，会出现以下四种情况：

① 策略 A_1 和策略 B_1 相遇：担保机构获得再担保服务后，将部分代偿风险转移给了再担保机构，记这部分额外收益 Π；同时担保机构也要负担成本 C_1，例如缴纳再担保费、完善财务报表等；此外，在诚信合作策略下，担保机构还需支付额外成本 T，用于强化对受保企业的尽职调查或保后审查等。再担保机构选择 B_1 策略时将获得收益 U，主要来自再担保费的收入；同时产生成本 C_2，例如代偿损失与对担保机构的审查等。该策略组合下，双方的博弈支付分别为[$\Pi-C_1-T$，$U-C_2$]。

② 策略 A_1 和策略 B_2 相遇：与策略组合 1 类似，担保机构实现的收益仍然为 $\Pi-C_1-T$；再担保机构的收益发生了变化。再担保机构通过不守约行为获得了额外收益 H，例如提高再担保费率、降低风险分担比例，甚至终止与该担保机构的合作，减少风险流入带来的收益。与此同时，不守约行为也会对再担保机构的声誉造成损失，对后续银行的授信、政府补贴、担保机构的合作等产生不利影响，假设这部分损失为 C_3。该策略组合下，双方的博弈支付为[$\Pi-C_1-T$，$U-C_2+(1-a)H-(1-a)C_3$]

③ 策略 A_2 和策略 B_1 相遇：信息不对称情况下，存在担保机构和受保企业合谋骗取信贷资金的现象，此时担保机构通过降低审查标准获得额外收益 R，再担保机构将遭受损失 S_1。同时，假定监管部门发现担保机构违规经营的概率为 λ，担保机构受到的处罚为 F_1，再担保机构获得的补偿为 F_2。该策略组合下，双方的博弈支付为[$\Pi-C_1+(1-b)R-\lambda(1-b)F_1$，$U-$

$C_2-(1-b)S_1+\lambda(1-b)F_2]$。

④ 策略 A_2 和策略 B_2 相遇：担保机构实现的收益为 $\Pi-C_1$，同时有 $1-b$ 的概率取得不诚信收入 R，同时有 λ 的概率受到政府监管部门的处罚 F_1，以及由于再担保机构不再守约增加的代偿损失 $(1-a)(1-b)S_2$。再担保机构方面，由于再担保机构不守约以及担保机构不诚信，造成社会整体融资成本上升，产生成本 C_4；再担保机构获得业务收益为 $U-C_2$，获得政府补偿为 $\lambda(1-b)F_2$，以 $a(1-b)$ 的概率履行代偿义务并支付代偿额 S_1。双方博弈支付分别为：

$$[\Pi-C_1+(1-b)R-\lambda(1-b)F_1-(1-a)(1-b)(S_2+S_4),$$
$$U-C_2-(1-a)C_3-a(1-b)S_1+\lambda(1-b)F_2]。$$

在博弈的初始阶段，担保机构选择坚持诚信的比例为 p，再担保机构选择坚持守约的比例为 q。依据演化博弈的基本原理，随着时间的推移，能为博弈主体带来更高收益的策略将会被更多地使用（杜建国等，2010）[208]。基于表 6.2 所示支付矩阵，可以获得式 6.1 所示演化博弈模型的复制动态方程。

$$\begin{cases}\dfrac{\mathrm{d}p}{\mathrm{d}t}=p(1-p)[-q(1-a)(1-b)(S_2+C_4)+ \\ \quad((1-b)((1-a)(S_2+C_4)-R+\lambda F_1)-T)] \\ \dfrac{\mathrm{d}q}{\mathrm{d}t}=q(1-q)[p(1-a)((1-b)S_1-H)- \\ \quad(1-a)((1-b)S_1-C_3)]\end{cases}$$

从方程可以看出，该博弈模型存在 5 个平衡点：$O(0,\ 0)$、$K(0,\ 1)$、$L(1,\ 1)$、$M(1,\ 0)$，$N\left(\dfrac{C_3-(1-b)S_1}{H-(1-b)S_1},\ 1-\dfrac{(1-b)R+T-\lambda(1-b)F_1}{(1-a)(1-b)(S_2+C_4)}\right)$。

设该方程的雅克比矩阵为 J：

$$\begin{bmatrix}(1-2p)[-q(1-a)(1-b)(S_2+C_4)+ \\ ((1-b)((1-a)(S_2+C_4)-R+\lambda F_1)-T)] & -p(1-p)(1-a)(1-b)(S_2+C_4) \\ q(1-q)[p(1-a)((1-b)S_1-H)] & q(1-q)[p(1-a)((1-b)S_1-H)- \\ & (1-a)((1-b)S_1-C_3)]\end{bmatrix}$$

记雅克比矩阵行列式的值为 $DetJ$，雅克比矩阵 J 的迹为 TrJ。

(4) 再担保机构决策行为的演化分析

为使得博弈演化结果更加贴近再担保业务现实情况，增加约束条件。根据约束条件的不同，下面分三种情形对演化均衡点以及稳定性进行分析。

① 演化结果情形一分析

当 $0<(1-a)(1-b)(S_2+C_4)+\lambda(1-b)F_1<(1-b)R+T$，$H>(1-b)S_1>C_3>0$ 时，系统只存在 4 个平衡点。即当担保机构获得的不诚信收益大于政府处罚以及社会融资成本上升所造成的损失，再担保机构获得的不守约收益大于所付出的代偿损失且不守约行为所付出的代价远远小于不守约收益时，演化平衡点为 $O(0, 0)$、$K(0, 1)$、$L(1, 1)$、$M(1, 0)$。对于离散系统，当且仅当 $DetJ>0$，$TrJ<0$ 时，该平衡点才为 ESS 稳定点；当 $DetJ<0$ 时该平衡点为鞍点。此时，方程的雅克比矩阵 J 稳定性结果如表 6.3 所示。

表 6.3　情形一局部稳定分析结果

均衡点	$DetJ$	TrJ	结果
$p=0, q=0$	+	−	ESS
$p=0, q=1$	−	0	鞍点
$p=1, q=0$	−	0	鞍点
$p=1, q=1$	+	+	不稳定

从图 6.16 可以看出，只有 $O(0, 0)$ 点，即担保机构选择不坚持诚信、再担保机构选择不坚持守约，是唯一的演化稳定点。虽然存在政府管理部门监管以及社会监督，但是由于这些外部损失远远小于双方不守信行为获得的收益，两个群体选择不守信策略将会得到最大收益。这表明外部的约束并没有起到规范双方决策行为的作用，系统会最终演化为典型的“囚徒困境”。

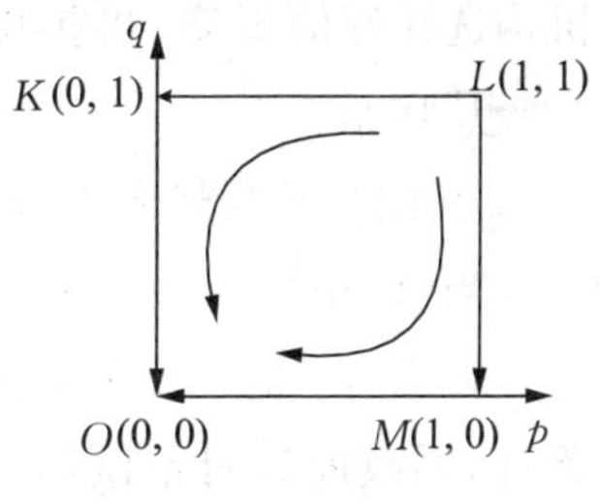

图 6.16　情况一相位图

② 演化结果情形二分析

当 $\lambda(1-b)F_1>(1-b)R+T$，$C_3>H>(1-b)S_1>0$ 时，系统只存在

4个平衡点。即当政府管理部门对担保机构不诚信行为的处罚远大于其不诚信行为获得的收益、再担保机构不守约损失大于不诚信收益并且大于为担保机构代偿的损失时，平衡点为$O(0, 0)$、$K(0, 1)$、$L(1, 1)$、$M(1, 0)$。此时，方程的雅克比矩阵J稳定性结果如表6.4所示。

表6.4　情形二局部稳定分析结果

均衡点	$DetJ$	TrJ	结果
$p=0, q=0$	+	+	不稳定
$p=0, q=1$	−	0	鞍点
$p=1, q=0$	−	0	鞍点
$p=1, q=1$	+	−	ESS

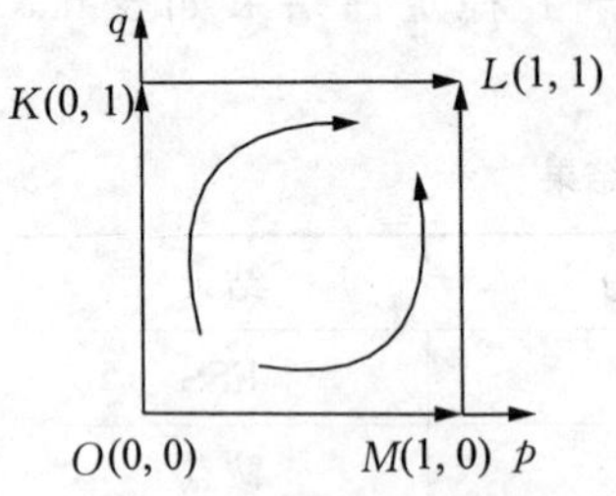

图6.17　情况二相位图

从图6.17可以看出，只有$L(1, 1)$是唯一的演化稳定点，即担保机构选择诚信、再担保机构选择守约。此时，政府监管以及社会监督的处罚力度显著增加，所以担保机构和再担保机构采取不守信策略所获得的高额收益将会被大幅抵消，因此不诚信与不守约策略对于担保机构与再担保机构的诱惑力大大下降。当不守信损失超过不守信与守信收益之差时，个体采用这种策略将毫无利益可言。因此，系统最终将演化为担保机构选择诚信策略、再担保机构选择守约策略，这是双方决策行为演化的“理想”状态。

③ 演化结果情形三分析

当$(1-a)(1-b)(S_2+C_4)>(1-b)R+T-\lambda(1-b)F_1>0$，$H>C_3>(1-b)S_1>0$时，系统存在5个平衡点。即对担保机构来说，不考虑其他条件，因政府针对不诚信行为的处罚而产生的损失小于不诚信行为获得的收益；当担保机构不诚信行为不断严重，担保机构不诚信损失（诸如失去再担保机构的损失以及社会融资成本增加）超过了不诚信行为获得的收益；同样，对再担保机构来说，不守约的损失小于不守约的收益，且大于为担保机构付出的代偿损失。这种情况下，演化平衡点为$O(0, 0)$、$K(0, 1)$、

$L(1, 1)$、$M(1, 0)$，$N\left(\frac{C_3-(1-b)S_1}{H-(1-b)S_1}, 1-\frac{(1-b)R+T-\lambda(1-b)F_1}{(1-a)(1-b)(S_2+C_4)}\right)$。此时，方程的雅克比矩阵 J 稳定性结果如表 6.5 所示。

表 6.5　情形三局部稳定分析结果

均衡点	Det(J)	Tr(J)	结果
$p=0, q=0$	+	+	不稳定
$p=0, q=1$	+	−	ESS
$p=1, q=0$	+	−	ESS
$p=1, q=1$	+	+	不稳定
$p=\frac{C_3-(1-b)S_1}{H-(1-b)S_1}$, $q=1-\frac{(1-b)R+T-\lambda(1-b)F_1}{(1-a)(1-b)(S_2+C_4)}$	−	0	鞍点

从上表可以得出，$N\left(\frac{C_3-(1-b)S_1}{H-(1-b)S_1}, 1-\frac{(1-b)R+T-\lambda(1-b)F_1}{(1-a)(1-b)(S_2+C_4)}\right)$ 为鞍点，$O(0, 0)$和 $L(1, 1)$是不稳定点，$K(0, 1)$以及 $M(1, 0)$是演化稳定点，担保机构和再担保机构决策行为的动态过程相位图如图 6.18 所示。可以看出，当系统从 $O(0, 0)$的初始状态开始演化，双方获得的收益最小，因此都具备强烈改变策略的动机和愿望，系统也将会演化至 $K(0, 1)$或 $M(1, 0)$，即当担保机构群体内选择诚信策略的个体较少时，那些选择不诚信策略的担保机构将获得更大的收益，而再担保机构群体则选择合作的策略会获得更大的收益，此时系统演化至 $K(0, 1)$，反之演化至 $M(1, 0)$；同理，当系统从 $L(1, 1)$的初始状态开始演化，即担保机构群体选择诚信、再担保机构选择守约，这时不诚信或者不守约将获得更大的收益，因此博弈双方都有改变原来交往策略的动力，系统也将向着 $K(0, 1)$或者 $M(1, 0)$演化。

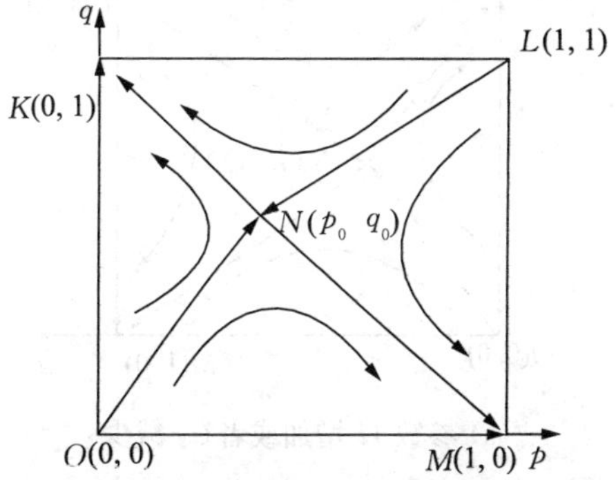

图 6.18　情况三相位图

从演化结果来看，两种方向都不是最理想的——(诚信，守约)状态，而是一种“次优”状态，这种状态与我国近几年再担保体系的发展状况较为吻合。原因是：我国近几年在地方探索建立再担保体系实践中，无论是国有全资还是国有资本控股的再担保机构，出资的地方政府财政实力参差不齐，再担保机构在考核中都有保值增值的压力，开展再担保业务的同时甚至与担保机构争夺担保项目，存在不守约的动机与行为；政策性的担保机构或民营担保机构，在市场化运营中，也存在盈利的本能，容易出现不诚信行为，因此，会出现“次优”的阶段性演化状态。

④“次优”状态的参数调整

现实中，再担保建设以“政府主导”为原则，再担保机构的不守约行为更容易治理，否则如果再担保机构不配合，就无法建立再担保体系。此外，我国担保机构普遍规模小、数量多、结构复杂、违规严重，因此引导系统向着(A_1, B_2)方向演化是再担保体系治理较为合理的实现选择。图6.18中2个平衡点O、L和鞍点N连成的折线可以看作是系统收敛于不同模式的临界线，在$ONLM$区域时，系统都将收敛到策略(A_1, B_2)；当处在$OKLN$区域时，系统都将收敛到策略(A_2, B_1)。通过对不同参数的变化，可以使得$ONLM$的面积增加，使系统向(A_1, B_2)方向演化。

1）再担保机构不守约收益H、不守约成本C_3以及代偿损失S_1变化对收敛结果的影响。如图6.19所示，在鞍点处$\frac{\partial p}{\partial H}<0$、$\frac{\partial p}{\partial C_3}>0$以及$\frac{\partial p}{\partial S_1}>0$，

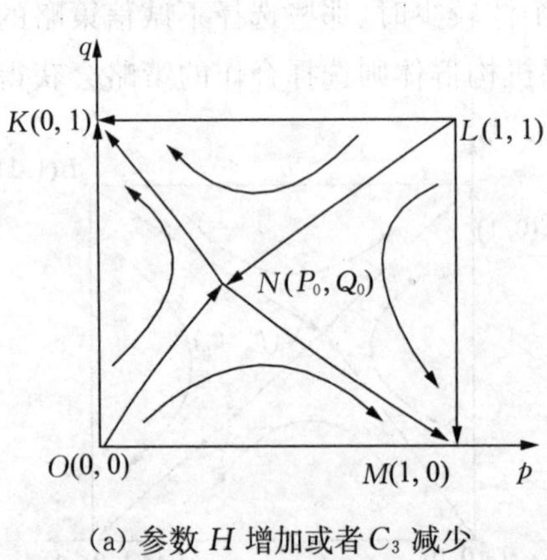

(a) 参数H增加或者C_3减少

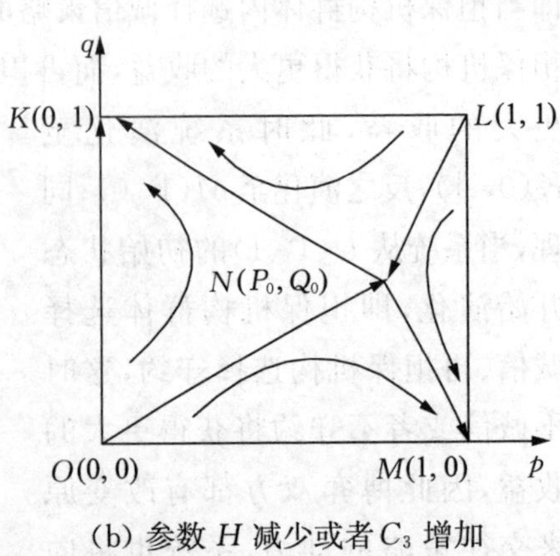

(b) 参数H减少或者C_3增加

图6.19　参数H、C_3变化收敛方向示意图

在其他参数不变的情况下，随着 H、S_1 增加或者 C_3 减少，鞍点 N 向左平移，$ONLM$ 的面积增加，系统收敛于(A_2, B_1)；反之，系统收敛于(A_1, B_2)。

2) 同理，如图 6.20 所示，随着担保机构不诚信收益 R、审查成本 T 的减少或者政府处罚损失 λF_1、社会融资成本 C_4 的增加，鞍点 N 向上平移，$ONLM$ 的面积增加，系统收敛于(A_2, B_1)；反之，系统收敛于(A_1, B_2)。

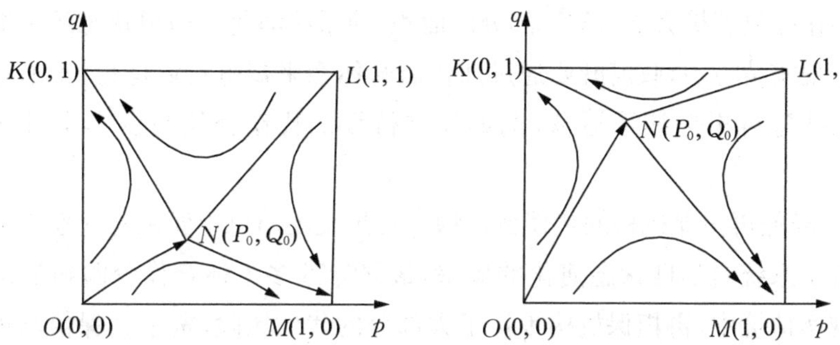

(a) 参数 R、T 增加或者 F_2、C_4 减少　(b) 参数 R、T 减少或者 F_2、C_4 增加

图 6.20　参数 R、T、F_2、C_4 变化收敛方向示意图

因此，当前我国再担保体系还处在发展阶段，可以适当地给予再担保机构一定收益，鼓励再担保机构的发展，同时加大对担保机构管理力度，降低守信成本，这样能够使得双方的决策行为向着(A_2, B_1)演化，有利于日后管理部门进一步展开治理行动，促使再担保机构决策行为向着理想状态演化。

(5) 演化博弈结论分析

① 担保和再担保机构的业务合作博弈影响再担保体系风险的演化方向。通过分析发现，担保机构的不诚信行为增加了再担保机构的经营风险，再担保机构可能通过终止业务合作或缩减合作规模的形式为减少风险的输入，进而出现融资再担保机构分险增信功能发挥不足的问题。

② 参数取值的不同导致双主体演化博弈产生两类结果，一类是(不担保，不诚信)的“不良”状态，另一类是(担保，诚信)“理想”状态。通过降低再担保机构的代偿支出 F、担保机构选择诚信经营策略的成本 T，提升担保机构诚信经营的收益 I、不诚信经营受到的惩罚 S、再担保机构识别风险的能

力 a 均有助于促进博弈结果向理想状态演化。

(6) 再担保体系风险防范启示

为促进再担保机构选择守约策略，担保机构选择诚信经营策略，推动合作分险机制的形成，考虑从以下几个方面进行优化：

① 强化政府的监管。具体而言，包括加大对不诚信担保机构的惩罚力度，提升对再担保机构的代偿补偿等。从演化博弈相位图分析可知，政府监管的强化能显著扩大 $KNML$ 部分的面积，使系统演化为理想状态的可能性增加。现实情境中，政府既要通过强化监管体系来规范行业运行，也通过财政手段扶持再担保体系运营，例如建立持续的代偿补偿与资本金补充机制等。

② 降低再担保机构的代偿额。博弈结果反映出再担保机构代偿额的增加提升了系统向不良状态演化的概率，最终导致多主体合作分险机制的失效。现实情境中，再担保机构承担了大部分的代偿风险，资本金保值增值的考核要求下，大量再担保机构选择缩减业务规模维持保本经营，但并非长久之计，探索建立利益共享、风险共担的多主体风险分担机制才是解决代偿问题的关键。

③ 提升再担保机构自身的风险识别与控制能力。基于博弈相位图，随着再担保机构风险识别能力 a 的提高，区域 $KNMO$ 面积显著减小，区域 $KNML$ 的面积增大，系统向理想方向演化的概率增加。现实中，再担保机构的风险识别能力与业务人员素质、流程的规范性以及风险管理的工具息息相关。因此，可以考虑通过提高员工素质、优化风险管理流程、采用大数据风控手段提高再担保机构的风险管理水平，及时识别潜在风险并预警。

(7) 主要结论

通过上文分析可知：融资再担保机构最主要的功能是增信分险，所以融资再担保机构所面临的风险主要就是为担保机构分担的那部分风险，融资再担保机构风险控制就是对分担风险的控制。根据融资再担保机构风险影响因素分析以及博弈分析可得，贷款企业相似度、反担保物变现率、银行的风险分担比例、担保费率和再担保费率以及政府补助率是再担保机构代偿风险和其与担保机构协作风险的相关因素，即当政府对融资再担保体系的控制力以及融资再担保机构内部管理水平提高、代偿损失减少时，融资再担保机构风险控制策略就会演化至提供担保，承担风险；相反，当政府对融资再担保体系的控制力以及融资再担保机构内部管理水平减弱、代偿损失升高时，融资再担保机构风险控制策略将演化至不提供担保，不承担风险。

为了实现融资再担保机构风险有效控制，首先应当提高政府对融资再担保体系的控制水平，加大对担保机构违规行为的打击、提高对融资再担保机构的支持力度；同时，融资再担保机构也需加强自身管理水平，提高风险识别能力，有效地降低再担保业务的代偿频率和损失，这样能够促使融资再担保机构愿意开展业务，积极进行风险控制；当担保机构的风险传入时，融资再担保机构应当加强对担保机构的管理，控制贷款企业的质量，并加强与银行、与担保机构的协作，在风险分担比例、担保费率和再担保费率以及政府补助方面达成共识，有效地降低融资再担保机构所承担的风险损失。

6.3.2　担保及再担保机构与银行的博弈分析

再担保机构、担保机构、协作银行三个主体的合作起着承上启下的作用。一方面，由于小微企业手中可抵押资产少且信用记录不足，在融资过程中“信贷配给”现象严重，其在融资业务中处于被动地位，需要再担保业务的扶持，而再担保体系增信功能的发挥程度却取决于银行的合作态度，且担保业务资金杠杆作用的体现受协作银行规定的担保放大倍数的影响；另一方面，国家融资担保基金成立不久，此三个主体的合作情况能够为其运营制度设计和业务开展提供依据。因此，风险对于此三方主体的作用机理和影响因素是体系风险演化的研究重点，了解风险对于三方主体业务决策以及合作意愿的影响规律对于总结再担保体系风险演化规律至为重要（马国建等，2019）[209]。

（1）演化博弈模型基本假设

根据上文分析，围绕融资再担保业务，再担保机构在运营过程中主要涉及的合作对象是担保机构和协作银行。三方的有效合作形成再担保业务，基于省级再担保体系已经形成，可以合理假设体系内三方主体是有限理性的，且都想保本微利，盈利仍是博弈的主要目标，在重复博弈的过程中模仿学习，优化自己的行为策略，三方策略选择与竞合关系如下：

对于担保机构，综合考虑每笔担保业务的风险、担保费、再担保费及再担保风险分担等因素，对于低风险的担保业务，倾向于不提交给再担保机构，而其他业务正常提交给再担保机构，因此，其合作策略可分为完全提交和部分提交。选择完全提交策略的比例为 x，选择部分提交策略的比例为 $1-x$。

对于再担保机构，综合考虑再担保费收益与再担保风险分担及项目本身的风险大小，考虑是否给予担保机构一定的业务优惠，如提高风险分担比例、降低反担保要求和再担保费率等，主要的合作策略分为给予优惠和不给予优惠。再担保机构选择给予优惠策略的比例为 y，选择不给予优惠策略的比例为 $1-y$。

协作银行通过评估担保机构业务风险及业务纳入再担保情况，选择是否给予担保机构适当便利，如减免保证金、提高放大倍数等便利。主要的合作策略分为提供便利和常规处理。协作银行选择提供便利策略的概率为 z，选择常规处理策略的概率为 $1-z$。

(2) 演化博弈模型构建

① 博弈支付函数建立

根据上文对博弈策略的分析，构建担保机构、再担保机构和协作银行三方之间的博弈支付矩阵，如表 6.6 所示。

表 6.6　多主体参与的再担保体系合作三方博弈支付矩阵

策略组合	担保机构	再担保机构	协作银行
(完全提交，优惠，便利)	$S+S_2+S_3+S_4-C-C_2$	$A+A_1+A_2-B-B_1-B_2$	$Q+Q_0+Q_1+Q_2-M-M_1$
(完全提交，优惠，常规)	$S+S_3-C-C_2$	$A+A_1-B-B_1-B_2$	$Q+Q_0-M$
(完全提交，不优惠，便利)	$S+S_1+S_2-C-C_2$	$A+A_1-B-B_1-B_3$	$Q+Q_0+Q_1+Q_3-M-M_1$
(完全提交，不优惠，常规)	$S+S_1-C-C_2$	$A+A_1-B-B_1-B_3$	$Q+Q_0-M$

续表

策略组合	担保机构	再担保机构	协作银行
(部分提交,优惠,便利)	$S+S_2+S_0-C-C_1-F_1-F_2$	$A-B-B_0$	$Q+Q_1-M-M_1-M_2$
(部分提交,优惠,常规)	$S+S_0-C-C_1-F_2$	$A-B-B_0$	$Q-M$
(部分提交,不优惠,便利)	$S+S_2-C-C_1-F_1$	$A-B$	$Q+Q_1-M-M_1-M_2$
(部分提交,不优惠,常规)	$S-C-C_1$	$A-B$	$Q-M$

② 相关损益变量解释

表 6.6 中相关参数的含义如下:对于担保机构,部分提交策略下,其收益包括基础收益 S,即向受保企业收取的担保费、担保资本金存入协作银行获得的利息收入等;再担保给予的优惠 S_0,该优惠主要通过再担保机构提高风险分担比例和降低再担保费率等方式实现;支出为基本投入 C,即对受保企业的审查成本、资金监控成本、担保代偿支出、向协作银行缴纳的贷款利息和保证金等;向再担保机构部分提交业务所增加的成本 C_1,主要指再担保费投入;担保机构对协作银行的违约成本 F_1,即协作银行鼓励担保机构完全提交业务而给予便利时,担保机构因部分提交受到来自协作银行的惩罚,如提高审批要求等;担保机构对再担保的违约成本 F_2,即再担保鼓励担保机构完全提交业务而提供优惠时,担保机构因部分提交受到来自再担保的惩罚,如提高再担保费率等。完全提交策略下,其收益除了基础收益 S 外还包括 S_1,即担保机构将业务完全提交且再担保未给予优惠时获取的收益,该收益主要体现在平均风险分担比例降低而带来或有风险代偿的减少;S_2,即协作银行因奖励担保机构完全提交而提供的便利,该便利主要来源于协作银行提高担保机构放大倍数、减免保证金等方面的支持;S_3,即再担保给予的优惠,该优惠主要通过提高风险分担比例、降低再担保费率等方式实现;S_4,三方合作时,由于再担保体系效率提升对担保机构带来的超额收益;支出除了基

本投入 C 外，还包括 C_2，即担保机构将业务完全提交时所增加的投入成本，主要指增加的再担保费成本。

对于再担保机构，不给予优惠策略下，其收益包括基础性收益 A，即向担保机构收取的再担保费以及在平均代偿率下发生代偿时，再担保机构收回的反担保物变现金额等；A_1，即担保机构将业务完全提交时，因再担保费增加而获取的收益；支出包括基本投入 B，即代偿支出、对担保机构所提交项目的审查成本等；B_1，即担保机构将业务完全提交时导致再担保增加的成本支出，主要包括对项目的审查成本和代偿支出；B_3，担保机构完全提交但再担保不给予优惠时对再担保带来的潜在损失，如担保机构逐渐选择不纳入再担保为再担保机构带来的业务损失，这一损失可视为再担保的违约成本。给予优惠策略的收益除了 A 和 A_1 外，还包括 A_2，即三方合作时，再担保机构获得的超额收益，主要指再担保体系效率提升后再担保放大倍数的提高；支出除了 B、B_1 外，还包括 B_0 和 B_2，分别为担保机构将业务向再担保机构部分提交和完全提交时，再担保机构因给予优惠而投入的成本，该成本主要表现为降低再担保费率、提高风险分担比例造成的额外支出。

对于协作银行，常规处理策略的收益包括基础性收益 Q，指向担保机构收取的贷款利息和保证金等；Q_0，即担保机构将业务完全提交时协作银行获得的收益，该收益主要来源于协作银行平均风险分担比例降低而带来或有风险代偿的减少；支出包括基本投入 M，即对项目的审查成本、资金监控成本、向担保机构支付的存款利息和代偿支出等。提供便利策略的收益除了 Q、Q_0 外，还包括 Q_1，即银行通过提高放大倍数、减免保证金等，担保机构因扩大业务量，从而使银行获得贷款利息收入增加的收益；Q_2，即三方合作时，银行获取的超额收益，主要指再担保体系效率提升后协作银行从各方获得的收益；Q_3，即银行提供便利，担保机构完全提交但再担保未给予优惠时协作银行获取的收益；支出除了基本投入 M 外，还包括 M_1，即协作银行为担保机构提供便利时投入的成本，该成本主要包括因减免保证金、提高放大倍数等导致的额外损失；M_2，即担保机构未完全提交时给协作银行造成的损失，损失主要来源于担保机构因业务量扩大且无再担保措施，协作银行承担的代偿风险增大的损失。

(3) 演化博弈均衡分析

① 三方博弈的复制动态方程

在三方博弈过程中，当其中一方的某一特定策略期望值高于混合策略的平均期望时，该策略将更有可能被采纳，而复制动态方程就是描述这一特定策略在群体中被采纳的频数或频度的动态微分方程。设 U_{11} 表示担保机构选择将业务完全提交再担保策略时的期望收益，U_{12} 表示担保机构选择将业务部分提交策略时的期望收益，$\overline{U}_1$ 表示担保机构的平均期望收益，则：

$$\begin{aligned} U_{11}=&yz(S+S_2+S_3+S_4-C-C_2)+\\ &y(1-z)(S+S_3-C-C_2)+\\ &(1-y)z(S+S_1+S_2-C-C_2)+\\ &(1-y)(1-z)(S+S_1-C-C_2) \end{aligned} \tag{6.1}$$

$$\begin{aligned} U_{12}=&yz(S+S_0+S_2-C-C_1-F_1-F_2)-\\ &y(1-z)(S+S_0-C-C_1-F_2)+\\ &(1-y)z(S+S_2-C-C_1-F_1)+\\ &(1-y)(1-z)(S-C-C_1) \end{aligned} \tag{6.2}$$

$$\overline{U}_1=xU_{11}+(1-x)U_{12} \tag{6.3}$$

设 U_{21} 表示再担保机构选择给予优惠策略时的期望收益；U_{22} 表示再担保机构选择不给予优惠策略时的期望收益；$\overline{U}_2$ 表示再担保机构的平均期望收益，则：

$$\begin{aligned} U_{21}=&xz(A+A_1+A_2-B-B_1-B_2)+\\ &x(1-z)(A+A_1-B-B_1-B_2)+\\ &(1-x)z(A-B-B_0)+\\ &(1-x)(1-z)(A-B-B_0) \end{aligned} \tag{6.4}$$

$$\begin{aligned} U_{22}=&xz(A+A_1-B-B_1-B_3)+\\ &x(1-z)(A+A_1-B-B_1-B_3)+\\ &(1-x)z(A-B)+\\ &(1-x)(1-z)(A-B) \end{aligned} \tag{6.5}$$

$$\overline{U}_2=yU_{21}+(1-y)U_{22} \tag{6.6}$$

设U_{31}表示协作银行选择提供便利策略时的期望收益;U_{32}表示协作银行选择不提供便利策略时的期望收益;$\bar{U}_3$表示再担保机构的平均期望收益,则:

$$\begin{aligned} U_{31}=&xy(Q+Q_0+Q_1+Q_2-M-M_1)+\\ &x(1-y)(Q+Q_0+Q_1+Q_3-M-M_1)+\\ &(1-x)y(Q+Q_1-M-M_1-M_2)+\\ &(1-x)(1-y)(Q+Q_1-M-M_1-M_2) \end{aligned} \tag{6.7}$$

$$\begin{aligned} U_{32}=&xy(Q+Q_0-M)+x(1-y)(Q+Q_0-M)+\\ &(1-x)y(Q-M)+(1-x)(1-y)(Q-M) \end{aligned} \tag{6.8}$$

$$\bar{U}_3=zU_{31}+(1-z)U_{32} \tag{6.9}$$

担保机构、再担保机构和协作银行的复制动态方程分别为:

$$\begin{aligned} F_1(x)=\frac{\mathrm{d}x}{\mathrm{d}t}=x(U_{11}-\bar{U}_1)=&x(1-x)(yzS_4+yS_3+\\ &yF_2+zF_1+(1-y)S_1+C_1-yS_0-C_2) \end{aligned} \tag{6.10}$$

$$\begin{aligned} F_2(y)=\frac{\mathrm{d}y}{\mathrm{d}t}=y(U_{21}-\bar{U}_2)=&y(1-y)(xzA_2+\\ &xB_3+xB_0-B_0-xB_2) \end{aligned} \tag{6.11}$$

$$\begin{aligned} F_3(z)=\frac{\mathrm{d}z}{\mathrm{d}t}=z(U_{31}-\bar{U}_3)=&z(1-z)(xyQ_2+xQ_3-\\ &xyQ_3+xM_2-M_2) \end{aligned} \tag{6.12}$$

② 基于复制动态方程的演化稳定策略分析

1) 演化博弈均衡点求解

动态博弈过程中,参与博弈的担保机构、再担保机构和协作银行选择策略的概率x、y、z与时刻t相关,因此$x(t)$, $y(t)$, $z(t)\in[0, 1]$,易知复制动态方程组的解域为$[0, 1]*[0, 1]*[0, 1]$,为求解演化博弈的均衡点,故联立三方复制动态方程式(6.10)、式(6.11)、式(6.12)可知,存在8个特殊均衡点$D_1(0, 0, 0)$, $D_2(1, 0, 0)$, $D_3(1, 1, 0)$, $D_4(0, 1, 0)$, $D_5(0, 1, 1)$,

$D_6(1,1,1)$，$D_7(1,0,1)$，$D_1(0,0,1)$，它们构成了演化博弈解域的边界 $\{(x,y,z)|x=0,1;y=0,1;z=0,1\}$，由此围成的区域 Ω 可称为三方演化博弈的均衡解区域 $\Omega=\{(x,y,z)|0<x<1,0<y<1,0<z<1\}$，一般情况下，区域 Ω 内还存在满足式(6.13)的均衡解 $E=(x,y,z)$。

$$\begin{cases} yzS_4+yS_3+yF_2+zF_1+(1-y)S_1+C_1-yS_0-C_2=0 \\ xzA_2+xB_3+xB_0-B_0-xB_2=0 \\ xyQ_2+xQ_3-xyQ_3+xM_2-M_2=0 \end{cases} \tag{6.13}$$

求解式(6.13)，令：

$t_1=S_3+F_2-S_0-S_1$，$t_2=S_1+C_1-C_2$，$t_3=B_3+B_0-B_2$，$t_4=Q_2-Q_3$，$t_5=Q_3+M_2$，$a=t_4S_4B_0$，$b=t_4B_0F_1+t_5B_0S_4+t_1M_2A_2-t_3M_2S_4$，$c=t_2M_2A_2+t_5B_0F_1-t_3M_2F_1$，得均衡解为：

$$\begin{cases} x=\dfrac{2aM_2}{\pm t_4\sqrt{b^2-4ac}-t_4b+2at_5} \\ y=\dfrac{-b\pm\sqrt{b^2-4ac}}{2a} \\ z=\dfrac{-2at_2\pm t_1\sqrt{b^2-4ac}+t_1b}{-S_4b\pm S_4\sqrt{b^2-4ac}+2aF_1} \end{cases} \tag{6.14}$$

因为 x、y、z 的取值范围都在 0—1 范围内，结合实际意义并通过数值模拟易得 $t_1<0$，$t_2<0$，$t_3>0$，$t_4>0$，$t_5>0$，$a>0$，$b>0$，$c>0$。

对式(6.14)进行取舍，则均衡解应为

$$\begin{cases} x=\dfrac{2aM_2}{t_4\sqrt{b^2-4ac}-t_4b+2at_5} \\ y=\dfrac{-b+\sqrt{b^2-4ac}}{2a} \\ z=\dfrac{-2at_2+t_1\sqrt{b^2-4ac}+t_1b}{-S_4b+S_4\sqrt{b^2-4ac}+2aF_1} \end{cases} \tag{6.15}$$

对每个复制动态方程进行求导，即有

$$
\begin{cases}
F_1'(x)=(1-2x)(yzS_4+yS_3+yF_2+zF_1+(1-y)S_1+\\
\qquad C_1-yS_0-C_2)=0\\
F_2'(y)=(1-2y)(xzA_2+xB_3+xB_0-B_0-xB_2)=0\\
F_3'(z)=(1-2z)(xyQ_2+xQ_3-xyQ_3+xM_2-M_2)=0
\end{cases}
\tag{6.16}
$$

根据演化博弈的性质，当 $F_1'(x)<0$，$F_2'(y)<0$，$F_3'(z)<0$ 时，式(6.16)所示策略分别表示担保机构、再担保机构、协作银行博弈的均衡解。

2) 演化博弈渐近稳定性分析

I. 担保机构的渐近稳定性分析

A. 当 $yzS_4+yS_3+yF_2+zF_1+(1-y)S_1+C_1-yS_0-C_2=0$ 时，担保机构策略选择并不会随时间推移而改变，如图 6.21a 所示，处于策略稳定状态，此时阴影面上的三维点均是稳定解。可见，三方合作为担保机构带来的超额收益 S_4、将业务完全提交时获取的收益 S_1 和 S_3 是担保机构首先考虑的重点收益，而部分提交时获得的优惠 S_0、担保机构在合作中违约时遭受的惩罚 F_1、F_2 以及将业务提交给再担保所支付的费用 C_1、C_2 都将对担保机构的策略选择产生不同程度的影响。

B. 当 $yzS_4+yS_3+yF_2+zF_1+(1-y)S_1+C_1-yS_0-C_2>0$ 时，如图 6.21b 所示，则有 $F_1'(0)>0$，$F_1'(1)<0$，此时，对担保机构而言，$x=0$ 是其不稳定解，图中的箭头指向表明担保机构的策略从不稳定到稳定状态演化，即担保机构选择完全提交策略是稳定状态。通过比较可知，在考虑相关

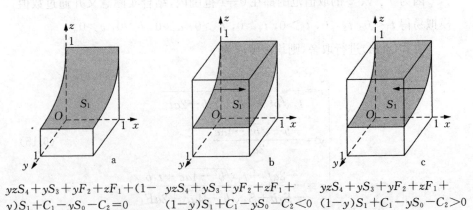

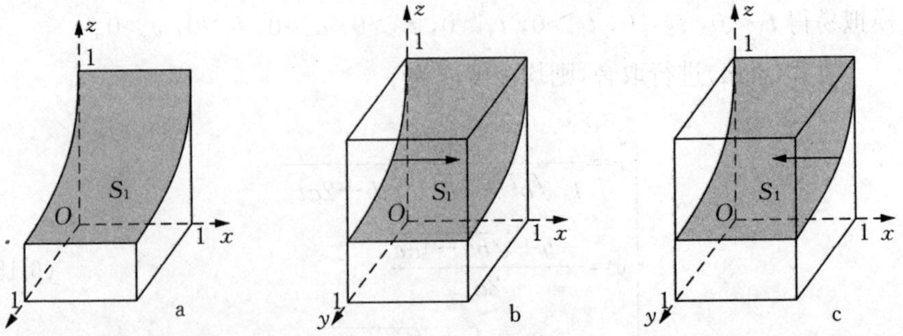

$yzS_4+yS_3+yF_2+zF_1+(1-y)S_1+C_1-yS_0-C_2=0$　　$yzS_4+yS_3+yF_2+zF_1+(1-y)S_1+C_1-yS_0-C_2<0$　　$yzS_4+yS_3+yF_2+zF_1+(1-y)S_1+C_1-yS_0-C_2>0$

图 6.21　担保机构动态趋势示意图

成本的基础上，若担保机构完全提交时从再担保处获取的净收益大于其部分提交时获取的净收益，则完全提交是担保机构的稳定策略。

C. 当 $yzS_4+yS_3+yF_2+zF_1+1-yS_1+C_1-yS_0-C_2<0$ 时，如图 6.21c 所示，则有 $F_1'(0)<0$，$F_1'(1)>0$，此时，对担保机构而言，$x=1$ 是其不稳定解，图中的箭头指向表明担保机构的策略从不稳定到稳定状态演化，即此时担保机构完全提交从再担保处获得的净收益小于其机会成本，担保机构选择部分提交策略是稳定的。

II. 再担保机构的渐近稳定性分析

A. 当 $xzA_2+xB_3+xB_0-B_0-xB_2=0$ 时，再担保机构策略选择不会随时间推移而改变，如图 6.22a 所示，处于策略稳定状态。可见相较于从担保机构处获得的收益 A_2，当三方合作时获取的超额收益 A_2 是再担保考虑的重点收益。

B. 当 $xzA_2+xB_3+xB_0-B_0-xB_2>0$ 时，如图 6.22b 所示，有 $F_2'(0)>0$，$F_2'(1)<0$，此时，对再担保机构而言，$y=0$ 是其不稳定解，图中的箭头指向表明再担保机构的策略从不稳定到稳定状态演化，即再担保机构选择给予优惠策略是其稳定演化策略。在实际中，为担保机构增信分险的准公共品定位是再担保的主要功能，因此，只要再担保获得的超额收益 A_2 以及违约时受到的惩罚 B_3 大于其付出的成本 B_0、B_2，给予优惠将会是再担保的稳定策略选择。另一方面，担保机构将业务完全提交时导致再担保

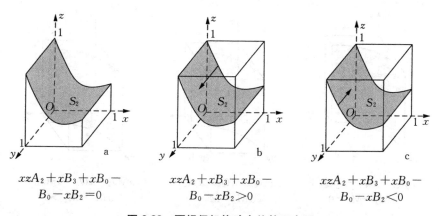

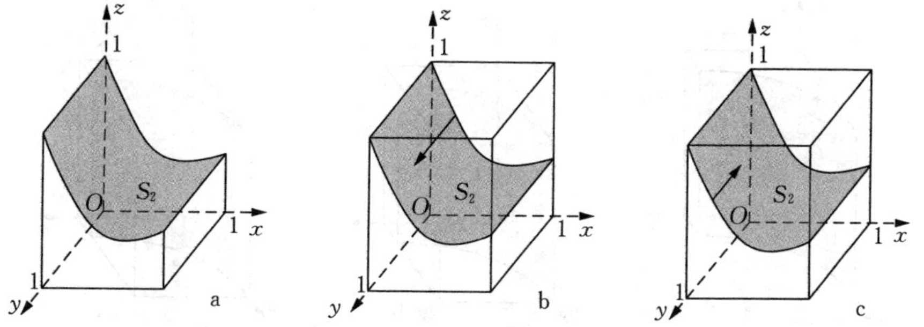

$xzA_2+xB_3+xB_0-B_0-xB_2=0$　　$xzA_2+xB_3+xB_0-B_0-xB_2>0$　　$xzA_2+xB_3+xB_0-B_0-xB_2<0$

图 6.22　再担保机构动态趋势示意图

增加的成本和代偿支出 B_1 对再担保的策略选择影响甚微，因此，适当加大再担保对担保机构的支持力度和风险容忍度对再担保功能的发挥尤为重要。

C. 当 $xzA_2+xB_3+xB_0-B_0-xB_2<0$ 时，如图 6.22c 所示，有 $F_2'(0)<0$，$F_2'(1)>0$，此时，对再担保机构而言，$y=1$ 是其不稳定解，图中的箭头指向表明再担保机构的策略从不稳定到稳定状态演化，可见再担保机构获取的超额收益和违约时受到的惩罚 B_3 小于成本，因此选择不给予优惠的策略是其稳定演化策略。

III. 协作银行的渐近稳定性分析

A. 当 $xyQ_2+xQ_3-xyQ_3+xM_2-M_2=0$ 时，如图 6.23a 所示，协作银行的策略选择不会随着时间的推移而改变，处于策略稳定状态。可见相较于其他因素，协作银行提供便利状态下，担保机构选择完全提交策略为银行带来的收益 Q_2 和 Q_3 以及担保机构部分提交时为银行招致的额外代偿风险 M_2 是再担保做出策略选择时重要的考量因素。

B. 当 $xyQ_2+xQ_3-xyQ_3+xM_2-M_2>0$ 时，如图 6.23b 所示，有 $F_3'(0)>0$，$F_3'(1)<0$，此时，对协作银行而言，$z=0$ 是其不稳定解，图中的箭头指向表明协作银行的策略从不稳定到稳定状态演化，即协作银行选择提供便利策略是其稳定演化策略。说明协作银行与担保合作而获得的预期收益低于其可能承担的风险损失，选择提供便利策略是其稳定演化策略。

C. 当 $xyQ_2+xQ_3-xyQ_3+xM_2-M_2<0$ 时，如图 6.23c 所示，有 $F_3'(0)<0$，$F_3'(1)>0$。此时，对协作银行而言，$z=1$ 是其不稳定解，图中的

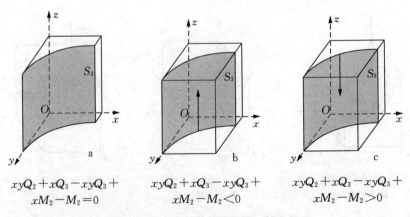

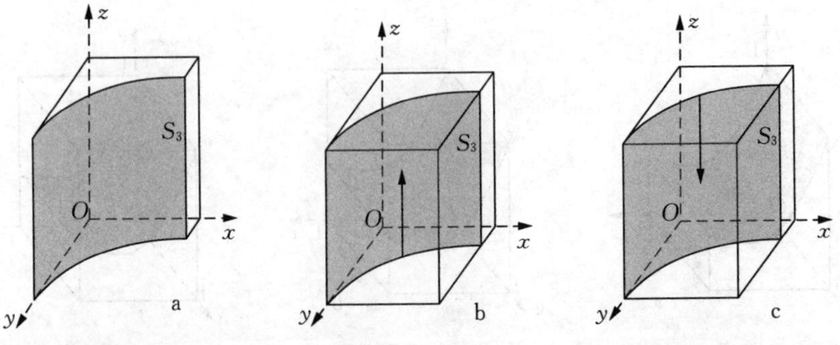

$xyQ_2+xQ_3-xyQ_3+xM_2-M_2=0$　　$xyQ_2+xQ_3-xyQ_3+xM_2-M_2<0$　　$xyQ_2+xQ_3-xyQ_3+xM_2-M_2>0$

图 6.23　协作银行动态趋势示意图

箭头指向表明协作银行的策略从不稳定到稳定状态演化，即协作银行与担保合作而获得的相关收益低于其可能承担的风险损失，因此选择常规处理的策略是其稳定演化策略。

分析三方参与主体的演化博弈可以得到不同的均衡状态，设图 6.21 中以曲面 S_1 为界，将立方体分为上半部分 V_1 和下半部分 V_2，类似地，图 6.22 和图 6.23 以相应的曲面为界将立方体分为两个部分，则初始状态的空间分布和策略选择如表 6.7 所示。

表 6.7 三方初始状态空间组合及策略选择

初始状态所属的交集空间	担保机构、再担保机构和协作银行的策略选择
V_1、V_3、V_5	（完全提交、优惠、便利）
V_1、V_3、V_6	（完全提交、优惠、常规）
V_1、V_4、V_5	（完全提交、不优惠、便利）
V_1、V_4、V_6	（完全提交、不优惠、常规）
V_2、V_3、V_5	（部分提交、优惠、便利）
V_2、V_3、V_6	（部分提交、优惠、常规）
V_2、V_4、V_5	（部分提交、不优惠、便利）
V_2、V_4、V_6	（部分提交、不优惠、常规）

通过渐进稳定分析得出的稳定策略组合不一定是博弈系统的演化稳定策略，需要进一步分析这 8 个策略组合均衡点 $D_1(0,0,0)$、$D_2(1,0,0)$、$D_3(0,0,1)$、$D_4(1,0,1)$、$D_5(0,1,0)$、$D_6(1,1,0)$、$D_7(0,1,1)$、$D_8(1,1,1)$的稳定性。根据担保机构、再担保机构和协作银行策略选择的复制动态方程，可以得出其对应的雅克比矩阵为：

$$J=\begin{bmatrix} \begin{matrix}(1-2x)(yzS_4+yS_3+yF_2+zF_1+\\(1-y)S_1+C_1-yS_0-C_2)\end{matrix} & \begin{matrix}x(1-x)(zS_4+S_3+\\F_2-S_1-S_0)\end{matrix} & (1-2x)(yS_4+F_1) \\ \begin{matrix}y(1-y)(zA_2+B_3+\\B_0-B_2)\end{matrix} & \begin{matrix}(1-2y)(xzA_2+xB_3+\\xB_0-B_0-xB_2)\end{matrix} & y(1-y)xA_2 \\ \begin{matrix}z(1-z)(yQ_2+Q_3-\\yQ_3+M_2)\end{matrix} & z(1-z)(xQ_2-xQ_3) & \begin{matrix}(1-2z)(xyQ_2+xQ_3-\\xyQ_3+xM_2-M_2)\end{matrix} \end{bmatrix}$$

依据李雅普洛夫稳定性定理，若雅克比矩阵的所有特征值均为负，该均衡点就是稳定的，博弈系统的局部稳定性分析的结果如表 6.8 所示。

表 6.8　博弈系统局部稳定性分析

均衡点	特征值			稳定性条件
	λ_1	λ_2	λ_3	
(0, 0, 0)	$S_1+C_1-C_2$	$-B_0$	$-M_2$	ESS
(1, 0, 0)	$-(S_1+C_1-C_2)$	B_3-B_2	Q_3	不稳定
(0, 0, 1)	$F_1+S_1+C_1-C_2$	$-B_0$	M_2	不稳定
(1, 0, 1)	$-(F_1+S_1+C_1-C_2)$	$A_2+B_3-B_2$	$-Q_3$	不稳定
(0, 1, 0)	$S_3+F_2+C_1-S_0-C_2$	B_0	$-M_2$	不稳定
(1, 1, 0)	$-(S_3+F_2+C_1-S_0-C_2)$	$-(B_3-B_2)$	Q_2	不稳定
(0, 1, 1)	$S_4+S_3+F_2+F_1+C_1-S_0-C_2$	B_0	M_2	不稳定
(1, 1, 1)	$-(S_4+S_3+F_2+F_1+C_1-S_0-C_2)$	$-(A_2+B_3-B_2)$	$-Q_2$	$S_4+S_3+F_2+F_1+C_1-S_0-C_2>0$，$A_2+B_3-B_2>0$，$Q_2>0$，若同时满足以上三个条件，为稳定解

结合担保机构、再担保机构和协作银行的初始状态空间和策略选择，对比分析可以发现，当 $yzS_4+yS_3+yF_2+zF_1+S_1+C_1-yS_0-yS_1-C_2<0$，$xzA_2+xB_3+xB_0-xB_2-B_0<0$，$xyQ_2+xQ_3+xM_2-xyQ_3-M_2<0$ 时，即三方选择(部分提交，不优惠，常规)的策略组合时，系统处于不良锁定状态。结合担保机构和再担保机构的初始状态空间和策略选择，若要融资再担保系统向(完全提交、优惠、便利)的理想状态演化，需同时满足 $S_4+S_3+F_2+F_1+C_1-S_0-C_2>0$，$A_2+B_3-B_2>0$，$Q_2>0$ 三个条件。

针对条件不等式并结合前文对再担保主体风险以及主体间合作风险等再担保业务风险的归纳梳理，得出包括担保机构部分提交业务的成本 C_1、担保机构的业务完全提交成本 C_2 和收益 S_3、再担保的超额收益 A_2、再担保不提供优惠时的潜在损失 B_3、协作银行超额收益 Q_2、担保机构对协作银行的违约成本 F_1 在内的 7 个关键因素。由于条件不等式过于复杂，下面用计算实验的方法分析关键因素变化对风险演化的影响。

(4) 数值模拟与仿真分析

通过数值模拟分析均衡解并对讨论结果进行验证，同时深入探讨相关变量的实际影响。本文基于 Matlab 平台进行情境仿真，针对担保机构部分提交业务的成本 C_1、担保机构的业务完全提交成本 C_2 和收益 S_3、再担保的超额收益 A_2、再担保不提供优惠时的潜在损失 B_3、协作银行超额收益 Q_2、担保机构对协作银行的违约成本 F_1 等 7 个关键因素进行了重点讨论，其他参数可以做类似分析。

首先根据现实情况，选取部分参数的初始取值如表 6.9 所示。

表 6.9　再担保体系各经济主体博弈模型中各参数的初始值

相关参数	设定初始值
协作银行收取的保证金率 R	20%
协作银行承担的风险分担比例 λ_3	10%
担保机构担保资本金 K_1	10 000 万
信用担保放大倍数 n	5
担保机构承担的风险比例 λ_1	70%
担保费率 g_1	2%
再担保费率 g_2	30%
年平均代偿率 β	1%
反担保物占担保金额的比例	50%

基于以上参数，通过计算处理得出 $S_1=0.2$，$S_0=0.5$，$S_3=2.2$，$S_4=2.5$，$C_1=1.5$，$C_2=3$，$F_1=4$，$F_2=0.7$，$A_1=3$，$A_2=3.5$，$B_0=0.5$，$B_2=2.2$，$B_3=3.5$，$Q_3=0.2$，$Q_2=0.5$，$M_2=0.6$，根据以上参数进行仿真分析。

① 担保机构业务完全提交成本对三方竞合关系演化的影响

C_2 的取值区间为(0, 20)，其他参数取值同上，担保机构将业务完全提交给再担保时所投入的成本增量对促进再担保和协作银行合作效果显著。

如图 6.24 所示，担保机构因完全提交支出的成本 C_2 不断增加时，再担保机构合作策略的初始人群比例迅速提升，在 $C_2 \approx 2$ 时即完全选择给予优惠策略，而协作银行出于避险情绪，直到再担保完全选择提供优惠策略后才逐渐给予便利。

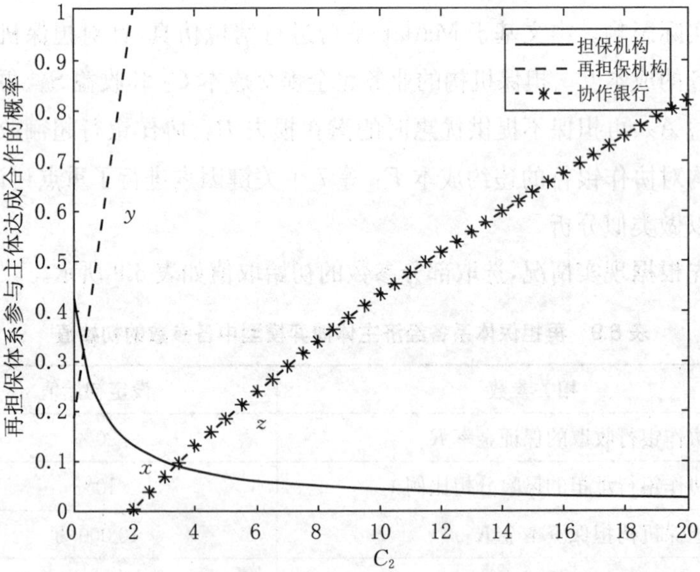

图 6.24　担保业务完全提交成本对三方竞合关系演化的影响

相对而言，随着完全提交的成本增加，担保机构出现缓慢的不良模式演化效果，当协作银行选择给予便利时，收敛速度逐渐放缓。现实中，担保机构即使完全提交并获得再担保相应的优惠，获益仍远不及成本投入，因此，担保机构在完全提交的成本增加时，其业务合作的积极性明显降低。进一步地，由担保机构的渐近稳定性分析可知，当 $C_2 < yzS_4 + yS_3 + yF_2 + zF_1 + (1-y)S_1 + C_1 - yS_0$ 时，选择完全提交是担保机构的稳定演化策略，因此，适当提高担保机构在合作中的收益 S_4、S_3、S_1 以及加大违约惩罚 F_1 和 F_2，从而将担保机构的提交成本稳定在较低水平，有助于实现三方共赢。

② 担保机构优惠收益对三方竞合关系演化的影响

S_3 的取值区间为(0, 5)，其他参数取初始值，担保机构将业务完全提交时，再担保机构给予优惠的增加对推动三方合作收效甚微。图 6.25 中随着 S_3 的增大，协作银行和担保机构的策略选择并无显著变化，而是锁定在初始设定的不良状态下，从图中可见，x 和 z 值在(0, 5)区间内分别维持在(0.25, 0.35)和(0, 0.8)的区间水平上。同时，再担保机构出于风险和自身成本考虑，当奖励性优惠不断加大，尤其是当其数值逼近 $S_3=5$ 时，由于再担保业务的扩大加之风险分担比例的提高，再担保机构承担较大的代偿压力，再担保机构的策略选择逐渐向不良模式演化。因此，担保机构的优惠收益 S_3 维持在较低水平较为合适。

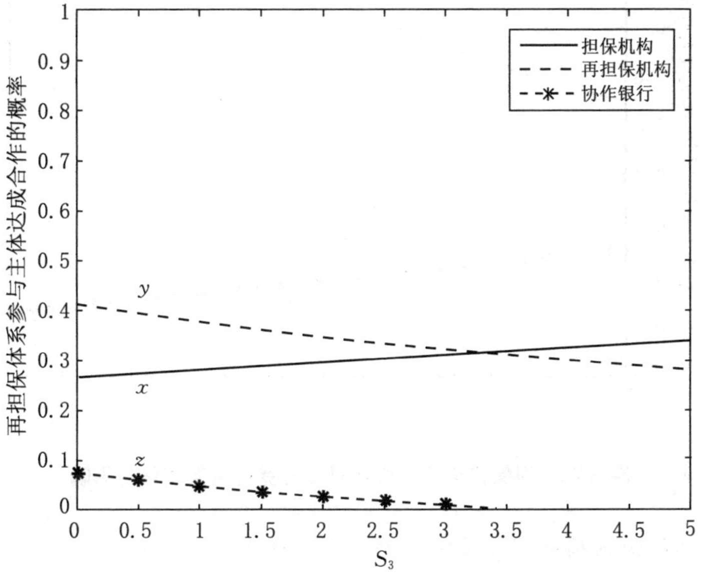

图 6.25　保机构优惠收益对三方竞合关系演化的影响

③ 担保机构投入成本对三方竞合关系演化的影响

C_1 的取值区间为(0, 3)，其他参数取初始值，当担保机构将业务向再担保部分提交时，担保机构成本投入的增加有助于推动担保机构选择完全提交策略。如图 6.26 所示，担保机构投入成本 C_1 不断增加时，担保机构选择完全提交的初始人群比例有较明显的提升，x 值从 0.55 匀速提升至 1，而再担保却呈现出显著的不良模式演化，其合作概率在 $C_1\approx 2$ 时降至 0，同时，协作银行的合作概率逐步由 0.25 下降至 0.1。现实中，担保机构选择部分提交策略所投入的再担保费等成本不断提高时，其更倾向于完全提交而寻求费用上的优惠和再担保分险比例的提高；而再担保则因收入的提高，其通过给予优惠促使担保机构选择完全提交策略的动力逐渐被削弱。同时，随着再担保的退出，担保机构信用下降，协作银行将恢复常规的银担业务受理模式。

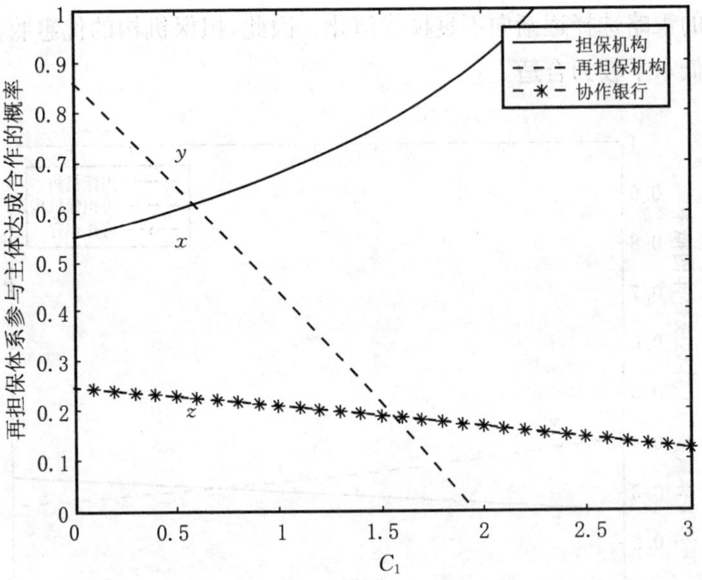

图 6.26　担保机构投入成本对三方竞合关系演化的影响

④ 再担保机构超额收益对三方竞合关系演化的影响

A_2 的取值区间为(0, 20)，其他参数取初始值，从长期来看，随着再担保体系效率提高，再担保机构获得的超额收益有助于推动三方合作。图 6.27 中，再担保获取的超额收益 A_2 不断增加，再担保业务规模逐渐扩大，对于刺激再担保选择提供优惠策略产生了较大的作用，在 $A_2 \approx 14$ 时，y 值从初始值 0.35 迅速提升至 1。同时，随着“增信分险”机制强化，协作银行的合作意愿也逐渐加强，即银行愿意通过提高放大倍数、减免保证金等方式为担保机构提供便利。然而，担保机构的合作概率并无显著变动，而是由初始值 0.15 缓慢降至 0.05。现实中，由于再担保机构存在逐利行为，担保机构将业务完全提交时获取的优惠总是低于所投入的再担保费成本，因此，再担保超额收益的增加对担保机构的策略选择并无显著推动作用。

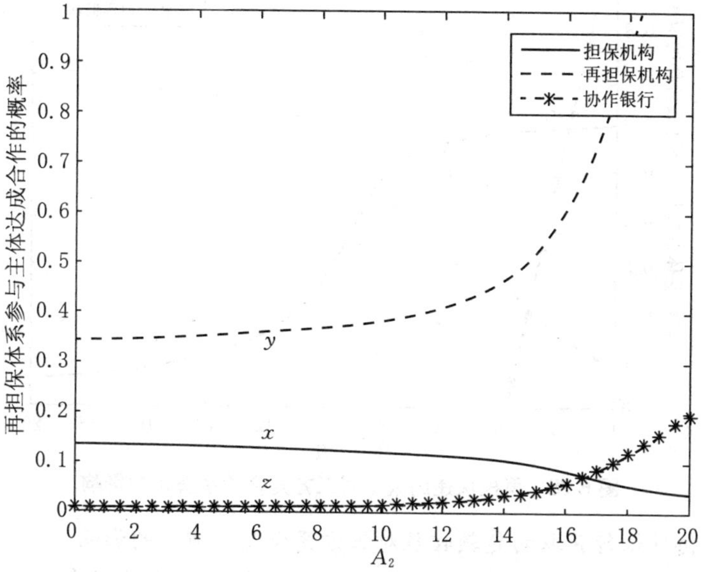

图 6.27 再担保超额收益对三方竞合关系演化的影响

⑤ 再担保机构违约成本对三方竞合关系演化的影响

B_3 的取值区间为(0, 20),其他参数取初始值,当担保机构完全提交而再担保未给予奖励性优惠时,担保机构合作意愿降低对再担保造成的违约成本 B_3 的增加对担保机构和协作银行的合作积极性均会造成不利影响。图 6.28 中,随着再担保违约成本不断提高,担保机构和协作银行的合作比例均向不良模式演化,其中,协作银行的合作概率在 $B_3 \approx 4$ 时迅速由 1 降至 0,而担保机构的合作概率则在(0, 20)区间内由初始值 0.6 降至 0.05。实际上,因未获得相应的业务合作奖励性优惠,担保机构选择完全提交策略的积极性逐渐降低,甚至退出再担保体系,同时,随着担保机构失去“增信分险”的保障,协作银行出于风险和自身收益考虑,在银担合作中,将采取降低放大倍数、提高授信门槛等措施以降低代偿风险。值得一提的是,随着合作效率降低,此时再担保选择提供优惠策略的初始人群比例有较为显著的提升,其合作概率在 $B_3 \approx 8$ 时迅速由 0.1 增至 1,说明为了弥补损失,再担保将会选择对担保机构投入优惠成本以加强合作。

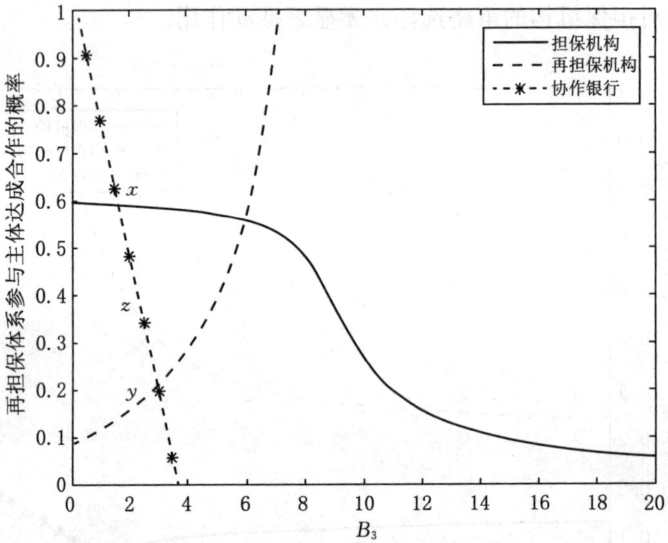

图 6.28　再担保违约成本对三方竞合关系演化的影响

⑥ 协作银行获取的超额收益对三方竞合关系演化的影响

Q_2 的取值区间为(0, 20),其他参数取初始值,三方达成合作时,协作银行从再担保业务中获取的超额收益的提高对再担保机构和担保机构而言将产生负效应。如图 6.29 所示,协作银行的超额收益 Q_2 值从 0 升至 2 的过程

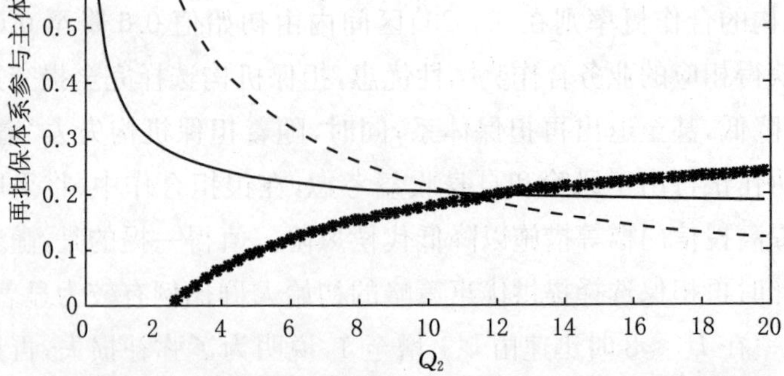

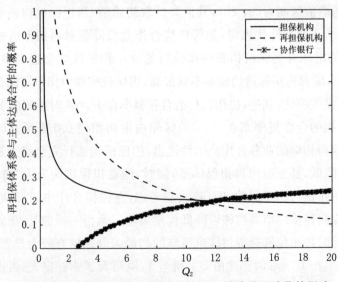

图 6.29　协作银行获取的超额收益对三方竞合关系演化的影响

中，担保机构和再担保机构的合作策略概率从 1 分别显著下降至 0.25 和 0.7。实践中，随着协作银行因三方合作效率的提升而获取更多的超额收益，协作银行将放松对信贷业务的审查制度，从而导致业务风险敞口扩大，担保机构和再担保机构因此承担更大的代偿风险，短期利益严重受损，其合作积极性迅速下降。

⑦ 担保机构对协作银行的违约成本对三方竞合关系演化的影响

F_1 的取值区间为(0，20)，其他参数取初始值，三方达成合作时，担保机构对协作银行违约成本的提高将助推担保机构选择合作策略，但此时协作银行和再担保机构参与合作的积极性则有不同程度的下降。如图 6.30 所示，协作银行通过设置违约成本规范担保机构参与再担保的合作行为，当违约成本不断提高时，担保机构的合作概率从 0.5 缓慢提升至 1，表明随着违约成本的增加其被迫提高合作积极性。但与此同时，再担保机构在协作银行的监督协助下，出于节约业务合作成本的考虑，逐渐放弃对担保机构提供业务优惠。因此，虽然短期内提高违约成本能够增强担保机构向再担保全部提交业务的积极性，但是不利于再担保业务的长期发展。

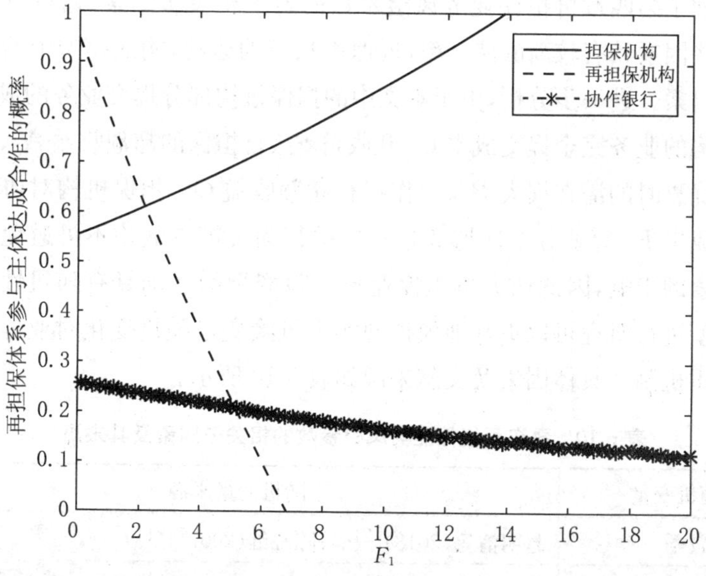

图 6.30　担保机构对协作银行的违约成本对三方竞合关系演化的影响

(5) 关键要素随机变化对融资再担保业务风险演化的影响研究

现有国内外研究已经达成共识，认为信贷违约过程服从随机过程，即依赖于时间的一族随机变量的全体(Jarrow 等，1997；Bielecki 等，2004；陈庭强等，2014)[210][211][212]。根据上文分析，这一族随机变量主要是指担保机构部分提交业务的成本 C_1、担保机构的业务完全提交成本 C_2 和收益 S_3、再担保的超额收益 A_2、再担保不提供优惠时的潜在损失 B_3、协作银行超额收益 Q_2、担保机构对协作银行的违约成本 F_1 等七个业务风险演化关键影响因素，因此将其视为风险变量。另外，现实中，外部环境形势多变，其风险往往难以预测和控制，当其作用于再担保业务时，将引起主体博弈策略的随机变化，进而加剧再担保业务风险演化的不稳定性。因此综上所述，下文将通过引入白噪声构建融资再担保业务风险演化的随机模型，探讨风险变量随机变化对业务风险演化的影响情况。

① 随机模型构建依据

在研读融资再担保功能、融资再担保风险、融资再担保效率等相关研究以及对担保、再担保等风险定价的相关文献的基础上，结合前文所确定的融资再担保风险演化的影响因素研究以及中小企业融资再担保的实践情况，本节梳理了第四章再担保业务风险参数的若干相关子因素，通过总结归纳得出这些因素具有较高的波动率，近似服从布朗运动，构成模型中的随机变量的子因素。进一步分析，由于本文中的担保机构部分提交业务的成本 C_1、担保机构的业务完全提交成本 C_2 和收益 S_3、再担保的超额收益 A_2、再担保不提供优惠时的潜在损失 B_3、协作银行超额收益 Q_2、担保机构对协作银行的违约成本 F_1 等业务主体博弈过程中的行为决策参数均不可避免地受到这些因素的影响，因此认为再担保业务风险变量的运动具有随机性。构建随机模型进行研究可以更好地模拟现实中风险变量随机变化对业务风险演化的作用机制。具体因素及文献来源如表 6.10 所示。

表 6.10　融资再担保业务风险参数的相关子因素及其来源

随机变量	随机变量来源
再担保费率	赵明清等(2018)[213]；陈晓红(2007)[214]
受保企业违约率	Lando(1998)[215]；Durrett(1996)[216]；张杰(2016)[217]

续表

随机变量	随机变量来源
担保公司期望收益率	徐云(2015)[218]
担保公司风险损失	徐云等(2016)[219];林于力等(2014)[220]
中小企业的贷款利率	霍源源等(2015)[221];易云辉等(2011)[222]
担保公司代偿额	汪桥等(2017)[223]
担保公司净资产	Merton(1977)[224]

由博弈系统局部稳定性分析可知,博弈系统存在两个稳定解,即(0, 0, 0)和(1, 1, 1)。通过对三类主体的复制动态方程求解,可知当初始值取不同值时,随着时间的推移将得到不同的稳定解。设博弈系统的概率 $\chi=f(x,\ y,\ z)$,其中 x、y、z 为三主体各自的概率。

当初始值 $x=0.1$, $y=0.2$, $z=0.5$ 时,三个主体逐渐向着合作策略(1, 1, 1)方向演化,如图 6.31 所示。

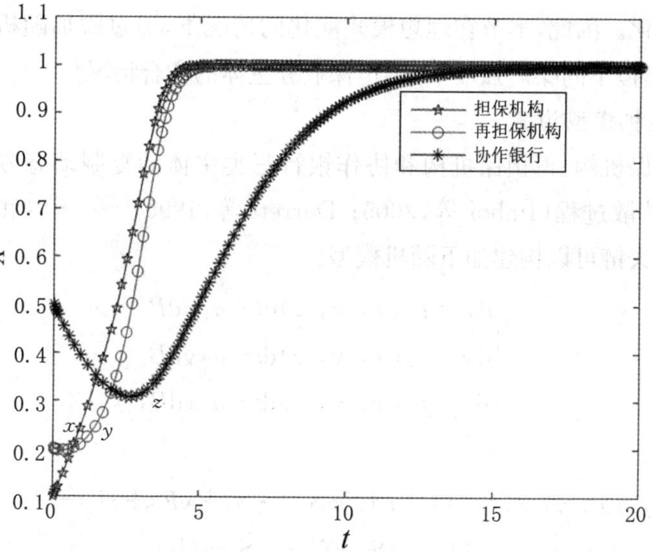

图 6.31　初始值 $x=0.1$, $y=0.2$, $z=0.5$ 时,主体演化趋势图

当初始值 $x=0.1$, $y=0.2$, $z=0.4$ 时,三个主体将向着不良模式(0, 0, 0)方向演化,如图 6.32 所示。

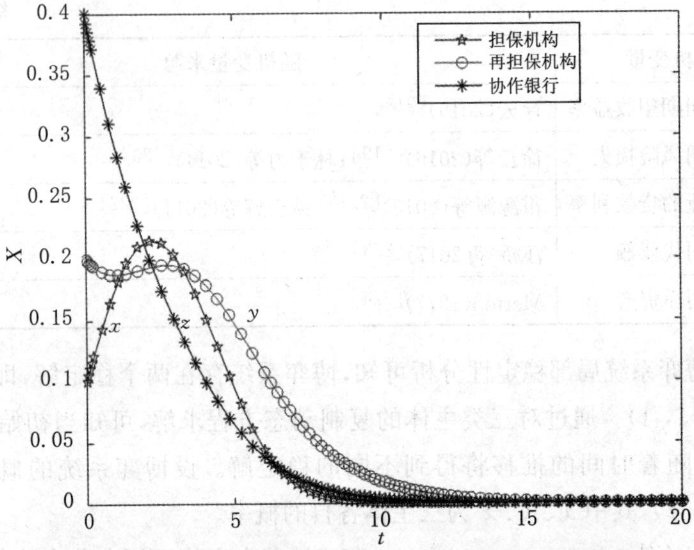

图 6.32 初始值 $x=0.1$, $y=0.2$, $z=0.4$ 时,主体演化趋势图

由图 6.31 和图 6.32 可知,当初始值不同时,主体的合作策略将向着相反方向演化。因此,本节在理想模式演化的情况下,通过添加随机项进行讨论,试图模拟不同噪声强度下,再担保业务主体的竞合情况。

② 随机模型构建

在担保机构、再担保机构和协作银行三类主体的复制动态方程的基础上,利用扩散过程(Imhof 等,2005; Durrett 等,1996)[225][226]和连续时间的马尔科夫链可以构建如下随机模型:

$$\begin{cases} dx=f_1(x,\ y,\ z)dt+\sigma_1 x dB_1 \\ dy=f_2(x,\ y,\ z)dt+\sigma_2 y dB_2 \\ dz=f_3(x,\ y,\ z)dt+\sigma_3 z dB_3 \end{cases} \tag{6.17}$$

其中,

$$\begin{cases} f_1(x,\ y,\ z)=x(1-x)(yzS_4+yS_3+yF_2+zF_1+ \\ \qquad (1-y)S_1+C_1-yS_0-C_2) \\ f_2(x,\ y,\ z)=y(1-y)(xzA_2+xB_3+xB_0-B_0-xB_2) \\ f_3(x,\ y,\ z)=z(1-z)(xyQ_2+xQ_3-xyQ_3+xM_2-M_2) \end{cases} \tag{6.18}$$

$\sigma_i(i=1,\ 2,\ 3)$表示相应主体的噪声强度。

③ 数值模拟与仿真分析

给定参数 $S_1=0.2$，$S_0=0.5$，$S_3=2.2$，$S_4=2.5$，$C_1=1.5$，$C_2=3$，$F_1=4$，$F_2=0.7$，$A_1=3$，$A_2=3.5$，$B_0=0.5$，$B_2=2.2$，$B_3=3.5$，$Q_3=0.2$，$Q_2=0.5$，$M_2=0.6$。通过设定不同初值及噪声强度，观察演化情况。

取初值$(x, y, z)=(0.9, 0.9, 0.9)$，噪声强度 $\sigma_1=0.1$，$\sigma_2=0.1$，$\sigma_3=0.1$。

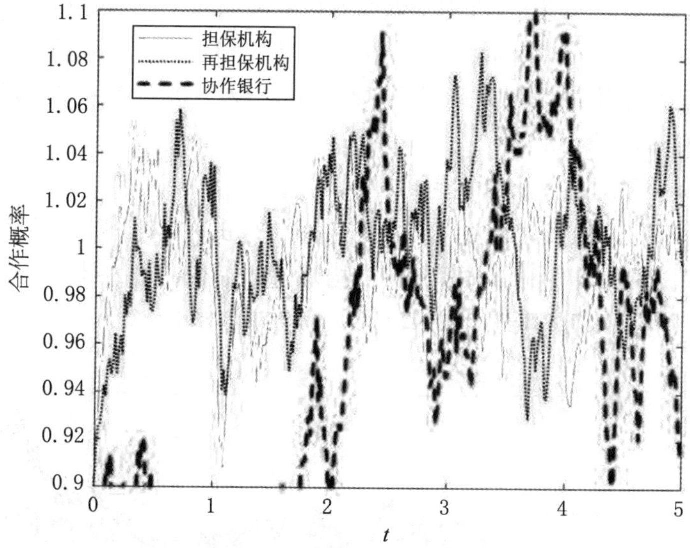

图 6.33　单次模拟运行后具有渐近性质的各主体样本轨道分布

数值模拟可知，图 6.33 表示单次模拟运行后具有渐近性质的样本轨道分布，担保机构、再担保机构及协作银行三类主体的合作策略随着时间的推移，其样本轨道围绕均衡解上下振荡。

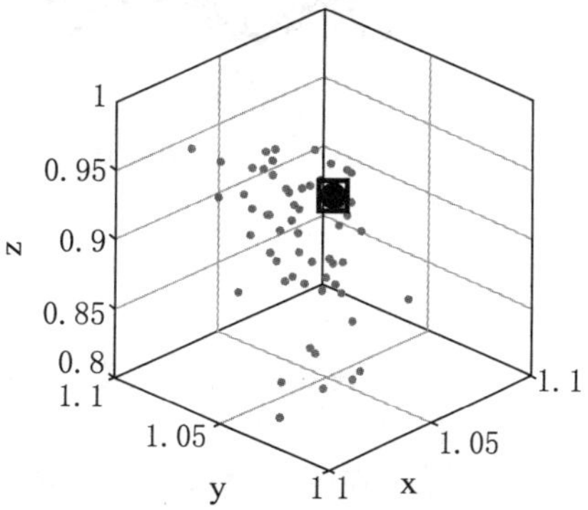

图 6.34　多次模拟运行后具有统计性质的各主体样本轨道分布

图 6.34 云图表示多次模拟运行后具有统计性质的样本轨道分布，其中若干小点表示对随机模型(1)进行多次模拟时样本轨道最终到达的位置，大点表示系统的均衡

解(1, 1, 1)。显然,随机模型的样本轨道最终均分布在平衡点(1, 1, 1)的周围。

由图 6.33 和图 6.34 可知,由于噪声的存在,三类主体的合作策略会随着时间的推移围绕某一定值上下波动,即噪声强度的大小会对演化方向产生一定的影响。因此,下文将详细讨论不同噪声强度对演化模式的具体影响情况,其中为控制变量,各项参数值和初值给定如下:参数 $S_1=0.2$, $S_0=0.5$, $S_3=2.2$, $S_4=2.5$, $C_1=1.5$, $C_2=3$, $F_1=4$, $F_2=0.7$, $A_1=3$, $A_2=3.5$, $B_0=0.5$, $B_2=2.2$, $B_3=3.5$, $Q_3=0.2$, $Q_2=0.5$, $M_2=0.6$,初值$(x, y, z)=(0.1, 0.2, 0.5)$。

1) 噪声强度 $\sigma_1=0.2$, $\sigma_2=0.2$, $\sigma_3=0.2$

图 6.35 表示在噪声强度 $\sigma_1=0.2$, $\sigma_2=0.2$, $\sigma_3=0.2$ 下随机模型(1)的解曲线。如图所示,担保机构、再担保机构及协作银行三类主体的合作策略随着时间 t 的推移逐渐围绕均衡解(1, 1, 1)上下振荡。

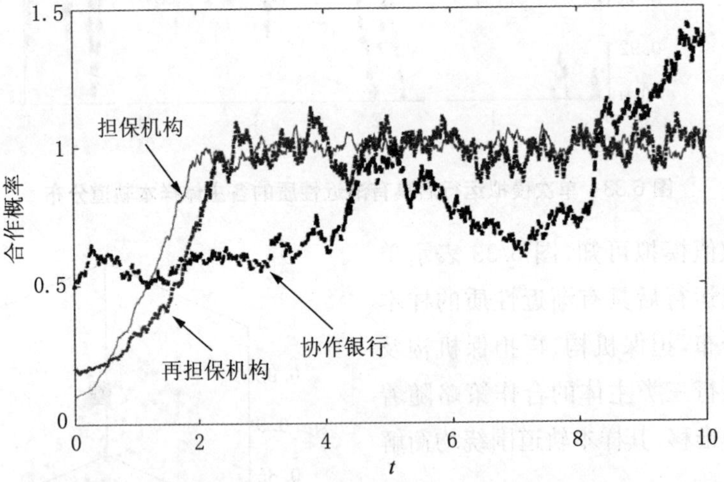

图 6.35　噪声强度 $\sigma_1=0.2$, $\sigma_2=0.2$, $\sigma_3=0.2$ 的曲线解

2) 噪声强度 $\sigma_1=0.3$, $\sigma_2=0.3$, $\sigma_3=0.3$

图 6.36 表示在噪声强度 $\sigma_1=0.3$, $\sigma_2=0.3$, $\sigma_3=0.3$ 下随机模型(1)的解曲线。如图所示,担保机构、再担保机构及协作银行三类主体的合作策略随着时间 t 的推移逐渐在 $t=9$ 时刻向(0, 0, 0)的不良模式演化。

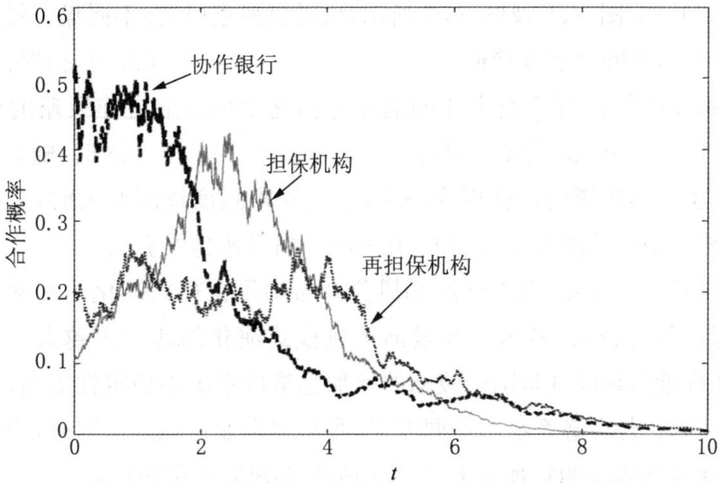

图 6.36　噪声强度 $\sigma_1=0.3$，$\sigma_2=0.3$，$\sigma_3=0.3$ 时的曲线解

3）噪声强度 $\sigma_1=0.95$，$\sigma_2=0.95$，$\sigma_3=0.95$

图 6.37 表示在噪声强度 $\sigma_1=0.95$，$\sigma_2=0.95$，$\sigma_3=0.95$ 下随机模型(1)的解曲线。如图所示，担保机构、再担保机构及协作银行三类主体的合作策略随着时间 t 的推移逐渐在 $t=3$ 时刻向(0，0，0)的不良模式演化。

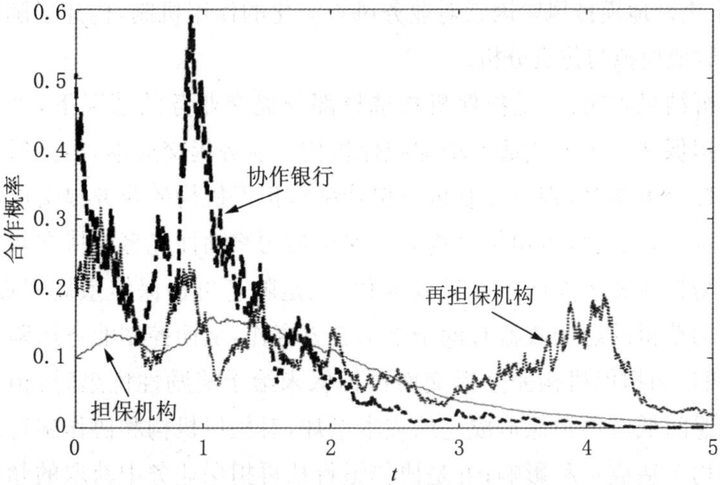

图 6.37　噪声强度 $\sigma_1=0.95$，$\sigma_2=0.95$，$\sigma_3=0.95$ 的曲线解

如图 6.35、图 6.36 及图 6.37 所示，由随机模型(1)在不同噪声强度下的解曲线可知，当噪声强度趋近于 $\sigma_0=0.2$，$\sigma_1=0.2$，$\sigma_2=0.2$ 时，担保机构、再担保机构及协作银行三类主体的演化方向逐渐向采取合作策略的模式演化；比较图 6.36 可知，当噪声强度 $\sigma_0=0.3$，$\sigma_1=0.3$，$\sigma_2=0.3$ 时，随着时间的推移，三类主体逐渐向不良模式演化，且当噪声强度逐渐变大时，主体策略向不良模式演化的速率不断加大，在短时间内迅速趋近于 0。

由上述分析可知，噪声强度和风险变量向不良模式演化的速率呈正相关，即噪声强度越大，各风险变量向不良模式演化的速率则越大。也就是说，再担保业务风险变量随机波动的增加会造成系统不稳定性提高，在长期中不利于再担保业务系统的协同发展，容易爆发业务风险。因此，为了提高对再担保业务风险的管理水平，应当加强控制风险变量的稳定性。

(6) 结论分析

本节在总结小微企业融资再担保运营机理的基础上，构建了演化博弈模型并求解演化博弈均衡点，从而针对担保机构、再担保机构和协作银行等三类主体的渐近稳定性进行分析，初步得出影响业务风险演化的条件及关键因素。接着根据实际情况，设定部分参数的初始值，基于 MATLAB 平台就关键因素对再担保业务风险的演化影响路径进行数值模拟与仿真分析。最后在验证业务主体博弈过程中的行为决策参数受随机变量影响的基础上，为了更好地模拟风险因素对业务风险演化的作用机制，构建了随机模型并进行数值模拟与仿真分析。

分析结果表明：一是担保机构选择部分提交业务的情况下，可以通过提高再担保费率等形式适度增加担保机构的业务提交成本，当担保机构选择完全提交策略时，则应控制再担保费率将担保机构的业务提交成本稳定在较低水平；二是将再担保机构对担保机构的奖励性优惠维持在较低水平有助于防控业务风险向不良模式演化；三是随着再担保体系效率提高，再担保机构获得的超额收益有助于推动三方合作，从而控制业务风险的不良演化；四是当担保机构完全提交而再担保未给予奖励性优惠时，担保机构合作意愿降低对再担保造成违约成本增加，对担保机构和协作银行的合作积极性均会造成不利影响；五是协作银行从再担保业务中获取的超额收益的提高对再担保机构和担保机构而言将产生负效应；六是担保机构对协作银行违约成本的提高将助推担保机构选择合作策略，但此时协作银行和再担保机构参与合作的积极性则有不同程度的下降；七是再担保业务风险变量随机波动的增加会造成系统不稳定性提高，长期不利于再担保业务系统的协同发展，容易爆发业务风险，因此，应当强化对风险变量稳定性的管理水平。

6.3.3　担保及再担保机构与政府的博弈分析

担保机构与再担保机构的业务开展以及考核标准受地方政府相关政策条例影响，政府的扶持力度和监管方向一定程度上决定了二者的运营策略。

担保机构作为再担保机构扶持与合作的对象，其合作意愿既影响再担保机构的业务规模，同时也决定着多主体合作分险机制能否形成并发挥作用。地方政府主要负责注资成立政策性担保和再担保机构并监管行业的运行，另外也会通过代偿补偿、保费补贴、业务奖补和税收优惠等手段支持再担保体系的运行。因此，政府虽然不直接介入担保和再担保机构的业务合作，但是通过财政与监管等手段间接影响着再担保体系内主体之间的收益和风险的分担。本节分析地方政府、担保机构、再担保机构之间业务合作的演化过程，建立以“地方政府—再担保机构—担保机构”为博弈主体的三方演化博弈模型，探究影响相关主体决策的关键影响因子，尝试构建多主体参与的风险分担机制，促进再担保体系风险防范向理想方向演化。

(1) 模型基本假设

假设在市场中，存在三个博弈主体，分别是担保机构、再担保机构和地方政府，各主体均为“理性经济人”，从自身利益最大化的角度进行决策的制定与调整。

① 担保机构在业务合作中，能自由决定是否支付保费获取再担保机构的“分险增信”服务，因而担保机构有“申请”、“不申请”两类决策；再担保机构在决策时，通过分析业务的风险等级、担保机构的信用水平等决定是否收取再担保费并提供再担保，因而再担保机构的决策有“接受”与“不接受”两类。地方政府的策略选择有“补贴”和“不补贴”两种，“补贴”是指地方政府为扶持再担保体系运营提供的一系列财政补贴项目；“不补贴”是指担保和再担保机构由于考核不合格或出现违规经营时，政府采取的一种惩罚手段。

② 市场中存在信息不对称，所有博弈主体仅能搜集到有限的交易信息，且决策者对信息的利用程度也是有限的，无法一次作出完美的决策，需要通过不断地学习和模仿来调整自身的策略。

③ 当担保机构选择“不申请”策略或者再担保机构选择“不接受”策略时，再担保业务合作失败，此时的再担保机构可能为了追求收益开展直保业务，即直接和小微企业合作，提供担保服务。从第三章分析可知，直保业务已成为众多再担保机构收入的主要来源，因而这一假设符合现实情境。

④ 地方政府负有扶持和监管行业运行的责任，对加入再担保体系的担保机构给予一定的补贴，对于考核不合格的再担保机构会采取相关的惩罚措施。

(2) 模型构建

① 相关变量的选定

基于前文风险影响因素的分析，选取若干与各博弈主体支付相关的变量。

地方政府：P_1 是上级政府对地方融资再担保体系运营拨付的风险补偿基金；P_2 为地方政府有效介入再担保业务运营获得的间接收益，如声誉等；N 是再担保业务合作促进小微企业融资带来的直接经济收益，比如政府税收增加与区域经济的发展；C_1 是地方政府监督再担保机构运营的成本；G 是地方政府对再担保机构提供的财政补贴。

再担保机构：U_1 是开展再担保业务带来的直接收益，主要为再担保收入；F 为代偿支出；G_1 为地方政府对再担保机构的补贴；U_2 为再担保机构从事其他业务获得的收益，如从事直保业务获得的保费收益；K 是再担保机构考核不合格受到的惩罚；C_2 是再担保机构在业务开展中付出的成本，例如保前尽职调查与保后监管的支出等。

担保机构：V_1 代表没有再担保机构分担风险的情况下，担保机构开展业务获得的收益；V_2 是获得再担保机构分险后带来的额外收益，例如代偿额的减少等；G_2 为地方政府对加入融资再担保体系的担保机构提供的补贴；U_1 为担保机构支付的再担保费，C_3 为担保机构寻求再担保服务所产生的支出，例如完善财务报表、递交申请材料花费的成本等。

② 博弈支付函数

基于变量的假设，构建三方演化博弈的支付矩阵，如表 6.11 所示：

表 6.11　三方博弈支付矩阵

策略组合	地方政府	再担保机构	担保机构
(补贴,接受,申请)	$P_1+P_2+N-G-C_1$	$U_1-F+G_1-C_2$	$V_1+V_2+G_2-U_1-C_3$
(不补贴,接受,申请)	N	U_1-F-C_2	$V_1+V_2-U_1-C_3$
(补贴,接受,不申请)	P_1-C_1	0	V_1
(不补贴,接受,不申请)	0	0	V_1
(补贴,不接受,申请)	P_1-C_1	U_2-C_2-K	V_1-C_3
(不补贴,不接受,申请)	0	U_2-C_2	V_1-C_3
(补贴,不接受,不申请)	P_1-C_1	U_2	V_1
(不补贴,不接受,不申请)	0	U_2	V_1

假定博弈的初始阶段,地方政府群体中选择“补贴”策略的比例为 x,选择“不补贴”策略的比例为 $1-x$;再担保机构群体中选择“接受”策略的比例为 y,选择“不接受”策略的比例为 $1-y$;担保机构群体中选择“申请”策略的比例为 z,选择“不申请”策略的比例为 $1-z$。令 U_{11} 代表地方政府选择“补贴”策略时的期望收益,U_{12} 为地方政府选择“不补贴”策略时的期望收益,$\bar{U}_1$ 代表地方政府的平均收益,则:

$$U_{11}=yz(P_1+P_2+N-G-C_1)+(1-y)z(P_1-C_1)+y(1-z)(P_1-C_1)+(1-y)(1-z)(P_1-C_1) \tag{6.19}$$

$$U_{12}=yzN \tag{6.20}$$

$$\bar{U}_1=xU_{11}+(1-x)U_{12} \tag{6.21}$$

假设 U_{21} 代表再担保机构选择“接受”策略时的期望收益,U_{22} 代表再担保机构选择“不接受”策略时的期望收益,$\bar{U}_2$ 为再担保机构的平均收益,则:

$$U_{21}=xz(U_1-F+G_1-C_2)+(1-x)z(U_1-F-C_2) \tag{6.22}$$

$$U_{22}=xz(U_2-C_2-K)+(1-x)z(U_2-C_2)+x(1-z)U_2+(1-x)(1-z)U_2 \tag{6.23}$$

$$\bar{U}_2=yU_{21}+(1-y)U_{22} \tag{6.24}$$

假设U_{31}代表担保机构选择“申请”策略时的期望收益，U_{32}代表担保机构采取“不申请”策略时的期望收益，$\overline{U}_3$ 表示担保机构的平均收益，则：

$$U_{31}=xy(V_1+V_2+G_2-U_1-C_3)+(1-x)y(V_1+V_2-U_1-C_3)+ x(1-y)(V_1-C_3)+(1-x)(1-y)(V_1-C_3) \quad (6.25)$$

$$U_{32}=V_1 \quad (6.26)$$

$$\overline{U}_3=zU_{31}+(1-z)U_{32} \quad (6.27)$$

③ 复制动态方程

从演化博弈基本原理可知，当采取某一策略获得的收益超过平均收益时，那么该策略被采用的概率就会逐渐提高。假定某一博弈群体中选择该策略的比例和该策略与平均收益的差值成正比，便可推知该群体的复制动态方程，即：

$$F(x)=\frac{\mathrm{d}x}{\mathrm{d}t}=x(U_{11}-\overline{U}_1) \quad (6.28)$$

结合支付矩阵和不同策略下获得期望收益，分别得到地方政府、再担保机构和担保机构的复制动态方程：

$$F(x)=\frac{\mathrm{d}x}{\mathrm{d}t}=x(U_{11}-\overline{U}_1)=x(1-x)[P_1-C_1+yz(P_2-G)] \quad (6.29)$$

$$F(y)=\frac{\mathrm{d}y}{\mathrm{d}t}=y(U_{21}-\overline{U}_2)=y(1-y)[xz(G_1+K)+ z(U_1-F)-U_2] \quad (6.30)$$

$$F(z)=\frac{\mathrm{d}z}{\mathrm{d}t}=z(U_{31}-\overline{U}_3)=z(1-z)[xyG_2+y(V_2-U_1)-C_3] \quad (6.31)$$

(3) 多主体决策行为演化稳定性分析

① 地方政府决策行为的渐进稳定性分析

由复制动态方程的含义可知，当 $F(x)=0$ 时，地方政府采取“补贴”策略的比例 x 将不再变动；当 $F(x)>0$ 时，地方政府采取“补贴”策略的比例 x 会随着时间的推移而增加；当 $F(x)<0$ 时，地方政府采取“补贴”策略的比例 x 则随着时间的推移而减小。

对 $F(x)$ 求导可得 $F'(x)=(1-2x)[P_1-C_1+yz(P_2-G)]$，根据演化稳定判定条件，当 $F(x_0)=0$ 且 $F'(x_0)<0$ 时，该点 x_0 为演化博弈的均衡解，据此得到地方政府的三种演化博弈均衡状态：

a. 当 $P_1-C_1+yz(P_2-G)=0$ 时，复制动态方程 $F(x)\equiv0$，如图 6.38(a)所示，此时地方政府群体的策略始终处于稳定状态，不再随时间推移而改变。

b. 当 $P_1-C_1+yz(P_2-G)<0$ 时，$F'(0)<0$，$F'(1)>0$，此时 $x=0$ 为演化博弈均衡解，“不补贴”策略将成为地方政府群体的演化均衡策略，如图 6.38(b)。

c. 当 $P_1-C_1+yz(P_2-G)>0$ 时，$F'(0)>0$，$F'(1)<0$，此时 $x=1$ 为演化博弈均衡解，“补贴”策略将成为地方政府群体的演化均衡策略，如图 6.38(c)。

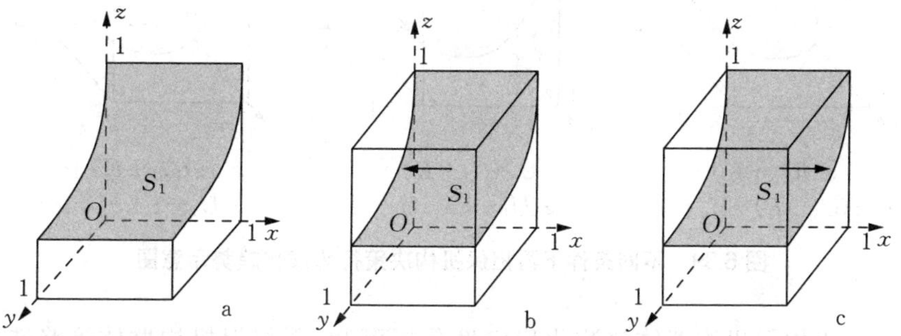

$P_1-C_1+yz(P_2-G)=0$　$P_1-C_1+yz(P_2-G)<0$　$P_1-C_1+yz(P_2-G)>0$

图 6.38　不同条件下地方政府决策行为演化趋势示意图

从地方政府群体的演化均衡性分析可知，关键参数的取值影响复制动态方程的符号，进而影响地方政府群体策略选择的演化路径。基于上述分析不难发现：开展再担保业务带来的额外收益 N 并非关键影响因素，上级政府提供的风险补偿金 P_1、地方政府有效介入再担保体系运营带来的额外收益 P_2、对再担保体系提供的政府补贴 G、监督再担保机构运营产生的成本 C_1 才是影响地方政府决策的关键。

② 再担保机构决策行为渐进稳定性分析

a. 当 $xz(G_1+K)+z(U_1-F)-U_2=0$ 时，再担保机构群体的复制动态

方程 $F(y)\equiv 0$，如图 6.39(a)所示，此时再担保机构群体的策略始终处于稳定状态，不再随时间的推移而改变。

b. 当 $xz(G_1+K)+z(U_1-F)-U_2<0$ 时，$F'(0)<0$，$F'(1)>0$，此时 $y=0$ 为演化博弈均衡解，因而"不接受"策略将成为再担保机构的演化均衡策略，如图 6.39(b)所示。

c. 当 $xz(G_1+K)+z(U_1-F)-U_2>0$ 时，$F'(0)>0$，$F'(1)<0$，此时 $y=0$ 为演化博弈均衡解，因而"接受"策略将成为再担保机构的演化稳定均衡策略，如图 6.39(c)所示。

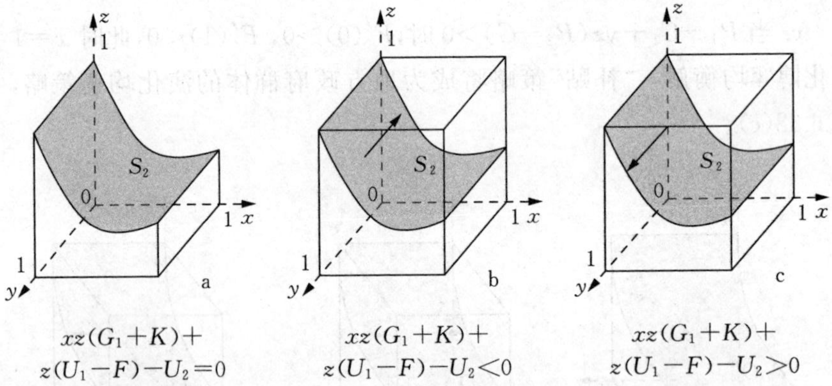

图 6.39　不同条件下再担保机构决策行为演化趋势示意图

从再担保机构群体的演化稳定性分析可知，再担保机构群体策略选择的演化路径也由若干关键参数决定，具体而言：再担保机构在业务开展中付出的成本 C_2 不影响再担保机构群体的决策；开展再担保业务获得的收益 U_1、再担保业务代偿损失 F、地方政府提供的财政补贴 G_1、再担保机构从事其他业务获得收益 U_3、考核不合格受到的地方政府惩罚 K 是影响再担保机构群体决策的关键影响因子。

③ 担保机构决策行为渐进稳定性分析

a. 当 $xyG_2+y(V_2-U_1)-C_3=0$ 时，担保机构群体的复制动态方程 $F(z)\equiv 0$，此时担保机构群体决策始终处于稳定状态，不再随时间的推移而改变，如图 6.40(a)所示。

b. 当 $xyG_2+y(V_2-U_1)-C_3<0$ 时，$F'(0)<0$，$F'(1)>0$，此时 $z=0$

为演化博弈均衡解,因而“不申请”策略将成为担保机构的演化均衡策略,如图 6.40(b)所示。

c. 当 $xyG_2+y(V_2-U_1)-C_3>0$ 时,$F'(0)>0$,$F'(1)<0$,此时 $z=1$ 为演化博弈均衡解,因而“申请”策略将成为担保机构的演化稳定均衡策略,如图 6.40(c)所示。

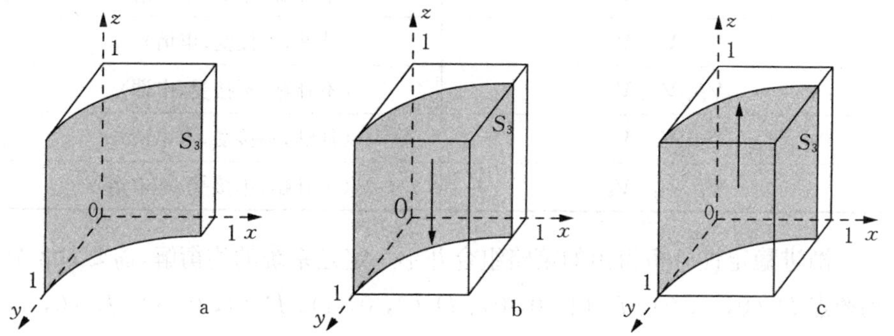

$xyG_2+y(V_2-U_1)-C_3=0$　$xyG_2+y(V_2-U_1)-C_3<0$　$xyG_2+y(V_2-U_1)-C_3>0$

图 6.40　不同条件下担保机构决策行为演化趋势示意图

从担保机构群体的演化稳定性分析可知,担保机构群体策略选择的演化路径也由若干关键参数决定,具体而言:开展担保业务获得的收益 V_1 对担保机构的决策无影响;获得再担保机构“分险增信”后带来的额外收益 V_2、地方政府对加入融资再担保体系的担保机构提供的补贴 G_2、再担保费收入 U_1、寻求再担保服务所产生的支出 C_3 是影响担保机构群体决策选择的关键要素。

(4) 融资再担保多主体决策行为的局部稳定性分析

基于单个主体的演化稳定性分析,不难得出三类主体博弈结果形成的八种策略组合。以图 6.38 中的曲面 S_1 为界,立方体被分割为上下两个部分,分别标记为 V_1 与 V_2;以图 6.39 中的曲面 S_2 为界,立方体被分割为上下两个部分,标记为 V_3 与 V_4;以图 6.40 中的曲面 S_3 为界,立方体被分割为前后两个部分,标记为 V_5 与 V_6。各博弈主体初始策略所在的空间与对应的策略组合如表 6.12 所示。

表 6.12　初始状态空间组合及博弈主体策略选择

初始状态的交集空间	策略选择
V_1、V_3、V_5	(补贴,接受,申请)
V_2、V_3、V_5	(不补贴,接受,申请)
V_1、V_3、V_6	(补贴,接受,不申请)
V_2、V_3、V_6	(不补贴,接受,不申请)
V_1、V_4、V_5	(补贴,不接受,申请)
V_2、V_4、V_5	(不补贴,不接受,申请)
V_1、V_4、V_6	(补贴,不接受,不申请)
V_2、V_4、V_6	(不补贴,不接受,不申请)

渐进稳定性分析得出的策略组合并不一定是系统的均衡解,需要对8个均衡点 $D_1(0, 0, 0)$、$D_2(1, 0, 0)$、$D_3(0, 0, 1)$、$D_4(1, 0, 1)$、$D_5(0, 1, 0)$、$D_6(1, 1, 0)$、$D_7(0, 1, 1)$、$D_8(1, 1, 1)$作进一步分析。基于地方政府、再担保机构、担保机构的复制动态方程,得到对应的雅克比矩阵 J:

$$J=\begin{bmatrix} (1-2x)[P_1-C_1+yz(P_2-G)] & x(1-x)z(P_2-G) & x(1-x)y(P_2-G) \\ y(1-y)z(G_1+K) & (1-2y)[xz(G_1+K)+z(U_1-F)-U_2] & y(1-y)[x(G_1+K)+U_1-F] \\ yz(1-z)G_2 & z(1-z)(xG_2+V_2-U_1) & (1-2z)[xyG_2+y(V_2-U_1)-C_3] \end{bmatrix}$$

依据李雅普洛夫稳定性定理,当雅克比矩阵的所有特征值都为负数时,该点就是系统的均衡点。为使分析结果更符合现实情境,考虑加入约束条件:再担保机构的再担保费收入小于开展其他业务获得的收益,即 $U_1-F-U_2<0$,从第三章现状分析可知,直保收益已经成为众多再担保机构的主要收入,因而本条约束条件符合现实情境;此外,上级政府投入的风险补偿基金 P_1 较少,地方政府对融资再担保的扶持性补贴基本靠自身财政,且 P_1 最终将以扶持性补贴 G 的形式流向担保与再担保机构,因此 $P_1-C_1<0$。博弈系统的局部稳定性分析的结果如表 6.13 所示。

表 6.13 的结果表明(不补贴、不接受、不申请)的策略组合是三方演化博弈模型的稳定状态，不利于多主体风险共担机制的建立。为促进系统向(补贴、接受、申请)理想状态演化，需要同时满足 $P_1-C_1+P_2-G>0$、$G_1+K+U_1-F-U_2>0$ 和 $G_2+V_2-U_1-C_3>0$ 这三个条件，即地方政府有效参与再担保体系运营获得的额外收益大于对再担保机构的监管成本，再担保机构开展其他业务损失大于开展融资再担保业务的收益，担保机构申请再担保获得的收益大于付出的成本。

表 6.13　博弈系统局部稳定性分析

均衡点	特征值			稳定性条件
	λ_1	λ_2	λ_3	
(0, 0, 0)	P_1-C_1	$-U_2$	$-C_3$	ESS
(1, 0, 0)	$-(P_1-C_1)$	$-U_2$	$-C_3$	不稳定
(0, 0, 1)	P_1-C_1	U_1-F-U_2	C_3	不稳定
(1, 0, 1)	$-(P_1-C_1)$	$M+K+U_1-F-U_2$	C_3	不稳定
(0, 1, 0)	P_1-C_1	U_2	$V_2-U_1-C_3$	不稳定
(1, 1, 0)	$-(P_1-C_1)$	U_2	$V_3+V_2-U_1-C_3$	不稳定
(0, 1, 1)	$P_1-C_1+P_2-G$	$-(U_1-F-U_2)$	$-(V_2-U_1-C_3)$	不稳定
(1, 1, 1)	$-(P_1-C_1+P_2-G)$	$-(G_1+K+U_1-F-U_2)$	$-(G_2+V_2-U_1-C_3)$	$P_1-C_1+P_2-G>0$，$G_1+K+U_1-F-U_2>0$，$G_2+V_2-U_1-C_3>0$

(5) 基于演化趋势图的关键要素分析

通过分析三方演化博弈趋势图，发现 V_1、V_3、V_5 为理想的演化均衡策略对应的初始状态空间，结合图 6.41 作进一步说明。曲面 S_1、S_2、S_3 的移动改变理想状态空间的体积，最终影响系统的演化均衡状态。根据这一变化规律，分析关键要素变化对演化均衡策略的影响。

图 6.41 中，曲面 S_1 可视为 yOz 平面上的曲线 $z(y)=-\dfrac{P_1-C_1}{y(P_2-G)}$ 切

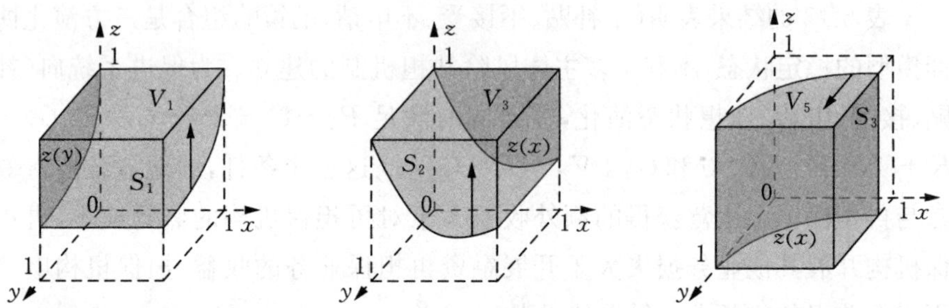

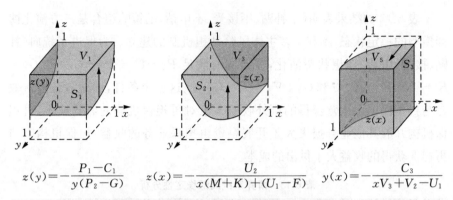

$$z(y)=-\frac{P_1-C_1}{y(P_2-G)} \qquad z(x)=-\frac{U_2}{x(M+K)+(U_1-F)} \qquad y(x)=-\frac{C_3}{xV_3+V_2-U_1}$$

图 6.41　关键要素对系统演化结果影响的分析图

割正方体获得，曲面 S_1 的移动对 V_1 部分体积的影响可借助该曲线进行分析；同理，曲面 S_2 可视为 xOz 平面上的曲线 $z(x)=-\frac{U_2}{x(M+K)+(U_1-F)}$ 前后切割得到，曲面 S_2 的移动对 V_3 部分体积的影响可借助该曲线进行分析；曲面 S_3 可视为 xOy 面上的曲线 $y(x)=-\frac{C_3}{xV_3+V_2-U_1}$ 通过上下切割得到，曲面 S_3 的移动对 V_5 部分体积的影响可借助该曲线进行分析。

① 地方政府补贴对演化结果的影响。地方政府对再担保体系的补贴 G 可以分为两个部分，一是对再担保机构的补贴 G_1，二是对担保机构的补贴 G_2。假设其余参数不变，由于 $\frac{\partial z(y)}{\partial G}>0$，$\frac{\partial z(x)}{\partial G_1}<0$，$\frac{\partial y(x)}{\partial G_2}<0$，当 G 增加时，G_1 与 G_2 同时增加，曲面 S_1 向上移动，V_1 部分体积减小，减小量记为 ΔV_1；曲面 S_2 向下移动，V_3 部分体积增大，增加量记为 ΔV_3；曲面 S_3 向后移动，V_5 部分体积增大，增加量记为 ΔV_5。因而理想状态空间 V_1、V_3、V_5 的体积变化量为 $(\Delta V_3+\Delta V_5)$ 与 ΔV_1 的差值，因此地方政府对融资再担保的扶持性补贴存在拐点。合理加大政府对融资再担保的扶持补贴力度，将有助于博弈系统向理想状态演化。

② 再担保费对系统演化的影响。由于 $\frac{\partial z(x)}{\partial U_1}<0$，$\frac{\partial y(x)}{\partial U_1}>0$，假定其他参数不变，当 U_1 增加时，V_3 体积增大、V_5 体积较小，博弈系统向理想方向演化的概率取决于 V_3 和 V_5 的大小。因此，合理确定融资再担保费有助于系

统向理想方向演化。

③ 地方政府对融资再担保业务的考核对系统演化结果的影响。由于$\frac{\partial z(x)}{\partial K}<0$，假定其他参数不变，当地方政府考核给再担保机构造成的损失K增加时，曲面S_2向下移动，理想状态空间V_1、V_3、V_5的体积增大，系统收敛于理想状态的概率增加。加大对融资再担保业务的考核力度，将有助于系统向理想状态演化。

④ 融资再担保代偿损失对系统演化结果的影响。由于$\frac{\partial z(x)}{\partial F}>0$，其他参数不变，当融资再担保代偿损失$F$增加时，曲面$S_2$向上移动，理想状态空间$V_1$、$V_3$、$V_5$的体积减小，系统收敛于理想状态的概率降低。因此提高再担保机构的经营管理能力，降低融资再担保代偿损失，将有助于系统向理想方向演化。

⑤ 融资再担保准入成本对系统演化结果的影响。由于$\frac{\partial y(x)}{\partial C_3}>0$，其他参数不变，当融资再担保代偿损失$F$增加时，曲面$S_3$向前移动，理想状态空间$V_1$、$V_3$、$V_5$的体积减小，系统收敛于理想状态的概率降低。因此适当降低融资再担保的准入成本，将有助于系统向理想方向演化。

（6）结论分析

通过构建地方政府—再担保机构—担保机构之间的演化博弈模型，分析多主体决策行为演化的过程。由要素分析可得，地方政府对再担保的扶持性补贴、地方政府对再担保业务的考核损失、融资再担保费用、融资再担保代偿损失及融资再担保准入成本是再担保机构运营风险的相关要素。其中，融资再担保准入成本与再担保机构的运营风险在数值上成正比关系；再担保费、再担保业务考核以及再担保代偿损失与再担保机构的运营风险在数值关系上成反比。值得注意的是，政府对融资再担保的扶持补贴对于担保机构和再担保机构的行为影响存在拐点，因此应控制在合理范围内，以免担保和再担保主体滋生风险偏好心理。

6.4　融资再担保体系外扰动因素影响机理研究

融资再担保各主体在进行业务运营过程中，不可避免地要受到外界经济环境和市场环境的影响。体系外部环境有不可量化、不可预估的特性，其作用范围涵盖再担保体系整体，影响着体系内各类主体和业务，其无规律波动的特征可用随机变量描述。研究体系外扰动因素的作用规律，首先借助生物学种群竞争思想构建再担保体系内部主体竞争合作模型，详尽表示再担保体系内部担保机构和再担保机构的交往现状，其次将体系外扰动因素作为随机变量引入，构建随机微分方程描述体系外扰动因素影响下再担保体系主体业务变化状况。最后进行数值模拟，改变随机变量强度，通过观察主体业务量变化，总结体系外扰动因素作用规律。

6.4.1 主体合作模型构建

(1) 恒化器模型建立

由第二章理论介绍相关说明可知恒化器模型适用于描述再担保体系内主体合作情况。假设在“自然”环境下某个区域存在着小微企业融资担保机构、再担保机构两个群体，围绕再担保业务开展合作(如图 6.42)。理想状态下担保业务可达到市场最大容纳量(担保机构注册资本×担保放大倍数)；同样，再担保业务量也可以接近其最大容纳量(再担保机构注册资本×再担保放大倍数)。构造常微分方程如下：

$$\begin{cases}\dfrac{\mathrm{d}S}{\mathrm{d}t}=(S_0-S)D-f_1(S,\ y)x-f_2(S,\ x)y\\ \dfrac{\mathrm{d}x}{\mathrm{d}t}=x\left[f_1(S,\ y)-D\right]\\ \dfrac{\mathrm{d}y}{\mathrm{d}t}=y\left[f_2(S,\ x)-D\right]\\ S(0)\geqslant 0,\ x(0)\geqslant 0,\ y(0)\geqslant 0\end{cases} \tag{6.32}$$

其中，$f_1(S,\ y)=\dfrac{r_1Sy}{(a+S)(b+y)}$，$f_2(S,\ x)=\dfrac{r_2Sx}{(a+S)(b+x)}$，$S=S_0-x-y$。$S_0$ 为担保业务总量；D 为系统物质输出率，依据再担保系统的现实情况，可以用再担保在保余额与担保机构担保在保余额的比值表示；r_1 表示担保业务最大增长率，r_2 表示再担保业务最大增长率；a、b 为半饱和系数，分别用担保业务市场容纳量和再担保业务市场容纳量表示。

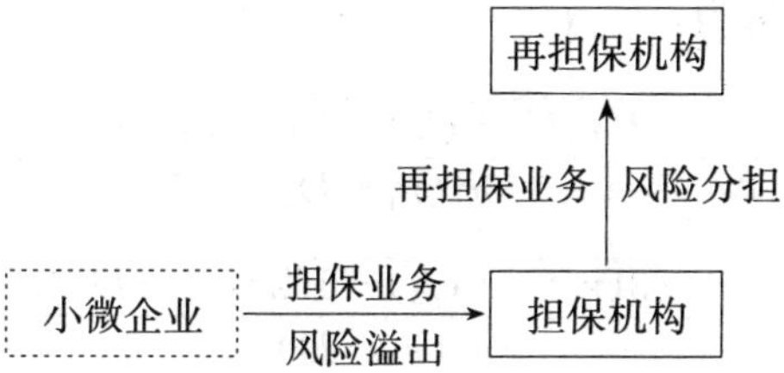

图 6.42　两主体再担保合作示意图

(2) 均衡点求解

当主体业务量不再随着时间变化而变动时，两主体的合作达到相对稳定状态，此时各主体的业务量数值即为均衡解数值。因此，均衡解满足$\frac{\mathrm{d}x}{\mathrm{d}t}=0$，$\frac{\mathrm{d}y}{\mathrm{d}t}=0$，即

$$\begin{cases} x\left[\dfrac{r_1 y(S_0-x-y)}{(a+S)(b+y)}-D\right]=0 \\ y\left[\dfrac{r_2 x(S_0-x-y)}{(a+S)(b+x)}-D\right]=0 \\ x(0)\geqslant 0,\ y(0)\geqslant 0 \end{cases} \tag{6.33}$$

求解式(6.33)，令 $f=1-a$，$m=a+S_0$，$n=D-r_1$，$e=Df-nS_0$，$C_1=nS_0-Db-e$，$C_2=Db(S_0-m)$，$C_3=mn-Db-e$，$C_4=nb-e$，$C_5=2D^2bm(m+n)$，$C_6=C_1e+2nDbm+nC_2$，$C_7=n(2e-C_1)$，$C_8=nD(C_3+C_4)$。除 $E_1(0,0)$，均衡解 $E_2(x^*,y^*)$满足

$$\begin{cases} x^*=\dfrac{-r_1C_7-C_8\pm\sqrt{3(r_1C_7+C_8)-16n^2(r_1-D)(C_5-r_1C_6)}}{8n^2(r_1-D)} \\ y^*=\dfrac{-r_2C_7-C_8\pm\sqrt{3(r_2C_7+C_8)-16n^2(r_2-D)(C_5-r_2C_6)}}{8n^2(r_2-D)} \end{cases} \tag{6.34}$$

由于 x^*、y^*分别表示担保业务量和再担保业务量，结合其现实含义，主体业务量不可能为负值，因此对式(6.34)在满足 $\sqrt{3(r_1C_7+C_8)-16n^2(r_1-D)(C_5-r_1C_6)}-r_1C_7-C_8\geqslant 0$、$\sqrt{3(r_2C_7+C_8)-16n^2(r_2-D)(C_5-r_2C_6)}-r_2C_7-C_8\geqslant 0$ 的情况下进行

取舍可得最终均衡解为：

$$\begin{cases} x^{*}=\dfrac{-r_1C_7-C_8+\sqrt{3(r_1C_7+C_8)-16n^2(r_1-D)(C_5-r_1C_6)}}{8n^2(r_1-D)} \\ y^{*}=\dfrac{-r_2C_7-C_8+\sqrt{3(r_2C_7+C_8)-16n^2(r_2-D)(C_5-r_2C_6)}}{8n^2(r_2-D)} \end{cases} \tag{6.35}$$

$E_1(0,\ 0)$表示两主体业务量均趋近零，不符合担保行业现状，因此本文将平衡态 $E_2(x^*,\ y^*)$作为二者理想均衡解进行深入分析。

6.4.2 主体竞争模型构建

(1) Lotka-Volterra 模型建立

由前文理论介绍可知 Lotka-Volterra 模型适用于描述担保机构与再担保机构业务竞争情景，因此可根据现实状况对模型构建做出合理假设。首先，由于国家融资担保基金的设立，可以合理假设再担保体系内部环境是稳定的，且随着政府对于小微企业融资扶持政策力度的加大，担保及再担保业务量逐渐增长，最终接近担保机构的最大业务容纳量(担保机构注册资本×担保放大倍数)；同样，再担保直保业务量可以接近其最大容纳量(再担保机构注册资本×担保放大倍数)。其次，Lotka-Volterra 模型是建立在 Logistic 模型(Martin)[226]基础之上的，Logistic 模型的特点是自变量和 Logistic 概率是线性关系。目前担保行业现实情境中，担保(再担保)机构注册资本越高，其可接收的担保业务量越大，二者成正比关系，具有线性变化的特征，担保(再担保)业务量变化可用 Logistic 模型描述。

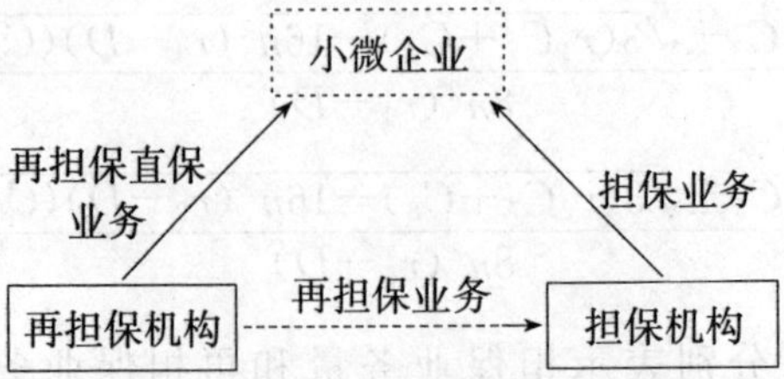

图 6.43 两主体业务竞争合作关系

担保机构与再担保机构围绕小微企业融资担保，业务竞争合作关系如图 6.43 所示。在再担保体系中，建立再担保机构的政策本意是通过再担保业务为担保机构分险增信，而存在的直保业务与担保机构的担保业务形成直接竞争关系。两主体的直保业务和担保业务依赖于稳定的小微企业群体及政策环境，业务量不会在短时间内迅速消亡。鉴于再担保体系内部主体竞争与自然生态系统种群竞争存在相似性，借鉴生态学的思想，并结合 Lokta-Volterra 模型对于种群竞争中种群数量的描述，构建再担保体系内部主体业务竞争模型如下：

$$\frac{\mathrm{d}x}{\mathrm{d}t}=R_1x\left(1-\frac{x}{n_1K_1}-\frac{C_2y}{n_2K_2(C_1+C_2)}+\frac{M_2y}{n_2K_2(M_1+M_2)}\right) \tag{6.36}$$

其中，$x(t)$、$y(t)$分别表示在 t 时刻担保机构的担保业务量及再担保机构直保业务量；用 R_1、R_2 表示担保业务和直保业务最大瞬时增长率，反映两主体业务增长特征；K_1 表示担保机构注册资本；K_2 表示再担保机构注册资本；C_1 表示担保在保余额；C_2 表示直保在保余额；M_1 表示担保代偿额；M_2 表示再担保代偿额；n_1 表示担保放大倍数；n_2 表示再担保放大倍数。

现实情况下，再担保机构能够开展直保业务，可独立于担保机构存在，因此再担保直保业务的变化量满足 Lotka-Volterra 模型中的网状式模型（周志翔，2015）[227]：

$$\frac{\mathrm{d}y}{\mathrm{d}t}=R_2y\left(1-\frac{y}{n_2K_2}-\frac{C_1x}{n_1K_1(C_1+C_2)}+\frac{M_1x}{n_1K_1(M_1+M_2)}\right) \tag{6.37}$$

其中，$\frac{C_2}{C_1+C_2}$表示再担保机构对于担保机构的竞争强度，$\frac{C_1}{C_1+C_2}$表示担保机构对再担保机构的竞争强度。

为便于计算，可将式(6.36)、(6.37)用如下的微分方程组来表示：

$$\begin{cases}\dfrac{\mathrm{d}x}{\mathrm{d}t}=R_1x\left(1-\dfrac{x}{N_1}+\alpha\dfrac{y}{N_2}\right)\\ \dfrac{\mathrm{d}y}{\mathrm{d}t}=R_2y\left(1-\dfrac{y}{N_2}+\beta\dfrac{x}{N_1}\right)\end{cases} \tag{6.38}$$

其中，$N_1=n_1K_1$，$N_2=n_2K_2$，$\alpha=\frac{M_2}{M_1+M_2}-\frac{C_2}{C_1+C_2}$，$\beta=\frac{M_1}{M_1+M_2}-\frac{C_1}{C_1+C_2}$；$N_1$、$N_2$ 表示担保机构和再担保机构的最大业务容纳量。

(2) 均衡点求解

当担保业务和直保业务发展到达平衡态时，即当外界环境较为稳定时，两主体经过一段时期的发展后业务量相对稳定，达到一个平衡的状态，存在 $\frac{dx}{dt}=0$，$\frac{dy}{dt}=0$，此时可得方程组如下：

$$\begin{cases} R_1x\left(1-\frac{x}{N_1}+\alpha\frac{y}{N_2}\right)=0 \\ R_2y\left(1-\frac{y}{N_2}+\beta\frac{x}{N_1}\right)=0 \end{cases} \tag{6.39}$$

解方程组(6.39)，可得均衡解 $E_3(0,0)$、$E_4(N_1,0)$、$E_5(0,N_2)$、$E_6(x^*,y^*)$，其中 $x^*=\frac{(1+\alpha)N_1}{1-\alpha\beta}$，$y^*=\frac{(1+\beta)N_2}{1-\alpha\beta}$。

四个均衡解中，E_3 表示两主体的业务量均为0，此情况下担保机构与再担保机构均无直保业务，与现实明显不符；E_4 表示竞争中担保业务量达到市场最大容纳量 N_1，直保业务量为0，担保机构占据市场中所有的担保业务，再担保机构只保留再担保业务。再担保准公共产品的定位决定其不能完全市场化运作，须通过开展直保业务增加收益来源，避免破产风险。同理，E_5 表示再担保机构完全取得所有直保业务，而担保机构没有市场份额。现实情境中，再担保机构数量少且注册资本数额低，不足以承担所有担保业务。E_6 表示担保机构与再担保机构在担保业务中各自占有一定市场份额，这与现行担保业政策下，再担保机构收支不平衡的状况促使其通过直保业务维持运营的现状相符。因此，本文将平衡状态 E_6 作为二者理想竞合情况进行深入分析。

6.4.3 随机模型的建立

由前文融资再担保体系风险定义可知再担保体系的运营和保障与政府政策环境、法律环境和信贷市场变化相关，相关环境因素的变化影响着再担保体系各主体的业务开展。考虑到体系外扰动因素在作用强度、作用范围的不确定性，将体系外扰动因素作为随机变量引入，描述体系外扰动因素作用下融资再担保体系的业务变化。布朗运动是用来描述悬浮微粒做无规则运动的随机过程模型，其特点是环境温度越高，布朗运动越激烈。因此，可用布朗运动构建随机模型刻画外生因素的影响规律。

在担保机构和再担保机构恒化器模型的基础上，利用基于布朗运动的扩散过程(Hughes，1996；Imhof 等，2005)[228][225]可以构建随机因素影响下再担保体系合作随机模型如式 6.40 所示：

$$\begin{cases} dS=(D(S_0-S)-f_1(S,\ y)x-f_2(S,\ x)y)dt- \\ \qquad \dfrac{\delta_1}{r_1}f_1(S,\ y)x\,dB_1-\dfrac{\delta_2}{r_2}f_2(S,\ x)y\,dB_2 \\ dx=x(f_1(S,\ y)-D)dt+\dfrac{\delta_1}{r_1}f_1(S,\ y)x\,dB_1 \\ dy=y(f_1(S,\ x)-D)dt+\dfrac{\delta_2}{r_2}f_2(S,\ x)y\,dB_2 \end{cases} \tag{6.40}$$

其中 $B_1(t)$和 $B_2(t)$是标准的独立的布朗式运动，$\sigma_i(i=1,\ 2)$表示随机因素对相应主体的影响强度，在(0，1)之间浮动。当小微企业政策扶持力度、小微企业信用大幅度下降或再担保法律环境混乱时，随机因素的影响强度趋近于 1。

同理，构建随机因素影响下再担保体系内部竞争模型如下：

$$\begin{cases} dx=R_1x\left(1-\dfrac{x}{N_1}+\alpha\dfrac{y}{N_2}\right)+\sigma_3x\,dB_3 \\ dy=R_2y\left(1-\dfrac{y}{N_2}+\beta\dfrac{x}{N_1}\right)+\sigma_4x\,dB_4 \end{cases} \tag{6.41}$$

其中，$B_3(t)$和 $B_4(t)$是标准的独立的布朗式运动，$\sigma_i(i=3,\ 4)$表示随机因素对相应主体的影响强度，其取值范围和变化与 $\sigma_i(i=1,\ 2)$相同。

为了避免复杂的数学计算且直观地表示外生因素对于担保体系的影响以及合作关系的变化，后文将结合担保、再担保行业数据对两模型进行模拟仿真。

6.4.4　数值模拟

(1) 变量取值

结合我国担保行业 2017—2019 年相关行业发展报告[229][230][231][232]，相关数据设置参考表 6.14。

表 6.14　担保行业相关数据

变　量	2017 年	2018 年	2019 年
担保机构注册资本	10 823	11 365	11 744
再担保机构注册资本	698	720	742
担保在保余额(亿元)	30 070	32 218	37 304
新增担保代偿额(亿元)	531	563	540
累计担保额(亿元)	96 238	105 065	114 700
直保在保余额(亿元)	1 776	2 198	2 719
新增再担保代偿额(亿元)	5.979 9	8.214 0	11.282 7
担保放大倍数	1.86	1.89	2.14
再担保放大倍数	4.51	4.79	5.08

基于表 6.14 数据，根据公式 6.41 可求得 2017、2018、2019 年主体业务量的均衡点分别为：$(x_{17}^{*}, y_{17}^{*})=(1.9, 0.3)$，$(x_{18}^{*}, y_{18}^{*})=(2.0, 0.4)$，$(x_{19}^{*}, y_{19}^{*})=(2.4, 0.4)$，上述均衡点数值的单位为“万亿元”。

(2) 竞争关系模拟仿真

① 随机因素强度较小情况下的模拟仿真

1）随机因素强度较小情况下主体业务量变化轨道单次模拟

由表 6.14 数据计算可知两主体的均衡解介于[0.3, 2.4]之间。为了更清晰地展示两主体业务量变化与均衡解的关系，以及两主体业务量的变化方向和变化趋势的对比，结合均衡解设定业务量初始值，不妨设初始业务量为(0.9, 0.9)。

两主体在竞争过程中受外界因素影响程度不同。一方面，注册资本总量的差异决定了抗干扰能力的不同。2017 年担保机构总注册资本为 10 823 亿元，再担保机构总注册资本为 698 亿元，相较而言担保机构群体资金周转空间更大。另一方面，再担保机构政策性的定位决定其行为直接受省政府约束，业务受政策影响。近年来国务院和银保监会颁布的《关于促进融资担保行业加快发展的意见》《融资担保公司监督管理条例》《融资担保业务经营许可证管理办法》等法规条例对于融资担保行业监管趋细趋严。而担保机构分为政策性和商业性，部分商业性质的担保机构趋于市场化运营，受政策环境影响稍弱。政策变化对再担保机构影响相对较大。基于以上原因，设置随机因素的强度值分别为$(\sigma_1, \sigma_2)=(0.2, 0.4)$，且$\sigma_1<\sigma_2$。

在随机变量取较小值时，结合公式 6.41 模拟两主体业务量的变化，结果如下图 6.44 所示。

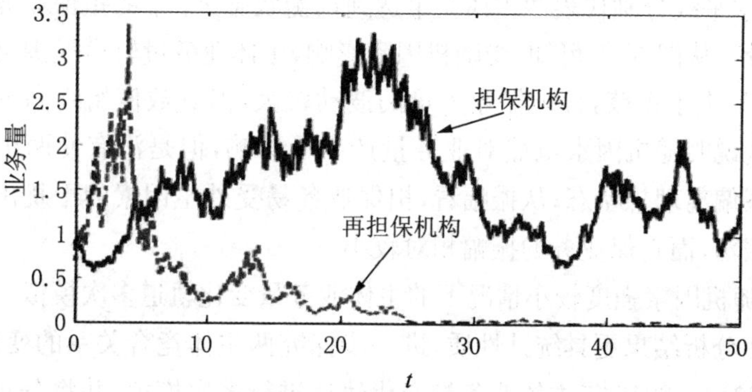

a. 2017 年

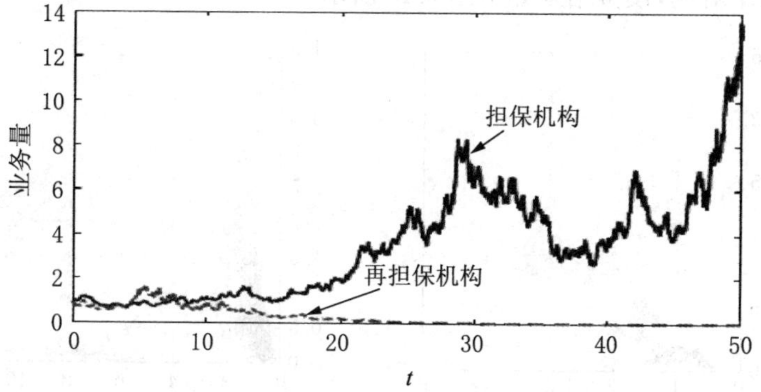

b. 2018 年

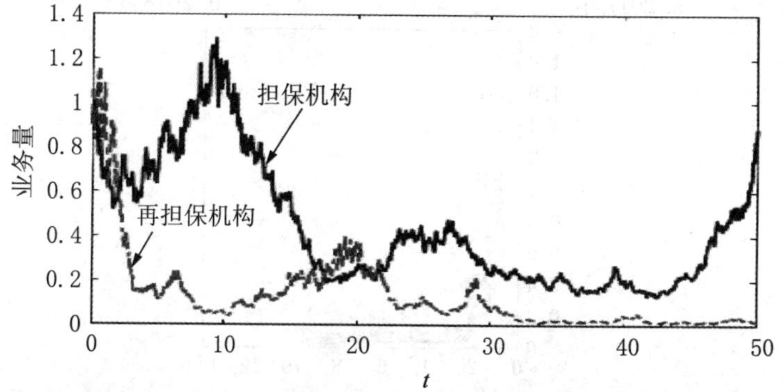

c. 2019 年

图 6.44　随机因素强度较小情况下的主体业务量变化单次模拟结果

分析图 6.44 两主体业务量变化的轨道分布，其中横轴代表仿真时间，纵轴代表主体业务量，实线代表担保业务量、虚线代表再担保机构直保业务量，两个水平线分别代表两主体竞争达到均衡状态 E_4 下的担保业务量和直保业务量。从图 6.44 可知，受随机因素影响，主体业务量轨道线围绕各自的均衡解 E_4 上下振荡，且担保业务量的波动较大，但其数值始终高于直保业务量。这说明随机因素虽然对业务量产生了影响，但是没有使两个主体的竞合关系偏离理想状态；从振幅看，担保业务易受外生因素的干扰出现较大幅度的振荡，而直保业务的振幅相对较小。

2）随机因素强度较小情况下的主体业务量变化轨道多次模拟

为使分析结果更具统计性质，进一步探究两主体竞合关系的变化规律，下面对 2017—2019 年主体业务量变化轨道进行多次模拟，并将分布结果与均衡解 E_4 对比，模拟结果如下图 6.45 所示。

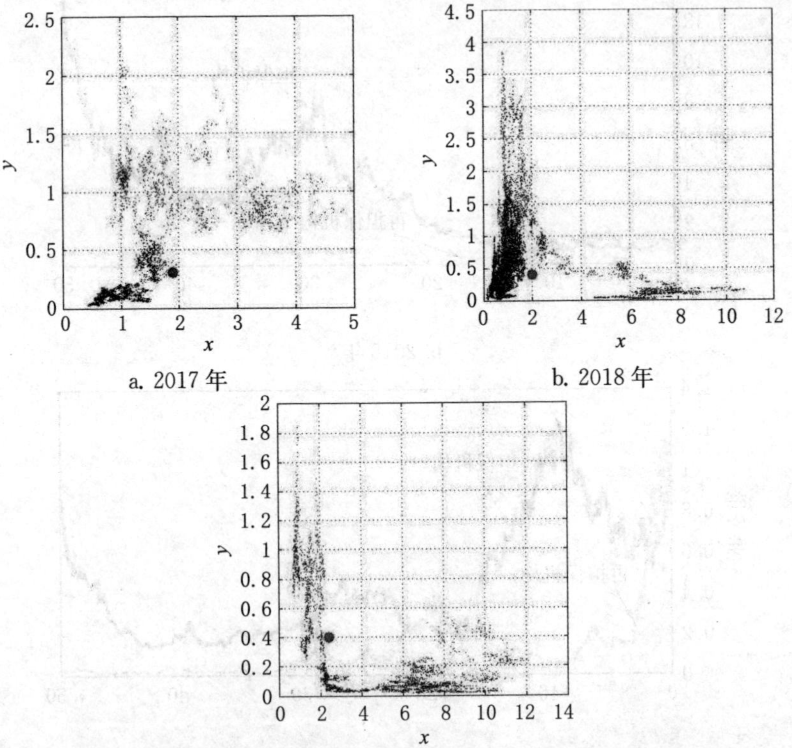

a. 2017 年

b. 2018 年

c. 2019 年

图 6.45　随机因素强度较小情况下的主体业务量变化多次模拟结果

图 6.45 为多次模拟运行后主体业务量的分布情况，其中小点表示对随机模型公式 6.41 进行多次模拟的情况下，主体业务量若干个单次模拟的结果，黑色大点表示系统的均衡解。灰色小点和大点在纵横坐标上的差值代表单次模拟结果对平衡点的偏离程度，两者的位置关系反映了担保机构与再担保机构的竞争关系：若小点位于大点左下方，表示随机因素影响两个主体的业务运营，各自业务量均出现下降；若小点位于大点的右上方，表示两主体经营状况良好，业务量均出现上升，但业务的竞争更加激烈；若位于大点左上方表示直保业务量超过了均衡点对应数值，担保业务量未超过均衡点数值，说明再担保机构在竞争中吸收了部分担保业务，在竞争中得到了优势；同理，若位于大点右下方则表示担保机构在竞争中占据了优势。

观察图 6.45 模拟结果，从通过大点的横线来看，三年的模拟结果中大点下方的小点分布均较大点上方密集；从通过大点的纵线来看，2017 年和 2018 年大点左侧的小点数量较多，2019 年大点右侧的小点数量更多；从大点的不同方位来看，2017 年和 2018 年大点左下方的小点的数量较多，且小点分布也更为密集，两主体业务开展不理想；2019 年右下方小点数量多且密集，说明担保机构的总体业务量要高于再担保机构。

② 随机因素强度较大情况下的模拟

1）随机因素强度较大情况下的主体业务量变化轨道单次模拟

主体业务量依然取相同的初始值$(x_0, y_0)=(0.9, 0.9)$，随机因素影响强度取较大值$(\sigma_1, \sigma_2)=(0.5, 0.7)$，依照公式(5)模拟两主体的业务量，结果如图 6.46 所示。

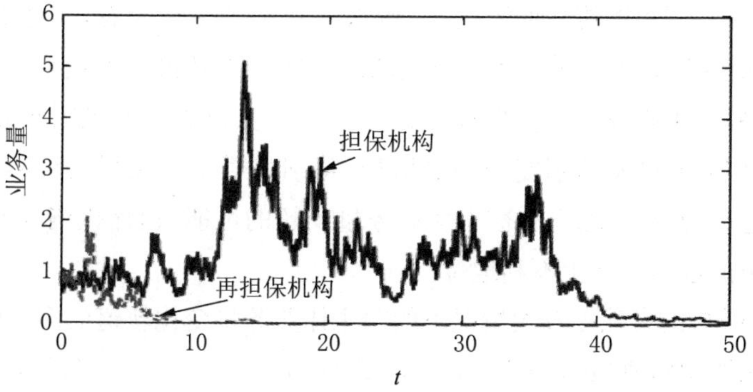

a. 2017 年

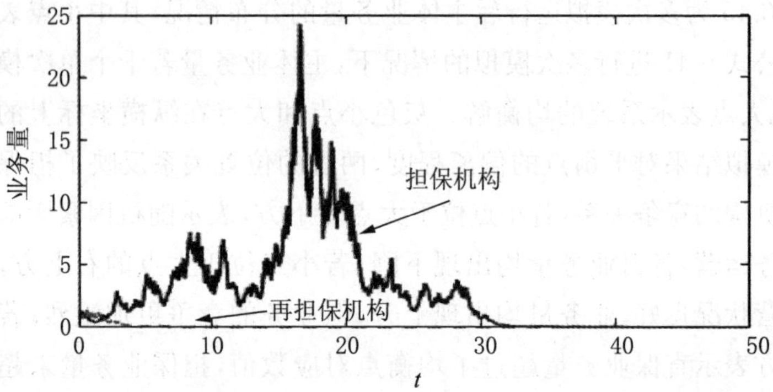

b. 2018 年

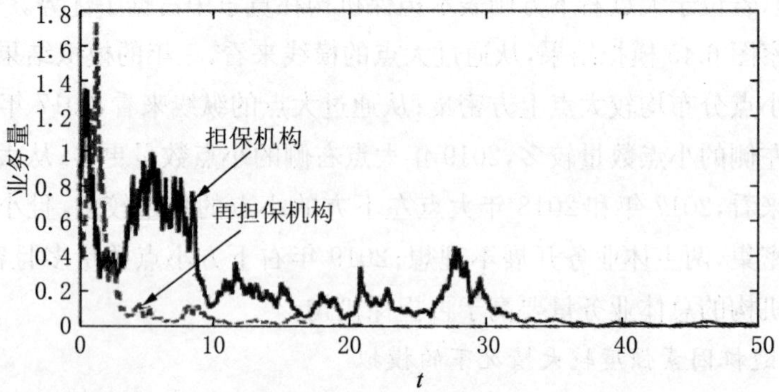

c. 2019 年

图 6.46　随机因素强度较大情况下主体业务量变化轨道单次模拟结果

从图 6.46 可以看出，直保业务量变化规律，前期振荡幅度较大，不到一半模拟期后逐渐收敛于 0；而担保业务量一直处于振荡状态，且振荡幅度较大，2017 年、2019 年甚至收敛至 0。综合三年的模拟结果看，担保业务量都超过直保业务量，虽然单个担保机构的资本实力不及再担保机构，但由于体量的优势，总体业务量上担保业务仍然高于直保业务。随机因素强度增大时，两主体业务量波动幅度均明显增加，特别是对于担保机构而言，其业务量极不稳定，剧烈萎缩下有被直保业务量反超的可能，担保机构在与再担保机构竞争的过程中处于不利地位。

2）随机因素强度较大情况下的两主体业务量变化轨道的多次模拟

依然取初始值$(x_0, y_0)=(0.9, 0.9)$，$(\sigma_1, \sigma_2)=(0.5, 0.7)$，主体业务量变化轨道进行多次模拟的结果如下图 6.47 所示。

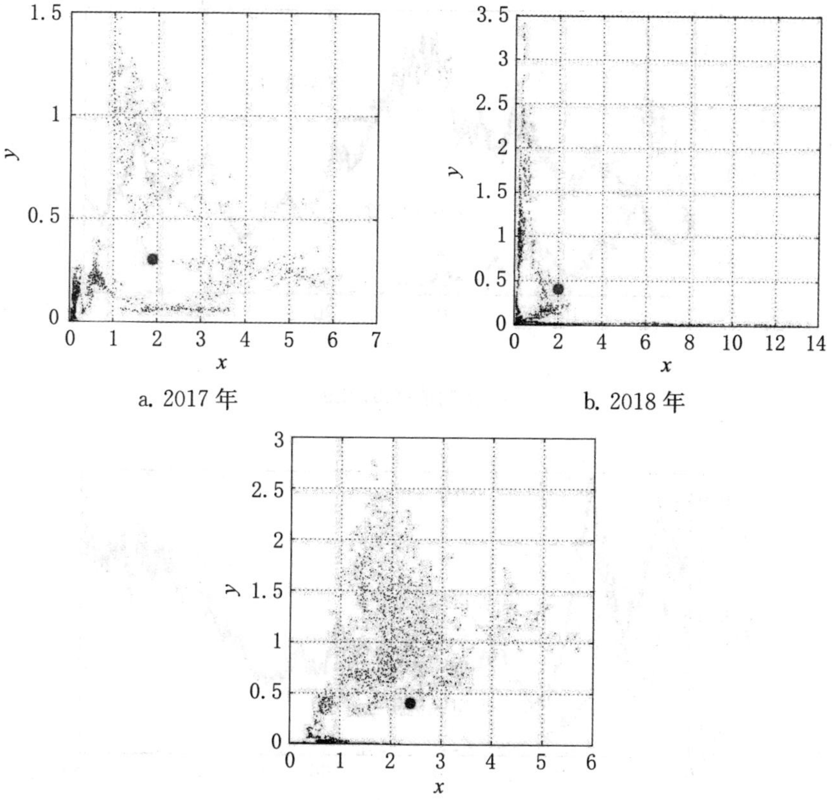

图 6.47 随机因素强度较大情况下的主体业务量变化轨道多次模拟结果

从纵向看，三年模拟结果中大点上方的小点分布相比大点下方较稀疏；从横向看，大点左面的小点分布更多，且密集度逐年下降。综合三年模拟情况，大点左下方的小点分布相较于其他三个方位更加密集。通过和图 6.45 结果对比，大点左下方的小点分布更加密集。此结果说明随机因素影响了主体的运营情况，使得两个主体的业务开展均不理想，担保再担保业务量均显著下降，远达不到市场容纳量。

③ 初始值的选取对于模拟结果的影响

以 2017 年为例，分别选取初始值(0.6，0.6)、(1.2，1.2)表示两主体初始业务量水平较低和较高的情况，与上文原初始值在低影响强度情况下的演化结果进行对比，结果如下：

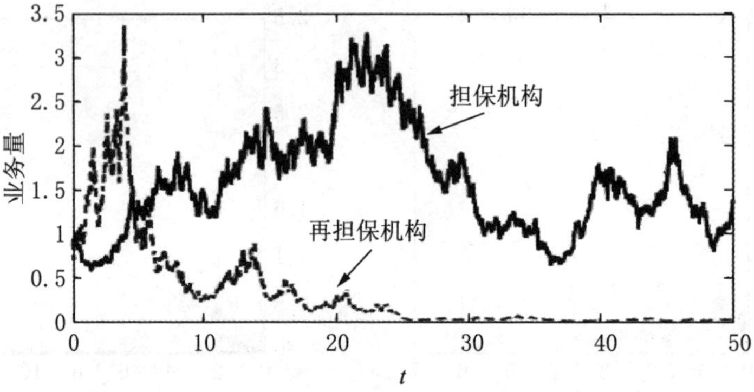

a. 初始值(0.9，0.9)

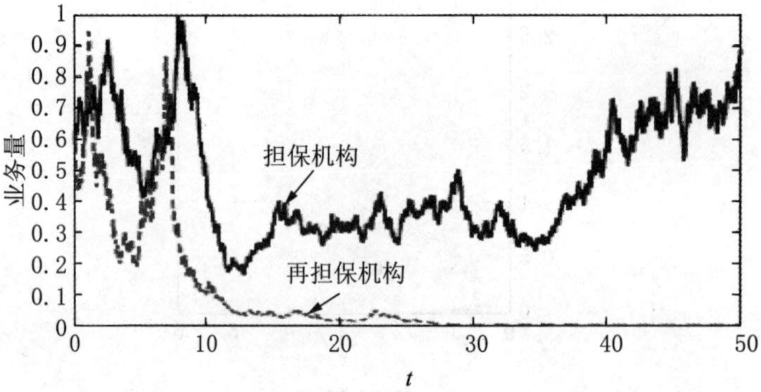

b. 初始值(0.6，0.6)

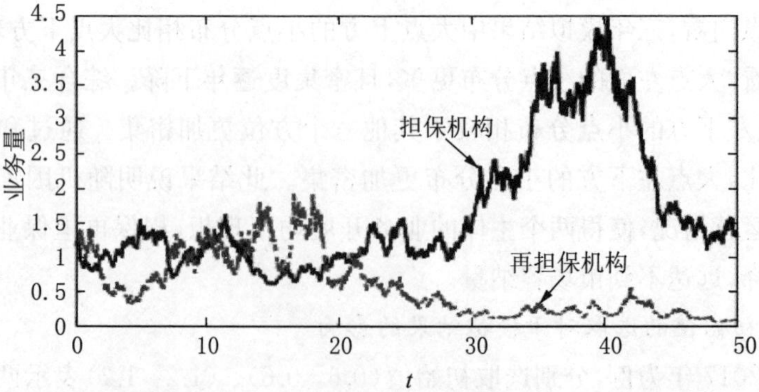

c. 初始值(1.2，1.2)

图 6.48　随机因素强度较小情况下不同初始值单次模拟结果对比

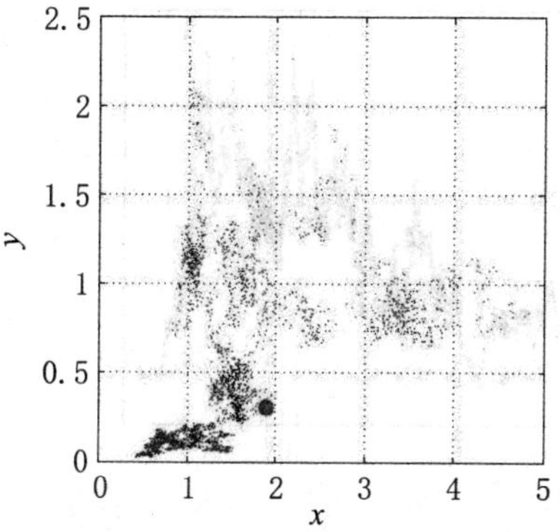

a. 初始值(0.9，0.9)

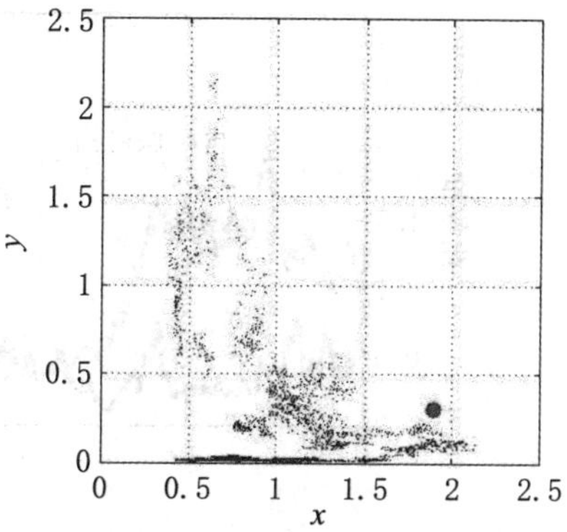

b. 初始值(0.6，0.6)

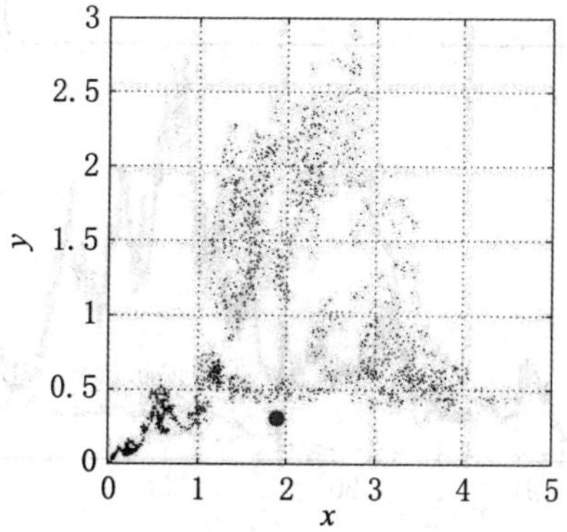

c. 初始值(1.2，1.2)

图 6.49　随机因素强度较小情况下不同初始值多次模拟结果对比

由图 6.48 及图 6.49 业务量的三组模拟演化趋势可知，若两主体都从较低的初始值起步，担保机构仍占据优势，如子图 a 和子图 b 所示；相反，从较高的初始值起步，双方围绕担保业务，业务量剧烈变化后，很快急剧萎缩直到为 0。可见不同的初始状态，稳定性并不同。

④ 模拟仿真结果稳健性检验

在随机强度较小情况下，对换原图 6.44 模拟中担保机构与再担保机构随机因素强度的取值，随机因素影响强度取(σ_1，σ_2)＝(0.4，0.2)。相关模拟结果如图 6.50、图 6.51 所示。对比图 6.50 和图 6.44，当担保机构随机因素影响强度大于再担保机构时，担保业务量的振幅增大，但仍然围绕均衡解数值波动，且依然高于再担保机构的直保业务量。对比图 6.51 和图 6.45 中

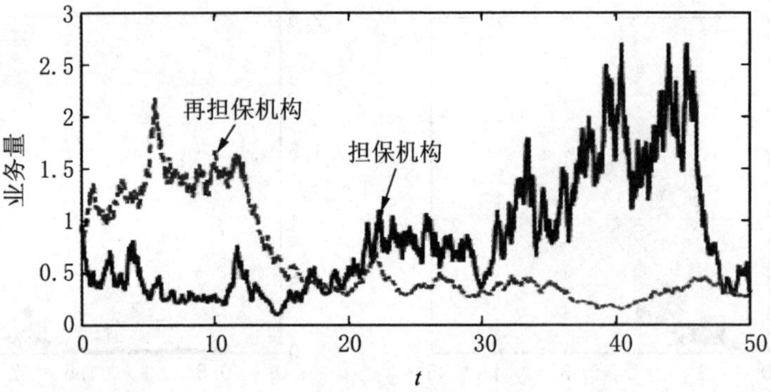

a) 2017 年

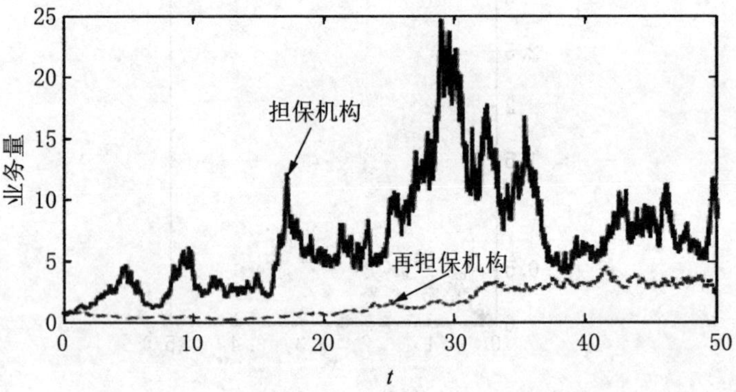

b) 2018 年

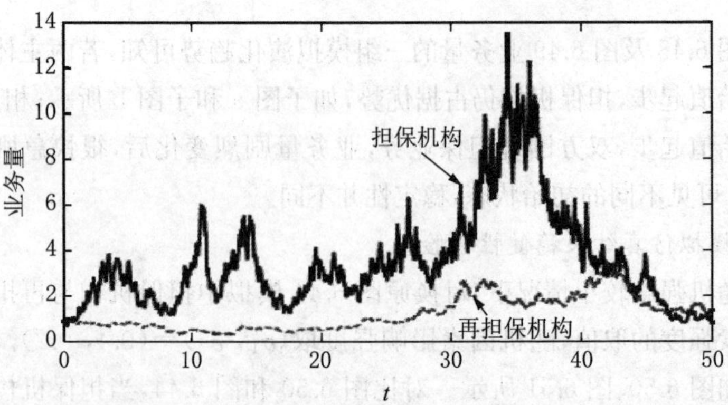

c) 2019 年

图 6.50　新强度关系下单次模拟结果

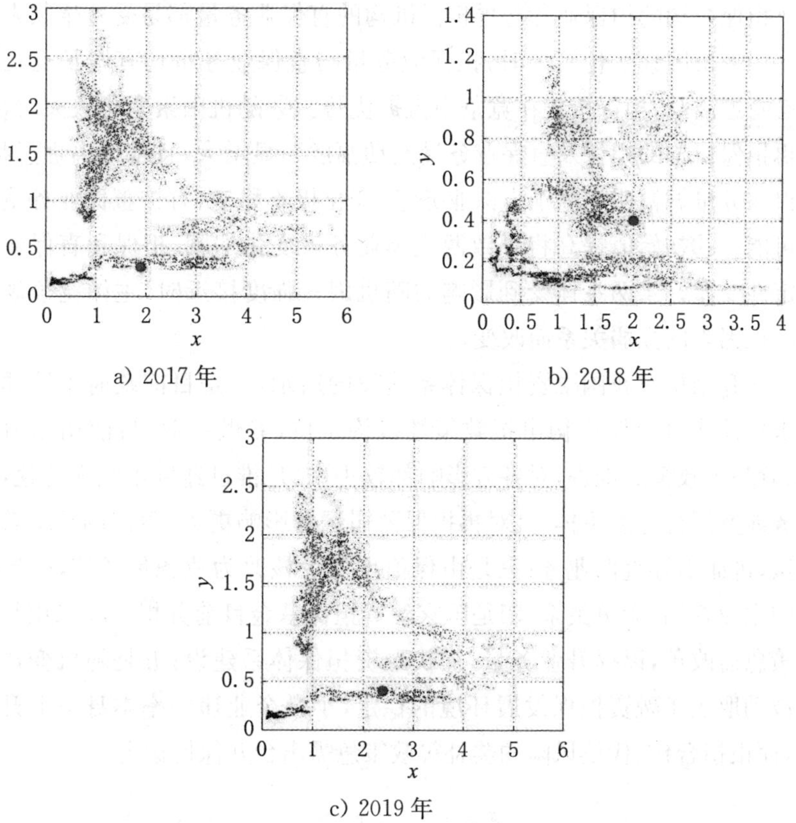

图 6.51　新强度关系下多次模拟结果

的小点分布状况，大点下方小点分布较上方密集，左侧小点分布明显密集于右侧。可见随机因素强度的转变并未显著改变两者的竞争态势。

在随机强度较大情况下，随机因素强度$(\sigma_1, \sigma_2)=(0.7, 0.5)$的模拟结果与上述结果类似。因此在随机因素强度相近的情况下，主体竞争规律不因随机因素的强弱关系而改变。

6.4.5　结论分析

基于 Lotka-Volterra 模型建立担保机构和再担保机构业务竞争关系模型，并将外生风险作为随机变量引入，基于 2017 年至 2019 年三年数据进行仿真，分析担保机构与再担保机构竞争关系的变化规律。主要结论有：

担保机构的担保业务与再担保机构的直保业务量都易受外生因素的影响。①随机因素变化较小时，担保业务量与直保业务量均有增长且在理想状态附近波动，担保机构在竞争中占据优势。②随机因素变化较大时，担保及再担保机构的担保及直保业务量波动幅度明显增大，且都偏离理想状态。担保业务量振幅明显高于直保业务量，变化极不稳定，有被直保业务量反超的可能。③初始值提高将导致两主体业务量变化加剧，担保和直保业务的稳定性变差。④两主体受到影响的随机因素强度接近时，主体竞争规律不因随机因素的强弱关系而改变。

研究结论对我国融资担保体系建设的启示：一是目前政府主管部门可要求担保或再担保机构申报政策性机构定位，专做主业，目前初始值都较小，有利于政策的推进，对各方影响都较小；二是推进速度不宜太急速，直保业务涉及银行等多主体，且对再担保公司运营影响更大，急需调整绩效考核政策，进而引导直保业务；三是由保值增值考核改为业务量考核，引导各自回归主业，缓和竞争关系；四是国家融资担保基金目前分担风险采用封顶制政策急需改革，以提升业务量，加快融资担保体系建设；五是随机变量较小的波动取决于融资担保发展环境的稳定，小微企业违约率本身呈上升的趋势，而银担合作、代偿风险的奖补等政策急需出台并保持稳定。

6.5 本章小结

本章首先阐述融资再担保体系多主体现实运营关系，介绍风险演化的实践背景。其次，研究再担保体系多主体风险演化机理，通过建立“担保机构—再担保机构”“担保机构—再担保机构—银行”“担保机构—再担保机构—政府”的演化博弈模型，分别从再担保体系内部合作、再担保体系与其他主体的交往两个角度探究再担保体系的风险演化机理；对于体系外部扰动因素影响研究，构建体系外扰动因素影响下的再担保体系业务运营模型，通过数值模拟分析扰动因素对于再担保体系业务开展的影响。

通过多主体收益的系统动力学分析发现，一是放大倍数提升能显著促进多主体收益的增长；二是降低国家融资担保基金费率并提高风险分担比例能够促进融资担保机构的收益；三是代偿率是影响融资担保业整体收益的关键要素；四是适当降低国家融资担保基金费率并提高风险分担比例，能有效补偿担保与再担保机构落实费率下调政策对其带来的损失。

在再担保体系内多主体的博弈中，贷款企业相似度、反担保物变现率、银行的风险分担比例、担保费率和再担保费率以及政府补助率是再担保机构代偿风险和其与担保机构协作风险的相关因素，即当政府对融资再担保体系的控制力以及融资再担保机构内部管理水平提高、代偿损失减少时，融资再担保机构风险控制策略就会演化至提供担保，承担风险；相反，当政府对融资再担保体系的控制力以及融资再担保机构内部管理水平减弱、代偿损失升高时，融资再担保机构风险控制策略将演化至不提供担保，不承担风险。

在担保机构、再担保机构与银行的博弈中，再担保费率、再担保机构对担保机构的奖励性优惠以及各主体获得的超额优惠的提高有助于主体向理想方向演化，协作银行违约成本和再担保业务风险变量随机波动的增加对系统的稳定性产生影响。在诸多风险影响因素中，担保机构代偿风险相关因素为再担保费率；再担保机构运营风险相关因素为协作银行从再担保业务中获取的超额收益；银行与再担保体系协作风险的影响因素有担保机构的违约成本以及再担保业务风险变量随机波动的增加。值得注意的是，再担保业务的规模效应带来的三方超额收益对于三类风险均有影响；再担保机构的奖励性优惠对于担保机构和再担保机构的主体内部风险均有影响。

在担保机构、再担保机构与政府的博弈中，地方政府对再担保的扶持性补贴、地方政府对再担保业务的考核损失、融资再担保费用、融资再担保代偿损失及融资再担保准入成本是再担保机构运营风险的相关要素。其中，融资再担保准入成本与再担保机构的运营风险在数值上成正比关系；再担保费、再担保业务考核以及再担保代偿损失与再担保机构的运营风险在数值关系上成反比。值得注意的是，政府对融资再担保的扶持补贴对于担保机构和再担保机构的行为影响存在拐点，因此应控制在合理范围内，以免担保和再担保主体滋生风险喜好心理。

体系外扰动因素的影响机理分析结果显示，该类风险直接扰乱体系内主体的业务管理，致使主体业务量不稳定而产生经营风险，随后进一步影响主体间的协作方式，加剧双方的业务竞争和道德风险。当风险因素强度达到一定强度后，给担保机构带来生存危机，最终导致担保机构因无力代偿或破产或违约，破坏再担保体系业务链条。且体系外扰动因素的变化对部分类别风险产生影响，其中随机因素影响强度和主体运营风险呈正相关，即主体运营风险随着随机因素强度增加而加剧，也就是说，体系外扰动因素变量随机波动的增加会造成主体不稳定性提高，易爆发业务风险。

第四篇

小微企业融资再担保体系风险治理研究

第七章 小微企业再担保体系风险治理实证研究

发达资本主义国家成熟的融资担保体系，担保与再担保程序简单且是批量化业务，是在政府引导下成熟的分险机制，主要靠政府的担保政策及社会信用体系来保障与治理担保体系(含再担保环节)的风险。而我国融资担保与再担保制度起步晚，目前仍处于探索阶段，各主体自身的运营及多主体合作都不规范，需要治理的主体及风险也较多，围绕融资担保及再担保链治理风险，仍是目前主要可行的治理思路。

融资担保公司作为承接融资风险的第一环节，规范经营与完善风险控制机制是主要治理目标；银行作为中小企业信用审查的主要单位，适度地分担风险并通过分担风险提高中小企业信用审查的责任，也是再担保体系风险治理的重要环节；而再担保机构充分认识融资再担保功能的政策意图，合理分担风险并扩大小微企业融资担保业务规模，通过形成合理的风险分担制度或机制，从顶层设计的角度通过规范再担保业务治理风险，是其主要目标；而各级政府尤其是省级政府，在整个融资再担保运营过程中扮演着重要的角色，通过资本注入、税收优惠、业务补贴、风险补偿等系列制度与措施，间接支持并规范小微企业发展，对担保及再担保机构业务进行指导并对行业监督考核，引导融资担保、再担保向政府倡导的方向发展。

7.1　小微企业融资再担保体系风险治理

7.1.1　融资担保公司风险治理

在实际工作中，融资担保机构为有效防范风险、提升风险治理效率，在公司内部构建了担保前、担保过程中、担保终止后的全周期风险防范体系，按照“保前信用审核—保中现场调查—跟踪检查—保后风险处理”全线严格操作，形成风险防控流程，具体流程如图 7.1 所示。贷前调查和现场调查阶段主要审核企业的数据并确保其真实性，跟踪检查阶段主要是定期对受保企业的各类信息数据进行追踪调查，密切关注受保企业的异常变化。风险处理阶段是根据业务风险评级状况，及时对风险采取分散措施，包括代偿后的追偿，以最大限度地降低损失。

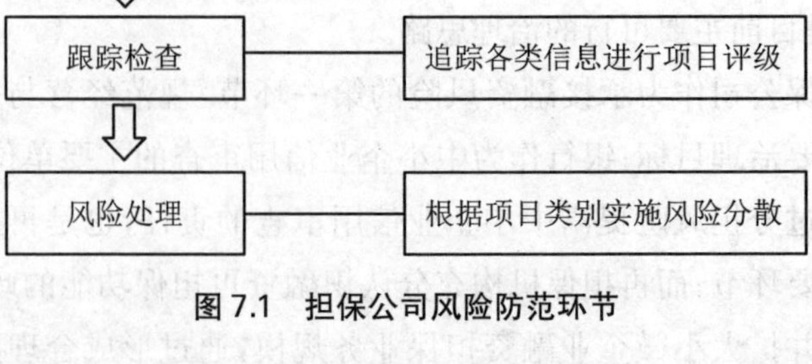

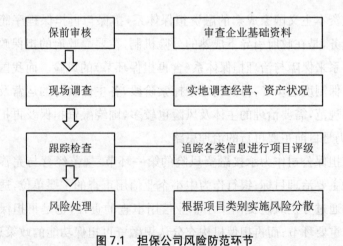

图 7.1　担保公司风险防范环节

(1) 担保代偿发生前的风险治理

通常融资担保公司参考银行对信贷风险的分级，按照风险等级将风险分为正常类、关注类、次级类、可疑类和损失类。在实际操作中，风险形成往往不是单一原因而是多方面原因造成，比如国家产业政策调整和市场状况变化、被担保企业产品滞销、经营状况恶化、产品市场波动、财务状况恶化、企业实际控制人决策失误、企业多头贷款等，导致企业经营难以为继，资金循环基本中断，出现还款困难，甚至骗取贷款后携款潜逃等等问题，最终造成担保公司代偿。

随着担保业务的发展，反担保措施跟进，传统的风险管理方式已无法适应融资担保行业发展的需要，各融资担保公司纷纷实施信息化建设战略，将其作为提升公司风险治理水平的重要手段。如中航鑫港担保公司整合对接担保业务子系统、投资业务子系统、风险控制子系统、智能系统等系统搭建了信息化平台，采取"人工＋信息技术"的方式实现实时判断，跟进风险动态。当项目风险值超过设定的阈值，系统将自动发出预警信号，公司根据风险等级进一步制定化险预案。

① 风险预警信号

风险预警信号是被担保的企业出现问题的先兆，它以多种形式出现，通常可分为财务类预警信号和非财务类预警信号。财务类预警信号有：销售额增长但利润减少；应收账款、存货增加且无合理解释；企业债务迅速增加且负债率甚至超过70%；由盈转亏且亏损额逐步增加；关联企业、股东间大量资金往来；净现金流量大幅度减少甚至出现负值；坏账损失明显增加；支持正常业务出现支付危机；银行利息拖欠等。非财务类预警信号有：政府出台了不利于企业的法规政策、行业或与之密切相关的行业领头企业经营出现重大变化或策略进行重大调整；企业所有人或主要管理者发生重大疾病、死亡或行为异常、股东之间出现较大分歧、重大人事调整等；发生了重大事故，或出台了重大的投资决策、使用借款改变计划方向、盲目投资、不按时报送报表等；擅自处理抵押物、企业出售资产、重大设备或经营性固定资产出售、对外提供大额担保；主营业务改变、涉及重大法律诉讼或重大经济纠纷、因违法违纪受到工商税务等部门的处罚、被新闻媒体披露违法乱纪行为、甚至被吊销生产许可证或法人营业执照；生产已处于半停产状态；发生显著变化经多次提醒仍无效、拒绝接受现场核查，对发现的问题或意见态度不明等。

②风险化解预案

对担保再担保风险的化解预案，重点是把握担保贷款可能进入的状态，分次级类、可疑类及代偿三类，并抓住关键时间节点，不同阶段前尽可能采取应对措施和化解办法。

1）次级类担保贷款风险化解预案

按照担保公司担保项目分级管理规定，对处于可能进入次级类担保贷款，一般定义为被担保企业经营正常，无不良信贷记录，保证措施足值，但有弱化趋势或存在瑕疵，合同履行能力在减弱，对偿还债务不利因素已产生；担保贷款后企业有重大事项却不通报，存在需要关注的其他重要事项等。对这类可能进入次级的担保贷款的风险监控预案，首先是项目组人员、财务人员共同实施检查材料，甚至现场核查，掌握项目发生变化的具体原因，并提出相应的解决方案。如果确实存在担保后管理失误或重大事项发生却不通报，甚至不配合，可以要求企业提供额外的反担保措施，或者函告企业配合担保后的监管要求，情况严重的可以发律师函，提出"若不配合我公司要求将告知放款银行提前解除担保责任"。

2）可疑类担保贷款风险化解预案

可疑类担保贷款可以定义为企业经营恶化或出现不良记录，反担保措施明显弱化或反担保物权属发生改变，发生对偿还债务不利的重要因素，不能保证履行合同，暴露出的其他重要事项。对可疑类担保贷款预案：仅是资金周转出现困难但经营正常，不能按时偿还银行贷款，建议银行续贷期延长、加强应收账款回收力度、或放款银行以外的银行新增担保贷款、或协调第三方发放委托贷款、临时拆借资金等，为被担保人延长资金周转时间，用于偿还原有到期担保借款，避免资金链断裂出现严重情况。对于经营状况恶化的担保贷款，要求被担保企业积极寻找其他还款来源，调查被担保企业是否有其他盈利产品或资产、是否实际控制人有能力偿还担保贷款，协调放款银行展期，或放款银行以外的银行贷款，为寻找其他还款来源争取时间，在尽可能短的时间内为被担保人寻找还贷来源资金，但要逐步缩小担保规模，甚至退出担保。此外还应对此笔担保贷款的保证措施进行清查，收集材料，做好代偿后第二还款来源不受损失。

(2) 代偿发生后的治理

为了有效地防范和控制风险，保护公司利益，一旦发生被担保企业未能履行债务偿还，即代偿风险发生时，融资担保公司成立专项小组，对代偿业务进行评估，尽职尽力追收代偿资金，最大限度地保证公司代偿后向受保企业及反担保人追偿的能力和权益。

① 风险代偿中的法务事项

1)对确实不能按时归还银行本息的借款企业，担保公司业务人员会向公司报告，由公司安排专人组织资金准备代为还款；同时要求借款企业向担保公司出具不能按期归还贷款本息的声明。2)财务总监应核准被担保人到期所欠银行本息金额，并调剂资金以备代偿。3)担保公司代偿后，由公司出纳人员将相关还款付息证明复印后交风控法务部归档保存，作为账销案存的依据。4)公司代偿后，一般会由风控部门人员、业务部门人员及法务部门人员组织的小组，委派专人负责追偿。5)追偿过程中，担保公司领导负责全面的协调和决策，业务人员负责和借款企业、反担保保证人的沟通和洽谈，法务人员等主要负责资料整理、和律师团队对接、配合律师所和法院查封、诉讼，催收专员全程配合、跟进、督促。6)催收小组组织专人向反担保保证人(包括企业和个人)发出律师函，要求限期协商处理代偿事宜，并同时做好诉讼保全的相关准备。7)催收小组组织专人沟通担保企业、反担保保证人协商具体追偿事宜，并补充相关的还款协议(设置宽限到期日)、冻结相关资产。8)在宽限日到期后仍未归还的，依法处置抵(质)押物(权)，不足部分依法起诉追偿；反担保人代为偿还的，由公司向反担保人出具代偿款缴纳证明。

② 风险代偿后的追偿措施

1)代偿后首先是追索反担保保证人。设置第三方信用反担保保证人或反担保物是担保公司常用的措施，当为被担保公司代偿后，担保公司依据签订的合同，追索反担保保证人，承担反担保责任，获得清偿或适当的补救，以减小损失。2)其次与被担保企业制定还款方案，在不降低原有反担保措施的前提下，要求被担保制定还款计划，明确归还代偿债务的具体安排，如日期、金额等。3)第三，直接处置反担保物，《担保法》第五十三条规定：债务履行期届满抵押权人未受清偿的，可以与抵押人协议以抵押物折价或者以拍卖、变卖该抵押物所得的价款受偿;协议不成的,抵押权人可以向人民法院提起诉讼。抵押物折价或者拍卖、变卖后,其价款超过债权数额部分归抵押人所有,不足部分由债务人清偿。类似的质押权也可以同样的方式进行处理。4)依法起诉。鉴于受保企业多种复杂的情况,若无法归还代偿款,担保公司可以将依据法律程序进行处置,但周期较长,且不能保证完全收回代偿款。5)向地方政府提出补偿申请。对于发生的代偿,担保公司可依据当地政府出台的政策申请代偿补偿,以弥补公司的损失。例如《福建省中小企业融资担保机构风险补偿专项资金管理实施办法》中规定申报专项资金的融资担保机构应同时具备:在本省依法设立,具有独立法人资格,且获得省融资性担保业务监管联席会议颁发的融资性担保机构经营许可证;合规经营1年以上(含1年)担保业务,且无不良信用记录;项目申报期内担保额达项目申报期末净资产2倍(含2倍)以上,其中为中小微型企业贷款担保额占其贷款担保总额的70%以上等条件,可以申请代偿补偿。

7.1.2 再担保公司的风险治理

围绕再担保业务,再担保公司与担保公司的业务合同中,首先精确谋划纳入再担保范围的担保业务要求、是否要逐笔审核、再担保费缴纳、发生代偿后的赔付条件、追偿后的利益分配等,为总体风险可控,一般都设定了再担保代偿的封顶措施,以防止风险超过预期;其次,再担保公司仍以日常的再担保业务逐笔审核,或日常监管,发现与剔除高风险项目;第三,再担保公司也可能设置各种条件拖延代偿,甚至拒绝代偿,以规避风险。

(1) 代偿发生前的日常风险治理

再担保公司在没有发生风险前,治理主要形式是业务追踪,业务部门对担保机构的运营情况和再担保业务监管展开跟踪监控,收集其业务考核相关指标数据进行分析,如有异常则实施详细调查,寻找应对措施。

① 再担保保后跟踪制度

再担保保后跟踪管理,再担保公司都会有明确的要求,往往在执行中做得不到位,因此重在落实并取得实效。通常有两类人员负责保后跟踪管理,一类是再担保公司的风险监审部门人员,主要负责保后风险跟踪措施制订并评价落实情况,负责监督、督促或检查;另一类是业务部门主要负责联系、措施执行，负责保后跟踪担保机构及其业务。这两类人员监管方式各有利弊，前者较有利于风险监控制度落实，但在市场开拓、与企业进行再担保沟通方面显然不足；后者有利于与企业进行协调、沟通，但不利于风险监管。实践中，由于再担保公司风险监审部门人手较少，业务的项目经理对在保项目负有第一责任，加上适度的事前项目风险审批及事后的风险监管，既有利于与担保公司合作关系维系、市场开拓，又可以专业化监管风险，是较为合理的模式。

② 再担保保后风险跟踪监督

保后风险跟踪的要点依然在于对保后跟踪制度的执行，以东北再担保公司为例，从几个方面贯彻实施：一是将保后跟踪纳入业务绩效考核，将保后风险跟踪服务是否到位、与风险监管质量人员的效益工资直接挂钩；二是加大监督处罚力度，通过对工作人员在保项目保后跟踪情况进行检查或抽查，掌握并评价保后跟踪情况，进行适度的奖罚，以确保公司管理制度的实施落实；三是合理分解项目经理的风险责任，分为风险责任 AB 角，项目经理为在保项目的 A 角责任人，部门负责人为项目的 B 角责任人，或风险监审部门人员为 B 角责任人，通过分解责任并进行适度捆绑，都对出险项目承担一定的责任。

③ 保后跟踪中紧急情况处理

对于保后风险跟踪中发现再担保项目出现紧急或重大风险情况，特别紧急的第一时间要向公司有关领导汇报，一般重大情况依据规定逐级汇报，逐级采取措施，避免工作人员隐藏不报和动辄兴师动众等极端情况，出现误判或影响与担保机构的合作。通常采取的措施包括：要求担保机构紧急核查，银行暂停发放贷款；通知银行提前收贷；要求债务人增加担保；采取诉讼保全措施；限制企业的经营活动等。

(2) 代偿发生后的治理

再担保机构与各融资担保公司展开合作后，受保的中小企业受经济、社会和政策等多方面因素导致风险事件发生，经过担保主体审查确认后，向上级再担保公司发送《代偿赔偿申请书》，根据再担保协议完成责任范围内的支付后，处置借款方反担保物并向担保主体通报，对代偿项目追偿所得按责任比例进行分配。

① 风险分担模式

截至 2017 年，根据对全国 28 家机构调查数据显示，注册资本金近 700

亿元，在保余额近 3 600 亿元，其中，一般责任再担保模式的在保余额与比例再担保模式的在保余额的比例大约为 6∶4。除了北京、江苏等经济发达地区的再担保公司使用比例再担保模式之外，大多省级再担保公司都采用一般责任再担保以及连带责任再担保的模式。一般责任再担保是指当合作担保机构全部资产以及追偿都不足弥补损失时再由再担保机构代偿，将代偿风险控制在最小范围内，以风险损失最小化为目标。

现阶段，我国主要呈现三种再担保运作模式，具体如表 7.1 所示。当代偿发生后，再担保机构大多与担保机构各自负担 50%的代偿责任。企业代偿风险直接传入担保机构，通过担保机构进一步传入再担保公司，因此，再担保机构对于代偿风险的治理更多是针对担保机构，为了鼓励担保公司加强控制代偿风险制定各项优惠政策，例如广东省再担保公司实行担保费的返回奖励，江苏省再担保公司实行返还 30%的保费政策。

表 7.1　典型再担保机构运行模式

模式	代表公司	收　费	未发生代偿	发生代偿
江苏模式	江苏信用再担保有限公司	保费收入的 30%	返还当期实缴再担保费的 30%	担保公司全额代偿后由再担保公司补偿 50%
北京模式	北京市小微企业信用再担保有限责任公司	保费收入的 30%	以一定的比例按实缴保费额奖励	与担保公司各自承担 50%
广州模式	广东小微企业信用再担保有限公司	按上年末在保余额的 1%—2%认购再担保基金份额：再担保风险承担比例的 40%，如实缴纳再担保费用	如果担保机构的风险控制绩效优异，再担保基金组织奖给予再担保费一定比例的返回奖励	担保公司全额代偿后可以申请补偿 70%

② 代偿损失追偿措施

再担保机构制定了相关制度进一步保障其对代偿损失的追偿。以福建省出台的《福建省小微企业信用再担保有限责任公司再担保业务管理暂行办法》为例，第二十一条规定由福建省再担保机构提供再担保服务的担保机构，应当要求贷款企业以合法有效的资产作抵（质）押等方式反担保，提供不小于合同标的反担保，不得重复抵押；第二十二条规定，福建省再担保公司有权对被再担保企业的经营活动进行监督，可以自行或委托社会中介机构对被担保企业的财务状况、业务状况、资信状况等进行审查。虽然说这些规定在一定程度上帮助再担保公司降低了损失，但是再担保公司与受保企业始终是间接监管的关系，担保机构才是受保企业的直接控制主体，因此这些制度的积极作用更多地体现在帮助再担保机构加深对受保企业的了解。在实际的业务合作中，担保、再担保公司和企业之间的信息沟通机制不健全，风险信息管理基础较差，对代偿风险的控制依旧没有达到理想状态。

7.1.3　协作银行的风险治理

截至 2018 年底，中国的银行业金融机构总数达 4 588 家，业务覆盖面遍布全国各地，成为我国金融生态中处于支配地位的主体。为了扶持中小企业持续健康发展，银行围绕中小企业融资担保业务与担保、再担保公司达成协作，为了有效管理、防范化解风险，银行在制度建设、监督力度、风险治理等方面做了大量工作，取得的成效也十分明显，但是从现实情况来看，风险及危机事件不仅在增长，且涉案金额越来越大，尤其受经济形势变化、贷款展期、缓催收等监管政策影响，很多风险被延后了，各银行尤其地方银行不良将比以往更为严重，给银行业发展带来了巨大压力。

(1) 落实风险分担机制

落实银担合作业务风险分担，是政府性融资担保发展的一次质的飞跃。一直以来，由于信用风险敞口的审批难度大，考核机制复杂，担保公司和银行之间在代偿分担的问题上难以达成共识，相对强势的银行一般不分担风险。为此，2019 年 2 月国务院办公厅公布了《关于有效发挥政府性融资担保基金作用切实支持小微企业和“三农”发展的指导意见》，明确银担合作各方要协商确定融资担保业务风险分担比例。原则上国家融资担保基金和银行业金融机构承担的风险责任比例均不低于 20%，省级担保、再担保基金(机构)承担的风险责任比例不低于国家融资担保基金承担的比例。但实际执行中仍困难重重，银行不愿意分担风险。

在银担风险分配上，一些地方探索出成功的经验。2015 年安徽在全国率先建立“4321”新型政银担合作机制，对单户 2 000 万元以下的贷款担保业务，由市县政府性融资担保机构、省担保集团、银行和地方政府，按照4∶3∶2∶1的比例，分担风险责任。截至2018年末，安徽省已累计开展政银担业务2 495.92亿元，累计代偿率2.54%，系统地改善了区域经济金融环境，有效地保障了政府性融资担保体系成员可持续发展，在实践工作中表现出了良好的可操作性和可持续性，为有效防范区域性系统性金融风险、缓解小微和“三农”融资难融资贵问题做出了积极贡献。银行承担一定风险，按照“先代偿，后分险”原则，落实代偿和分险责任，形成银担合力，实现风险共担共管，增强银担双方小微企业和“三农”金融服务的承载能力。

(2) 风险补偿手段

随着近些年担保代偿和负债规模持续增加，存入保证金和担保赔偿准备金规模大幅攀升。发生代偿是再担体系各主体最不愿看到的，但从某一层面上讲这又是必然的，这是担保的本质功能。代偿风险发生后，银行为减少损失，按照担保公司提供保证方式的不同，分别采取实收制和授信制的合作模式，保证自身融资业务收益。实收制是指金融机构附加合作条件，要求担保机构把一定数量的资金存入指定账户作为风险保证金，若企业产生违约行为，银行直接扣取保证金，来补偿业务亏损。授信制是指授给担保机构一定信用额度，担保主体对于未超出额度的业务，仅需向银行书面承诺，并不一定要缴纳保证金。

在实践中，银行将担保公司存入保证金和赔偿准备金纳入观察指标，对合作风险进行评估。截至2018年末，在担保行业负债类项目中，存入保证金379.33亿元，同比增长59.28%，存入保证金规模显著增加；担保赔偿准备金758.31亿元，同比增长4.9%。从负债结构看，存入保证金占比16.12%，担保赔偿准备金占比32.23%，均为权重较大的项目（见图7.2）。由此可见，银行作为再担保体系合作主体，围绕再

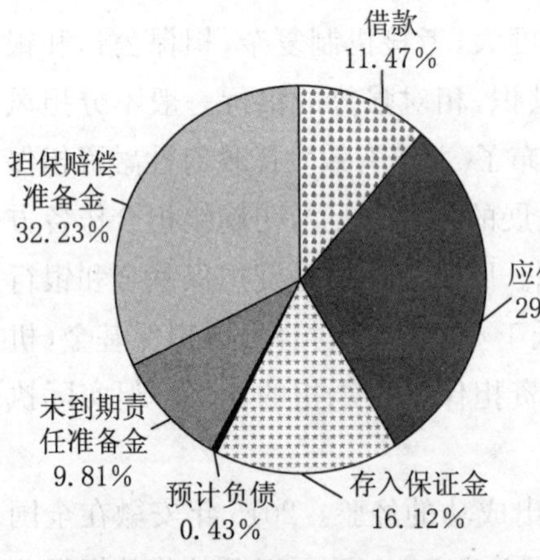

图7.2　融资担保机构负债结构情况

担保合作制定相关风险的防范、治理措施是尤为重要的。

(3) 代偿应对措施

当担保出现代偿时，如果不超过一定限度且担保机构及时代偿，银行一般不采取重大措施但会提高警惕。当出现严重的代偿问题时，银行作为贷款方，通常有两种应对方式，一是对相关中小企业及时抽贷，二是减少或者断绝与担保公司的业务合作。通过这两种方式银行可以在短时间内最大限度地减少自身的损失，但却对被担保企业的正常营运、担保公司业务运营及功能发挥、银行自身信贷业务的发展，乃至区域经济信用环境带来巨大的影响。采取抽贷的方式，使企业陷入财务困境，资金周转变得困难，甚至会因为大量债务无法偿还而濒临倒闭。担保公司在失去银行这一合作伙伴时，业务停滞进一步影响其盈利，部分实力较弱的担保公司只能转行或者违规经营。从长久角度来看，这两种状况对三方发展不利，银行失去了客户，担保公司无业务，企业资金短缺，经济环境走入低迷状态，从而陷入一个恶性循环。

7.1.4　政府主导的风险治理

近年来，中央政府及地方政府多次出台有关政策提高担保及再担保机构的业务拓展能力和风险治理能力，对担保风险代偿，各地政府会依托政策文件，结合当地具体情况而采取不同的措施，以奖补的形式，补贴担保及再担保公司，甚至补贴银行。对担保风险的治理，不同风险节点对应的治理方式也有所不同，对常规的担保风险，以日常监管为主，在风险大量爆发甚至演化为危机时，会采取多元化举措化解风险，下文从中央政府、省级政府及地级政府三个层面分析政府主导的风险治理。

(1) 中央政府层面对担保风险的治理

① 成立国家融资担保基金分散风险

2018 年，经国务院批准，财政部会同银保监会、相关银行等单位设立国家融资担保基金。国家融资担保基金主要通过再担保业务与股权投资等方式与省、市再担保机构开展合作，以避免重新层层下设机构，联合已有的再担保机构形成完善的上下联动机制。国有担保及再担保机构不以营利为目的，坚持保本微利，聚焦“小微”与“三农”(“小微”与“三农”的业务要达到总业务量的80%以上),以低费率保证切实降低"小微"与"三农"的低融资成本,发挥再担保增信分险功能。国家担保基金、省级(再)担保机构与各商业银行坚持"银担合作",明确风险分担比例、落实银担责任,对风险数据实施跟踪评估,切实降低融资后风险,并以此为依托,努力让那些"缺信用"、"缺信息"、"缺抵押"的小微与"三农"企业也能在融资市场上有所作为。我国的国家担保基金才仅仅成立两年,由上至下的国家担保体系才刚刚成型,各类规章制度也还急需完善。

② 以政策保障再担体系风险治理

在融资担保体系发展方面,2019年国务院办公厅印发《关于有效发挥政府性融资担保基金作用切实支持小微企业和"三农"发展的指导意见》,提出构建政府性融资担保机构和银行业金融机构共同参与、合理分险的银担合作机制;加强合作和资源共享,优化监管考核机制。随后,中国银行保险监督管理委员会贯彻文件发布了《中国银保监会等七部门关于做好政府性融资担保机构监管工作的通知》,指出银行业金融机构要根据文件和政策导向,主动对接并简化担保手续,积极与政府性融资担保机构开展担保合作,落实风险分担机制。

在监督管理方面,2015年国务院印发了《关于促进融资担保行业加快发展的意见》文件,提出加快担保监管法治建设,要加大监管指导和监督力度,切实维护担保监管法规政策的统一性与权威性,确保担保行业按章办事,违法必究;同时提出强担保行业基础设施建设,建立统一的担保行业信息报送和风险监测系统,加强对重点地区和领域担保风险的监测和预警。2017年,国务院颁行《融资担保公司监督管理条例》,规定由省级人民政府确定的部门负责,明确融资担保公司的监督管理机制,对本地区融资担保公司的监督管理制度,由省级人民政府负责制定,促进融资担保行业发展,处置融资担保公司风险,国家层面由国务院建立融资性担保业务监管部际联席会议制度。

(2) 省级政府层面的担保治理

① 设立再担保风险补偿金

成立再担保机构的省份,基本上都出台了风险补偿政策,扶持本省再担保公司与国家融资担保基金及融资担保机构、银行等主体开展合作,完善本省融资担保风险分担机制，引导本区域内融资担保机构更好地发挥支小支农及双创主体的作用，推动本省政策性融资担保体系建设加快发展。2019年山东省财政设立1亿元省级再担保风险补偿金；同年，福建省政府、财政厅同时向省再担保公司安排融资担保补偿资金5 000万元；2020年河北省政府建立了省级融资担保代偿补偿资金池，首期规模2亿元。

② 建立再担保代偿机制

从根本上保障再担保公司的可持续发展，需要建立再担保风险补偿机制，激励再担保充分发挥担保行业发展及保证区域经济发展"稳定器"作用，拓展覆盖省域的再担保业务体系，加快构建辖内统一协作的全行业融资担保体系，是融资担保再担保行业发展的重大举措之一。为此，各省级政府纷纷在构建省级再担保机构的风险补偿机制方面进行探索，建立健全融资担保风险分散机制，充分发挥再担保机构"增信、分险、稳定"功能。以四川省为例，四川省财政厅、省金融工作局联合印发《四川省信用再担保机构担保代偿风险补偿资金暂行办法》，正式出台对省级再担保机构的风险补偿机制，为促进全省融资担保体系建设提供政策保障。风险补偿资金由省级财政预算安排，列入财政金融互动专项资金年度预算，资金按照"激励约束、合理分担、动态平衡、据实补助"的原则管理，支出规模根据当年再担保业务发生额、担保代偿率等相关因素测算决定。

③ 明确代偿补偿的标准

近年来，各省级政府积极建立风险代偿机制，风险代偿补偿的标准也随着各省实况逐步明确化。例如：广西壮族自治区本级财政对广西再担保有限公司开展符合条件的"4321"融资担保业务的再担保业务，按其代偿率高于1%（不含）、不高于5%（含）的代偿额部分的50%的标准予以补偿。代偿率在1%以内（含）的代偿额，由广西再担保有限公司用其提取的风险准备金自行代偿。代偿率高于5%的政府性融资担保机构，可暂停或停止开展新的"4321"融资担保合作业务。《福建省闽投融资再担保有限责任公司省级再担保代偿补偿专项资金管理操作细则（试行）》规定对资金实行专款专用、封闭运营、单独核算，对于符合专项资金要求的融资担保机构单户在保本金余额1 000万元以下的政策性融资担保业务，在代偿熔断率5%以内的，省再担保公司为担保机构提供40%比例分险的，则专项资金为省再担保公司提供该40%比例的代偿补偿。《山东省省级再担保风险补偿资金管理暂行办法》规定依托省投融资担保集团开展再担保代偿补偿业务，按照原代偿率小于1%、1%—3%、3%—5%、5%—8%四档，省级风险补偿金以再担保代偿额的100%、80%、60%、50%进行补偿。

(3) 地市级基层政府层面的担保风险治理

① 落实风险分担机制

随着安徽省“4321”再担保模式得到多方认可，国内较多的省份借鉴安徽再担保模式成立了再担保公司并开展再担保业务，在与协作银行确认代偿后，对担保公司应当承担的代偿额度，扣除银行协议约定比例分担金额后，由地市级地方政府以及省再担保公司按协议比例予以分担代偿或补偿担保机构。以江苏省南通市政府发布《南通市市区融资担保风险分担业务管理办法》为例，结合当地状况进一步明确风险分担比例，规定单户在保余额1 000万元及以下的小微企业、或“3＋3＋N”重点扶持产业及创业创新企业、为“三农”贷款出现的风险，由市担保公司、省再担保公司南通分公司、合作银行、市级财政分别按照15%、50%、20%、15%的比例承担各自的风险代偿责任。

② 制定风险代偿专项资金管理办法

为了规范担保再担保风险补偿工作，各地政府纷纷建立风险代偿专项基金，通过制定相应的代偿资金管理办法以发挥资金使用效益。2018年湖南郴州市财政局发布《郴州市市级融资担保风险代偿补偿专项资金管理办法》；2018年青岛保税区管委印发《青岛前湾保税港区融资担保代偿损失补偿专项资金管理暂行办法》；2019年广东佛山市市场监督管理局发布《佛山市知识产权质押融资风险补偿专项资金管理办法》；2020年湖南永州市财政局发布《永州市市级融资担保风险代偿补偿专项资金管理暂行办法》，以出台制度的方式保证基层政府对担保风险的分担。

③ 基层政府对担保风险治理措施

当融资担保风险发生超过一定限度，银行会对担保保证的功能出现不信任，偏高的代偿风险促使担保再担保公司和银行的合作关系变得紧张，银行可能会提出减少担保机构的授信额度甚至提出与代偿偏高的担保公司的合作中止，这时地方政府通常会介入并协调多主体关系，当发生重大风险时，地方政府会出面主导风险的治理。受经济环境的波动，区域性企业发生连锁倒闭，担保公司因代偿量过大难以经营时，当地政府将一般会采取措施进行必要的帮扶。例如，浙江省下辖的地方用财政资金直接建立或引导社会资本建立资金转贷池，帮助当地企业度过资金链危机；政府发挥指挥作用，统一协调当地的担保公司、银行以及小微企业，确保小微企业不抽逃资金，担保公司与银行保持稳定合作关系，以政府信用防止不良影响的扩大，为融资担保生态提供良好的环境；政府严格监督当地融资担保行业，督促各方信息透明化，减少因信息不对称而造成的损失。

若是因单个公司或是多个公司非法经营而引爆区域性企业风险，体系内合作主体难以第一时间制定应对方案，这时往往需要政府主导，调动各方力量，必要时出动公安和司法力量保证风险治理的效率与效果。一方面关注并安抚事件中受害的群体，做好风险事件的善后工作，另一方面把控、监督所有可能发生风险企业，防止风险进一步传染、恶化。此外，由于区域性集中爆发风险，必然对当地的经济、社会、生活造成影响，为防范此类事件的发生，事后为最大限度地挽回造成的损失，政府牵头安排追回违法所得的相关事项。

7.1.5 风险治理中存在的问题

(1) 反担保物价值评估现存问题

随着经济形势下行，担保公司代偿笔数增多，反担保物的价值实现成为保障运营的重要条件。2008 年 7 月由我国资产评估师协会发布了《资产评估价值类型指导意见》，进一步对反担保物评估方面各种价值类型及意义进行了界定并作出更加明确的规定。在一系列政策指引下，我国的评估行业逐步规范化，房产抵押评估业务不断增长，相关评估机构规模也迅速扩大，资产价值评估人员以及评估机构走上更加正规化的道路。另一方面，随着我国知识产权存量逐年增加，知识产权质押等融资活动日趋频繁。无形资产的融资成为解决小微企业融资困难的关键。2019 年上半年，专利质押融资项目同比增长 33%，其中金额在 1 000 万元及以下的小额专利质押融资项目占比为 68.6%，更多创新型小微企业通过知识产权质押的方式获得融资支持，无形资产价值评估已成为担保公司必须加以重视的工作。反担保物作为融资担保业务中风险控制的主要措施，现行反担保物价值评估方面尤其是动产评估方面仍存在不足，影响了融资担保行业整体的运营。

① 评估能力不足

融资担保公司的项目评估主要由业务人员承担，业务人员主要负责企业信用调查和担保项目审核及保后跟踪，在反担保物价值评估方面专业水平不高，唯有少数客户经理掌握资产评估方面的专业知识和技术，更多的人并不专业。另外，融资担保接受的资产，与银行相比，属“次级”资产或重复抵押的资产，即使是专业的资产评估人员，也需要考虑众多的因素才能确定价值，甚至还要考虑被担保企业运营特点，合理确定担保金额。从现状来看，评估人员对反担保物价值做出合理的评估以及评审会上能准确对担保项目的风险进行判断、并通过担保后的跟踪进行验证，能够进行全过程的反担保物价值评判，相应的评估能力仍显不足，一方面由于反担保物本身复杂，另一方面与担保本身的实践时间短也有关系。

② 评估方法不合理

现阶段，主要以市场调查为基础，再结合业务人员的经验进行评估，反担保物的价值并不是固定不变的，其价值因时间、行业、经济等多重因素而波动，尤其是动产的价值，变化更大。因此，不动产的价值评估往往结合当地的房地产市场的行情，作出评估后再适当打折扣确定担保额度，而动产的价值评估往往结合供应链上下游、知识产权市场等进行估值，更难以做到精准。在缺乏有效的评估方法或交易市场不发达的情况下，无法依靠市场准确、合理评估反担保物权利价值并流通，导致担保公司与小微企业难以达成合作条件，合作后出现风险，治理也出现相应的困难。

③ 后续管理缺失

反担保物权属转移给担保机构后，在正常的担保期限内，仍由被担保企业拥有或使用，担保机构管理上相对较松散，往往在出现风险后，担保机构才会重视反担保物情况及其价值。从反担保物价值实现状况看，如考虑时间价值，最低值有的不足50%，一般能实现70%—80%价值已经相当不错，造成这一问题的原因必然与价值评估及后续管理存在一定的关联。在缺乏后续评估管理的情况下，房地产等反担保物甚至存在权属转移、多头抵押及灭失的可能，造成反担保物价值波动较大，变现价值与评估价值不符，给担保机构带来巨大的影响，甚至难以维持正常运营。例如企业以机器设备或存货作为反担保物，受保管或使用方的管理不善等因素影响，企业经营不善难以还贷时，该企业的抵押设备、质押产品被企业员工变卖冲抵拖欠工资，或因保管不善最终导致担保公司丧失反担保物求偿权的兑现，造成不必要的损失。

④ 反担保物难以变现

对融资担保机构而言，反担保物价值评估是否成功，主要依据是价值实现周期和价值实现率。现阶段，反担保物呈现"冰棍效应"，即反担保物价值实现周期较长，促使其价值随时间推移而"融化"，价值实现的整体效果不佳，价值流失给担保公司带来巨大的压力。目前，反担保物以房产、存货、机器以及土地等为主。数据调查显示，以房地产作为抵押担保物的最终变现价值约40%左右，以动产如机器设备等作为担保物的变现价值仅达到10%。面对反担保物价值流失，担保公司必须采取相应的措施拓展反担保物变现渠道，加快变现效率，最大程度地减少自身的损失。

⑤ 反担保物价值实现的渠道受限

反担保物价值一般通过司法拍卖和对外出售的方式变现，以司法拍卖为主要变现形式，司法拍卖先由担保公司向属地法院起诉，到诉讼公告下发至少要3个月，再等到法院宣判以后，由资产评估公司进行反担保物价值评估，并依据实际价值收取评估费用，甚至少数评估机构为谋取更多评估费用，夸大反担保物价值，评估结果与真实价值背离，造成反担保物流拍，导致

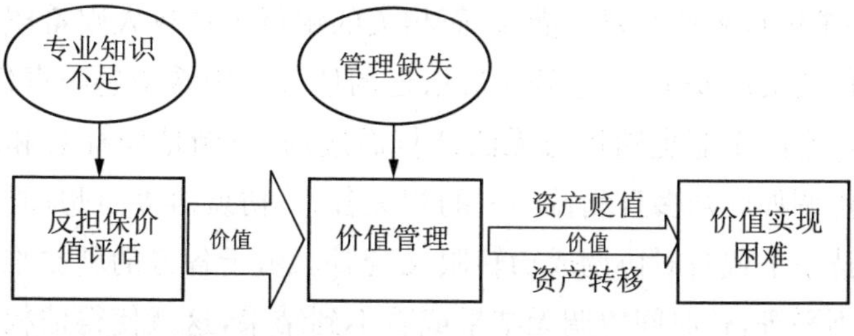

图注：以箭头宽度代表反担保物价值量大小的变化。

图7.3　反担保物价值评估存在的问题

价值实现困难重重。从现状来看,反担保物的评估价值与实际的反担保物价值之间关系日益复杂,评估价值与变现价值的差距也较大,造成双方甚至多方的矛盾。通过司法拍卖竞价的途径能够有效避免这方面的问题,但该方法时间、资金成本过高,处置方式单一且受众面窄,已无法满足快速处置的要求。因此,急需拓宽网络平台等高效且准确的价值实现渠道。

(2) 地市级政府治理风险中存在的问题

① 风险处理时机相对较晚

对融资担保风险日常监管中,由于监管部门人手少,或监管手段缺乏,监管无法做到深入细致,往往依赖担保机构自身的管理防范与化解风险,依赖日常监管中担保机构上报的数据,地方政府或主管部门也缺乏风险治理的经验,政府介入风险治理一般都是在风险演化为危机后,已有明显征兆甚至酝酿成重大事件时,采取事后补救治理的办法,可能风险已经顺着担保链扩散开来,从一个企业传染到另一个企业或蔓延到其他行业,严重的可能演变为区域性系统风险,不少小微企业已经受到影响甚至破产倒闭。当地方政府不得不采取措施解决危机时,地方的经济发展环境已经受到影响,需要协调的问题多且棘手,处置起来更加困难。

② 难以保证各方利益

当融资担保再担保风险出现时,融资担保链上的相关主体出于自身利益的考虑,各方的目标并不一致:地方政府的首要目标是维持地方稳定,包括经济社会的稳定,保证经济的持续发展环境,为此会让银行给小微企业续贷,甚至强制担保机构继续担保;而垂直管理的银监等职能部门的首要目的却是维护金融监管的职能,保障金融安全,要求银行的贷款不受太大的损失,甚至要求银行采取必要的措施;而相关的银行等债权人则希望尽可能保证自己的信贷资产安全;企业等无法偿还的债务人则希望逃脱责任,甚至本区域经营正常的企业也因担心无法续贷而违约,不断地向社会和政府寻求帮助。要协调如此众多且利益不一的相关各方,协调难度可想而知,协调时会经常僵持不下或暂时协调成功转眼又变卦。由于各方的利益难以统一且各自地位不平等,长时间协调无结果或看不到结果,这就使得债权端难免会失去控制,进而使得融资担保链上的风险一触即发,或迅速演变为危机,不断升级。

③ 政府的协调能力有限

如果融资担保链上出现风险所牵扯的小微企业数量比较少，数额也不大，政府仅需对银行或担保公司进行协调，便可以很好地控制好债权端，不会因为抽贷等行为引发更大范围的风险。然而随着融资担保链和债务链日益复杂，担保的金额也越来越大，银行对风险的控制也愈加困难，在很难保证自身信贷资产安全的情况下，银行极易采取自保行为，不配合地方政府的要求。另外，小微企业有时也从民间融资，地方政府对银行及国有企业还有一定的协调能力，而对一些民间融资及民营企业，协调能力比较薄弱，对于社会的个人借贷者，异地银行等更是几乎无能为力，当地方政府所能协调好的债权在融资担保链中的债权比较低时，其协调效果必然较差，甚至有的企业或机构还会钻协调时机的空子，私下提前抽贷或者进行诉讼，甚至转移财产，从而使银行等信贷资产难以有所保障，化解风险的措施落空。

7.2 再担保风险治理实证——河北融投担保集团风险事件

2015 年，河北融投担保集团有限公司（以下简称“河北融投担保”）担保债权落空事件震惊了整个金融行业，涉案的 500 亿债权担保落空，相关的代偿及担保义务不履行。随着该事件的持续发酵，信托公司、基金、私募等金融机构受到牵连，并逐渐影响到整个河北经济的发展，并对全国的金融业、融资担保业及相关政府监管部门产生震动，影响广泛而深远。

7.2.1 河北融投担保集团有限公司基本情况

河北融投担保集团有限公司由河北融投控股集团、河北省国有资产控股运营有限公司、河北钢铁集团、河北建设投资集团、开滦（集团）有限责任公司、冀中能源集团、河北港口集团、河北出版传媒集团等省属大型国有企业于 2007 年共同出资组建，其中河北融投控股集团有限公司（简称“河北融投控股”）是最为核心的控股公司。河北融投担保股权结构，如图 7.4 所示。作为河北再担保集团公司的前身，河北融投担保是河北省唯一一家曾经获AA＋评级资质的担保机构，也是河北省内最大的国有担保公司，在规模方面也稳居国内前列，强大的股东背景汇聚超群的资本实力，42亿元人民币的注册资本，近500亿元的授信额度，一度被业内推崇为“河北融投”模式。其业务网络覆盖河北全境，涉及担保再担保、创业投资、小额贷款、融资租赁、新能源等板块，并将融资项目向京、沪、深、港等经济发达地延伸。

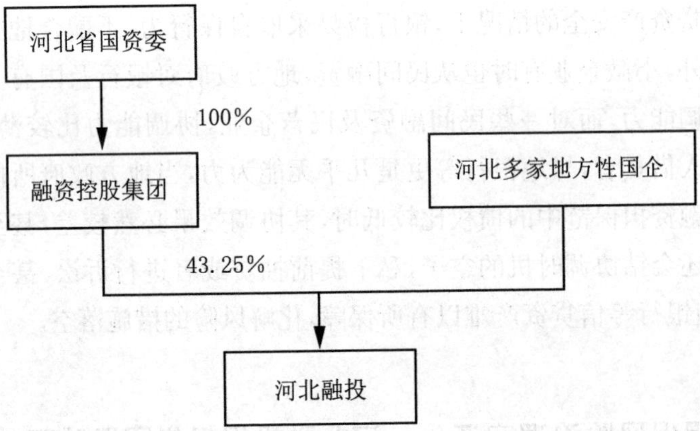

图7.4　河北融担保投股权结构

相关数据显示，截至2014年末，河北融投担保在保额为339.4亿元，在保笔数为1 172笔，担保赔偿准备金余额为6.79亿元，未到期责任准备金余额为9 817.00万元。截至2015年5月末，在保额为320.5亿元，在保笔数为1 152笔，担保赔偿准备金余额为4.8亿元，代偿准备金合计为22.63亿元。在2015年一季度，河北融投担保代偿了15笔，代偿金额1.3亿元。

7.2.2　河北融投担保集团有限公司风险事件回顾

(1) 风险的引发：河北海沧投资管理公司老板潜逃事件

① 海沧投资管理公司基本情况介绍

河北海沧投资管理有限公司(简称“海沧投资”)是一家有限合伙制私募股权基金公司。姜涛是该公司的法人及普通合伙人(GP)，本次事件中的投资人是有限合伙人(LP)。在有限合伙结构中，LP扮演投资方的角色，而GP担任资金管理者的角色。在运作过程中，有资金需求的企业以及基金公司会在委贷银行各开一个账户。首先，基金公司将资金转入专用账户，由委贷银行转入到企业账户中；其次，企业还款时将资金转入专用账户，再由委贷银行进行划拨；最后，资金回到基金公司专用账户后，基金管理人再根据协议分配资金。交易结构如图 7.5 所示。

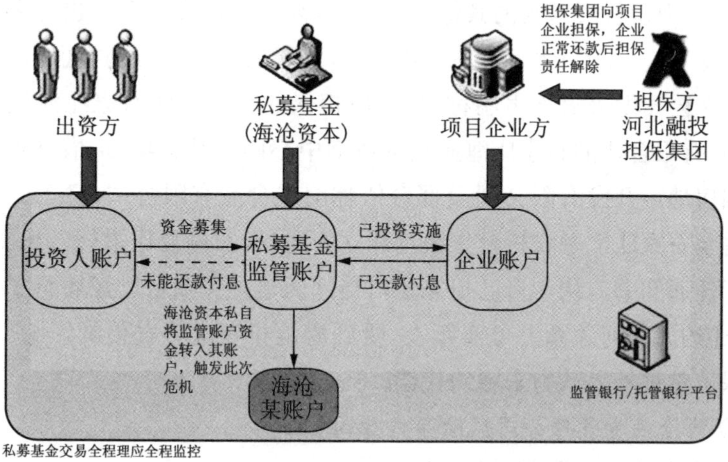

图 7.5　私募基金(海沧资本)交易结构图

② 河北海沧投资管理公司风险事件始末

2014 年 5 月，海沧投资发出通知，原计划于 4 月 30 日募集结束的“海沧友联光电”一期私募将顺延一个月，至 5 月 30 日结束。同时，公司 2013 年发行的“海沧依琳山庄”一期也将延迟一个月兑付。通知背后的种种迹象表明，海沧投资貌似出什么问题了，但此时公司老板花大价钱，在北京租的写字楼成立了北京分公司，而且于 4 月底正式投入运营。

2014 年 6 月初，“海沧依琳山庄”一期兑付完毕。“友联光电”一期也宣布募集结束，一切貌似又恢复正常。但此时，“友联光电”一期的担保合同却迟迟开不出来，最后河北融投担保只出具了一个 1 000 万额度、半年期的担保合同。

2014 年 7 月 8 日中午，海沧投资老板姜涛手机关机，与外界失去联络。7 月 11 日上午，各大财经、新闻网站铺天盖地地报道了“海沧老板卷钱跑路”这一事件。海沧投资老板姜涛跑路这一事件，不是涉嫌虚假募资，也不是融资方失去偿还能力，更不是河北融投担保不给兜底担保，而是纯属个人道德败坏，违法违规地卷钱跑路了。事件所涉及的两家融资方：唐山市华瑞房地产开发有限公司和邢台依林山庄食品有限公司，已经按期还本付息。河北融投担保也确实为这2家企业提供了担保，但该事件的出现，一向“低调”的河北融投担保也引起了公众的关注。

此外，海沧投资参与的其他几个项目，涉及4亿多的金额也与老板姜涛一样不知所终。2014年7月13日，作为关联项目企业方的担保公司，河北融投担保公司发表对外声明称：公司所担保的合伙企业石家庄海能投资咨询中心、有限合伙的石家庄海先投资咨询中心两笔基金项目，借款人为唐山市华瑞房地产开发有限公司及邢台依林山庄食品有限公司，已于到期日将本息付至石家庄汇融农村合作银行开立的账户，农村合作银行已出具《解除保证责任通知书》，认为自己担保公司与这两笔担保项目已经履行了担保责任，与违约无任何关系。可实际上，受到海沧投资虚假宣传的影响，河北融投担保依然被外界认为未履约代偿。

③ 海沧投资管理公司风险事件原因

1）资金池超募集并夸大宣传

从海沧投资模式可知，这种融资方式是由有融资需求的企业先联系河北融投担保，河北融投担保再与海沧投资建立项目合作关系。在有限合伙项目中，有担保需求的企业向担保公司提供一定的担保费用，而海沧投资作为资金管理人不需要支付该费用。保函中所涉及的担保款项，当受保企业完成了其融资计划并顺利还款后，河北融投担保才能无需承担担保责任。河北融投担保在其中起到中介功能，并为这两家企业出具保函，被虚假宣传并利用，其所提供担保的金额部分仅为企业真正拿到手的款项的金额，而实际上这部分金额远低于海沧投资涉嫌超募的金额部分。回顾整个项目合作过程，海沧投资可能从受保企业方获得了担保函，由河北融投担保开出的项目前一期或前几期的担保函，并告知项目投资者，河北融投担保是该项目的担保方，在借助河北融投担保的信誉背景下，致使募集的实际资金数额远远超出给企业的贷款数额。本质上，河北融投担保提供的担保和投资者的资金是两码事。伴随违约兑付情况发生，投资人发现海沧投资的产品几乎都存在超募现象，少则超募1 000多万，多则超募达7 000万左右。

2）资金运作的监管机制缺位

在有限合伙制资金运作过程中，由企业和基金管理人在委贷银行各开一个账户，将募集到的资金由基金管理人转入专用账户，再由委贷银行划到约定的企业账户中；当资金使用结束企业还款时，同样也将资金存入专用账户，再由委贷银行划拨到基金管理人账户，资金回到基金专用账户后，根据事前约定的条款由基金管理人对资金进行安排或分配。梳理整个海沧投资事件过程，归结造成投资者损失的原因不难发现，一是企业回款至专用账户后，姜涛作为基金管理方老板并没有对这一部分资金进行安排或分配；二是融资项目的企业没有得到全部的募集资金，而姜涛作为管理的基金方将多出的募集资金全部占为己有或挪作他用。因此，透明的私募基金运作机制和科学的监管机制对于防范基金管理人的道德风险是至关重要的。

(2) 风险的进程：河北融投担保集团有限公司代偿风险爆发

① 河北融投担保代偿风险爆发

因担保疑云被卷入其中的河北融投担保于 2014 年 8 月 4 日，向理财投资者、担保机构、银行以及证券公司、征信公司、保险公司等非银行金融机构提出进一步规范融资要求，并发布防控投融资风险的倡议书。在海沧风险事件发生的同时，由于河北融投担保在担保程序上完全合规，并没有意识到事件发酵背后潜在的危机，依旧将工作重点放在扩展多元化业务方面，例如 2014 年 12 月成立的“河北融投置业项目建设投资发展基金”。该项目共计募资 4.3 亿元，预期年收益 12%，期限为一年期，募集书上指出若基金到期后出现偿付违约风险，河北融投担保将以现金代偿。此外，河北融投控股旗下的多家子公司业务扩张呈现激进趋势，使得风险进一步增加，为后期危机爆发埋下伏笔。

事实上，自 2014 年 7 月起，河北融投担保受保企业中跑路或倒闭现象开始出现，所担保的多个项目开始爆出违约，引发了部分金融机构的警觉。数据显示，2015 年的第一季度，河北融投担保总计对 15 笔担保项目进行了代偿，代偿金额合计 1.3 亿元。大规模的中小企业破产，这让河北融投担保措手不及，担保准备金杯水车薪，连解燃眉之急都不够。除了陷入海沧资本的 4 亿元骗局外，河北融投担保所担保的秦皇岛嘉隆高科实业有限公司出现破产危机，担保金额超过 9 亿元。秦皇岛嘉隆高科实业有限公司通过信托、有限合伙、基金、私募股权、P2P 网贷等方式发售的涉众类理财产品众多，累计 36.5 亿元左右，共计约 2 万名投资者涉及，集中分布在北京、河北石家庄等地区。由于董事长爱新觉罗·英杰被捕这一突发事件,嘉隆高科账户被查封无法付息还本,大部分理财产品已经到期或者违约,这成为搅动河北金融市场的重大事件,河北融投担保的代偿风险进一步扩大并正式引爆。

② 大量非金融机构遭受波及逾期或违约

河北融投担保所担保的项目悬空后,银行、民间借贷、互联网金融 P2P 平台都受到不同层次的波及。与河北融投担保达成合作的机构达数百家,其中有近 50 家遭遇兑付危机。银行中资金雄厚者往往采取了履约刚兑的做法,资金略有欠缺的金融机构,则纷纷"组团"讨要解决方案。但是涉及的项目上百件,其中的情况也繁复,在担保的风险控制过低的情况下,关联风险逐步显现。2016 年上旬,通过媒体公开报道及相关机构的公告统计了与河北融投担保有关的非金融机构逾期或违约事件。

1) P2P 类

2016 年 1 月 30 日,重庆最大 P2P 平台易九金融出现违约。其中 12 期,涉及金额为 5 960 万元的资金出现违约,均由河北融投担保进行担保。与此同时,相关数据统计显示,截至 2015 年 4 月,积木盒子共计 193 个标的由河北融投担保,借款金额共计 58 500 万元,还款金额共计 63 701 万元。截至河北融投担保风险爆发时,还款中借款总额为 52 500 万 177 个标的,待还本息总额为 54 422 万元。

2) 信托逾期产品

2015 年,至少有 3 家信托公司是由嘉隆控股提供融资且有存续产品的,其中由河北融投担保的"中原-成长系列嘉隆投资贷款集合资金信托计划"和"华鑫-鑫津 6 号信托贷款集合资金信托计划"等两个项目均出现逾期问题。

2015 年 4 月,原本计划 14 个月到期的信托计划"国民信托——金色搏宝流动资金贷款集合资金信托计划"被延期半年,投资者的利益没有得到保证并引发不满,从该年 11 月份国民信托官网的披露公告可以看出,即使延期半年,实际上未能有效化解风险。

2016 年年初,华鑫信托发行"鑫农 1 号集合信托计划"公告,该公告显示自 1 月 16 日起延期至信托财产全部变现为止。此外,河北融投担保为方正东亚信托发行的两款产品"昌泰纸业流动资金贷款集合资金信托计划"和"金色搏宝流动资金贷款集合资金信托计划"提供的担保服务,分别于 2016

年 3 月和 6 月到期，总金额约 5.5 亿元；金谷信托发起的“蓝海 2 号-河北佳泰商务信托贷款集合资金信托计划”和“蓝海 1 号-河北昌泰纸业信托贷款集合资金信托计划”项目分别于 2016 年 6 月和 8 月到期；陆家嘴信托发行的“檀源木业贷款集合资金信托计划”项目于 2016 年 8 月到期；“河北昌泰纸业信托贷款集合资金信托计划”项目本该于 2015 年 10 月到期，但截至风险爆发时尚存续 3 978.22 万元。

3）资产管理计划相关产品

2013 年 9 月，河北龙城房地产有限公司发布了一款资产管理计划，并设置了两种理财期限，分别为 18 个月和 24 个月。河北龙城房地产公司出于稳定性考虑，选择了具有国资背景的河北融投担保作为中介，为公司的资产管理计划提供担保服务，然而受到事件影响该项目最终出现逾期状况。

4）基金相关产品

2014 年 7 月，当时还成立不足 2 年的海沧投资及旗下多款有限合伙基金产品就获得了河北融投的连带责任担保。然而，“依林山庄二期”和“华瑞房地产一期”两个项目总金额 1 亿多元本应进入公司基金账户上的回款却不翼而飞，而外界则认为河北融投担保并未履行代偿责任。

德信资本与石家庄联邦伟业房地产开发集团公司于 2012 年 8 月，共同发起成立的房地产私募投资基金，主要用于联邦集团开发的 2 个房地产项目，即祥云国际和联邦名都二期，期限为 2 年、融资金额为 8 亿元且分三批次八期。该笔基金本应于 2014 年 8 月底陆续到期，然而事实却是 2014 年 10 月 15 日到期的五期基金仍然尚未兑付。

以上案例可以看出：P2P、基金、银行、信托各种类别的金融机构均和河北融投担保存在或多或少的联系。这些机构之所以选择接入担保公司，一方面是因为担保公司会给投资人带来信任感，一方面也是因为对于不太好的项目，通过担保公司保障的本息担保，能帮公司度过资金危机，规避自身经营风险。

③ 债权清收与追讨过程困难重重

河北融投担保事件爆发后，公司的失信记录呈现爆发式增长，大量银行、信托、基金及 P2P 平台起诉河北融投担保，并且波及另外两家子公司，即河北融投中瑞担保有限公司以及河北融投中泽担保有限公司。虽然法院判

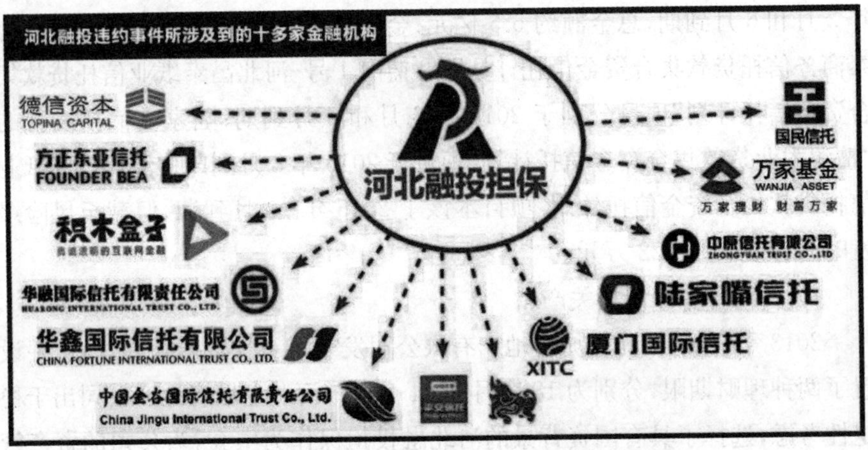

图 7.6 河北融投担保公司违约涉及的部分金融机构

处河北融投担保在内的子公司必须依法履行代偿义务，但在实际执行中，其国资背景与政府采取的相关干预措施，导致债权清收工作的成效甚微。

1）河北融投担保的涉诉情况

由中国裁判文书网查询系统、企查查等平台的数据显示，截至 2020 年 4 月 11 日，河北融投担保涉及法律诉讼共 1 338 件，其中被执行人信息 697 条，历史失信被执行人信息 73 条，以下是部分失信被执行人信息。

表 7.2 河北融投担保公司失信被执行人信息

序号	案　　号	执行法院	执行依据文号	履行情况	立案日期	发布日期
1	(2019)冀 02 执 15291 号	唐山市中级人民法院	(2017)冀 0202 民初 1580 号	全部未履行	2019-07-12	2019-12-17
2	(2019)津 01 执 649 号	天津市第一中级人民法院	(2018)津 01 民初 553 号	全部未履行	2019-07-11	2019-12-09
3	(2019)冀 09 执 547 号	沧州市中级人民法院	(2015)沧民初字第 54 号	全部未履行	2019-09-03	2019-11-22
4	(2018)冀 06 执 379 号	保定市中级人民法院	(2016)冀 06 民初 83 号	全部未履行	2018-09-14	2019-11-14
5	(2019)冀 0104 执 4038 号	石家庄市桥西区人民法院	(2017)冀 0104 民初 3774 号	全部未履行	2019-10-21	2019-11-06

续表

序号	案　号	执行法院	执行依据文号	履行情况	立案日期	发布日期
6	(2018)冀 0104 执 2464 号	石家庄市桥西区人民法院	(2017)冀 0104 民初 5402 号	全部未履行	2018-07-17	2019-10-23
7	(2019)粤 03 执恢 455 号	深圳市中级人民法院	华南国仲深裁(2016)D69 号	全部未履行	2019-07-31	2019-09-09
8	(2018)冀 1003 执 1249 号	廊坊市广阳区人民法院	(2017)冀 1003 民初 3887 号	全部未履行	2018-06-15	2019-09-06
9	(2019)粤 03 执 819 号	深圳市中级人民法院	(2015)深中法商初字第 207 号	全部未履行	2019-03-12	2019-08-15
10	(2018)晋 01 执 506 号	太原市中级人民法院	(2018)晋 01 民初 164 号	全部未履行	2018-08-09	2019-08-09
11	(2019)冀 0104 执 1618 号	石家庄市桥西区人民法院	(2015)西民商初字第 01148 号	全部未履行	2019-05-06	2019-08-08
12	(2019)冀 0104 执 1071 号	石家庄市桥西区人民法院	(2018)冀 0104 民初 3255 号	全部未履行	2019-03-11	2019-08-08
13	(2019)冀 0104 执 1290 号	石家庄市桥西区人民法院	(2017)冀 0104 民初 323 号	全部未履行	2019-03-29	2019-07-31
14	(2019)冀 0104 执 1291 号	石家庄市桥西区人民法院	(2017)冀 0104 民初 217 号	全部未履行	2019-03-29	2019-07-31
15	(2019)冀 04 执 367 号	邯郸市中级人民法院	国内非涉外仲裁裁决	全部未履行	2019-05-05	2019-07-12
16	(2019)冀 0502 执 25 号	邢台市桥东区人民法院	(2016)冀 0502 民初 1730 号	全部未履行	2019-01-11	2019-06-24
17	(2019)冀 0110 执 321 号	石家庄市鹿泉区人民法院	(2018)冀 0110 民初 4379 号	全部未履行	2019-01-18	2019-06-20
18	(2018)冀 0104 执 3100 号	石家庄市桥西区人民法院	(2016)冀 0104 民初 6803 号	全部未履行	2018-09-03	2019-05-16
19	(2018)冀 0104 执恢 978 号	石家庄市桥西区人民法院	(2015)西民商初字第 00794 号	全部未履行	2018-09-27	2019-05-16
20	(2019)沪 0115 执 8968 号	上海市浦东新区人民法院	(2017)沪 0115 民初 03134 号	全部未履行	2019-04-16	2019-04-25

续表

序号	案　号	执行法院	执行依据文号	履行情况	立案日期	发布日期
21	(2018)苏 0105 执恢 169 号	南京市建邺区人民法院	(2016)苏 0105 民初 1577 号	全部未履行	2018-11-07	2019-04-25
22	(2017)冀 0302 执 1839 号	秦皇岛市海港区人民法院	(2015)秦仲裁字第 122 号	全部未履行	2017-06-19	2019-04-01
23	(2018)冀 0502 执 856 号	邢台市桥东区人民法院	(2016)冀 0502 民初 1329 号	全部未履行	2018-11-13	2019-03-29
24	(2019)冀 0104 执 486 号	石家庄市桥西区人民法院	(2018)冀 0104 民初 6215 号	全部未履行	2019-01-23	2019-03-26
25	(2018)冀 0104 执 3516 号	石家庄市桥西区人民法院	(2018)冀 01 民终 7827 号	全部未履行	2018-10-22	2019-03-21
26	(2019)冀 0104 执恢 95 号	石家庄市桥西区人民法院	(2016)冀 0104 民初 6240 号	全部未履行	2019-01-31	2019-03-20
27	(2018)豫 01 执恢 177 号	郑州市中级人民法院	2016 豫民初 25 号	全部未履行	2018-09-17	2019-03-12
28	(2018)冀 0104 执 3400 号	石家庄市桥西区人民法院	(2017)冀 0104 民初 1460 号	全部未履行	2018-10-10	2019-02-21
29	(2018)粤 03 执 2573 号	深圳市中级人民法院	(2016)粤 03 民初 359 号	全部未履行	2018-11-23	2019-02-19
30	(2018)京 0115 执 3648 号	北京市大兴区人民法院	(2017)京 0115 民初 7379 号	全部未履行	2018-03-21	2018-12-12
31	(2018)渝 05 执 1320 号	重庆市第五中级人民法院	(2017)渝 05 民初 825 号	全部未履行	2018-10-18	2018-12-10
32	(2018)渝 05 执 1321 号	重庆市第五中级人民法院	(2017)渝 05 民初 820 号	全部未履行	2018-10-18	2018-12-10
33	(2018)渝 05 执 1319 号	重庆市第五中级人民法院	(2017)渝 05 民初 824 号	全部未履行	2018-10-18	2018-12-10
34	(2018)京 02 执 292 号	北京市第二中级人民法院	2015 年二中民(商)初字第 05319 号	全部未履行	2018-04-23	2018-12-10
35	(2018)渝 05 执 1318 号	重庆市第五中级人民法院	(2017)渝 05 民初 823 号	全部未履行	2018-10-18	2018-12-10

续表

序号	案　　号	执行法院	执行依据文号	履行情况	立案日期	发布日期
36	(2018)粤03执1343号	深圳市中级人民法院	(2015)深中法商初字第207号	全部未履行	2018-06-22	2018-11-23
37	(2018)冀0104执437号	石家庄市桥西区人民法院	(2017)冀0104民初3774号	全部未履行	2018-01-11	2018-11-16
38	(2018)冀0104执594号	石家庄市桥西区人民法院	(2017)冀01民终4459号	全部未履行	2018-01-26	2018-11-16
39	(2018)冀0104执恢618号	石家庄市桥西区人民法院	(2015)西民商初字第01678号	全部未履行	2018-06-12	2018-11-16
40	(2018)冀0104执恢649号	石家庄市桥西区人民法院	(2015)西民商初字第01134号	全部未履行	2018-07-06	2018-11-16
41	(2018)冀0104执601号	石家庄市桥西区人民法院	(2017)冀0104民初2718号	全部未履行	2018-01-26	2018-11-16
42	(2018)冀0104执恢165号	石家庄市桥西区人民法院	(2015)西民商初字第01052号	全部未履行	2018-01-22	2018-11-16
43	(2018)冀0104执971号	石家庄市桥西区人民法院	(2016)冀0104民初741号	全部未履行	2018-03-21	2018-11-16
44	(2018)冀0104执943号	石家庄市桥西区人民法院	(2015)西民商初字第01034号	全部未履行	2018-03-19	2018-11-16
45	(2018)冀0104执恢2号	石家庄市桥西区人民法院	(2015)西民初字第01675号	全部未履行	2018-01-03	2018-11-16
46	(2018)冀0104执611号	石家庄市桥西区人民法院	(2016)冀0104民初4204号	全部未履行	2018-01-30	2018-11-16
47	(2018)冀0104执935号	石家庄市桥西区人民法院	(2016)冀0104民初4956号	全部未履行	2018-03-16	2018-11-03
48	(2018)冀0104执2982号	石家庄市桥西区人民法院	(2017)冀0104民初558号	全部未履行	2018-08-22	2018-11-03
49	(2018)冀0104执恢431号	石家庄市桥西区人民法院	(2016)冀0104民初6507号	全部未履行	2018-03-26	2018-11-03
50	(2018)冀0104执1932号	石家庄市桥西区人民法院	(2017)冀0104民初1726号	全部未履行	2018-06-21	2018-11-03

2）河北融投担保集团中泽担保有限公司涉诉情况

截至2020年4月11日，河北融投中泽担保有限公司涉及法律诉讼共945件，其中有5条失信被执行人信息。

表7.3　河北融投中泽担保有限公司失信被执行人信息

序号	案　号	执行法院	执行依据文号	履行情况	立案日期	发布日期
1	(2019)冀0102执1852号	石家庄市长安区人民法院	(2017)冀0102民初2980号	全部未履行	2019-05-20	2019-11-12
2	(2018)冀0104执1083号	石家庄市桥西区人民法院	(2016)冀0104民初3500号	全部未履行	2018-04-03	2018-11-16
3	(2018)冀0123执1322号	正定县人民法院	(2017)冀0123民初1865号	全部未履行	2018-07-12	2018-09-29
4	(2017)冀0902执99号	沧州市新华区人民法院	(2015)新民初字第01058号	全部未履行	2017-02-21	2017-09-13
5	(2017)冀0121执319号	井陉县人民法院	(2016)冀0121民初2285号	全部未履行	2017-03-01	2017-07-14

3）河北融投担保集团中瑞担保有限公司涉诉情况

截至2020年4月11日，河北融投担保中瑞担保有限公司涉及法律诉讼共724件，其中被执行人信息182条，失信被执行人信息38条。

表7.4　河北融投中瑞担保有限公司失信被执行人信息

序号	案　号	执行法院	执行依据文号	履行情况	立案日期	发布日期
1	(2020)京03执35号	北京市第三中级人民法院	(2019)京03民初131号	全部未履行	2020-01-02	2020-03-06
2	(2019)冀0923执769号	东光县人民法院	(2016)冀0923民初2027号	全部未履行	2019-10-09	2020-03-03
3	(2019)冀04执611号	邯郸市中级人民法院	(2019)冀民终301号	全部未履行	2019-06-03	2019-12-04
4	(2019)浙0105执3425号	杭州市拱墅区人民法院	(2016)浙0105民初2956号	全部未履行	2019-09-17	2019-10-31
5	(2019)浙0105执3424号	杭州市拱墅区人民法院	(2016)浙0105民初2957号	全部未履行	2019-09-17	2019-10-31
6	(2019)冀0302执471号	秦皇岛市海港区人民法院	(2016)冀0302民初6470号	全部未履行	2019-01-21	2019-10-18

续表

序号	案　　号	执行法院	执行依据文号	履行情况	立案日期	发布日期
7	(2019)浙 0105 执 3376 号	杭州市拱墅区人民法院	(2017)浙 0105 民初 461 号	全部未履行	2019-09-16	2019-10-14
8	(2019)浙 0105 执 3388 号	杭州市拱墅区人民法院	(2016)浙 0105 民初 2914 号	全部未履行	2019-09-16	2019-10-09
9	(2019)浙 0105 执 3375 号	杭州市拱墅区人民法院	(2017)浙 0105 民初 1372 号	全部未履行	2019-09-16	2019-10-09
10	(2019)浙 0105 执 3392 号	杭州市拱墅区人民法院	(2016)浙 0105 民初 3087 号	全部未履行	2019-09-16	2019-10-09
11	(2019)浙 0105 执 3383 号	杭州市拱墅区人民法院	(2017)浙 0105 民初 409 号	全部未履行	2019-09-16	2019-10-09
12	(2019)浙 0105 执 3382 号	杭州市拱墅区人民法院	(2017)浙 0105 民初 1370 号	全部未履行	2019-09-16	2019-10-09
13	(2019)浙 0105 执 3391 号	杭州市拱墅区人民法院	(2016)浙 0105 民初 3088 号	全部未履行	2019-09-16	2019-10-09
14	(2019)浙 0105 执 3393 号	杭州市拱墅区人民法院	(2017)浙 0105 民初 568 号	全部未履行	2019-09-16	2019-10-09
15	(2019)浙 0105 执 3389 号	杭州市拱墅区人民法院	(2016)浙 0105 民初 3084 号	全部未履行	2019-09-16	2019-10-09
16	(2019)浙 0105 执 3379 号	杭州市拱墅区人民法院	(2017)浙 0105 民初 460 号	全部未履行	2019-09-16	2019-10-09
17	(2019)浙 0105 执 3422 号	杭州市拱墅区人民法院	(2016)浙 0105 民初 2955 号	全部未履行	2019-09-17	2019-10-09
18	(2016)冀 0304 执 243 号	秦皇岛市北戴河区人民法院	仲裁裁决书	全部未履行	2016-07-06	2019-08-19
19	(2019)冀 0102 执 1855 号	石家庄市长安区人民法院	(2018)冀 0102 民初 1958 号	全部未履行	2019-05-20	2019-07-04
20	(2019)京 0105 执 7766 号	北京市朝阳区人民法院	(2016)京 0105 民初 63766 号	全部未履行	2019-04-01	2019-04-08
21	(2018)冀 0104 执 3612 号	石家庄市桥西区人民法院	(2018)冀 0104 民初 2783 号	全部未履行	2018-11-02	2019-03-26
22	(2018)冀 0104 执 3561 号	石家庄市桥西区人民法院	(2017)冀 0104 民初 7100 号	全部未履行	2018-10-26	2019-03-21

续表

序号	案　　号	执行法院	执行依据文号	履行情况	立案日期	发布日期
23	(2019)京 0105 执 7777 号	北京市朝阳区人民法院	(2016)京 0105 民初 63960 号	全部未履行	2019-03-05	2019-03-20
24	(2019)京 0105 执 7779 号	北京市朝阳区人民法院	(2016)京 0105 民初 63761 号	全部未履行	2019-03-05	2019-03-20
25	(2018)冀 0102 执恢 2761 号	石家庄市长安区人民法院	(2017)冀 0102 执 2289 号	全部未履行	2018-11-01	2018-12-31
26	(2018)冀 0191 执 503 号	石家庄高新技术产业开发区人民法院	(2017)冀 0191 民初 1058 号	全部未履行	2018-04-25	2018-11-09
27	(2018)冀 0104 执 1661 号	石家庄市桥西区人民法院	(2017)冀 0104 民初 3778 号	全部未履行	2018-05-29	2018-11-03
28	(2018)冀 0104 执 3058 号	石家庄市桥西区人民法院	(2018)冀 0104 民初 3882 号	全部未履行	2018-08-28	2018-11-03
29	(2018)浙 0105 执 2553 号	杭州市拱墅区人民法院	(2016)浙 0105 民初 9112 号	全部未履行	2018-09-13	2018-10-09
30	(2018)浙 0105 执 2540 号	杭州市拱墅区人民法院	(2017)浙 0105 民初 785 号	全部未履行	2018-09-13	2018-10-09
31	(2017)冀 0302 执 1441 号	秦皇岛市海港区人民法院	(2016)冀 0302 民初 6470 号	全部未履行	2017-05-16	2018-09-21
32	(2016)冀 09 执 61 号	沧州市中级人民法院	2015 年沧民初字第 00060 号	全部未履行	2016-02-02	2018-09-20
33	(2018)冀 0108 执 128 号	石家庄市裕华区人民法院	判决书	全部未履行	2018-01-09	2018-05-14
34	(2017)京 0101 执 9367 号	北京市东城区人民法院	(2017)京 0101 民初 13952 号	全部未履行	2017-11-08	2018-05-08
35	(2017)京 0105 执 14910 号	北京市朝阳区人民法院	(2016)京 0105 民初 38390 号	全部未履行	2017-07-07	2017-09-05
36	(2016)冀 02 执 19269 号	唐山市中级人民法院	(2016)冀 0203 民初 1260 号	全部未履行	2016-11-24	2017-05-04
37	(2016)京 0105 执 2953 号	北京市朝阳区人民法院	2015 年朝民(商)初字第 27741 号	全部未履行	2016-02-25	2016-11-15
38	2015 年朝执字第 17805 号	北京市朝阳区人民法院	暂无	全部未履行	2015-10-29	2015-11-10

河北融投应承担代偿责任的案件中债权清收执行过程中困难重重，虽然法院判处了河北融投担保为被执行人，但是债权方在申请强制执行时，均被告知“暂缓执行”，债权清偿工作推进缓慢。2017 年 3 月，河北省高级人民法院的官网公布了 18 个有关河北融投的借贷或合同纠纷判决书，有 8 个诉讼原告为金融机构，涉及渤海国际信托、建行、邮储银行、兴业银行、光大银行、河北翼康投资有限公司和北京融发联尚投资管理中心。这 8 个借贷或合同纠纷中，金融机构均由法院判处胜诉，河北融投担保依约承担连带偿还责任。事实上，债权方在申请强制执行过程中，均被法院告知“暂缓执行”。

按照相关法律规定，正常司法流程需在 6 个月内执结完毕。在河北融投担保案件中，立案、判决流程都能按时完成，但到了执行阶段就没有后续了。当地政府为了将各基层法院涉及河北融投担保债务危机的案件进行统一管理，专门组建成立了河北融投专案组。然而，专案组未能发挥积极、公正的作用，对于河北融投担保的强制执行申请，要么采取不受理，要么采取暂缓执行，成为造成执行不力的主要原因。此外，在行政强势介入的情况下，原本一向强势的商业银行只能示弱。债权清收的阻碍主要在于：借款人名下资产几乎都作了反担保物，担保公司因没有代偿未形成应有债权但拥有反担保物权，拥有债权的银行与其均无法处置反担保物。

(3) 风险的治理：政府引导风险事件处置工作

① 政府出台风险处置方案

纵观河北融投事件，从担保项目大面积违约，到政府介入导致该公司被调整管理层、启动内部整顿并暂停所有存量业务，直到风险全面爆发，到多家信托以及基金公司公开上书河北省委要求河北融投担保履约，到最后河北融投担保母公司原董事长被正式批捕，这些事件的长时间发酵给河北金融行业带了重大影响，并敲响了警钟。政府部门在其中发挥了引导作用，及时对河北融投控股集团公司采取了一系列风险控制措施，但收益甚微。

1) 河北融投担保由建投接手托管并进行管理

2015 年 1 月 24 日，河北省国资委发布相关文件，河北建投承接托管河北融投担保，河北建投副总经理曹欣出任河北融投担保董事长，原河北融投担保董事长李令成留任公司党委书记。成立工作小组负责对河北融投担保的所有业务进行全面调查分析以及管理，要求河北融投担保的代偿或履约、释放抵押物等业务全部暂停。截至当年3月7日，河北融投担保对银行及基金、信托等多家单位，担保余额共计180亿元。以某股份制银行为例，自2015年初起对35家被担保企业发放贷款共计6.99亿元，截至2016年10月底，这些担保融资项目除银行到期收回或要求更换担保继续合作以外，绝大部分项目都违约，损失惨重。对非金融机构的或其他业务的担保金额，虽然未有公开准确的统计数据，但从此前媒体报道的河北融投涉及500亿的总担保数额来看，非金融机构或其他业务主体波及的金额总量要更大。

在河北省国资委主导的背景下，河北建投作为托管方重新整理业务，暂停所有新业务并仔细排查存续业务风险。根据官网公布数据显示，2015年4月至5月期间发布了《齐心协力推动河北融投担保集团担保业务健康有序发展》《河北融投担保集团积极推进依法合规担保业务开展》《梁静任河北融投集团董事长、党委书记》《积极应对经济下行压力群策群力解决企业困难》《集团党委书记、董事长梁静为集团中层以上领导人员讲"三严三实"专题党课》等正面宣传，拿出真金白银地履行合同，未见报道。

2)《河北融投担保集团风险处置工作方案》出台

2015年9月9日，河北省政府正式出台《河北融投担保集团风险处置工作方案》(简称《方案》)，该方案集中体现了河北省政府处理事件的严谨态度，但更多的是原则性的要求，操作性不强。

该《方案》提出了总体应对思路。在保证河北融投继续经营前提下，主体责任由融资企业承担，风险处置第一责任人由企业注册地政府承担，省政府在其中发挥支持协调作用，参与化解企业风险。此外，组建河北融投风险处置领导小组，小组成员由工商局、工信厅、金融办、财政厅、国资委、银监局等15个省直部门中选出，并将办公室设在河北省国资委。

该《方案》明确提出了风险处置原则。《方案》一是指出河北融投担保集团成立8年以来，为促进河北经济增长作出了巨大的贡献，为河北省内的小微企业累计担保融资近1 500亿元。二是说明随着2014年以来经济压力增大，小微企业接二连三地出现违约及逾期现象，给担保行业造成了巨大的代偿风险，导致各担保公司经营愈加艰难的原因。三是政府的高度重视，河北省委、省政府高度重视，河北融投担保案发生后，省有关部门各司其职、密切配合，组建风险处置协调领导小组，第一时间采取应对措施，并取得了初步成效。四是《方案》提出了处置原则是“在发展中处置、在处置中发展”，依法保障债权人的合法权益，通过多方共同努力，帮助借款企业和河北融投集团走上正常的经营轨道，推动河北省内小微企业发展，促进经济高质量运行。五是该《方案》制定处置措施和目标。《方案》提出对借款企业按照“五个一批”的办法进行处置，即快速提升一批、帮助扶持一批、支持发展一批、依法处置一批、重组盘活一批。六是搭建“四个平台”进一步加快“五个一批”处置落实。其中，“四个平台”分别指：经省政府批复的省级资产管理公司，通过多样化的手段处置不良资产，重点工作放在帮助盘活借款企业；新成立的省级担保公司，为信用等级高的小微企业创造融资条件，重点工作放在支持优势企业；成立省城镇化投资公司，通过项目投资、股权投资等多元化经营方式盘活涉险企业，紧紧抓住京津冀协同发展机遇；充分发挥政府的引导作用，利用多层次资本市场盘活一批负债率高但发展前景好的小微企业，利用基金培育、支持新兴产业。“两个合力”是指，在风险处置过程中，需要河北融投担保集团、债权人和借款企业三方形成合力，也需要各级政府及相关部门各司其职、形成合力，致力于提升借款企业资产价值逐步化解并防范风险能力，盘活闲置资产。七是该《方案》要求落实相关责任。注册地政府作为风险处置的第一责任人，规定了借款企业需承担主体责任，充分发挥市场机制的决定性作用。中小企业是市场经济的主体，河北融投担保风险主要来自借款企业，因此处置担保风险本质上就是处置借款企业的风险。地方政府要以积极的态度应对风险，必须以市场化方式运作发挥其在化解风险中的主体作用，鼓起企业主动自救，增强企业信心。要求借款企业与多层次资本市场对接，借助企业内、外部一切可利用的资源，提升自身的实力；利用基金、信托公司等平台，扩展并疏通融资渠道，提升自身的信用水平与资金来源。鼓励采取债务重组、存量盘活等方式解决资金危机尽快走出困境。要求企业配合政府及金融机构对河北融投进行资产清查，以诚实的态度面对，主动承担自己的责任，不逃避债务，做到不转移资产，合规经营按约还款。要求企业加强与民间借贷的债权人之间的信息沟通，为企业的稳定运行提供保障，化解民间借贷风险。

要求企业注册地政府作为风险处置的第一责任人，切实承担起风险处置的责任，应发挥牵头指导作用，主动协调推进风险处置工作。设立指定的办公地点，组建风险处置专项工作组，建立银政担企四位一体的沟通协商机制，明确办公人员名单及其联络方式。监测企业资金状况，积极组织摸排工作，一旦出现资金链断裂的苗头或者趋势，把控当地企业风险，提出风险防范措施。成立专门的工作组进入涉及金额较大的企业或项目。

② 司法审判相关责任人

2016 年 2 月中旬，河北省国资委官员、原河北融投担保党委书记李令成被纪委带走调查，河北融投担保总经理马国斌也被纪委带走，3 月正式宣布李令成涉嫌严重违纪行为。几乎在同一时间段，河北融投所担保的企业国泰集团董事长彭国昌、嘉隆高科董事长张英杰均被公安机关带走，后来这几人先后被判刑。

2016 年 10 月 24 日，河北省国资委召开全省国资系统警示教育大会。通报了李令成违反政治纪律，采取变更权属、债权方式，联合他人多次转移受贿财务，隐匿其两套北京房产。不配合且对抗组织审查，违反中央八项规定精神，接受可能影响公正执行公务的宴请并出入私人会所；不报告或不如实报告个人有关事项，违反组织纪律。向从事公务的人员赠送高昂的礼金，违反廉洁纪律。不及时向上级单位报告工作事项，违反工作纪律。与 3 名女性发生并长期维持不正当性关系，违反生活纪律。给国有资产带来重大损失风险，不正确履行职责。利用自己的职务或借助其他国家工作人员在企业经营方面的便利为他人谋取非法利益，违反国家法规，涉案金额总计超过 2 亿元人民币。在党的十八大后，情节严重、性质恶劣，其仍不知收敛，故河北省纪委监察厅给予李令成开除公职、开除党籍处分，涉嫌犯罪问题移送司法机关依法处理。2017 年 1 月，河北省人民检察院依法以涉嫌受贿罪对李令成决定逮捕。

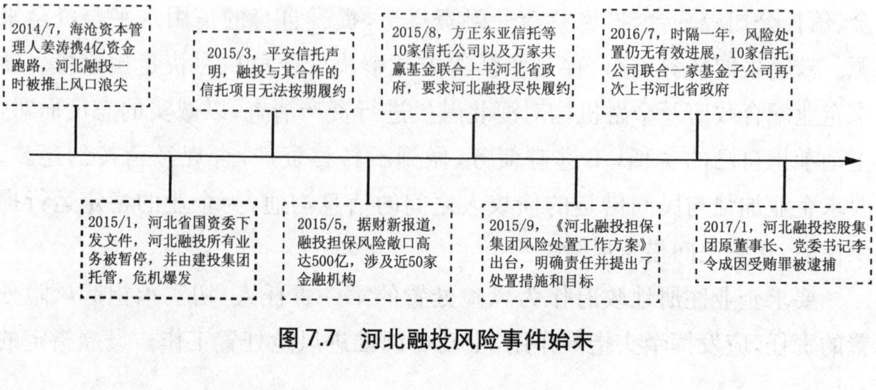

图 7.7　河北融投风险事件始末

7.2.3 河北融投担保集团有限公司风险事件发生原因分析

(1) 担保业务激进式扩张，叠加债权方风险度量偏低

根据联合资信公司2014年初披露的评级报告显示，早期河北融投担保的担保业务多以银行贷款为主，涉及债券的业务少之又少，从后续的推进来看，直接融资扩张所对接的品种也都是信托，资金投资去向大多数为河北省内的地产项目。此外，2014年与P2P平台积木盒子开展融资担保合作，标志着河北融投首度涉足互联网金融领域。

河北融投担保作为当时全国第二大的担保公司，宏大的规模以及优势性国资背景为其业务发展提供了强大动力。在与公司业务往来时，政府信用背景淡化了银行等债权方的风险偏好。因此，在河北融投担保增信之后，债权方的放款条件也会随之宽松，叠加本就激进的扩张风格，公司的担保业务开始逐步向信托、互联网金融方向延伸，为后续风险爆发埋下了种子。

(2) 内部风控缺失，监管指标超限

2010至2014年，河北融投担保规模迅速扩展，在保余额从28.25亿元扩张至500多亿，涨幅超过16倍，而此时同期的广东再担保、中投保、安徽担保等公司涨幅均在3倍以内。河北融投担保放大倍数逐年稳步上升，截至2014年数据显示，公司放大倍数由1.97升至11.5倍。与海泰担保净资产下滑状况不同的是，河北融投担保激进式扩张导致其净资产无法与存量担保

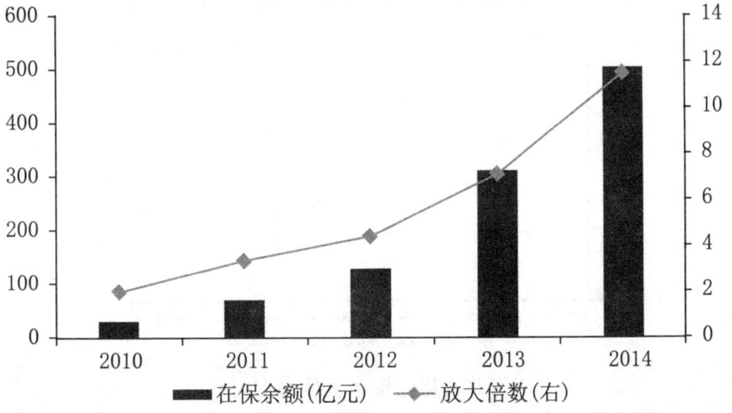

图7.8 河北融投在保余额与放大倍数变动情况

规模的增长速度相匹配，并且公司未出台相应的安全保障措施应对日益扩张的风险敞口。

河北融投担保本应该由河北省工信厅融资担保处负责监管，但河北省工信厅融资担保处并没有有效执行其职责，存在监管制度不完善、监管效果不理想等问题。因此，在长期监管缺乏的背景下，河北融投担保依靠其自身政府背景进一步扩张业务规模。

(3) 担保对象具有明显的顺周期性，行业景气度下行致使风险点暴露

河北投资者担保的大部分信贷和信托业务对象都是当地的房地产项目。2014 年下半年，受到房地产市场萧条，投资者经营不善的影响，企业不能及时还贷现象逐渐增多。在这种背景环境下，省内多数银行采取抽贷的方式进行自保且风险偏好明显下降，原本资金运作就困难的企业更是难以存活，致使三方陷入了“受保企业违约—担保公司代偿—银行抽贷”的恶性

河北省房企 2014 年利润大幅下滑

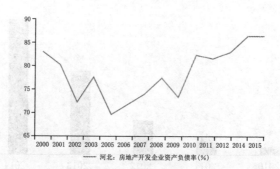

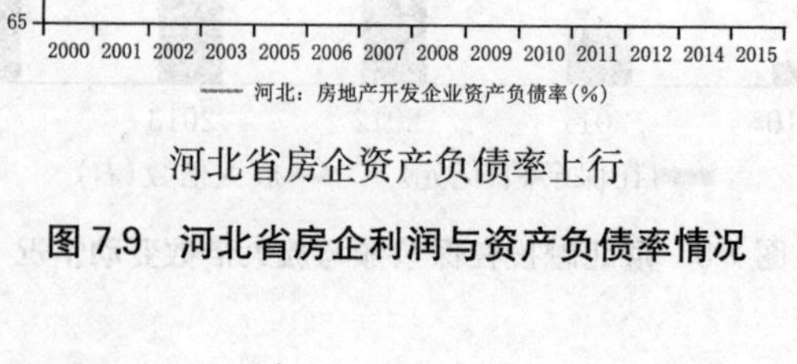

河北省房企资产负债率上行

图 7.9 河北省房企利润与资产负债率情况

循环。企业没有充足的资金保障其正常运作，河北融投担保的代偿风险逐步堆积，由量变引发质变，当压倒最后一棵稻草时风险爆发，而此时的河北融投担保早已自顾不暇，只能被建投集团托管。

(4) 风险爆发后处置晚，债权清偿困难大

在河北融投担保风险危机爆发后，政府制定了《河北融投担保集团风险处置工作方案》，该方案对于化解风险具有一定的积极意义，但也存在一定的局限性。一是虽然方案中明确河北融投风险处置中的相关责任，但方案中没有明确的时间表、具体支持政策。二是从法律制度角度来讲，河北融投担保责任应该由自身承担，方案中提出将河北融投担保作为担保应该承担的责任，却让地方政府作为风险化解的第一责任人，明显是权责不对等或主体责任不统一，也使得法律责任悬空。事前国资委并没有出台相关配套文件让各地方政府承担救活担保企业的责任，并且地方政府也没有与金融机构签订合同，本质上不符合法律关系。虽然成立了省级资产管理公司作为风险处置的载体，但实际上，该资产管理公司的可用资金少、处置方式有限且效率不高。正因如此，2015 和 2016 年这两年间信托、基金公司等 10 余家金融机构连续上书河北融投违约，引发担保行业的重大风险。在 2011 年至 2016 年五年期间，累计信贷投放达 500 亿元以上的大中型股份银行也加入了在河北的“求救”队伍，呼吁河北省政府能尽快采取多种措施化解风险。

7.2.4　河北融投案的深远影响

企业和金融机构是一衣带水的依存关系，小微企业是金融机构的服务对象，而中小企业融资又是银行客户，虽然小微企业融资难是世界性的难题，但符合条件的银企合作仍在正常进行。只有当地政府、金融机构和非金融机构之间相互配合好，才能为中小企业的发展保驾护航。站在现在的时间点回看河北融投案，涉及数百亿级担保违约仍悬而未决。受牵连的金融机构债权人从未放弃追偿，但颇感无力的是即使他们集体胜诉，依旧无法处置反担保物。这一场爽约行为延续两年以上，损失的是实实在在资源或信用，几乎让河北省境内所有企业和信用机构集体处于尴尬境地。因此，妥善处置河北融投事件及跟踪后续处置才是挽救局面的关键。然而，从相关资料来看，河北境内大面积企业面临破产危机，企业裁员导致员工纷纷失业，进一步影响省内经济发

展。例如某造纸企业，拥有 240 亿的资产规模，披露的负债大约在 120 亿。若河北融投正常运营，该情况尚属可以接受。然而前期利息的违约风险随着各业务合作进一步传递，造成了金融行业及供应链企业的连锁反应，企业在没有资金保障的情况下无法正常生产经营，企业内大约 2 000 名工人将面临欠薪和失业风险。令人担忧的是与之类似的企业比比皆是。

在“京津冀一体化”的背景下，河北省各政府机关、金融与非金融机构应合力支持中小企业发展，加大向中小企业资金投放的意愿，同时也应建立相应的风险预警机制，利用云计算、大数据等智能技术实时监测各种影响正常运营的风险，保障担保再担保体系的平稳运营。否则，一旦再次发生与河北融投类似的事件，金融生态环境将被再次破坏，使得原本处于弱势的中小企业在经营方面更是雪上加霜，发展前景良好的企业没有充足的资金支持，甚至连自保都很困难。

7.3 本章小结

首先，分析了再担保体系合作主体风险治理的要点。融资担保公司作为承接融资风险的第一环节，规范经营与完善风险控制机制是主要治理目标，通过监控被担保企业的风险预警信号并出台预案、代偿后及时追偿等方式治理风险；而再担保机构充分认识融资再担保功能的政策性意图，合理分担风险并扩大小微企业融资担保业务规模，通过形成合理的风险分担制度或机制，从顶层设计的角度通过规范再担保业务治理风险，尤其是注重与治理多主体合作失效的风险；银行作为中小企业信用审查的主要单位，以适度分险并通过分险提高中小企业信用审查的责任，也是再担保体系风险治理的重要环节；而各级政府尤其是省级政府，通过资本注入、税收优惠、业务补贴、风险补偿等系列制度与措施，对担保、再担保机构业务开展业务指导与行业监督考核，引导融资担保、再担保向政府倡导的方向发展，防范重大风险并出台预案。其次，总结各主体尤其是地方政府在风险治理方面存在的问题。最后，以河北融投担保集团风险事件为研究案例，研究再担保体系重大风险治理中风险演化、政府治理与引导，存在的问题与困难以及分析河北融投案对区域金融系统的深远影响。

第八章　小微企业融资再担保体系风险预警研究

小微企业融资再担保体系为缓解我国小微企业融资难问题、促进普惠金融、推进精准扶贫以及完善社会信用体系起到了重要作用，然而担保及再担保机构平均担保放大倍数过低、持续发展能力弱、各类风险频发等行业问题逐渐显现，再担保体系建设也存在体系建设不完善、合作不稳定以及重大风险时有发生等诸多亟须解决的问题。目前，随着我国经济发展从高速增长转向中高速增长，经济结构调整的步伐不断加快，经济发展动力以及经济发展方式也正在随着社会发展在不断革新。在这一背景下，以新冠疫情暴发为典型代表的不确定因素、以中美贸易冲突所表现的复杂状况以及与之所带来各种风险问题凸显，尤其是在金融领域，包括融资担保等非金融机构，要精准预防区域性、系统性风险，仍然是一项极大的考验与挑战。

在融资担保风险现状研究中，回顾了历年担保行业风险情况及监管主体的变化，系统分析了融资担保行业中现存的风险问题及其成因，梳理了相关政策出台的背景以及主要的发展驱动逻辑。在《融资担保公司监督管理条例》发布之前，我国融资担保行业从无到有，处于探索过程之中。由于监管主体转换以及缺乏强有力的监管条例，监管相对松散，再加上担保机构从国有担保机构为主体到鼓励民营担保机构占主体，再到政府性担保机构为主体，行业从爆发式增长到急剧萎缩，加之融资担保业务本身的高风险属性，业内担保公司良莠不齐，违规乱象时有发生，牟取贷款、非法集资、代偿违约、高层跑路等问题不断出现，甚至酿成严重的社会性群体事件。如 2011 年圣沃担保、郑州诚泰事件引爆河南担保危局；2012 年中国中担担保风险事件浮出水面，中担投资信用担保有限公司作为民营担保巨头，以理财、借款等名义违规骗取为小微企业担保的贷款并将客户保证金挪用，随后实控人失联，导致风险全面爆发，担保行业银担合作因此而明显收紧；2012 年下半年，国内钢铁贸易行业以钢贸市场为主要代表的融资担保风险显露，因巨额代偿备受市场关注的中投保公司引起行业震动；2014 年，四川最大的民营担保公司汇通担保公司高管跑路，导致 50 亿担保贷款受到牵连；同年，由于小微企业债券市场发展迅猛，私募债在集中到期后出现违约问题，部分有担保公司担保的债券，证券市场的焦点随之转向担保公司的代偿，担保风险出现，以河北融投、海泰担保、中海信达等为典型代表的代偿违约事件对彼时的行业和市场造成了巨大的冲击，担保行业的增信效力因此受到了广泛的质疑。通过对重要担保案例的梳理与回顾，重视分析在问题的背后究竟是哪些因素诱发了担保公司及行业的重大风险事件，在还原事件相对清晰的逻辑脉络的基础上，能够警示风险控制，防范类似悲剧性风险事件再次发生。站在新的时间点上，我国中小微企业融资再担保体系发展面临新的形势，防范风险仍然是行业关注的重点，建立并完善重大风险的预警机制，显得尤为紧迫与必要。

8.1 当前融资再担保体系面临的不利状况

8.1.1 当前区域性金融风险隐患

(1) 疫情下部分银行出现“缩表”

2020 年上半年，为了支持实体经济快速复苏，以应对“新冠”疫情对经济的冲击，通过增加放贷扶持与让利实体经济，银行发挥了至关重要的作用，很大程度上增加了生产者、消费者的信心，但受整体经济下行形势及受新冠疫情的冲击和让利实体经济的政策举措等影响，导致银行在盈利方面承受巨大的压力和挑战。在我国 GDP 同比下降 6.8％的不利情况下，银行作为顺周期行业，不少中小银行出现了“缩表”状况，例如总资产规模为 451 亿元的广东肇庆农商行，截至 2020 年 6 月末，总资产较年初下降 1％；同样，余杭农商银行上半年末总资产规模为 1 277 亿元，较年初下降 1.5％。银行的“缩表”会提高对资产质量的要求与放贷风险的防控，减少对低质量小微企业的贷款。

(2) 互联互保等融资担保方式导致风险向纵深扩散

近年来，受互联网为载体的线上销售活动影响，以及大量社会资金在实体经济外空转，专注于实体经济的企业经营举步维艰，线上线下相结合的企业，又将两个市场的风险串联起来，导致各类违约事件发生的概率明显提高。部分民营企业通过联保形式提高信用以此获得所需的银行贷款，在此基础上逐步形成了区域担保链、担保圈，并呈现出涉及面广泛、担保总量大等特点，使得大量企业牵涉其中。此外，部分民营企业采取民间融资的方式，形成另一条资金融通链，这些资金链又与银行融资链交织，一旦中间的某个薄弱环节发生断裂、崩溃，违约风险将会顺着担保圈、担保链和民间融资链等不断扩散与蔓延。而且部分银团贷款项目出现风险后也会波及多家关联银行，如果一家银行采取抽贷行为，会对当地银行起到示范作用，群体行为更会对区域经济社会造成较大的冲击，同样影响担保及再担保业务。

(3) 互联网金融风险不断蔓延

从互联网金融业务表象看，互联网金融机构开展的业务种类繁多，产品呈现相互关联性较强、平台相互链接的特点，风险传染性高。P2P 网贷业务作为当前互联网金融行业风险爆发的典型性业务，由于监管困难、业务总量大和涉及用户人群广等，导致非法集资以及网络诈骗行为屡见不鲜，影响恶劣，风险管控失败导致行业的覆灭。同时，互联网金融多是资本运作，背后关系更加复杂，有的线下门店布局逐步向三四线城市扩展，并呈日益增多的态势，再加上相关监管措施未能落实到位，使得超范围经营现象普遍存在，资金以及个人信息的安全无法得到有效保护，融资风险已经集中爆发。互联网金融与“影子银行”及正规的金融机构，有着千丝万缕的联系，通过成千上万的个人及小微企业联系在一起，谁都不能独善其身，这同样是担保再担保业务必须面对的问题。

(4)“影子银行”过度发展积聚系统性风险

除银行业金融机构以外，非融资担保公司、小额贷款公司、典当行、信托公司、投资公司等非金融机构由于在一定程度上拥有类似银行机构的间接融资功能，被称为“影子银行”。由于“影子银行”风险具有隐蔽性、复杂性、突发性、脆弱性和传染性，通过众多的个人及小微企业等市场主体关联起来，是一个理不清的复杂的多主体市场网络，加之通过“影子银行”融资的市场主体，与从正规的银行融资的客户相比，信用上差了一个等级，多种因素影响之下，一个薄弱环节再现风险，极易诱发系统性金融风险。

(5)非法集资高发引发的投资风险

近年来，民间非法集资以高息高利为诱饵引诱社会资金，又有重新抬头的趋势，且呈现发案数量激增、地域集中的特点。非法集资主要通过现场讲座、礼品赠送等方式向社会不特定对象发放宣传材料，承诺高息回报，短时间内吸引大量人员参与，而参与人员贪图高回报，明知有风险仍愿意冒险，且因为集资参与者多为农村的务农人员、城市中老年人和打工群体，该类人群出于贪利的意图，加之对新事物的认识判断能力不足，极易上当受骗，成为隐藏于民间的间接金融风险点。非法集资主体利诱性和隐蔽性强，特别是投资类企业登记注册无需前置审批，注册后缺乏监测预警机制，打着新产品、新业务、新理财的名义，诱惑贪利或不明真相人员参与，一旦非法集资盛行或风险爆发，众多受害者通过复杂的社会网络传染到相关企业及银行等，或者因欺骗盛行导致当地信用恶化，都会对当地经济环境造成无法估量的影响。

8.1.2 当前经济金融形势中的不利因素

(1)疫情及中美冲突下国内外经济形势不稳定

经过反复研判，国际社会对新冠疫情的发展逐渐达成了共识，一致认为新冠病毒将很可能与人类长期共存，疫情很可能持续存在并反复出现。因此，疫情防治常态化，是制定和实施所有经济和社会政策的前提。在这个意义上，所有的发展规划“用疫情因素砍去一刀”“疫情过后 V 型反弹”等判断变得不准确。在国际上，全球储备积累近年来大幅度放缓，反映了全球危机后，尤其是 2018 年中美贸易纠纷后“去全球化”趋势在深化；另一方面也反映了以美元为主的国际货币体系正在遭受质疑，以新冠疫情为起点，全球将进入一个没有绝对安全的货币锚的后 2020 时代。

就国内而言，疫情对消费行业冲击显著。2020 年 6 月以来线上消费出现了一定程度的反弹，但消费回暖背后存在“地域不均衡”的结构性差异，低线城市、中西部内陆省份和低收入人群消费仍旧相对疲弱。民营企业经营和偿债压力也显著加大。企业经营情况和盈利水平在疫情影响下显著恶化，2020 年一季度 A 股民营上市公司净利润总和同比大幅下滑 28.7%，利息保障倍数骤降至 2.88 倍，企业的潜在违约风险明显抬升。疫情在海外蔓延提高了国内产业链外迁风险，中资企业境外融资亦受到冲击，预计这种状况仍将继续恶化。

(2) 疫情及中美冲突对小微企业影响较大

小微企业和工薪阶层是国民经济和社会发展的基石，疫情造成了全国范围、全行业的停工与半停工，而微弱经济体能否恢复或保持金融健康，是经济能否复苏的关键。在 2020 年 2 月份疫情暴发期，很多机构对工薪阶层、小微企业等经济体进行了调研。结果显示，微弱经济体的金融健康受到很大侵蚀。虽然，疫情发生后的三个月是大部分小微企业的“生死存亡关键期”，但对小微企业主的信心冲击没有想象中严重。大部分小微企业净利润受到影响，其中，纯互联网线上经营的企业净利润受冲击程度最小，且该模式拓宽了小微企业的融资渠道并提高了贷款可得性，数字化经营优势凸显。从政策角度来讲，疫情期间，财政政策的作用大于金融政策。

而在 5 月份的调研，调研重心向财政金融政策的有效性倾斜，调研结果显示：其一，当时的财政金融政策对小微企业产生了明显影响，但还需做结构性分析。各项补贴及直接减免小微企业经营成本的财税政策对各类企业产生了实质性帮助。相比来讲，金融政策带有一定的行政色彩，其触达更依赖于银行等金融机构的客户筛选机制，覆盖面较低。但无论是财税还是金融政策，都未能惠及个体工商户、工薪阶层及灵活就业人员。其二，财税金融政策与我国现行的市场机制之间存在一定的冲突，一些金融政策在实施时会将风险转嫁到金融机构中。因此，政府在推动相关政策时，需要对不同状态的企业进行界定，关注企业风险；同时还应注重政策的时效性，事先制定退出机制，避免对市场的正常运作、发展产生负面影响。其三，与2月份相比，5月小微企业信心严重受挫，需求侧消费意愿萎靡。即使有多重财税金融政策的大力救助，但受复工复产延期、订单量减少、消费需求疲软等因素影响，小微企业信心未能恢复到疫情前的水平。且出台的政策重心是稳企业保就业，对需求侧缺乏重视，不能有效提振消费意愿和提升消费水平。

(3) 财政政策与货币政策协调配合中的财政收支缺口加大

由于经济下行和新冠疫情冲击，需要被救助的企业和居民大幅增加，需要增加政府支出的领域日益增多。可以合理地预计，在今后一个不短的时期内，财政支出的压力将逐渐增大。然而，在另一方面，由于财政收入同国民收入存在累退的函数关系，随着国民收入增速下降，财政收入(特别是税收收入)将以更快的速度下降。如此一增一减，财政收支的矛盾将日渐突出。在这样的趋势下，我国财政未来的主要矛盾，将体现为日益增长的财政支出需求同增速下降的财政收入的矛盾，财政收支缺口日趋恶化，应当是大概率事件，同样会影响到再担保体系财政对代偿风险的补偿政策等。

(4) 增加有效金融服务供给中的不良贷款处置依然困难

有效金融服务的供给是一个系统工程，既要注重"放水"、"引水"，更要重视"排水"。"放水"是指为实体经济提供金融服务；"引水"是指金融服务要有针对性；"排水"则要更加注重金融之水的循环问题，同时注意优胜劣汰。受疫情冲击，小微企业不良贷款率上升较快，而现有处置不良贷款的办法难以真正起作用，这些不良贷款淤积在金融系统，将形成未来的金融风险。因此，救助过程中的"排水"问题必须引起充分重视。同庞大的融资市场规模相比，我国处置不良资产的市场化机制还不健全，处置慢、处置贵问题并存。

因此，针对中国资本市场面临的供给短缺矛盾，导致我国企业融资需求得不到有效满足，造成整个社会福利损失，加之疫情与中美冲突的影响，众多不利因素影响下加快融资担保业发展，以弥补银行信贷融资不足，形成强大乘数效应，有效增加资本供给，是逆经济周期促进经济发展的措施。而融资担保业自身发展的关键，在于对风险的有效防范与控制，包括快速的资产处置机制及其有效的风险预警机制。

8.1.3　融资担保行业自身固有的问题依然突出

近年来，中央政府高度重视融资担保行业发展，为支持小微企业融资，将政府性融资担保体系建设作为关键环节。2016 年 5 月，成立国家农业信贷担保联盟有限责任公司，开展“三农”领域的融资担保相关业务。2018 年 7 月，国家融资担保基金成立，注册资本 661 亿元，是由财政部与主要商业银行联合发起的准公共性质基金。同时，地方政府也纷纷设立地方政府性融资担保基金。总体来看，我国政府性融资担保起步晚、规模小、覆盖面低，还存在一些不足。

一是主业不够突出。国有融资担保公司开展政策性担保业务，为实现国有资本保值增值，或在不考核盈利要求下加大可覆盖的风险金储备，国有融资担保公司需要开展一些商业性业务来盈利，有不少机构为大企业、大项目服务，使得为小微企业和“三农”融资的政策性担保业务占比没有提升到理想比例。

二是担保能力不强。主要表现在实际担保的放大倍数不到 2 倍，低于我国《融资担保公司监督管理条例》中最高 15 倍的规定，更是低于日本和美国 30 至 50 倍的水平，未能切实发挥财政资金的杠杆作用，担保效能没有充分发挥。

三是银担合作不畅且风险分担补偿机制不健全。小微企业担保贷款风险高，一些银行分支机构落实担保业务有顾虑，主动分担风险的积极性不高；也有一些政府性担保机构实际到位资金有限、代偿不积极；地方政府对担保机构相应的代偿奖补等不能正常保证等。

四是缺乏行业专业人才。我国担保行业起步晚，行业内相关经验丰富的技术人才和管理人才短缺，对于项目风险识别和跟踪能力也不强，尤其是政策性担保机构，部分人员来自政府或事业单位，在风险精细化管理方面与银行还存在一定的差距。

五是地方监管薄弱。我国已初步建立省级融资性担保信息报送平台，各下级融资性担保机构上报当月的业务明细，监管机构进行业务或信息审核，检验上报数据的真实性并对相关数据分析利用。由于专职人员少或其专业技术水平不高，导致总体上信息质量不高，信息价值挖掘不足，非现场监管能力较为薄弱。此外，地方机构在监管模式和有效的手段方面缺少创新，往往采用一刀切的政策，现场核查工作缺乏有效的落实，地方监管力度也比较薄弱。

8.1.4 当前已出台的风险预警措施仍显不足

2020 年 7 月，融资性担保业务监管部际联席会议制定了《中国银保监会关于印发融资担保公司非现场监管规程的通知》，首次明确提出监督管理部门应当根据监测分析结论和突发事件情况，结合融资担保公司设立的相关预警指标，合理预判行业重大风险的走势变化，前瞻性地开展短期和中长期风险预警工作。一是明确了融资担保公司非现场监管工作的职责分工与非现场监管流程，对信息收集与核实、风险监测与评估、信息报送与使用、信息监管等工作提出了明确的要求，对融资担保公司监管报表以及相关指标解释进行了完善，将监管指标统计与监管制度要求相统一，有利于监督融资担保公司的经营工作，有效促进监管制度要求的落实和执行，为普惠金融发展提供强有力的支持。二是明确了融资担保公司的非现场监管工作的重点内容，例如：融资担保公司的外部市场环境变化、公司治理现状、内部控制状况、风险管控能力、整体业务情况、关联担保风险、财务状况和多元化经营状况等。三是明确监督管理部门拥有依法查询金融信用信息基础数据库和征信机构数据库中涉及融资担保公司信息的权利。经营稳健、财务状况良好的融资担保公司经监管部门的推荐按照规定与金融信用信息基础数据库对接。融资担保公司按照商业合作原则与征信机构建立良好的合作关系，双方都拥有依法提供、查询和使用信用信息的资格。四是明确了重大风险处置工作机制。针对融资担保公司出现重大风险、异常变动、突发事件等情况，及时处置融资担保公司风险，并按照有关重大风险事件报告制度的要求向本级人民政府、银保监会和央行报告。监督管理部门应当根据监测分析结论和突发事件情况，及时部署预警工作安排，最大限度降低风险带来的隐患。五是进一步对监管措施细化。监督管理部门应当通过风险监测、信用评价与评估结果，实施差异化监管，并将监管措施落实到位，及时提示融资担保公司关注重大风险点，督促其持续优化内部风险控制制度，提高其风险管理水平和防范、化解风险的能力。

虽然上述通知较为全面地明确了相关风险的预警措施，但仍然存在以下几点不足。一是侧重于关注单个机构风险，而不是再担保体系风险。从系统论角度而言，在担保机构、再担保公司、协作银行和政府的利益关系中，风险分担处于核心地位，只注重单个机构的风险，不关注整体性的体系风险，不利于提高各主体间的竞争与合作水平。二是体系外风险没有被有效纳入。再担保体系的平稳运营不仅仅需要防范体系内部的协作风险、经营风险、代偿风险和违约风险，体系外部的法律风险、政策风险和市场风险也需要进行有效防范，外部风险通过影响被担保的中小企业传入再担保体系内，内外兼顾才能全方位降低风险带来的不良影响。三是存在政策执行不到位的风险。政策的执行是再担保体系风险防范的重要途径，由于各地执行机制存在缺陷、政策认识不到位和经济水平差异化等主客观原因，难免会遇到执行不到位的问题，因此各地政府要从政策本身出发，研究分析政策执行不到位的原因，有针对性地提出建议和对策，实现政策的有效执行，减少失误偏差。四是存在"准公共品"供给不足，即担保萎缩的风险。"准公共品"的有效供给不仅关系到经济和社会的健康快速发展，而且对于促进社会公平和构建和谐社会都有着十分重要的意义。尤其是今年受疫情的影响，经济环境的下行压力较大，大多中小企业的营业额下降且借款意愿不高，尽管国家出台相关政策降低担保、再担保门槛，但担保行业仍呈现萎缩趋势。因此，在稳定再担保产品供给的前提下，建立并完善再担保体系风险预警机制势在必行。

8.2　小微企业融资再担保体系风险预警思路

从系统角度来看，再担保体系涉及国家融资担保基金、融资担保机构、再担保机构、协作银行、直接关联的地方政府以及受保的中小企业等主体，分散的融资风险是由若干个相互影响的动态要素所构成的有机体，各主体间的信息流、资金流和风险传导相互关联交织，必然表现出再担保体系风险的复杂性、多样性、系统性等特征。在有效识别再担保体系风险的基础上，用网络法(或网络理论)研究再担体系风险的预警系统。

8.2.1 小微企业融资再担保体系风险预警的逻辑

(1) 基于小微企业运营特点的风险预警

在我国经济结构处于战略转型、经济增速放缓的背景下,受制于历史和经营传统等因素,从目前的实际运行情况来看,我国小微企业具有自身发展运行的特点。国内小微企业具有管理水平参差不齐的普遍特征,以民营为主体,许多小微企业管理不规范,财务数据存在失真或不全,自身抗风险能力较弱;众多小微企业对于市场供需的把握能力不强,不具备规划长远发展计划的能力,经营也缺乏稳健性,盲目扩张现象较为突出,一味地进行多元化生产和投资固定资产,应急时向民间借高利贷,随时有资不抵债风险。商业银行以小微企业财务信息为主的信息搜集评价信用风险,贷后的回访和后续跟踪,信息具有局限性和时滞效应,企业经营业务、信用更新情况、银企关系处理等因素更新不及时。因此,小微企业金融风险预警指标体系要在财务指标之外加上企业行为指标,以非财务信息佐证加强财务信息指标,通过各种渠道来突破传统信息限制,通过大数据技术提供适时数据,对信息建模求解,实时监测、分析企业信息,甚至用人工智能技术代替人为主观判断,以达到精准评价及风险预警的目的,提升预警的效果。

(2) 基于担保及再担保功能的预警逻辑

融资再担保体系本质上是一个融资辅助服务平台,以小微企业融资业务场景为需求来源,为高信用级别的小微企业融资提供信用担保,将商业银行作为资金供给方,为融资链上下游企业提供担保、再担保及代偿等服务,高效解决政府扶持“三农”或中小微企业、规范担保业发展、完善社会信用环境等多需求,具备提供多行业、多链条、多场景融资链金融服务的信用增进职能,以信息实时监控、信用风险预警及信用监理为特色,辅助解决信息不对称问题。实时监控是指实时监控小微企业经营中体现的信用动态,对商流、物流、信息流、资金流以及人员流信息的监控,可以一眼浏览经营中的信用链、债务链、股权链。风险预警是系统设计的一种主动风险防御机制,通过对一些关键风险指标进行风险临界值设置,既要保证一定的风险容忍度,保证实现担保再担保功能,也要设定风险临界值,当实时数据波动触及临界值，系统会发出报警信号，第一时间让用户获取风险揭示，防范风险失控，以保证可持续发展。

(3) 基于担保机构重大风险的预警逻辑

从形成原因来区分，融资担保机构、再担保机构出现重大风险，原因包括主观原因、客观原因，或者内部原因、外部原因，或者人为原因、非人为原因等等。从表观指标来看，扩张激进、指标超限是担保公司风险事件的通病，而在相对宽松的监管环境下，风险分担机制或商业模式缺失或原先风险分担机制突然失效、量变到质变引起的连锁风险的发生等，是导致担保、再担保机构重大风险事件发生的根本原因。因此，再担保体系风险预警，从重大风险预警的角度，关注被担保企业群体性或区域性风险、担保及再担保制度的突然失效、代偿率等容易引起连锁反应的重要指标、担保及再担保机构自身引发的重大风险等是风险预警的重点。

(4) 基于金融风险的预警逻辑

从金融风险发生的业务阶段来区分，包括放贷前、贷中和放贷后。放贷前的重点是客户选择中的有效甄别，甄别可能存在风险的客户；贷中的重点是审查、分析、准确判断，以及信贷方案的设计合理规避风险；贷后的重点是客户管理，防范风险。贷后发生问题的占比远高于前两个阶段。更多的资料显示，贷后发生的问题，在贷前就有信息，比如还款能力不足、财务状况不良、信用缺失，只是在贷前或贷中被隐瞒。商业银行在信贷风险管理方面，重贷款发放、轻贷后管理，发生风险前察觉晚，行动缓慢及被动应对，加之不分担担保风险，增加了担保机构代偿的压力，也对融资担保机构的预警机制提出了新的要求。

早期风险预警和重大风险预警，成为贷后管理的重要内容。早期风险信号，如借款人的电话不好接通、借款人销售收入大幅变少、借款人到处寻找资金，是贷款不良的早期风险信号。发现这些信号，及时采取措施，许多不良贷款代偿是可以避免的。除了早期风险信号，还有被担保企业重大风险预警信号，是指借款企业、担保人及外部环境发生了对债权人重大不利的风险事件，比如:借款人挪用贷款、销售严重下滑及大量债务逾期、市场经营受到政策等限制、重要骨干或内部人员结构发生重大变化、实际控制人死亡或重病、失联等。此外，借款企业的还款意愿丧失、管理能力下降、流动性严重恶化、重大事项决策失误等，这些都属于重大预警信号。

8.2.2 基于预警逻辑的再担保体系风险预警核心要素

随着科技金融的发展，银行有去担保化的倾向，当监管部门进一步规范、收紧行业的监管要求，提高行业准入门槛并提升业务规范性以后，小微企业融资担保再担保必将重新回到与银行对场景的争夺之中，而真正金融科技的发展也将再次提升行业的效率并降低风险，下面分析小微企业融资再担保体系风险预警的核心要素。

(1) 再担保风险预警体系

再担保体系涉及多个主体，各主体自身由于经营管理问题产生风险溢出，再担保业务链条的存在提供了风险传染的路径，多种体系外部干扰因素又可能扩大潜在的风险敞口，使得风险更加不确定。基于再担保体系风险的基本特征，结合风险预警的逻辑思路，考虑从系统角度构建多层级的风险预警体系，主要包括数据层、系统层、模型层、流程层和管理层，如图 8.1 所示。

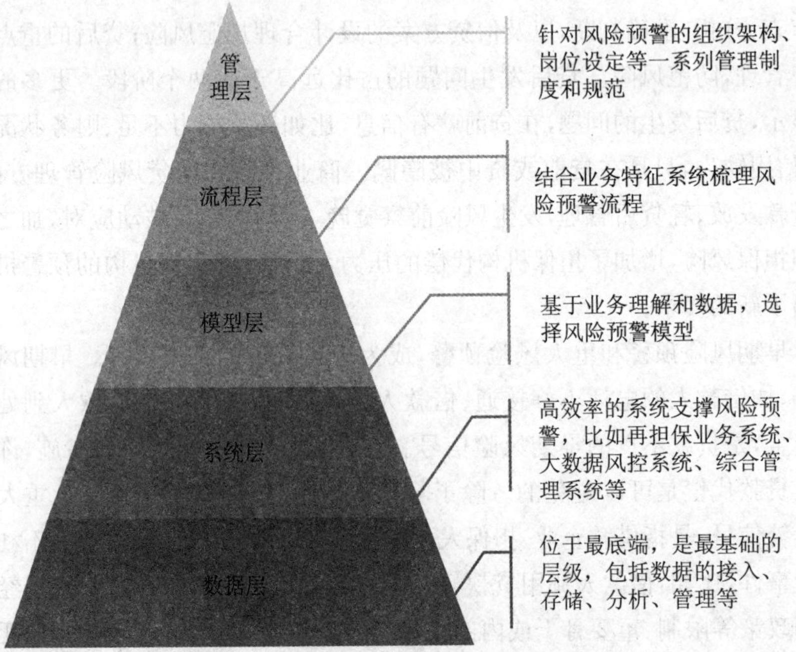

图 8.1 再担保体系风险预警体系的五个层级

(2) 再担保风险预警体系的三大核心要素

再担保风险预警体系的建立包括三大核心要素：数据、策略(模型)与系统平台。

① 数据要素。随着再担保业态的不断演进，数据是再担保体系风险预警的基石。由于用户数据采集涉及用户隐私，大量担保及再担保机构掌握的数据局限于与之合作的企业或某一特定地区的小微企业，所掌握的企业信息数据库并不完善。另外，当前政府对数据的使用和监管越发规范和严格，在未获得企业授权的情况下，数据搜集的难度也不断加大。征信机构的蓬勃发展为担保及再担保机构的数据搜集带来新的契机，通过打通政府、事业单位与企业之间的数据通道，同时借助大数据技术从多渠道挖掘数据，大大提升了风险预警的时效性与准确率。因此，不论是从数据本身的可靠性与稳定性考虑，还是业务本身的合规性，与正规征信机构的合作将是未来再担保体系风险预警的主要方向。

② 模型要素。模型的主要功能在于建立企业经营数据与风险之间的逻辑关系。目前在金融领域的信贷风险控制模型主要有反欺诈模型、额度模型、定价模型、催收模型和金融画像模型等。如果只是通过外接一些外部的来源不明的黑名单类数据或者制定几个简单的规则，这种粗放式风险管理缺乏系统性与针对性，同时也无法真正解决风险防范问题。再担保体系的风险预警应该从两个角度去考虑，第一个角度是资产端风控策略，第二个角度是资金端风控策略。考虑主要出发点应该是从保前、保中、保后三个方向，结合传统业务的风控模型和互联用户的行为数据，针对资金、资产进行风险等级划分，保前的防欺诈系统、保中的舆情监控、保后的权重叠加，贯穿整个再担保预警流程，如图 8.2 所示。

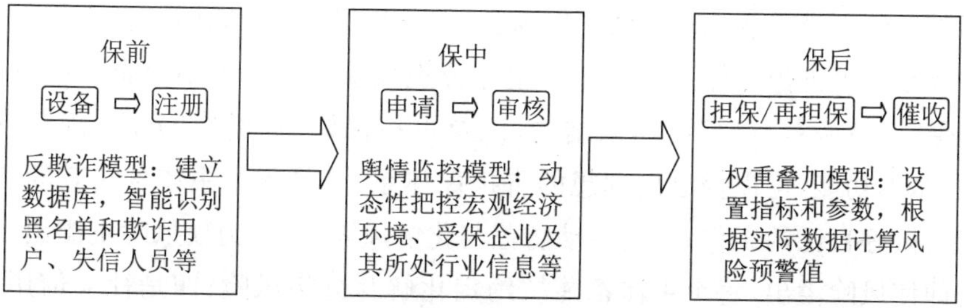

图 8.2　贯穿再担保业务全流程的风险预警模型

③ 系统平台。完整的再担保体系风险预警系统主要包括核心业务系统、综合信息协同系统和综合管控系统。其中，核心业务系统是整个风险预警体系的基础，主要面向担保再担保业务操作全流程的风险预警；综合信息协同系统侧重于为核心业务系统提供系统辅助，提升业务操作与风险预警效率；综合管控系统依托各职能板块设立，为再担保风险预警提供管理、决策等方面支持，同时也是警情出现后应急措施输出的重要端口。再担保风险预警系统如图 8.3 所示。

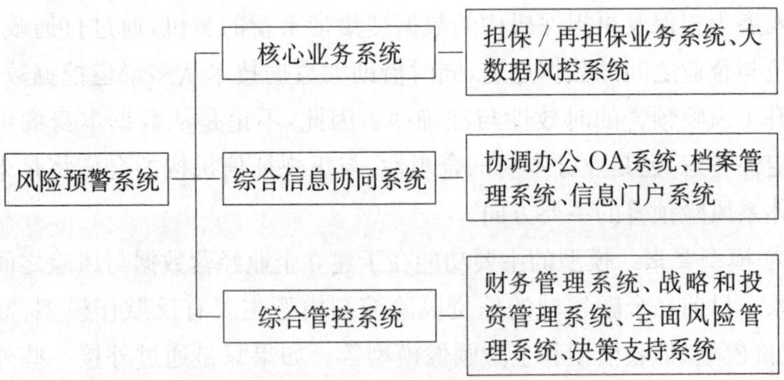

图 8.3　再担保体系风险预警系统示意图

8.2.3　再担保体系风险预警目标

在经济活动中，风险具有双重性，即由于难以预料的因素造成现实活动中行为主体的期望收益与实际收益产生偏离，为行为主体带来收益或损失的可能性。

在融资担保再担保领域，风险不论因何而起，最终都表现为支付危机，即受保的小微企业无法清偿到期债务，导致担保机构、协作银行、再担保机构及政府等再担保体系涉及的多主体分担风险。结合中小微企业融资再担保“一体两翼三层”的体系结构，以及再担保体系“增信、分险、规范、引领”基本功能，可以描绘出理想的再担保体系：一是每个主体各司其职，有能力做好自己的工作；二是主动防范与化解风险，并尽力使风险不溢出；三是即使风险溢出，每个主体都能按约定化解与分担风险；四是社会信用体系健全，对失信的小微企业以及其他主体都有惩戒，以便形成信用担保链闭环。实际上，基于前文研究分析可知，原本经营信用风险的融资担保行业，随着风险暴露程度的增加，再担保体系的分险机制已形成，但距理想状态要求还相差甚远。多主体虽然普遍设立了风险管理部门，但对融资担保再担保业务风险进行监控、识别、处理和控制，存在着风险识别不够敏感、风险防控效果不佳和风险应对不及时等问题，严重时甚至导致再担保分险机制失效、多主体合作中止。因此，现阶段，建立一套完整的再担保体系风险预警系统，围绕再担保业务，对风险进行估量与预测，从而达到以下目标：

（1）预警体系正常业务运营中的质变风险

国内各省陆续成立再担保公司并开展再担保业务，从再担保业务运营进展情况来看，业务提升仍很缓慢，各方对业务合作中的风险仍以较谨慎的方式在小心应对。再担保预警体系对再担保业务经营过程中可能出现的风险进行汇总、分析和测度，计算出风险等级，对风险作出比较准确的计量评价分析；对正常运营中潜在的风险能够按一定概率再现；对常规风险积累的数值与可能引起重大风险的预警阈值等要能够合理区分；预警模型的风险预警灵敏度等需要有效提升，以增加区分度，防止常规风险由量变转成质变，进而引发系统风险。

（2）预警体系外重大的扰动风险

再担保体系风险的预警判断必须考虑体系外部环境，完善的预警系统能够结合国民经济及社会发展现状与趋势，区分小微企业发展中密切相关的一般风险与重大风险，科学预判经济形势走势及变化趋势，前瞻性开展短期和中长期经济风险预警，进而能够在重大风险出现之前及时发出警报，防止体系外的重大风险进入再担保体系内，进而引起系统风险。

（3）预警影响合作中止的突变要素

防止再担保合作机制失效或再担保网络崩溃，是再担保预警的重要内容之一。小微企业融资再担保体系要实现再担保功能，需要多主体之间的有效合作，除了每个主体自身有效防范风险外，结合主体的合作情况，定期监测、分析、评估和报告多主体合作的完整框架和制度，发现多主体合作中的潜在风险，并结合风险评估与预警机制，对风险进行有效化解，防止合作中断的风险，提升再担保体系抗风险能力，形成系统性风险审慎监管与预警防范，是推进再担保体系建设所必要的，防止偶发的因素导致某一方中止合作，导致再担保业务受损甚至中止。

8.2.4 再担保体系风险预警思路

目前我国再担保体系以各省的省级再担保公司为主要依托，推进本区域内的再担保体系建设，开展再担保业务。国家层面对接国家融资担保基金，省级层面对接地方金融监管局、省国资委、各个银行的省级分行、小微企业主管部门等，地市层面联络有再担保业务合作的辖内担保机构、地方政府等。为实现预警再担保体系内重大风险、体系外重大随机风险以及再担保业务合作中断等风险，再担保体系风险预警，除了传统的风险管理方法外，结合现有的互联网大数据技术的发展，主要从下面三个方面考虑：一是再担保体系内风险预警，主要依托再担保业务系统，对合作的担保机构的代偿率、银行对担保机构的授信额度、银行对担保业务的审批要求等，设置预警值并适时预警；二是通过综合业务协同系统，对各级政府的奖补政策及奖补金额、再担保公司风险准备金及代偿金的使用、追偿后的收回金额等，设置预警值并预警；三是通过综合信息系统，与征信公司合作，购买或委托服务，对被担保企业的运营进行预警；此外，通过文本挖掘等软件系统，在线分析宏观经济波动、监管政策变化、法律制度变化、区域经济形势、社会信用环境以及被担保企业的各类信息，尤其是负面信息，通过舆情辅以人工分析，监控风险等等，以达到多维度、全方面预警防范功能。思路如图 8.4 所示。

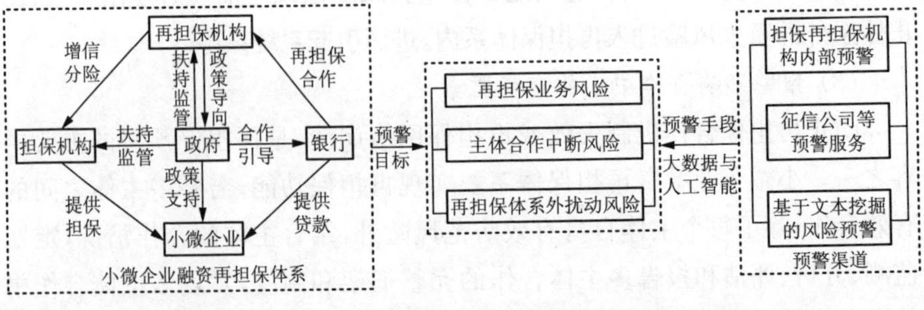

图 8.4 小微企业融资再担保体系风险预警思路示意图

8.3　建立再担保机构内部的风险预警机制

再担保机构是区域再担保体系建设的核心或主要依托单位，负责再担保业务开发与再担保体系建设的推进，因此，再担保机构风险预警包含三个方面，一是围绕再担保业务的风险预警；二是围绕再担保体系建设中的多主体合作风险预警，这部分风险预警与处置涉及政策、地方监管部门等，相对较为复杂；三是再担保机构自身内部风险管理与重大风险防范。由于我国再担保机构仍处于起步探索阶段，三部分风险预警往往在再担保机构实际运营中并不作明显区分，而是立足再担保业务，发展再担保业务中综合防范与预警。因此，围绕再担保业务，再担保机构风险预警应遵循“预防为主、依法合规、处置高效”的原则，通过监测、分析、排查、控制、预警、处置等环节，减少重大风险事件发生的可能性，降低重大风险事件可能造成的损失，避免产生区域性、系统性风险。

8.3.1　结合风险传染路径和预警逻辑研判再担保机构风险预警关键点

第一，小微企业违约风险溢出，传播到担保机构，为尽可能从源头降低风险强度，首先需要重点关注小微企业的信用与资本状况。第二，担保机构对小微企业提供担保业务，风险沿着业务链条传染至担保机构，担保机构主要风险来自担保业务，因此对于担保机构的风险预警评估应从相关业务指标方面评估风险，如代偿支付保障率、担保资金扩大倍数和担保组合客户集中度等。第三，再担保业务的开展是基于担保机构与体系内其他主体合作，多主体（再担保机构、银行、直接关联的政府等）之间存在合作与竞争的关系，代偿风险通过再担保业务进一步传播，与此同时各主体由于自身内部操作不当、经营不善等引发风险，因此需要从再担保体系内各主体自身和主体间合作两个方面进行预警，防止风险传染导致业务中断，影响各主体自身的运营以及主体之间的合作关系。第四，来自体系外部的干扰因素的随机波动也是再担保体系风险爆发的诱因，随机性强、预测难度大的体系外部风险预警依赖于担保、再担保机构等多主体的协同。

(1) 担保机构的风险预警重点

对于担保机构而言,小微企业的风险溢出是最主要的风险来源,因而关注受保企业的经营动态,及时准确地对潜在风险进行预警,并采取与风险等级对应的风险防范措施成为担保机构风险预警工作的核心。

① 经营层面的风险预警:1)被担保企业的主导产品市场或市场地位剧烈变化,或市场发生重大变化对企业营销、生产、供应链产生了影响;2)被担保企业经营管理体制或产权结构进行了重大调整,以及对外重大投资,且投资对企业经营管理已产生不利影响;3)被担保企业用贷款建设的项目停建、项目拖延或方案调整对企业运营或资金以及其他生产经营活动产生不利影响;4)其他被担保企业非正常的经营活动、正常的经营活动异常变动等不利情况。

② 财务状况变化预警:1)被担保企业将流动资金贷款用于股本投资、固定资产投资等,未按合同规定用途使用贷款,影响了企业资金周转;2)被担保企业主要财务指标与贷款申请时期相比发生实质性变化,显示企业财务状况不良或恶化;3)被担保企业产品周转积压、企业购货合同执行困难、欠款负债增加、应收账款延长增多、应缴未缴款增多、或有负债增大等,显示资产周转状况、企业现金流不良或恶化;4)被担保企业资产周转不利情况变化,其他非正常的财务指标显现。

③ 反担保措施变化预警:1)抵(质)押物因自然灾害或人为因素发生形态变化、失修、毁损及价值大幅变动,对其反担保能力产生影响;2)抵(质)押物转租、出租、赠予及被法院查封,对其处置权益产生影响;3)不能按照项目评审会决议要求对反担保物操作,在实际操作中设定的控制方式存在缺陷、不被执行,对被担保债权产生风险隐患;4)其他反担保条件可能无法执行、不能落实,导致反担保债权产生一定风险隐患等。

④ 还款情况预警:1)被担保企业不能按期偿还已到期贷款本息,拖延或多次申请实施新的授信转贷,显示现金周转状况恶化或不良;2)被担保企业经常申请延期支付并引起纠纷、不能支付其他债权人已到期债务、债期不能相互匹配等,显示现金周转状况恶化或不良;3)被担保企业拖欠相关费用如房租等、拖欠工资等管理费用,不能按时缴纳应缴税金或其他应缴款,显示现金周转状况恶化。

⑤ 道德风险预警:1)被担保企业非保密原因,拒绝提供信用审核有关的

文件，涉及企业经营管理、资金状况等有关的重要信息不愿披露；2）被担保企业有意隐瞒重要信息，或提供不实信息，如债务或抵（质）押品真实情况或隐瞒资金等；3）被担保企业的供应商、客户及同行竞争者对被担保人有负面评价；4）被担保企业核心团队成员有涉毒、赌博、重大偷税等违法记录或不良社会行为。

（2）再担保机构的风险预警重点

再担保业务的开展是基于担保机构与体系内其他主体合作，多主体（再担保机构、银行、直接关联的地方政府等）之间存在合作与竞争的关系，代偿风险可能通过再担保业务进一步传播。与此同时，各主体由于自身内部操作不当、经营不善等引发风险，因此需要从再担保体系内各主体自身和主体间合作两个方面进行预警，防止风险传染导致业务中断，影响各主体自身的运营以及主体之间的合作关系。

① 来自合作担保公司的风险预警，主要关注担保机构的资金流动性指标、放大倍数、代偿率、代偿回收率、代偿损失率、拨备覆盖率等，建立风险预警指标体系，划分风险种类并设定相应的预警阈值，具体风险预警指标可参考表8.1。

表8.1　再担保机构风险预警关键指标

序号	项　　目	
1	1. 流动性	1.1　流动性资产
2		1.2　流动性负债
3		1.3　流动性比率
4	2. 放大倍数	2.1　融资性担保责任余额
5		2.2　净资产
6		2.3　融资性担保放大倍数
7	3. 代偿率	3.1　本年度累计担保代偿额
		其中：本年度累计融资性担保代偿额
8		3.2　本年度累计解除的担保额
		其中：本年度累计解除的融资性担保额
9		3.3　担保代偿率
10		3.4　融资性担保代偿率

续表

序号	项　目	
13	4. 代偿回收率	4.1　本年度累计代偿回收额
		其中:本年度累计融资性担保代偿回收额
14		4.2　年初担保代偿余额
		其中:本年度累计融资性担保损失额
15		4.3　代偿回收率
16		4.4　融资性担保代偿回收率
17	5. 损失率	5.1　本年度累计担保损失额
		其中:本年度累计融资性担保损失额
18		5.2　担保损失率
19		5.3　融资性担保损失率
20	6. 拨备覆盖率	6.1　担保准备金
21		6.2　担保代偿余额
22		6.3　拨备覆盖率

② 来自地方政府部门的政策风险预警。一是对产业或行业扶持政策的改变,涉及部分小微企业是否融资受限;二是对银行业监管、金融业务政策的变化,也包括不良债权、资产处置或信息化建设等政策的改变,通过影响金融业务进而影响担保再担保合作;三是政府与担保再担保业务直接相关的政策,或者包括政府不合理的行政干预,以及代偿补偿、资本金补充、业务奖补、保费补贴等机制的落实情况,通过结合补贴标准、机构代偿情况、业务规模等合理制定风险预警指标与阈值。

③ 来自协作银行的风险预警,包括银行信贷政策、业务操作等方面的风险,防止贷款审批不严导致的操作风险、贷后监管不完善产生的道德风险等。

④ 来自再担保机构自身的风险预警,包括资本金补充机制和代偿补偿机制不完善带来的资金流动性风险、内部管理风险,以及业务开展中人员操作不规范带来的操作风险、缺乏风险监控与预警机制带来的风险等。

⑤ 来自国家融资担保基金的风险预警,包括国家融资担保基金代偿部

分未落实、授信额度变化等的风险预警。

⑥ 担保及再担保机构股权投资业务的风险预警，这部分风险与业务间接相关，主要可以归纳为决策失误、投资失控、员工欺诈、被投资方和合作方的外部欺诈、尽职调查存在缺失、资金划拨差错、项目跟踪缺失、报告不畅等。

(3) 担保及再担保机构协同推进的风险预警重点

来自体系外部的干扰因素容易诱发突发风险事件与重大风险事件，此类风险的预警依赖于担保、再担保机构等多主体的协同。

① 突发事件预警。在业务审批操作过程中或担保后监管中，区域内涉及较多的被担保企业，获得有关被担保企业发生意外事件、自然灾害、重大负面反映等严重影响生产经营活动，或暴露被担保企业主要配套企业发生重大风险的信息，应如实核查事实并报告反映，进入紧急应急处置状态。1)被担保企业所在区域或行业发生重大事件，或其上下游客户、关联企业因自然及意外遭受灾害，如地震、洪灾、病毒传染、火灾等，对企业的生产经营、产品销售及资金周转等产生影响；2)被担保企业上下游客户或其关联企业因为人为因素导致重大亏损，或涉及违法经营行为、重大经济纠纷、刑事诉讼等，引起大额财产变化，对企业正常运转产生影响；3)被担保企业核心骨干人员如决策人员、技术人员突然失联，对被担保企业所有人、主要经营者道德品行、公司产品质量有投诉等不良信息大量出现等。

对于与再担保机构合作的担保机构等其他单位或主体，也可以参照上述影响企业的突发事件，进行预警要素的梳理。

② 宏观政治、经济、法律等因素的预警。担保及再担保机构应根据本地区经济发展、产业结构特点，结合担保项目所在行业集中度、外部环境影响等相似的风险影响因素，综合分析国家产业政策、金融信贷政策、财税政策、安全生产及环保治理政策等，评估国际经济形势、产品市场需求等宏观经济环境变化因素对本公司担保企业生产活动、产品市场、财务资金等经营管理活动产生的影响，定期或不定期组织调研，总结反馈，为风险预警提供决策分析辅助信息。对受宏观经济形势变化、政策调整影响较大的行业或担保项目，要及时发布预警信号，密切关注跟踪，随时决定对所担保企业的风险管控是否进入应急状态。

8.3.2 建立包含五大层级的再担保机构风险预警管理机制

参考风险预警思路，建立包含风险预警管理层、流程层、模型层、系统层和数据层为一体的再担保体系风险预警管理机制。

(1) 风险预警管理层

担保再担保公司风险预警管理的组织架构，可分为三个层次，风险预警管理委员会为最上层的决策层，风险预警管理部门为中间层，基层为执行层面的风险控制部门。

风险管理委员会由再担保公司总经理、各职能部门经理及专家组成，负责公司各项风险决策政策的制定，也包括重要事项的决策；风险预警管理部门由具有风险管理职能的人员组成，主要负责风险预警工作的制定、落实、监督与管理；对风险环境进行调查分析，将收集的信息整理、分析并进行预测，向风险预警管理委员会反映风险情况，为风险预警决策提供决策依据；对其他同级业务部门与风险有关工作进行监督。风险执行部门负责对基层业务部门的业务进行监督与检查，及时控制风险并向风险预警管理层反映风险状况。担保再担保公司风险预警管理组织机构与职能如图 8.5 所示。

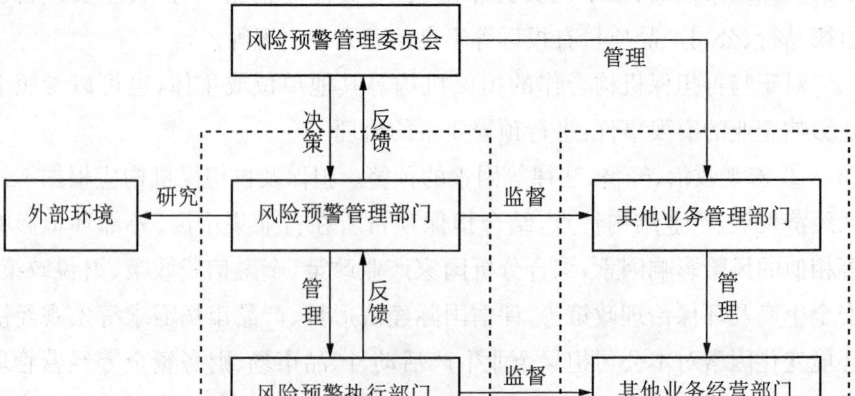

图 8.5 融资担保再担保公司风险预警组织机构与管理职能

(2) 风险预警流程层

主要分为风险预警指标系统、风险预警区间、数据分析以及预警信号显示四个部分。再担保体系风险预警指标系统是以担保再担保业务作为主要依据，遵循定量指标为主和定性指标为辅的原则，并结合业务运营的特点和需求而建立的。再担保体系风险预警指标系统可以有效计算出担保再担保业务运营发生的风险概率，并在风险超过预警值的时候作出警示，详情见图 8.6。预警信号是根据风险预警模型计算出来的预警结果，将担保再担保业务的风险状态分别用一级（安全状态）、二级（基本安全状态）、三级（警惕状态）、四级（危机状态）表达。当达到四级状态则说明再担保体系将要面对巨大的风险和威胁，需要启动预警机制对将要产生的风险进行分析与计算，并找出合理的解决对策和方案。

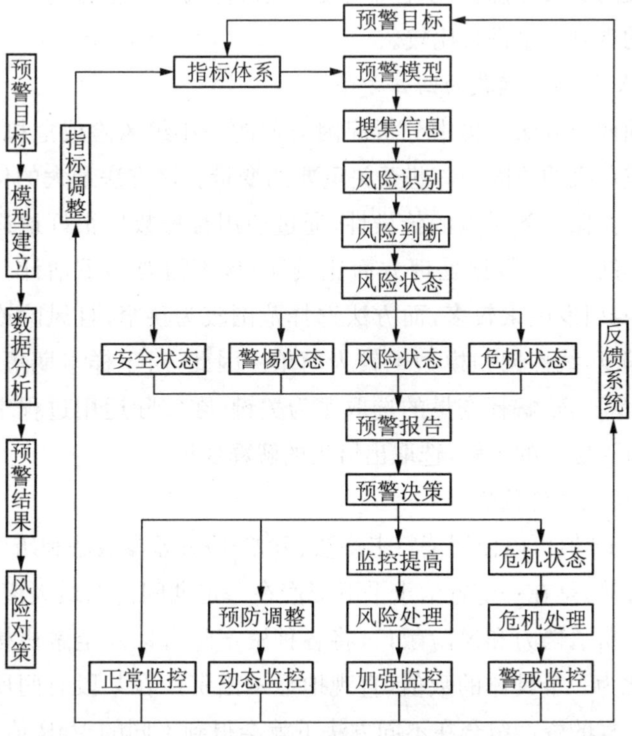

图 8.6　再担保体系风险预警流程图

(3) 风险预警模型层

① 信号法等非参数法

在对风险或危机定义的基础上，根据显著性检验挑选出相关预警指标，确定合理的信号区间，若预警指标的数值超出事先设定的阈值，则认定风险将会在未来一段时间内发生。该模型可操作性强，较为完善，容易被接受，且预警精准度较高，如选择了多重指标，则增加了预警风险的准确程度。

② FR 模型等参数法

典型方法是 FR 模型，参数法是基于对一系列变量的回归估计，能够估计出危机事件发生的概率。该方法的优势在于能够把所有关键指标综合计算处理成数字，直观地显示风险或危机发生的概率。方法是选取一系列的变量和参数来表示风险指数，由于各个变量之间不相关，通过最小二乘法处理各不相关的变量，进而得出各个参数的值，将阈值与依据危机指数给出风险或危机的观测变量进行比较。

③ STV 模型等横截面回归方法

横截面回归方法是集中分析起因类似的一小组风险或危机，主要分析说明风险或危机的原因中一些至关重要的变量。该方法最大的优点在于体现出担保再担保业务风险的传染性，通过使用月份数据很好地避免了样本数据较少的缺陷，在数据处理方面比较简单，不需要多重估计。不足之处是，风险本身引发因素较多，而方法选择范围较为狭窄，且风险或危机指数定义失之偏颇，线性回归模型也较为简单。因此，对于样本期短、指标集小的 STV 模型而言，解释变量的选取尤为关键，在实际运用过程中需要对所研究样本有深层次的了解，选取出恰当的解释变量。

④ VaR 风险价值法

由于 VaR 值可以使用蒙特卡洛法、方差-协方差参数法和历史模拟法等多种方法计算，是在一定置信水平下资产在一定期间内的最大潜在损失值，一般用来分析清偿力和风险敞口，将各种资产组合以及金融机构总体的市场风险转化为一个具体的数值，直观地显示出资产在某段时间所面临的最大风险。同样的资产组合在不同方法下就会得到不同的 VaR 值，导致 VaR 的可靠性难以把控。此方法一般适用于正常条件下对于市场风险的度量，无法对极端情况进行计算。

⑤ 人工神经网络模型

在传统的BP神经网络模型的基础上，人工神经网络模型进行了完善，网络单元的输入输出特性和网络拓扑结构决定其信息处理功能，通过训练预测未知风险。所谓训练就是一个神经网络把同一系列的输入例子和理想的输出作为训练的“样本”，将所有关联的权重数据进行初始化；选取适当的模式输入网络得出网络的输出值；对比该输出值与期望输出值并计算两者之间的误差，通过反向传播调整权重；根据一定训练算法对网络进行足够的训练，使得人工神经网络学会包含在“解”中的计算原理，直到整个训练误差结果令人满意(胡燕京等，2002)[233]。训练后建成的人工神经网络模型，只需要输入必要的参数便能有效预测风险发生的可能性。

(4) 风险预警系统层

按照各系统功能与重要程度的不同，可将再担保体系风险预警系统分为三个层面，分别是核心业务系统、综合信息协同系统和综合管控系统。

① 核心业务系统

核心业务系统是再担保体系风险预警系统的基石，主要包括再担保业务系统与大数据风控系统。

1) 再担保业务系统

再担保业务主要实现以下功能：

一是实现再担保业务的所有业务产品的流程管理。

二是对再担保业务划分多阶段全生命周期的管理，便于决策层对各项业务指标进行全面监控，从而防范各种业务风险。

三是灵活配置业务流程中的角色人员及角色权限；适应不同业务品种，不同客户类型、不同风险级别、不同金额、不同业务授权等对业务流程的差异性要求；部分审批任务，需满足根据不同的业务结论产生不同的后续业务任务的需求，以满足不同情况的业务处理；使业务流程能灵活处理变更项目部分信息、变更项目经理等业务情况。

四是系统可支持手动录入、文档模板导入等多种形式的录入操作；能对客户资料扫描件等进行上传管理，便于审批过程中查看；能自动生成对应的报告文档，并进行在线编辑，便于审批查阅；能自动制作合同，以提高工作效率，降低人为错误，并按合同规则进行审批、盖章、签约等合同相关的记录管理；能对客户材料、报告、合同等相关文档材料进行归档管理；审批任务中可查看项目相对应的文档报告以及项目、客户信息；所有审批意见留有历史记录，有权人可随时查看；项目结束后，对项目过程中的文档报告材料合同等进行自动归档管理。

五是实现评委的走签、评审会会议管理以及多次上会等业务功能的全面管理；实现评审会的统一安排上会管理，支持多次上会等业务，并可保留多次历史记录，便于把控项目整体情况；能够实现“线下开会、线上投票”功能，通过评委线上投票，确定项目是否通过，自动形成评审会决议，并实现对评审会决议的走签。

六是对业务流程中的关键节点进行控制，需完成才能进行下一步流程操作，全面控制风险。

七是统能实现业务费用的收费退费等相关管理；在还款截止日、保后检查日期前等需设置提醒，提醒相应办事人员及时处理对应任务，跟踪管理对应项目客户。

八是支持保后管理，保后管理包括保后检查、逾期、代偿、诉讼、追偿，能对每个具体环节进行管理和时间节点预警，如保后检查中，能形成保后检查报告，上传资料、照片等；代偿追偿的全流程管理等。

九是支持合作担保机构的业务自主报备/签批、审批流程管理。

2）大数据风控系统

大数据风控系统与再担保业务系统进行集成，并推动合作担保公司等体系内成员加入央行征信系统，将整个业务流程的所有环节置于大数据风控的监督之下，提高再担保体系成员的风控水平。主要实现以下功能：

一是事前反欺诈。即时风险扫描及时监测新进客户风险状况；关系图谱分析深入挖掘企业关联关系。

二是事后动态风险监测。实时监测企业全动态风险变化；智能预警企业风险变化趋势；全面分析存量企业经营能力。

② 综合管控系统

综合管控系统主要针对再担保公司内部各职能版块单独设置，作为风险预警信息的采集与风险预警结果输出后应急措施落实的功能版块。

1）财务管理系统

建设财务管理信息化管控平台，涵盖财务管理、资产管理、风险管理等各方面。全面实施和优化财务核算、合并报表、预算管理，资金、产权管理，风险管理等功能模块，并与综合协同办公OA系统以及各业务系统进行集成对接；为担保再担保公司财务管理实现全覆盖、全过程、规范化、流程化、标准化、透明化提供强大的信息化平台。进一步提高财务管理的水平，提升财务风险预警的能力。

2）人力资源管理系统

构造一个能贯彻落实战略部署、固化先进管理理念和优化人力资源管理流程的人力资源管理应用平台，将人力资源的人事、组织、薪酬、考勤管理等业务实现全面电子化和高效化，为担保再担保公司人才战略规划落实提供信息化支持。同时促进人力资源系统和其他信息应用系统的集成、信息共享，并结合决策支持BI系统实施，构建人力资源决策分析模型，为人力资源管理决策提供支持，为风险预警提供人才支撑。

3）战略和投资管理系统

对投资项目进展过程中的重要工作内容、关键环节、变化情况进行全面的监控，提高重点投资项目管控的信息化、数据化、规范化、透明化水平；建设公司战略管理系统，实现战略管理的信息化、数据化、规范化、透明化、科学化，增强战略管理的前瞻性、导向性和实效性。借助系统平台进行项目的科学管控，规避投资、管理风险和失误，及时预警战略执行与投资活动中的风险，使管理层及时掌握项目运营情况，包括及时掌控和有效监管运行数据，发挥再担保公司整体投资运营效率。

4）全面风险管理系统

该系统能够实现风险管理全流程信息化，包括信息的采集、更新，风险辨识、分析与预判，自动形成风险管理策略与解决方案。通过风险管理信息系统实现对各种风险的收集、加工、存储、分析、传递等功能，反映重大、关键风险和实时监控核心业务流程；对超过风险预警阈值的重大风险实施预警；对风险管理与内部控制进行测试评价，满足风险管理、内部控制信息报告制度、企业对外信息披露管理制度和监管的要求。

5）决策支持系统（BI商业智能）

以自建系统为主，商业智能决策软件为辅，搭建再担保公司决策支持系统平台。建立以战略管理、投资管理、财务管理、人力资源管理及各业务运营管理的信息与数据分析模型，运用大数据、商业智能BI分析、机器学习、人工智能等技术进行深入加工，进一步得到企业的整体数据视图，形成宝贵的数据资产和集聚管理、决策指导功能的知识，进而全面提升担保及再担保机构各层级的管理决策分析能力，为管理者战略规划决策、专业化经营管理决策提供及时、准确有效的数据和系统支持。

③ 综合信息协同系统

综合信息协同系统主要用于辅助核心业务系统，提高风险预警的效率。

1）协同办公OA系统

建设支持PC端、移动App、微信端、平板电脑等多渠道的协同办公OA系统，包括督办管理、公文管理、信息管理、事务管理、采购管理、合同管理、法务管理等功能模块，并根据再担保公司内部各部门的需求逐步扩展，覆盖所有下属单位，达到覆盖率100%；日常办公管理OA流程化，并实现与核心业务系统、综合管控系统的集成对接；提升OA系统功能和用户的友好性，增强办公移动化，加强知识管理；实现公文流转、事项审批、信息发布及办公管理等全面通过OA系统进行，提升再担保公司协同办公水平，不断挖掘知识管理的价值。

2）档案管理系统

档案管理系统实现业务分布处理、电子档案数据集中保存、档案实体分散保管、分级授权；实现数据一次录入，多次利用；实现对档案资料生命周期的全过程管理、在线管理，降低档案资料管理成本和复杂度，提高再担保公司档案利用效率。同时，将档案系统与OA系统等应用系统进行集成，业务紧密衔接，自动归档。

3）信息门户系统

通过建设统一的企业门户系统，为公司各个信息应用系统提供统一的身份验证和访问入口，进行信息、流程和知识的整合，实现个性化内容展现，满足不同人员的需求。为管理者提供高效的管理与决策支持，更好地解决企业信息膨胀、信息孤岛等问题；为公司员工、合作伙伴和客户提供个性化的信息搜索、访问和应用系统整合功能，有效利用企业的信息资源做出最佳的业务分析和决策，并统一VI提升企业形象，提高管理力度、降低工作强度。

(5) 风险预警数据层

① 建立机房与数据中心。建设独立的机房及数据中心，实现数据的统一存贮整合，实现网络、数据、应用等分层虚拟化，支持企业云计算的模式，支持再担保公司内部 IT 资源的共享，支持各子公司、事业部信息系统的集中运行。持续完善数据中心规划，优化建设方案，采用集中-分布式部署，支持先进云计算的架构，实现资源共享，满足异地数据级容灾备份和应用级容灾要求。根据业务需要和应用系统重要性进行本地或异地数据容灾备份、本地或异地应用级容灾的部署，以保障信息系统高可用性、业务连续性和安全性。

② 引入第三方数据源。包括对接人民银行征信系统、对接第三方征信平台、引入第三方数据服务等。其中第三方数据服务又涉及企业股东信息、企业族谱信息、工商信息、司法信息、失信被执行信息、银行交易数据等多方面信息，作为大数据风控的数据来源。

8.4　智能风控在再担保体系风险预警中应用研究

8.4.1　从传统风险控制到智能风险预警的趋势

就金融企业的风险预警来看，企业需要聘请经验丰富、业务娴熟的金融机构从业人员对其风控模型和风控体系进行严格把控。以商业银行为例，商业银行的风控模型从借款人的还款能力和还款意愿测度出发，模型的评价与判断主要包括两部分：客观性评判和主观性评判。客观性评判以量化数据为主要依据，如受保企业的年度财务审计报告、缴税金额、银行流水等，将量化数据应用于事先设定并调试好的风控模型中，运行并计算出相应的分值或等级，为后续风险分析环节提供参考。

但是，仅仅依靠客观数据是不够的，例如，受保企业所在的行业是钢铁、水泥等落后的将被淘汰的行业，那么评级可能需要适当下调；再比如，企业管理层所拥有的行业经验丰富程度对企业面临的风险具有何种影响，需要进一步实施人工调查。因此，在传统的风控体系中人的主观判断发挥的作用很大，比如企业通过人工标记坏样本的方式来记录坏样本的订单号，再利用相关信息找出被标记样本。风控系统的设计要尽可能多而精准地收集坏样本信息,但是人的计算能力是有限的,对复杂的征信环境难以进行整体把控,在人工审核的过程中,易出现样本偏差问题。

随着互联网科技与金融高度融合,互联网科技这种轻资产、重服务的网络模式正慢慢渗透到金融领域中,对传统金融业务产生了“鲶鱼效应”和“示范效应”,推动金融机构改革。由于小微企业存在经营环境信息不对称、管理过程透明度低,信息无法及时得到保障等问题,金融机构面临的道德风险、市场风险、信用风险越来越突出,传统风控渐渐落后。传统金融机构即便能掌握客户的借贷历史等业务数据,但客户的兴趣爱好、消费倾向和行为习惯等金融征信以外的数据难以搜寻,数据形成联动的难度较大。

担保及再担保机构面临的风险主要来源于两方面,一是机构外在的由于欺诈风险和信用风险造成的逾期、骗贷、坏账压力;二是机构内部的合规风险和金融服务流程的优化压力。小微企业面临的较高经营风险导致了金融风险肆虐,已经渗透到金融营销、借贷、支付等多个环节,这对融资风控提出了巨大挑战。面对严峻的风险环境,自 2014 年起,大数据、人工智能等技术开始真正地进入互联网金融风控领域,科技与金融的结合日益紧密。科技公司与金融机构更多地立足于自身优势领域展开合作,越来越多的科技公司利用自身的技术优势,帮助传统金融机构改善业务,辅助金融机构进行风控运营决策,这也为融资担保业风险预警指明了方向,并提供了可借鉴的手段。

传统风控对风险进行评估时往往采用风控评分卡模型或搭建风控规则引擎等手段,但近年来随着互联网的快速发展与大数据的广泛应用,智能风控应运而生。智能风控主要依据客户履约记录、企业运营行为、管理层的偏好、客户身份信息和相关设备安全等信息评估风险,着重于大数据的应用、机器算法和计算处理能力,强调数据间的关联性。智能风控利用高维海量的数据预测客户的信用意愿,主要依据各类机器学习算法对客户行为数据进行进一步加工与处理,包括人工神经网络、随机森林等算法。传统风控与智能风控从操作手段到应用情境都具有显著差异,相较而言,智能风控更胜一筹,更好地弥补了传统风控的固有缺陷。迄今为止,智能风控已取得不错的应用成果,如以税务大数据为核心业务的深圳微众信科有限公司,以科技金融的方式介入小微企业融资及担保业务，应用效果良好。

8.4.2　智能风险预警体系的一般架构

智能风险预警体系指的是能够完成风险管理结构清楚、边界清晰、管理量化目标明确、动态持续的风险管理体系。

量化目标是指与再担保相关指标如业务增减率、代偿率、代偿回收率等指标可控。检验智能风险控制预警体系是否有效需要担保及再担保机构业务量的支撑，还需要其结合自身的业务目标确定合理区间。

结构清楚是指担保及再担保机构为了对再担保风险进行有效地量化管理，首先要基于公司自身的业务流程进行合理的风险控制结构设计。风险控制体系一般包括电审系统、风险决策引擎、催收系统、黑名单库、敏感词库、数据监测中心等结构。

边界清晰是指一切与风险有关的因素或业务，因风险存在而产生的流程和环节，都需要纳入风控体系进行动态量化管理，风险控制体系的边界即风险可能产生的范围。

动态持续是指当智能风险控制体系运行时，处于持续工作中，尤其是出现偏差时，需要结合算法自查和人工检查完成负反馈，进一步保证风控体系的平稳运行，从而实现最终风控目标。

智能风险预警体系的一般架构：

(1) 风险决策引擎

风险决策引擎是再担保公司进行有效风险决策的核心模块，在初期建立模块时要为后期的迭代升级留足空间。早期模块主要有三层结构：风险因子所代表的元素、执行阈值、执行动作的规则及规则归类组合组成的事件。对于最底层的参数而言，可以新增数据埋点进行数据采集，也可以增减参数以及调整数据阈值。规则的组合方式和执行顺序可以自我配置优化，当其具有周期性的数据后，可以基于算法进行评分决策，在模块前期缺少样本训练数据的情况下主要依赖风控专家的经验设置，在后期风控积累参数足够的情况下，可以开发中小型模型协助审核和催收并进行自动决策。

(2) 电审系统

针对黑白名单及相关数据库，通过合适的方式在适当时机介入，初期以人工介入边界外的数据，查询或导入，随着大数据发展和积累，可以系统自动化的方式介入。电审不仅仅指担保前电审，一般情况下电审系统评估用户信息、关联信息网络关系图、评价情况、网查信息、电审记录、业务情况等，也包含其他交易过程中的异常行为（例如异常交易警示等）。电审平台再基于自身状况进行差异化设计。其中，电审人员可以通过手机号、邮箱、身份证号、邮编等进行多维度关联，借助关联信息网络关系图进行多维度关联信息识别。

(3) 数据监测中心

近年来，通过数据收集、清洗及入库，利用数据监测风险已成为风险研究和识别的必要手段，同时其也是跟进再担保业务、财务盈利状况等的必要工具，主要包括以下子版块：

① 风控规则集中分析：对于再担保风险决策引擎系统的执行情况进行统计、归类和分析，检验数百条风控规则的命中情况，清晰明了地呈现近期客户及历史客户的风险分布，在一定的界面呈现；

② 业务交易数据：包括再担保申请量、通过量、电审量、贷款担保余额和信贷额度等数据，也包含反担保资产属性分析等；

③ 信用状况信息：显示担保用户的整体信用状况，跟进用户授权再担保的信息并进行核心归类，主要包括再担保信用额度、企业资产状况、信用评级、负债情况、逾期情况等；

④ 资产财务信息：包括被担保企业保证金、服务费、利息率、反担保资产、公司自身的代偿准备以及外部信息数据调用费等模块，从而实现对企业盈利能力及流动性风险的量化评估；

⑤ 外部数据监测：调用大量的外部第三方数据，利用大数据进行风控或信息交叉识别，包括企业或所有人身份认证信息、电子签名信息、运营信息及解析、央行征信报告解析、企业在政府部门奖惩解析、企业账户解析等，风控体系需要对数据有效性及稳定性、数据调用量、调用成本等持续监控，并对数据的质量与价值、价格进行动态管理，此外还需基于具体情景对统计项目具体分析；

⑥ 资产转让信息：对于涉及资本运作的，还要统计、分析和管理资产或股份转让数据，包括受让方、资产或股票数量、债权类型、金额、期限、折扣、

保证金比例等，具体的统计条目要考虑交易合作的条件。

(4) 风险库

风险库是积累形成的风险标签标识库。基于政府部门奖惩公告、司法数据、银行关联担保圈数据等，以关键字的用户名、身份证号、手机号、固定电话、邮箱等多维信息进行黑白名单的积累及关联，利用黑名单或风险事件直接过滤掉或标注风险，采用外部黑名单或数据库时要注意及时存储更新数据。敏感词库主要应用于通讯录分析、自媒体内容解析、运营商数据解析等环节，早期的行业经验也可以完成部分敏感词库积累，也可以依赖大量的网络文本挖掘工作。

(5) 黑名单库

在申请人提出贷款申请时，金融机构会考察申请人的个人信用、流水、社保、所属行业、职业等各项申贷条件，其考察标准涉及多种黑名单，包括：

行业黑名单，即房产中介、医院、学校等禁入行业；征信黑名单，包括存在连续逾期(无论金额多少)超过 90 天记录的申请人；网贷黑名单，包括在其他金融机构有逾期信息的申请人；法院黑名单，即失信被执行人；冻结黑名单，即涉及官司或因违反政府有关规定导致个人银行账户被冻结的申请人；止付黑名单，包括连续多次逾期或间断性逾期导致信用卡止付的申请人等。担保及再担保机构也可以借鉴类似的做法，建立或合作建立黑名单库。

(6) 催收系统

催收系统是再担保业务必备的模块，接近担保期限尤其是进入代偿的业务，涉及不良资产的处置回收情况，涵盖系统提示、电话及短信提醒、上门催收、律师函、仲裁、法院诉讼等众多环节，也包括催收记录、线下还款、资产分配、逾期费用核算等众多功能，随时提醒主办的银行和担保机构。

8.4.3　基于文本挖掘的再担保风险智能预警研究

对于来自受保企业经营风险带来的再担保风险压力，再担保机构可通过监控受保企业的盈利能力变化、偿债能力变化、管理能力变化、拓展能力变化等实现对风险的有效预防。再担保公司及征信公司搜集到的关于小微企业的数据多为定期更新的数据，而在信息化时代，苗头性舆情信息以及面向社会公开的各类数据出现与传递的速度非常快，因此担保及再担保机构建立基于文本挖掘的再担保风险智能预警机制具有较强的现实意义。本文基于信息分析的普遍做法，进一步结合网络文本挖掘预警的具体特征，制定出基于网络文本挖掘的再担保风险预警机制的一般工作流程(见下图8.7)，并对具体环节进行深入探讨。

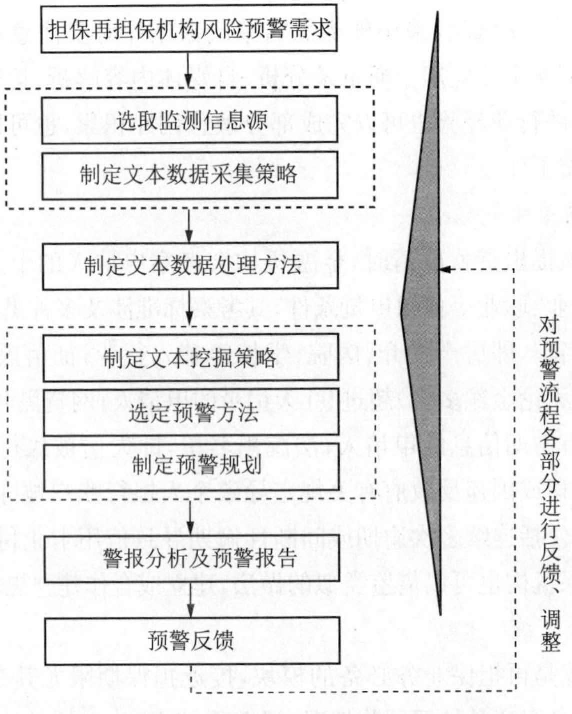

图8.7　基于文本挖掘的再担保风险智能预警机制

(1) 明确再担保机构的风险预警需求

明确再担保机构的风险预警需求是建立预警机制的第一步。由于经营风险具有个体性，所以首先应了解受保企业存在哪些可能产生的经营风险、各类经营风险发生的概率以及该风险会给受保企业带来的损失程度等，然后根据宏观环境、行业及受保企业自身特点制定基于文本挖掘的再担保风险预警需求。

鉴于警源是预警体系产生警报和警情的基础条件，因而在确定再担保风险预警需求的过程中，如何选择监测警源是重点。警源的分布错综复杂，分布点可能位于受保企业外部的宏观环境信息中(政府政策、经济形势、文化影响、社会生活等);可能位于受保企业外部相关的消费者、上下游供应链企业、竞争者等信息中;也有可能位于受保企业内部的运营管理、产品服务、重要人员等信息中。在众多警源分类中,风控机制应精准且高效地捕获关键风险信号,留意一般风险信号,以便及时识别危机警示信号。同时,现代企业处于内外部环境极不稳定之中,随机因素增加,再担保机构在对受保企业进行监测时还应警惕新兴领域的突发风险,及时增补新警源。警源监测主要有两种渠道:固定警源监测以及广义搜寻警源监测。

① 固定警源监测指的是再担保机构先选定固定监测的风险警源,然后依据选定的风险警源进一步确定相应的信息来源和预警方法,例如被担保企业信息监测、被担保企业的竞争对手监测等。该类信息监测策略具有较强的针对性,但也存在预警范围不够广等缺陷。

② 广义搜寻警源监测指的是风险预警机制不以特定风险警源作为监测目标,而是在广泛收集的各类信息中发现风险源。例如搜索引擎监测等以信息源为导向的监测就较为常用,采用该方法时,再担保机构并不局限于某种特定警源,可以广泛搜集相关信息,包括企业自身的信息、行业相关信息、竞争对手的信息等。广义搜寻监测有利于广泛发现各种警源信号,但缺点是针对性不强。

在风险预警工作的开展过程中,如果担保公司还没有建立可靠的信息系统,再担保机构早期应以风险信息的广义搜寻监测为主要手段,固定警源监测为辅助手段;随着担保公司建立了可靠的信息管理系统,并与外界信息源建立了联系,在积累了丰富的风险预警经验后,再担保公司逐步修缮受保企业经营风险的警源体系,此后风险信息的搜寻应以警源体系监测为主要手段,广义搜寻风险警源监测充当辅助手段。风险警源的选择主要遵循以下几个步骤:

1）建立受保企业经营风险的分类图表

经营风险的分类图表围绕企业的经营可以罗列出受保企业可能面临的各种风险及其分布情况。具体而言,担保或再担保机构可以结合五力分析模型来构建受保企业经营风险的分类图表,从企业内外部环境中挖掘可能出现风险的环节及可能出现的风险警情。下表 8.2 为根据五力模型构建的

表 8.2 基于波特五力模型构建的受保企业经营风险分类表

风险分类		可能产生的警情	文本预警举例
宏观环境	政策法律	法规的修改、政策的扶持、政府的方针	监测连续政策信息，通过词频变化分析政策导向
	科学技术发展	国家对科技开发的投资和支持重点	分析科研项目词频变化，发现热点投资项目
		该领域技术发展动态和研究开发费用总额	通过文本挖掘追踪技术发展动向
		技术转移和技术商品化速度变化	专利商品化文本挖掘
		专利及保护情况的发展	专利文本挖掘
	宏观经济变化	利率变化、汇率变动	相关新闻文本挖掘
		经济增长/衰退、经济周期、国内生产总值变动、通胀变化	相关新闻文本挖掘
	社会文化与自然环境	地理位置和气候状况等突发信息	相关新闻文本挖掘
	行业信息	市场容量、份额等信息	相关新闻文本挖掘
竞争对手	识别竞争对手	市场的争夺动向、活动的举办、广告的争夺，市场促销活动的举办	企业相关新闻分析
	竞争产品信息	种类、数量、价格调整	企业相关新闻分析
	市场占有率	市场销售份额、市场扩展领域（行业、地域）	企业相关新闻分析
	竞争品牌的客户信息	顾客群特征变化，对品牌产品态度改变；忠诚度信息，如长期购买的会员数量、产品的粘连性（从另一个产品的客户忠诚度来判断相关品牌的客户忠诚度）	监测论坛或评价网站等信息
	公司组织结构	股权的交割数量，财务披露信息，内部人事变动，组织架构调整、企业文化的转变	企业官网信息文本挖掘
	企业的经营	产品类别，营销能力，财务能力，生产技术能力的变动	企业相关新闻分析

续表

风险分类		可能产生的警情	文本预警举例
潜在入侵者	投资、资产信息	投资变化（企业战略的扩张与收缩）、企业扩张或收缩战略，投资报道，股份的减持与并购事件报道	相关新闻文本挖掘
	产品差别化	产品的种类、产品的功能，新产品新功能等	相关新闻文本挖掘
	转移成本	新技术、新工艺的引入、技术的发展、生产成本的变化（原材料、政策、技术、劳动力）	相关新闻文本挖掘
	政府投资	政策扶持新技术、新行业	相关新闻文本挖掘
消费者	消费者特征信息	基于消费者年龄、教育背景等基本信息的用户群变化	相关新闻文本挖掘
	消费信息	消费习惯，对产品、技术、品牌等的看法	SNS信息文本挖掘
	其他	对突发事件等的态度、看法、动态等	SNS信息文本挖掘
企业自身	内部后勤	人事变动、活动举办、新闻事件	相关新闻文本挖掘
	外部后勤	新闻事件、公关危机	相关新闻文本挖掘
供应商	竞争优势	品牌效应、知名度	SNS信息文本挖掘
	供应商	供应商企业突发相关事件、供应商信誉度、新闻报道、财务状况、专利数量、企业大事件、技术引进	企业新闻文本挖掘
	上游行业	行业变动等	行业新闻文本挖掘

企业经营风险分类图表。考虑到是基于文本挖掘的受保企业经营风险预警，因而担保或再担保机构在罗列警源及警情分布时，应着重注意预警警源是否可以通过文本挖掘方法来监测。

2）选取风险监测警源及监测重点

受保企业内外部各个地方都可能存在风险，担保或再担保机构不可能对每个点都逐一进行监测，因而要以小微企业的经营目标和风险预警需求为导向，进一步结合五力模型具体分析各点的情况，选定需要监测的警源及其监测重点。在选取监测警源时可以采用“预警监测需求矩阵”（如图8.8所示)进行判断,矩阵的横坐标代表警源风险给小微企业带来的损害程度,纵坐标则代表警源风险出现的概率。

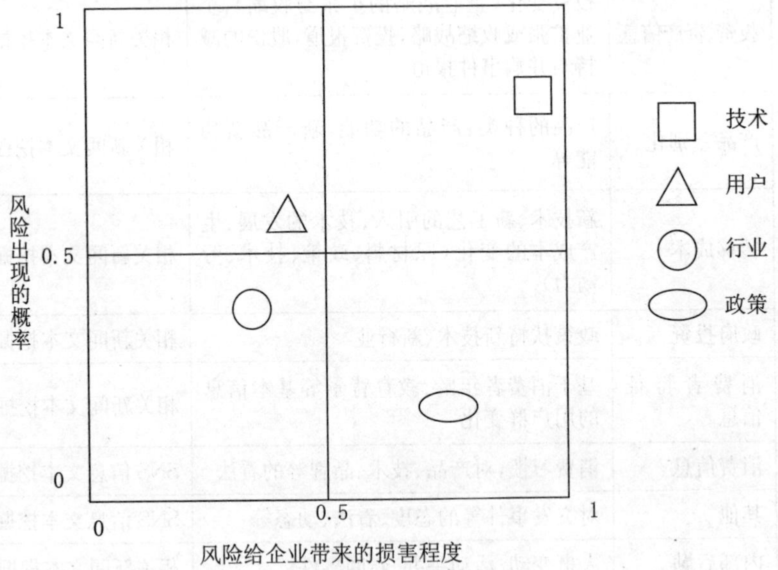

图 8.8　预警监测需求矩阵

(2) 选取监测信息源

担保或再担保机构在确定再担保风险预警需求和所需监测的警源后,下一步则是选择适当的信息源对警源进行监测。信息源种类丰富,且同类信息源的信息渠道可能存在差异,因而担保或再担保机构要严格遵循及时、经济、有效等原则,进一步结合警源特定、风险预警需求、信息源特定等要求选择适当的信息源,主要考虑如下几个因素:

① 根据所需监测的警源选择信息源的类型

警源信息分布具有差异性,因而特定的警源在选取信息源类型时要具体问题具体分析。比如,专利技术信息主要来自专利数据库或专利网站;受保企业竞争对手的信息主要来自近期新闻、官方网站、行业研报等;用户信息可以从网络评论、帖子留言等信息中提取;内部员工信息可以从企业内部BBS等提取。所以担保及再担保机构在选择信息源的类型时要考虑警源特定的情况。

② 结合信息源类型的自身特点选择

各种类型的信息源具有其自身特点，因而再担保机构在选取信息源时也要综合考虑信息源所属类型的特点。下表 8.3 为受保企业内外部信息源类型的内容及特点：

表 8.3 受保企业内外信息源类型及特点

<table>
<tr><th></th><th>信息源分类</th><th colspan="2">信息源内容及特点</th></tr>
<tr><td rowspan="5">企业内部信息</td><td>企业信息</td><td colspan="2">内容：生产、销售、库存、采购等信息；
特点：可反映企业真实的情况信息。</td></tr>
<tr><td>企业公开信息</td><td colspan="2">内容：公开出版物，如行业协会出版物、产业研究报告、报纸和专业杂志、工商企业名录、政府出版物、产品名册、产品样本等；非公开出版物，如展览会上获得的有关资料、专业会议的会议记录等；企业内部文档，如规章制度、企业组织、上下发文、产品标准等；
特点：较全面收集企业外部和内部的信息。</td></tr>
<tr><td>非公开情报源</td><td colspan="2">内容：内部研究报告、内部出版物、人际网络、灰色文献、机密文件；
特点：信息传播速度快，准确度较高，范围较小。</td></tr>
<tr><td rowspan="2">企业内部电子化交流平台</td><td>办公平台</td><td>特点：信息保密性高，传播范围小。</td></tr>
<tr><td>内部交流平台</td><td>特点：针对性强，传播速度快，外部较难获得。</td></tr>
<tr><td rowspan="5">企业外部信息</td><td rowspan="4">互联网信息</td><td>企业官网</td><td>1. 识别新的产品与服务；
2. 监测有关竞争对手的讨论组、新闻组；
3. 检查竞争对手产品/服务的详细信息；
4. 检查竞争对手产品/服务的价格表；
5. 详细评价竞争对手的广告策略、制作和目标；
6. 评价竞争对手的职位设置；
7. 评价竞争对手的财务报告；
8. 分析竞争对手的商务进程。</td></tr>
<tr><td>行业网站</td><td>1. 行业内产品及企业信息较全面、系统；
2. 市场行情及价格信息更新及时、报道迅速；
3. 具有“名录宣传”与“名录查询”功能（企业名录和企业黄页）；
4. 可以从产品和产品类别多途径查询。</td></tr>
<tr><td>门户网站</td><td>特点：权威，及时，信息指向性强。</td></tr>
<tr><td>Web2.0</td><td>Web2.0 信息，如微博、论坛、SNS 网站等；
特点：信息公开方便，传播速度快，转发方便。</td></tr>
<tr><td>联机数据库</td><td colspan="2">公司、厂商与产品数据库，市场产品信息库，金融信息库，行业信息库，市场贸易数据库，预警及有关的经济新闻数据库；
特点：高效率、高容量。</td></tr>
</table>

③ 根据担保或再担保机构的风险预警需求，在特定信息源类型中选择具体的监测对象时，着重于小微企业经营目标及经营战略、企业在行业中所处的地位以及信息源的质量、有效性和实时状况等。

(3) 制定文本数据采集策略

文本数据采集策略主要包括采集方法、采集工具以及采集数量频度三个方面。

① 文本信息采集方法

文本信息采集分为定期监测采集信息和突发主题追踪采集信息两种。

定期监测采集信息，主要指对受保企业的常规信息监测，一般情况下指固定频率及固定信息源的信息采集，例如定期采集受保企业的舆情信息、竞争对手官网信息，或者定期监测分析相关行业新闻信息等。定期监测具有全面性以及连续性的特征。

主题追踪采集信息，主要依据外部条件或受保企业特定发展阶段的需求，短时间内对某方面的信息加强关注，对不同信息源采取相应的采集方法及频率，从而采集相关主题信息。主题追踪采集具有临时性以及针对性的特征。例如，行业中某企业产品出现了质量危机，或受保企业上下游供应链企业出现了问题，在初期时要选取合适的信息源以及时间相关关键词进行监测分析，及时监测消费者对该质量危机的态度和动态。判断随着时间的推移，其是否会诱发受保企业自身经营风险等，从而判断是否要采取再担保风险管理措施。

② 文本信息采集工具

文本信息采集工具主要有：网络爬虫软件抓取、搜索引擎抓取和通过数据共享方法获取。

网络爬虫软件抓取。随着互联网的出现及快速发展，网络爬虫技术应运而生。作为一种按提前设定的规则提取、保存所需网页数据的自动化程序，其主要目的是从因特网中提取有价值的信息，满足网络爬虫编写者的商业或学术研究目的。网络爬虫的主要组成部分为网络页面采集和页面信息抽取。网络页面采集主要负责从互联网上下载所需的页面，而页面信息抽取则是从采集的网络页面上抽取所需的有价值的信息。随着互联网规模的迅速扩大，出现了各式各样的网络爬虫。但通常来说网络爬虫主要分为通用爬虫、聚焦爬虫、增量爬虫以及深网爬虫。网络爬虫抓取能有效追踪监测目标的最新状态，构建信息分析处理系统，推进监测信息处理智能化，以便客户及时获取所需情报。除了作为一个完善的情报搜集、加工、处理、分发管理平台，它还具有交流、共享等功能，是一个高度集约化的协同交流平台和高度个性化的知识中心，极大地提高了小微企业的运作效率，成为小微企业现代化信息建设强有力的支撑。

网络爬虫软件抓取智能自动化，能够自主抓取特定信息源的相关信息，实现 24 小时不间断监控。鉴于网络爬虫对源的数量有所制约，能够获取的信息有限，进一步对关键词配置的有效性提出了更高要求，因而在风险预警过程中，担保或再担保机构需要在情报技术人员的指导下，依据自身的需求，组合关键字并选择跟踪信息源。

搜索引擎抓取。目前最广泛使用的有两种搜索引擎：元搜索及垂直搜索。元搜索引擎指采用相同的用户界面引导用户在各种搜索引擎之间挑选出最有效的一种或多种实施检索工作（如百度、谷歌、火狐等），全面整体地控制互联网检索工具。垂直搜索引擎主要用于具体行业的专业性搜索，进一步细化并拓展了搜索引擎。垂直搜索引擎通过整理合并网页库中某些相关联的特定信息，以抽取分字段的形式筛选出有效数据，进一步加工处理后及时传输给用户，例如淘宝就是典型的网络购物搜索引擎。用户采用搜索引擎抓取信息较为方便简单，只需依据关键字组合即可实现全网信息的搜集。但这种方法也有弊端，搜索引擎最终会返还大量的信息数据，用户所需信息可能权重过低未排在前面；若关键字输入不合适，也可能返还无用信息。

数据库直接获取。主要包括市场产品信息数据库、金融信息数据库、行业信息数据库等多种专业数据库，向使用者呈现最新的行业讯息，价格变动等相关情报。专业数据库检索功能强大且数据信息全面，可以为科研及市场竞争提供可靠数据。但是利用专业数据库抓取也有弊端，其更新速度较之新闻等较慢，难以为担保和再担保机构提供及时有效的情报服务。此外，部分专业数据库是收费的。

③ 文本信息的采集频度

根据小微企业的具体特点来制定采集频度和采集信息量，要满足以下三个条件：

1）及时性，风险预警对信息及时性具有较高要求。在再担保风险的预警与管理过程中，尤其重视时效性，是否赢得时间对风险管理结果具有直接影响。因为信息变动迅速，所以对及时性要求较高的信息要设置高频度采集。例如对经营快速消费品的小微企业，应该更加关注并高频采集其市场竞争者促销、打折讯息。

2）有效性，能区别警度，基于文本挖掘的预警需要采集大量有效的信息数据，因而其对文本信息的采集频率及数量有所规定。若采集频度和数量制定不合理会导致信息数量不足，可能会遗漏部分关键信息。

3）经济性，信息采集过程会消耗大量的经济、时间、人力等资源，过度采集导致企业资源投入浪费，因而要考虑小微企业及行业需求制定合适的采集频度及信息采集量。

(4) 制定文本数据处理方法

数据的加工处理奠定了网络文本挖掘的基础，对文本信息去噪处理后将其规范化，最后变为量化元数据结构化文本。数据处理过程包括：文本数据清洗、中文分词以及词频过滤。

① 文本数据清洗。获得原始数据以后的数据清洗是至关重要的一部分。期望直接使用文本挖掘获取到的数据是不可能的。由于人为的错误或者文本获取过程中的漏洞都可能导致数据出现问题，因此数据清洗是文本预处理中非常重要的一个环节。在文本挖掘得到的数据中有大量的繁体文字、表情符号、图片以及网页结构信息，还会包括一些因为漏洞导致的重复数据，因此很有必要对挖掘到的数据进行有针对性的清洗：1)根据 Wikipedia 中简体中文字典将原始文本清洗为简体形式的无标签文本；2)将表情符号与符号相对应的文本进行匹配，将无法匹配出文本的表情符号删除；3)将某些文本中包含的网络结构字段删去，如“https”、“@”等。利用 python 中 Numpy 与 pandas 库初步处理数据，同时使用 EXCEL 中“查找替换”、“筛选排序”、“去除重复值”等手段手动清洗数据，并人工核查。

② 中文分词。挖掘中文文本信息时应该特别关注中文分词，其对文本挖掘效果具有较大影响。自动分词法也叫“机械分词方法”、“词典匹配法”，使用最为广泛，主要思路是依照匹配策略将输入的中文字符串与词条进行

匹配。匹配策略可以被分为最大匹配法与最小匹配法，由于汉语中存在着大量的单字成词的现象，最小匹配法很少被使用。切分容易产生歧义，马玉春等(2004)以最大匹配法为根本，联系文章语义及语言习惯，使用二分法来分词，妥善处理了切分歧义字段的不足[234]。

以规则为依据的自动分词方法虽然做到了简单易懂，不依赖于精确的训练集，也可以做到与分词后的应用紧密结合。但是这一方法的缺陷在于极度依赖质量较高的词库，当词库不完整或者待分词文本中出现了大量的词库中不包含的新词，那么自动分词的效率与准确性就会大大降低，因此很难用于对大规模网络文本进行分词处理。

依据现有词库来处理分词是分词的主要方法，即使一些方法能够自动鉴别词库外的词汇，但是考虑到企业预警特征，我们应当构建与企业对应的预警词库，以便更有效地对分词进行处理。企业本身需要成立预警分析词库，借助词库的构建能够更有针对性地对警兆、警情进行捕捉、预测。情报预警模型的重要组成部分之一就是构建词表。

利用斯坦福大学探究得出的领域本体构建七步法构建词表。斯坦福大学医学院研制的七步法，是构筑领域本体的主要手段。主要包含七个阶段：一是确定本体所属的专业领域和范畴；二是充分考查当前本体重复使用的概率；三是将本体中的关键术语逐个罗列；四是对类与类的等级体系进行界定(可通过综合法、自顶向下法以及自低向上法对等级体系进行完善)；五是对类的属性进行界定；六是对属性的分面进行界定；七是创建实例。具体的方法可以是挑选出已有词库，并在已有词库的基础上添加补充词表。补充的词表应该包含行业词汇、企业词汇等，方法有：

1）从行业本体中抽取词语添加到词表；

2）借助行业专家的知识添加关键词；

3）添加基于网络语言的相关词库。根据文本信息的特点，特别是互联网文本信息，常会出现网络用语及词汇，因此需要对本部分词汇进行添加。特别是在针对用户或舆情预警时，这类词表尤为重要。

③ 过滤。在做数据处理时企业应该建立过滤词表，用来过滤有些对预警没有意义的词，通过这种方式才能够更加精准地捕捉到预警信号，不至于因为无意义词汇影响到信号捕捉。

(5) 制定文本挖掘策略

担保或再担保机构需要依据小微企业警源的特点、文本信息内容等，挑选实用具体的文本挖掘策略。文本挖掘策略包括选取文本挖掘方式及方法。

① 文本挖掘方式选取

可以选择采用静态的描述性分析和动态的对比性分析对文本挖掘方式进行甄别。

静态描述分析是一种通常不考虑时间因素的文本挖掘方式。该方法的操作过程通常为选取特定时间区间内的文本，采用共词、聚类等手段对其进行挖掘，从而捕捉该文本的特征。通常来讲，如果通过动态对比的手段甄别出了警兆，就应及时进行静态描述性分析，以获取其产生的原因及当前的情况。

动态对比性分析往往需要基于多时间节点的文本，构建一条连贯的时间轴，综合利用多种文本挖掘法探究其在不同时间的变化和发展态势，进而捕捉文本内容，做出警示。考虑时间因素外的分析通常在捕捉预警信号时会有更加出色的表现，能够更为详尽地呈现出规则动态变化的过程。因为它能够更加准确地捕捉到微小改变，如高频词的出现以及高频词之间微弱的关系强度改变都可能会体现出事件变化。对于一项产品，使用者的观点和体验通常会处于动态变化过程中，即在不同的时间点会有所变化，这种情况下，采取动态对比分析，可以迅速察觉产品周期在未来一段时间内的改变。特别地，网络信息通常具备大规模覆盖、信息海量、资讯传送迅捷等特征，因而通过文本挖掘手段追踪某个时点或时段内的某个问题信息，就能够掌握事件发生、改变及衰败的态势等，进而监测预警该问题所处的信息环境，最终采取合适的措施。

动态对比分析中的关键一环在于如何选取合理的分割方式对文本的时间进行切割。假设是定期采集，则应该按采集时间进行动态对比:假设是主题预警，则首先应该制定相应的切割时间段，然后再对不同时间段的文本作出对比分析。

② 选取文本挖掘方法策略

文本挖掘策略既可以采用单一文本挖掘方法进行风险预警，也可以结合多种分析方法。

1）使用单个文本挖掘方法进行预警

选择单个文本挖掘方法来预警风险。该方法操作简单，主要有以下几种分析方法：

a. 词频分析。文本的中心思想内容很大程度上可以由文中的高频词来反映，因此比较分析各时期文章所出现的高频词及频率，可以归纳出文本信息的变化规律。词频分析的代表性应用是热点分析，比如通过情感词在文本中出现的频率可以用来判断新闻媒体工作者的情感倾向。

词频分析方法操作简单，在风险预警过程中能够发挥积极作用，例如通过观察高频词的变化规律推测政策信息的指向，从而觉察警兆。在进行词频分析的过程中需要注意无效词的过滤问题，某些词汇虽然高频但难以将文章中心思想表达出来或者并非预警关注的词汇，这部分词汇需要被过滤掉，以便词频分析精确地预警风险。

b. 特征提取。利用提取特征值的方式，搜集所需的文本信息，能够应用于网络舆情分析或者专利信息研究等。例如研究某类专利的发展规律，可以提取两类特征值：专利申请时间和专利名称。目前的文本特征提取技术可以大致被分为两大类，分别是人工定义的方法和基于机器学习的自动提取法。基于人工定义的方法也是目前最为流行的方法，可以简单归纳为以下几种：一种是应用文本特征表示，并建立特征挖掘模型，与文本关键词提取的方法类似；二种是构建概念模型；三种是建立领域知识模型，这种方法需要相关领域人士的参与，从一些研究中抽象提炼出相关属性；四种是建立本体模型，此模型的相关研究与概念模型比较接近，主要是构建一个涉及产品相关概念与其关系的本体。与基于人工定义的特征提取方法相对应的是基于机器学习的自动提取方法，此类方法主要利用成熟的机器学习算法进行词性标注、句法分析以及文本模式等使用自然语言处理相关技术对网络评论信息进行文本挖掘，自动发现其文本特征。

c. 关联分析。其代表性应用是共现词分析。共现词指的是在同一篇文章中同时使用的一组词，经共现词分析后，能够归纳出这一组词的词频变化规律以及词间关系的指向性。一般来说，分析词组较之分析单个词获得的文档信息更加丰富。共现词分析预警共有三种方法：一、利用词频的变化发现文本内容的改变，从而觉察警兆；二、利用组合的变化觉察警兆。比如说，在国家颁布的政策性文件中“鼓励”、“消费”变成了“适度”、“消费”就能反映出消费政策的不同；三、利用词间关系的指向性觉察警兆。

d. 文本分类。通过文本分类能够判断出事件折射出哪一类社会不足；以时间与空间为出发点探究不同事件的联系，并从时空角度探究相关事件的发展规律和进程。例如，情感分析中积极词汇、消极词汇的分类。

e. 文本聚类。聚类分析可以将具有类似特征的词汇自动归为一类，能够用来发现社会热点。文本聚类能够将多个高频词进行聚类，反映问题更形象也更深入，弥补了单个高频词热点分析的缺陷。例如，利用文本聚类分析可以发现市场用户消费需求的变化。

2）综合使用多种方法进行预警

对文本信息进行预警可以采用多种分析方法结合的策略。不同的警兆识别和警情分析具有不同的特点，应当具体问题具体分析。就拿词频分析＋共现词分析方法来看，先通过词频分析捕获风险信号，之后再借助共现词分析觉察出警情内容。

3）使用综合的文本挖掘方法进行预警

综合的文本挖掘方法包括情感分析或者建模分析等。例如，用户对小微企业的经营产品或服务发表评论，这些评论或积极或消极，担保或再担保机构对评论的文本内容进行情感分析，能够发现用户的态度倾向分布，从而判断小微企业经营可持续性是否存在问题，是否会影响小微企业的长期发展。

（6）选定预警方法、制定报警规则

① 选定预警方法

预警方法有定性和定量两种，再担保机构需要依据自身的风险预警需求选择合适的方法。鉴于绝对定性分析或绝对定量分析存在问题且实际操作难度较高，所以在实际运用中一般会结合定性和定量两种方法。除此之外，也能够借助经验或统计赋予指标要素权重，制定计算公式并设置预警阈值，利用测评结果作出预警。该方法虽然操作简单但有效，不过也有缺点，例如预警的精确性和科学性不够。常用的方法有：

a. 打分法，利用分级法给指标体系里的各个指标赋值，如 1—10 级，赋成 1—10 分，随后对所有指标或分项指标累计得分预警。例如给定“宏观环境”预警分数为 S，只要“宏观环境”下的各指标值相加后高于 S，将对“宏观环境”这项作出预警。

b. 权重评分法，结合层次分析法和专家打分法来确定各项指标的权重或分值，统计出综合分值。

② 建立报警规则

利用风险指标来识别是否超出风险警戒线，依据风险预警的结果并参考预警制度，判断有无必要发出警报、警报级次、报警方式。

③ 设置风险预警指标

再担保机构判断警情主要依照风险预警指标的变化，进而探究警情的现状、根源，推测警情的发展。在基于文本挖掘的风险预警体系中，指标的设置以词频属性设置为主。一般有两种方法：

一、词汇变动指标，利用词频属性的改变捕获警兆、觉察警情。如，词频变动率、共现词变动率、高频词变化等。

二、词汇属性指标，以词义的数量、情感、内容等为主要依据判断风险。如情感指标等。

④ 报警判断及警度设置

依据再担保风险预警指标体系，对小微企业经营风险讯号信息进一步加工处理后计算出风险警情级别程度。小微企业经营风险警度可划分为轻警、中警、重警和巨警四类。第一步，为各评价指标设定可接受区间，计算出现实风险程度并转化成评价值；第二步，加权平均各评价指标的评价值，得出受保企业经营风险的综合评估值；第三步，将综合评估值与小微企业风险警度标准对照分析，得到风险警情级别。

再担保机构要想精确预警再担保风险并对其实施有效管理，最初的风险评估必须科学、客观、系统、全面，这样才能为后续风险诊断、风险预控及风险管理环节提供可靠依据。通过对受保企业经营风险进行分析和预警，再担保机构可以评估出小微企业经营风险可能带来的损失及其程度，包括有形和无形的损害，进一步结合再担保风险滋生和发展的主要原因，制定出有效的风险诊断策略预案。

在最终判断警情级别时，需要进一步结合测评数据及经验判断，仅仅依靠某一方得出的结果并不可靠。进行经验判断时要结合各类风险事件的案例探究，通过归纳法归纳出风险的传播规律，获得判断风险信息的标准。此外，还必须结合受保企业各项监测警源状况，综合判断风险。

(7) 警报分析及预警报告

风险预警系统发出警报后，再担保机构需要结合警报内容对警情进行更深层次的分析，形成预警分析报告。在此过程中，文本挖掘手段起到了很大作用，不仅可以用来捕获风险信号，还能用于警因、警情分析。

预警分析报告的内容包括警兆分析、警因分析、警情分析、风险分析等，有利于风控体系进行内部沟通，促进再担保机构做出正确的风控决策。再担保机构可以利用文本可视化工具直观地呈现预警分析报告的内容，包括预警风险的内容及损害程度。

(8) 预警反馈

根据预警结果可以得出两种反馈：

① 添加新的预警监测需求

对于小微企业来说，其经营风险的形成与发展需要一定的时间，一旦发现小微企业存在经营风险，就需要依据风险的具体情况采取对应措施对其进行风险管理。此外，再担保机构还应重视风险发展的动态效果和处理效应。当出现预警信号后，再担保机构要依据特定的风险预警需求对主要风险进行主题监测，对次要风险则采取追踪监测。

② 调整原有预警系统

从经营风险预警的结果和效果来判断，深入考虑预警需求可以使原有风险预警系统的各个部分有所调节。一般为以下内容：

1) 警源的调节。再担保机构在风险预警早期，采用广义搜寻监测，在积累了部分经验之后，则采用固定警源检测。除此之外，预警结果也会受到小微企业内外部环境变化状况、风险动态性的影响。再担保机构要从新发现入手，对受保企业经营风险发生的概率以及损害程度重新进行评估，进一步调整监测警源。

2) 词库的调节。基于文本挖掘的结果，拓展新的关键词，并对过滤词库不断进行修改与完善。包含如下内容：

从警情反馈中修改临时词表：为确保警情的预测更有效、更精确，需要对临时词表内容不断进行调整与完善。这种调整具有滞后性，再担保机构需要详细比对已发生的警情事件与统计结果，进一步分析分词产生错误报警的原因，以此为依据完善临时词表。

根据统计结果修改词库：在分析最终统计结果时若发现无意义的词汇，需要对临时词表内容进行进一步修改，使得统计结果更加有效，对预测警报产生更大的作用。

修改核心词库：临时词表在判断警度时发挥了重要作用，按照预先设定的规则将临时词表内容补充至核心词库。

3）警报设置及警度的调整。为达到较好的预警效果，再担保机构应结合受保企业内外部环境状况，对警报设置及警度进行适当调整。再担保机构应密切关注警兆的实时变化，对受保企业经营风险可能带来的损害进行全面、系统、动态地评估，初步计算得到风险警度，进一步结合警度评价标准与现实情况，适当进行调整。

8.5　再担保公司与征信机构合作的风险预警模式

担保或再担保机构建立完整的智能化风险预警平台还没有完全实现，主要受制于外部企业信息获取障碍、平台开发巨大的投入、技术人员缺乏等，而部分地方征信公司，如浙江台州征信服务公司、江苏苏州征信服务公司等在地方政府的支持下，已经实现了小微企业关键信用信息的整合、开发及服务提供功能，适时预警服务也与银行形成了广泛的合作，也为再担保公司智能化风险预警提供了可借鉴的经验，下面以江苏省内的征信服务公司的预警实践为例，探讨再担保体系与征信机构在风险预警方面的合作机制。

8.5.1　江苏获得企业征信牌照的机构及运营模式

江苏基本上每个地级市都有征信公司，省级层面也建立了联合征信服务公司。截至目前，获得企业征信备案机构仅为5家，应该不能满足各地对备案的征信机构要求，估计后续备案的机构较多。已备案机构情况如下：

(1) 江苏金农股份有限公司

江苏金农股份有限公司是一家由江苏省信用再担保有限公司、江苏省国信资产管理集团有限公司等大型、优质国有企业和民营企业共同出资成立的综合性国有控股公司,其打造的金农微金融综合服务平台,是面向小额贷款公司提供涵盖IT系统、业务培训、业务创新、风险监管等综合云服务的平台。其中,属于IT系统的金农小额信贷综合业务平台包括小额信贷管理、会计核算和业务监管系统,为小贷公司在线提供财务核算、信贷服务、产品创新等全方位支撑,减少小贷公司IT投入成本,实现行业集约发展与统一监管。

(2) 苏州企业征信服务有限公司

苏州企业征信服务有限公司成立于2014年4月,承担的苏州企业征信平台建设项目被列为当年苏州市政府实事工程和区域金融中心重点建设任务。

苏州征信建成了以数据库、基础办公系统、增值应用系统、移动端应用系统、智能风控系统为核心的“一库N用”平台架构体系;上线了征信报告、企业筛选、信用评分、宏观分析、风险预警等产品,已与多家银行合作推出了服务小微企业的全线上“征信贷”产品。苏州征信公司还开发线上征信App,实现了征信平台的移动端应用。承建股权融资平台,实现了企业融资从信贷向股权的服务延伸。积极承担公共服务责任,努力改善市场信用环境,推动社会信用提升。此外,苏州征信平台还与75个政府部门和公共事业单位达成合作并建立了信息网络,集合了600余个反映企业经营发展情况的指标。截至2019年10月底,平台累计入库数据达到2.26亿条,入库授权企业数达到38.53万户,实现了有贷企业、新设企业和享受金融支持政策企业的全覆盖。

(3) 江苏苏宁征信服务有限公司

2015年9月苏宁征信正式成立,主要服务对象为苏宁生态圈内的数万家中小企业,在充分利用自身积累的大数据基础上,通过大数据模型和科学分析方法,为中小企业提供企业征信报告和企业信用评分等服务,有利于金融机构判断、控制信用风险。

(4) 苏州朗动网络科技有限公司

苏州朗动网络科技有限公司依赖超强研发实力,拥有大数据挖掘、数据建模、行业标准定义和可视化分析技术，同时公司在北京、上海建立了研发团队。企查查作为苏州朗动网络科技有限公司的一款企业信用查询工具，信息覆盖企业工商信息、关联企业信息、企业年报、法律诉讼、失信信息、知识产权信息等。

（5）常州企业征信服务有限公司

常州征信成立于2016年5月，由常州市属国资常州产业投资集团投资5 000万成立。常州征信采集中级法院、市工商局、市国税局、不动产产权登记中心、公积金中心等政府涉企业信息，汇集了中国移动、中国电信、供电公司等公共服务机构的涉企数据，搜集了各类金融机构、互联网平台的信息，可以从各个层面客观、及时地展现企业信用状况。相关信用信息已经涵盖了常州近10万家企业信息，常州征信的产品包括企业征信报告，大数据解决方案的监控宝、获客易、助贷通，快贷通及综合金融服务平台等。

（6）泰州企业征信服务有限公司

作为江苏首个获批的国家级金融改革试验区，成立企业征信公司，建设地方企业征信系统，是泰州金融改革十项重点任务之一，是泰州金改工作的一项基础性工程。泰州市地方企业征信系统建设，借鉴苏州、台州等地区的成熟经验，与泰州市政府电子政务云平台对接，获取政府部门政务信息、各行业的管理信息以及企业信用信息等，在整合、分析的基础上建立企业信用信息数据库。经过企业授权后，采集企业相关数据，主要包括水电气、税收、社保、公积金等生产经营数据。运用大数据技术建立企业信用评级和授信评估模型，对采集的数据进行分析，提高授信机构风控管理水平。目前，该系统已经获得1 400多家企业的数据采集授权，采集了60多个政府部门和公用事业单位170多项涉企政务信息和生产经营数据500多万条。该市36家银行机构、37家小贷公司、22家融资担保公司注册开设各类用户300多个。

8.5.2　江苏征信企业在风险预警方面的实践

江苏苏州最先成立征信服务公司，为后续征信公司的建立与运营探索了有益的经验与技术，常州、泰州等等企业征信服务有限公司借鉴苏州征信公司的技术与架构，甚至直接委托苏州征信服务公司开发征信平台并进行二次开发，主动作为、加快发展，建成了企业征信平台、开发了增值服务产品、铺设了信息采集网络，汇集了本地征信数据，成为银企担信息共享的重要设施。总体而言，征信企业服务银行等金融机构风险预警的实践方面存在共性。

(1) 建立企业信用数据库

在企业授权前提下，通过专线连接，打通政府部门和公共事业单位的数据网络通道。征信公司与工商局、国税局、地税局、人社局、质监局、公积金中心、不动产登记中心、供电公司等单位建立合作数据库，全方面覆盖企业工商注册登记信息、纳税信息、企业社保信息、公积金缴费信息、行政处罚信息等。同时，积极探索与企业的数据共享，例如参考常州征信公司的做法，与当地银行、小额贷款公司、金融租赁机构等金融机构建立合作关系，深度挖掘数据信息；与百度司南、金蝶、九次方等国内知名大数据公司合作，与蚂蚁金服、苏宁金融等互联网平台互动，实现大数据的横向整合。

(2) 建立大数据征信平台

建立以纳税数据为核心，涵盖个人征信、企业征信、工商数据、电力数据、环保数据、司法数据、黑名单数据、反欺诈信息为一体的大数据征信系统，多维度数据全方位反映企业稳定性与经营情况，向银行等机构提供全方位企业征信报告，主要包括以下几个方面：

一是基本信息，如企业名称、经营范围、股东、企业高管等；二是社保与公积金缴存信息；三是经营信息，如资产负债、利润、纳税、海关进出口金额、水电气缴费等；四是非银金融机构融资信息，如小额贷款、融资担保等；五是抵质押与查封信息，如房产抵押登记、土地抵押登记、土地查封等；六是涉诉信息，包括立案、结案、强制执行等；七是负面信息，包括欠税、欠费、处罚、税务部门非正常户认定、海关C、D类客户认定等；八是其他信息。另外，按照具体风险管理需求，大数据征信系统还可提供全方位的企业生产经营情况分析，包括但不限于：

① 财税分析

财税分析报告以企业涉税数据为核心，综合工商、司法、反欺诈、知识产权等信息，用上百项数据详细反映企业经营情况，是融资授信、资格认证、背景调查等商业活动的重要参考。应用场景包括金融征信(准入审核、信用贷款、抵押增信、风险评估)与商业征信(企业认证、资质审查、投资尽调、企业体检)等。

② 交易分析

企业交易分析报告通过多维度数据解析企业交易情况，经营数据指标化，风控数据可视化，帮助金融机构深度穿透企业经营全貌。一是识别上下游企业的关联风险，包括上下游企业的稳定性与集中性，交易频次与关联交易风险等；二是提供穿透企业经营全貌的风险分析，包括采购/销售量分析、采购/销售商品分析、采购/销售地域分析、采购/销售行业分析等；三是剖析企业成本费用，包括各类能源消耗的成本，其他经营费用的统计等。

③ 电力分析

企业生产对电力的消耗是反映企业经营生产情况的重要数据，电力分析报告通过将企业在过去12个月的用电量和电费情况与行业水平及自身变化趋势进行对比分析，得出企业为空壳企业的风险概率，为市场监管及业务准入提供有效参考。一是用于空壳检测，根据企业近12个月用电行为，比照同行业企业情况，输出评分，判断企业经营状况；二是用于信用辅助，近12个月的历史用电信息，包括基础用电信息、电量水平、电量波动、电量趋势、电费水平、违约用电等，输出用电信用评分；三是用于贷后预警，持续采集企业信息，构建企业容量状态、用电水平监测等，输出评分。

④ 企业交易核验分析

企业交易额核验分析报告用于判断企业与上游供应商或下游客户是否发生交易，核验企业交易行为的真实性，内容包括上下游企业信息核验、上下游企业规模核验、上下游企业交易频次核验、主营业务产品核验等。

⑤ 企业信用评级

信用评级系统通过网络化的信息收集，借助大数据技术建立信用评价模型和算法，实现对受评主体多维度的综合信用状况评价，最终输出企业信用评级报告，帮助担保或再担保机构、银行等进行业务审批决策。一是综合信用评价，反映中小微企业的经营发展状况和整体信用状况、还款能力、还款意愿状况以及存在的风险点提示；二是信用等级、信用分及释义，包括中小微企业的信用评级得分、信用评价等级及其变动的趋势；三是多维度的得分明细，例如常州征信公司将其分为管理水平、市场竞争力、信誉状况、规模指标、偿债能力、经营能力、经营效益、发展潜力，用评级共分成九个级别，如表8.4所示。

表 8.4　常州征信公司信用评级表

信用分区间	85＜pf≤95	75＜pf≤85	65＜pf≤75	55＜pf≤65	45＜pf≤55	35＜pf≤45	25＜pf≤35	15＜pf≤25	pf≤15
等级	AA 级	A 级	BBB 级	BB 级	B 级	CCC 级	CC 级	C 级	D 级

(3) 提供全业务流程的风控支持服务

传统的信贷风险预警是自下而上的模式，通过客户经理或保后管理小组现场尽调搜集企业信息，向上级机构汇总分析做出风险预警决策。与之相比，征信机构普遍采用的大数据风险预警系统具有明显优势：一是采取了自上而下的主动监控模式，数据维度广、更新及时，有利于金融机构、再担保机构及时监控、把握风险状况；二是采用评分＋预警规则策略，克服传统预警模式中定性指标多、易流于形式的弊端；三是实现全流程的闭环管理，采用线上系统实现自动化运行，有效杜绝人为因素引发的操作风险与道德风险，同时降低现场尽调产生的高额成本。具体而言：

① 在获客阶段，围绕让金融机构“找得到”客户，依托大数据平台对企业进行信用打分，通过个性化的模板定制和灵活的组合查询，为担保机构、银行提供快速获客和精准营销服务。例如常州征信的“获客易”产品是根据征信平台数据库中反映企业经营状况的各类数据，协助金融机构精准筛选并定位目标客户群体，与优质企业对接；“助贷通”是通过参与金融机构线上产品的开发，将常州征信的征信数据信息作为授信和贷前审查的参考。

② 在获客之后，围绕让担保机构、银行“防得住”风险，通过机器学习和大数据建模，建立反欺诈模型，依托公开信用信息对市场主体发生欺诈的概率进行计算，为金融机构提供反欺诈检测服务，如图 8.9 所示。

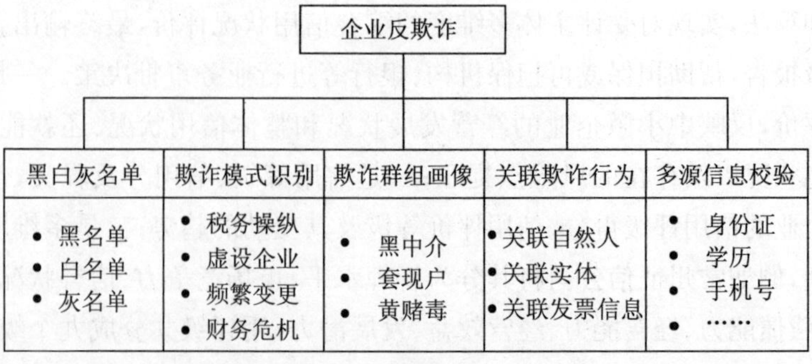

图 8.9　反欺诈系统运行示意图

③ 在保前/贷前阶段，围绕让金融机构"看得清"企业，通过《基本征信报告》帮助金融机构看清企业基本信用状况，通过《商业信用报告》和智能尽调助手帮助银行看清企业生产经营状况，从而做出科学的信贷审批决策，如图 8.10 所示。

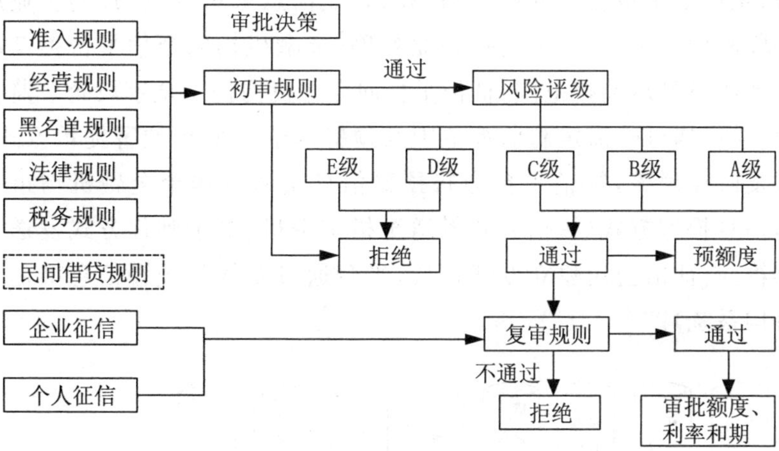

图 8.10　信贷决策审批示意图

④ 在保中/贷中阶段，围绕金融机构"把得准"额度，通过大数据风控模型，依托公开信用信息对企业进行信用评分，依托税收、水电气、社保、公积金等生产经营数据对企业进行在线风险评估，依托财务数据对企业的授信规模进行评估，为金融机构授信提供量化参考，具体可参考图 8.11。

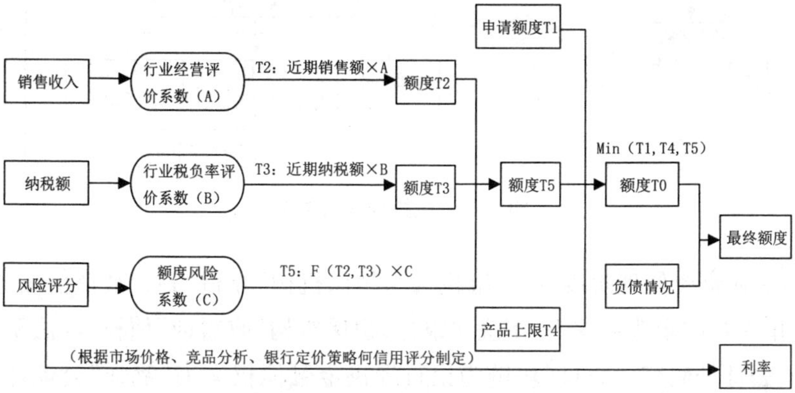

图 8.11　授信额度测算示意图

⑤ 在保后/贷后阶段，围绕让金融机构“盯得紧”资金，通过风险监测平台，实时向银行客户经理进行风险事件和经营数据异常提醒，为担保或再担保机构提前采取应对措施争取时间和空间，参考图 8.12。例如常州征信公司推出的监控宝产品是按照金融机构提出的要求，对金融机构已取得《企业信用报告查询授权书》和《企业信息采集授权书》的企业进行全字段监控。包括：设定监控企业名单（金融机构向征信平台提交需监控的企业名单），监控范围（征信平台向金融机构提交全字段企业监控模板，金融机构可按需定制监控范围及预警阈值），监控预警提示方式（一旦触发监控预警，征信平台会将预警信息实时发送至金融机构指定人员），信息提醒方式（短信方式发送至指定手机、电子邮件方式发送至指定邮箱、与征信公司建立专线连接，平台通过专线将预警信息推送至金融机构系统）。

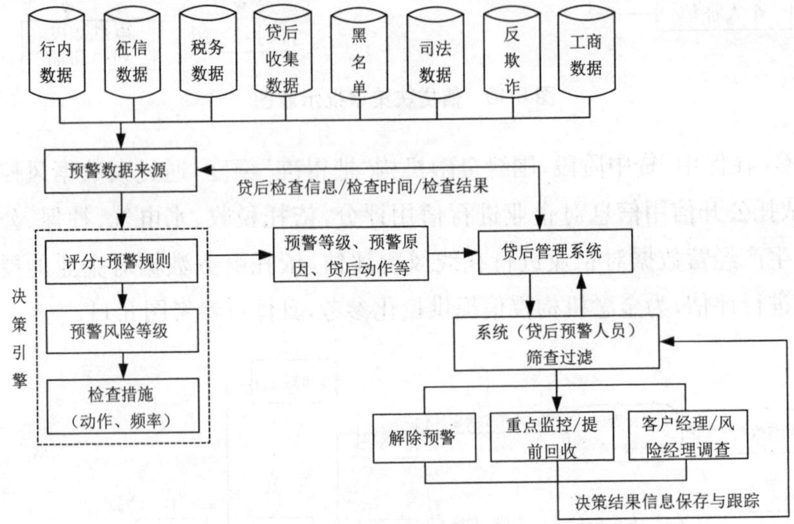

图 8.12　风险预警示意图

⑥ 在资产处理阶段，让金融机构与担保机构“收得回”。某征信服务公司在市人行的牵头组织下，围绕让银行、担保机构“收得回”债权，与法院、司法局、公证处研究，通过区块链为银行提供金融债权文书“赋强”公证，降低银行、担保机构维护债权的时间成本和经济成本，加速债权回收。

8.5.3　再担保机构与征信公司合作预警风险模式

担保及再担保机构作为融资中介与银行和小微企业开展业务合作，影响其合作的关键在于风险的预警与控制，打通多主体之间的信息共享渠道与提升主体风险防范能力是重点，江苏征信企业服务金融机构的实践为担保、再担保体系的风险预警提供了新的契机。

(1) 担保或再担保机构根据征信公司、银行、担保及再担保机构的合作协议，制定业务审批标准，出具决策结果，并为合作银行审批通过后的小微企业提供风险缓释担保。

(2) 征信公司向担保或再担保机构提供特定目标客户群体的风险信息，提升担保或再担保机构对风险预警能力并优化风控体系。

(3) 合作银行借助征信机构的评估报告，对担保或再担保机构与企业授信，同时共享小微企业授信数据，提供小微企业贷款服务。以金融科技公司微众信科与再担保公司、银行及小微企业的合作为例，具体合作模式参考图 8.13。

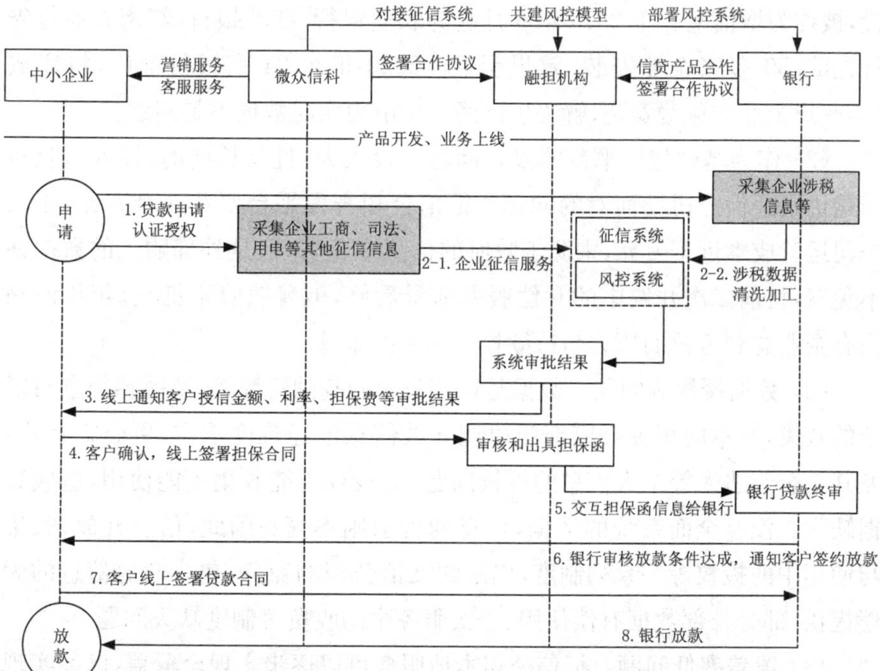

图 8.13　"再担保＋征信"风险预警模式示意图

8.5.4 再担保公司与征信公司合作预警风险中存在的问题

江苏再担保机构与征信服务公司在风险管理合作中取得了一定成效，得益于江苏各地的重视及各类平台的协同建设与推进，包括市场应用。江苏小微企业综合金融服务平台——解决“获客”问题，各地的征信服务平台——解决小微企业银行融资“撮合”问题，征信公司与担保再担保机构的合作——解决“风控”问题。但依然存在一些问题，主要有：

(1) 数据来源问题，核心的税务、供电等数据收集难度依然很大，部分政府数据难接入或不稳定。以供电数据为例，只有省公司有数据中心，且以较高的价格提供服务，市级供电公司与征信公司合作中普遍难协调。为此，缺项数据需要另辟渠道，例如携手国内知名物联网设备制造企业，为金融机构和制造型企业联手打造增信类产品。某征信公司于2018年底启动该项目，在生产型企业的车间、设备的电路上加装数据采集装置，采集电力数据，用这些数据直接反映企业生产经营状况。在电力线路上安装的数据采集装置，被称为增信宝。于2019年6月起为农业银行、江苏银行、江南农商行先行先试，50多家企业安装，效果明显。2020年在24家银行推广，将完成2 300户企业的免费安装，解决生产经营中电力实时数据不足问题。

(2) 作为基础建设平台的投入问题。投入大，且是长期的，投入与收益问题仍是征信公司要面对的问题。征信公司开发平台要花几百万元，年均公司运营成本近千万元，来源于政府的信息多免费，但是外部购入的数据并不免费，目前二次开发中的有偿服务前景看好，但普遍收不抵支，年年面临国有企业盈利考核的压力与持续投入不足的难题。

(3) 数据授权等问题。数据是征信公司的基础资源，涉及敏感信息与复杂的政策，原本向相关政府部门协调开放信息已经难度重重，更面临企业，尤其是企业法人等个人信息的授权问题，无授权不能收集不能使用，造成数据缺失。没有全面系统的数据，信息的价值则不高。因此，信息开放、收集与使用中的授权等一系列制度，仍制约征信公司的业务，包含政府信息的无偿提供、部分外部数据有偿使用、二次服务中的收费等制度缺失问题。

(4) 覆盖率低问题。征信公司本地服务可以逐步实现全覆盖，已经实现了基本功能，而许多企业还跨地区经营，如何扩展与联网等问题，也制约着征信公司效能的发挥。

8.6　本章小结

本章节首先分析了当前再担保体系风险预警所面临的不利状况，如存在区域系统金融风险爆发的可能、经济下行带来的风险隐患、融资担保行业自身的风险问题、风险预警手段不足等；其次，从系统理论的角度，明确了再担保体系风险预警逻辑、预警的核心要素、预警目标等预警思路；再次，构建了担保及再担保机构内部的风险预警机制；最后，立足大数据应用研究，提出智能风险的预警架构，并以江苏征信为例探索“再担保＋征信机构”风险预警应用模式，总结成效及存在的问题，理论与实践相结合，探讨再担保风险预警机制。

第九章 小微企业融资再担保体系风险防范对策研究

建立融资再担保体系是解决小微企业“融资难、融资贵”困境的重大举措，完善的再担保体系风险防范机制则是解决再担保“保一赔百”的高杠杆经营风险与“保本微利”经营目标之间冲突的关键。从风险传导路径来看，再担保风险从小微企业溢出后首先传播至担保机构，其后逐步传播至再担保机构及银行等主体，并在“一体两翼三层”的再担保体系内自下而上扩散至体系内其他主体。因此，在强调多主体自身风险防控水平提升的同时，应重视体系风险联防联控机制的建立，形成“横向到边、纵向到底”的风险防控体系。同时创新再担保风险监测手段，并为其提供必要的资金、技术与人才支撑，这将是未来再担保体系风险防范的发展趋势。具体而言，再担保体系风险防范要从系统的角度，基于担保、再担保业务连接下的经济主体运营风险与金融风险、环境风险等综合风险防范，是点与面结合、个体与群体结合、静态与动态结合、横向与纵向结合的多环节、立体式风险防范理念与机制，正视存在的问题，通过改革与制度完善，抓紧补短板、堵漏洞、强弱项式的风险防范机制与制度的再完善。主要从八个方面提出与完善风险防范机制：一是创新政府银行担保机构(简称为“政银担”,下同)多主体协同机制,强基分险;二是健全担保机构与基层组织联动工作机制,以信用辅助机制防风险;三是改进不明原因波动和异常事件风险监测机制,早发现早防范;四是建立智慧化预警多点触发机制,智能化防范风险;五是健全多渠道监测预警机制,立体式防范风险;六是建立适应现代化再担保体系人才培养使用机制,提升风险防范技能;七是建立健全分级、分层、分流的重大风险救助机制,完善风险治理措施;八是健全权责明确、程序规范、执行有力的风险防控执法机制,改进法制环境。具体参考图 9.1。

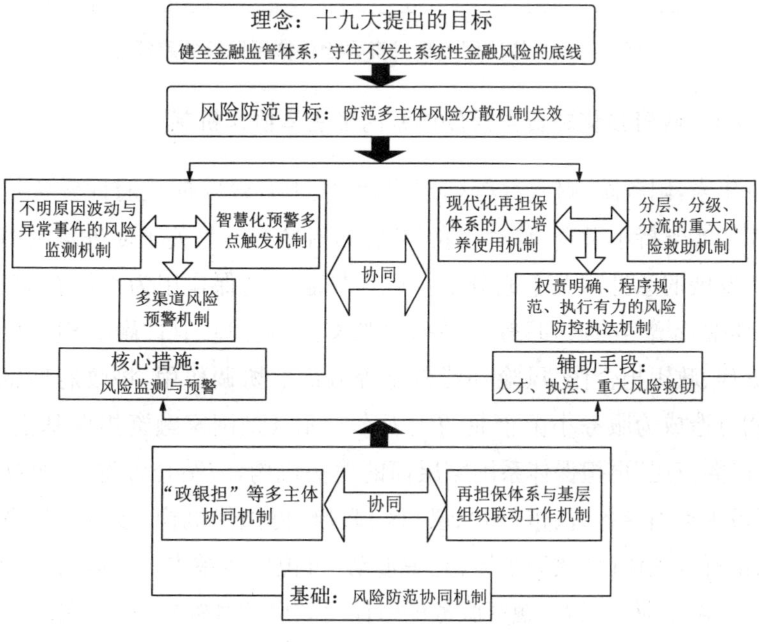

图 9.1　融资再担保体系风险防范逻辑图

9.1　创新“政银担”等多主体协同机制

融资再担保体系的风险防范必须建立在多主体协同机制的基础上,通过促进多主体合作、规范机构运营、落实合作分险等方式，提升融资再担保体系自身的风险防范水平，涉及的主体及协同治理融资再担保体系风险的路径如图 9.2 所示。

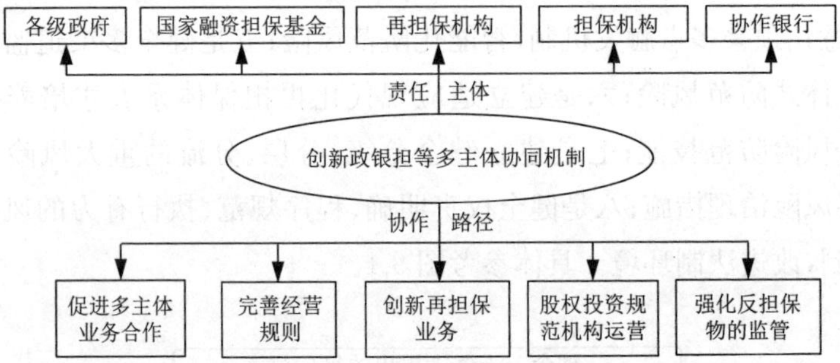

图 9.2 多主体协同治理融资再担保体系风险的路径图

9.1.1 政府强化融资再担保体系内多主体协作机制

近年来，国务院、财政部等陆续出台《关于有效发挥政府性融资担保基金作用切实支持小微企业和“三农”发展的指导意见》《关于促进融资担保行业加快发展的意见》《关于充分发挥政府性融资担保作用为小微企业和“三农”主体融资增信的通知》等一系列政策文件，发挥政府性融资担保机构在业务聚焦、政银担合作、风险补偿机制等方面的协调作用，将政府性融资担保机构打造成为服务小微企业的主力军。尤其是国家融资担保基金，作为“一体两翼三层”再担保体系国家层面的龙头机构，应结合各省、区域实际情况，积极主动引导各省、市(州)、县(区)政府、再担保机构、政府性融资担保机构、银行等主体以“政府主导、龙头带动、再担保体系支撑”为原则，协力构建面向小微企业、“三农”融资服务的一体化政府性融资再担保体系。

(1) 政府统筹融资再担保体系建设

目前，我国小微企业政府性融资再担保体系建设仍是“自下而上”，国家层面顶层设计尚不完善，未建立全国统一的融资再担保体系，未对地方融资再担保公司、担保公司的运作模式、考核机制等进行规范和指导，未理顺担保机构与银行关系，造成银担地位不对等，使融资担保行业的进一步发展受到了制约。因此，当前的首要任务是在全国范围内建立一体化的政府性融资再担保体系。其中,“一体化”有三层含义:第一层含义是融资再担保体系将是一个整体,横向到边(即触及多主体单位)、纵向到底(即覆盖至基层企业等群体);第二层含义是国家融资担保基金是建设国家政府性融资再担保体系的主导单位,负责牵头并推动融资体系的建设;第三层含义是国家融资担保基金与各银行总行对接,融资担保体系与银行自上而下的整体合作。通过建立纵向联结国家、省、市(县)三层级,横向联结同层级地方政府、担保机构及银行等多主体的矩阵式网络体系,以再担保公司为核心、政府性融资担保机构为主干,建成一体化政府性融资再担保体系。省级再担保主管部门,汇聚相关扶持政策,对接国家担保基金,依托省级再担保机构联络银行等多主体,推进区域融资再担保体系建设;基层地方政府,充分发挥政策性融资担保机构的功能,推进融资担保业务落地生根。

(2) 发挥国家融资担保基金在体系建设中的主导作用

国家融资担保基金作为政府性融资再担保体系建设的顶层设计平台,必须发挥其核心引领作用。一是在体系发展方向的研判上,随着社会主要矛盾的变化,国家融资担保基金应当贯彻金融工作与时俱进的要求,重点关注社会经济发展不平衡、不充分的问题,牵头各级政府、融资再担保公司、担保公司和代表银行等,针对行业痛点共同制定担保及风险预警防范方案,提供切合小微企业需求的服务。二是在当前的业务合作框架基础上,促进融资再担保体系与银行、政府等体系的对接,扎实推进新型政银担合作业务的推广,以融资再担保业务和股权投资为纽带,将再担保机构、担保机构、协作银行以及各级政府拧成一股绳,实现从“点对点、自下而上”的业务合作到“体系对体系、自上而下”的合作。三是在应对行业风险方面,通过灵活设置合作门槛、风险分担比例等方式,适当为融资担保及再担保机构分散代偿风险,提高整体的风险容忍度。通过强化合作和资源共享,纳入全国一盘棋,充分发挥矩阵效应,共同构建融资担保风险分担体系和上下联动机制,提升持续运营和抗风险能力。

(3) 发挥省级融资再担保机构的“规范引领”作用

① 推进比例分险型再担保业务做大做强

比例分险型再担保业务重在多主体合作分险,能有效分散融资再担保体系的风险,提高整体的风险承受能力。具体而言,一是省级融资再担保机构要转变业务发展方式，将比例分险型业务作为主业，并将其作为下级机构考核的重要指标，逐步压减、退出传统再担保业务，引导合作融资担保机构逐步将比例分险型再担保业务作为主要发展方向。二是与银行对接，促进协作银行扩大融资担保公司合作覆盖面，实质性参与分险，优化、简化内部审批流程，促进“4321”新型政银担合作业务落实落地，实现政银担合作共赢。三是与相关职能部门、监管部门协调，进一步完善体制机制，形成政策合力，加大抓落实力度，进一步优化政府性融资担保行业的发展环境，推动融资担保体系建设，完善新型政银担合作机制。

② 对融资再担保体系内合作担保机构减量增质

在摸清融资担保机构底数基础上，引入第三方评估机构，对融资再担保体系内合作融资担保公司进行分类评级，建立分类台账，实施分类合作。对于长期未正常经营或经营存在重大风险、出现严重违法违规行为的融资担保机构，由省级融资担保或再担保机构联系地方政府进行清退；对于能够正常经营，但在内部治理、财务状况、经营发展等方面存在一定问题的公司，建议由各省级融资再担保公司进行配合整改，验收达标后予以合作；对于主业突出、经营稳健、风险可控的政府性融资担保机构，建议各省政府主管部门及时换发业务经营许可证，并在业务范围、地域范围、资金奖补等方面根据政策给予支持，鼓励做大做强。

③ 兼顾地方政府利益推进市县政府性融资担保机构建设

各地政府为促进本区域经济迅速发展，在加强基础设施建设的同时，有意识帮助企业发展，也给政府性融资担保公司创造了潜在的市场和压力，但有可能超过了这些融资担保公司的能力。因此，政府性融资担保具有“准公共品”属性，其业务服务对象、业务模式等应与所在地政府的经济发展目标尽量保持一致。对于超过其能力的融资担保或再担保业务，省级融资再担保机构应主动介入，对于小微企业集合债、集合票据等公开市场融资情形，当融资担保机构因缺乏行业信用评级而无法参与时，各省级融资再担保集团公司基于自身雄厚的资本实力，可采用技术援助、共同担保等业务合作形式，吸引当地融资担保公司参与并分享经营收益。这样能使融资担保公司参与融资再担保业务体系的积极性大大提高，使体系规模进一步扩大。同时，在这个过程中，融资担保公司充分发挥了熟悉当地环境、信息获取及时可靠等优势，降低业务项目风险，进而使融资再担保体系的风险得到降低。

④ 加强与民营融资担保公司合作

尽管民营融资担保公司有着较丰富的客户资源，以及强劲的业务发展势头，但普遍存在资产规模偏低、担保放大倍数不高等缺陷，特别是在近年来大力推进政府性融资担保机构建设的背景下，民营融资担保公司发展受到严重制约。从本质来看，融资再担保体系建设和民营融资担保公司的目标都是促进小微企业生存与发展，因而二者的融合发展是具有可行性的。目前，国内部分省融资再担保集团公司在推进与民营融资担保公司合作的过程中，通过打包增信的方式来使民营融资担保公司的放大倍数整体提高，基于联合担保、代出保函、客户互通等方式，利用一方优势去弥补另一方劣势，实现融资再担保体系业务规模的扩大和民营融资担保公司利益的增加。需要特别注意的是，融资再担保体系的建设不是一朝一夕就能完成的，体系成员的规模应当根据风险控制能力以及融资再担保体系业务具体开展情况来适当扩大。

（4）构建保障融资再担保体系运行的机制

一体化的政府性融资再担保体系需要九个保障机制，即资本金补充机制、风险补偿机制、银担风险分担机制、考核评价机制、尽职免责机制、税收优惠机制、银行监管和激励机制、资产处置联动机制以及上下联动机制。

① 资本金补充机制

虽然国家和地方政府出台的文件中明确提出“建立政府性融资担保机构资本金持续补充机制，有效防控融资担保行业风险”，但是还没有出台相关实施细则。建议在顶层制度设计上进一步完善资本金补充，从根本上增强行业发展信心，优化行业发展环境，促进行业可持续发展。各省、市、县要探索建立个人、社会团体、企业、金融机构、政府广泛参与，无偿捐资与参股入股相结合，形成多元化的、与小微企业担保贷款增长相适应的资本金持续补充机制。在综合考虑在保余额、放大倍数、资本金使用效率、业务发展等因素的基础上，鼓励各地统筹整合现有财政资金或盘活财政存量资金，不断加大对本级政府性融资担保机构资本金投入力度。

② 风险补偿机制

针对现阶段融资再担保主体资金来源渠道单一，流动资产难以弥补风险代偿的状况，政府应出台相应政策缓解融资再担保体系运营和代偿困难。建议由省级政府财政部门调配资金，设立专项风险补偿基金，实行单项目补偿和年终补偿相结合的方式，由各省财政厅会同省地方金融监管局共同监管。单项目补偿规模以项目在保余额计算进行分级补偿，可效仿安徽省融资担保风险补偿基金相关办法，在保余额在500—2 000万元的担保业务发生代偿，先按30%比例给予原保机构补偿；在保余额500万元以下的业务发生代偿，先按20%的比例给予原保机构补偿。年终补偿金额在每年末根据融资再担保主体的代偿率确定支出规模。以行业平均代偿率为基准，按照实际代偿率与行业平均值的倍数关系分档补偿。如对于代偿率在基准值以下的主体，补偿金按照再担保代偿额的50%给予补偿；对于代偿率在基准值以上的主体，倍数为1—2倍的，按照再担保代偿额的30%补偿，2—3倍的，按照再担保代偿额的20%补偿，超出3倍的，不予补偿，并暂停其业务开展，待其完成内部整顿、完善风险控制措施后再行恢复业务。

③ 银担风险分担机制

中国保监会向全国各省、自治区、直辖市融资担保机构监管部门推广安徽信用担保集团公司新型政银担合作业务模式：即对单户在保余额不满2 000万元小微企业贷款担保业务，承办的原担保机构、省担保集团、合作银行和市县(市、区)地方政府专项补偿资金按照4∶3∶2∶1的比例承担风险责任。这种模式能够使小微企业信贷融资的风险有效分散，促进融资担保机构、再担保机构、合作银行和政府协同作用的形成。贷款风险比例(银行信贷风险敞口较独立发放贷款下降80%)的降低为银行带来更多的小微企业客户资源；在风险可以控制的前提条件下，政府性融资担保机构的担保业务规模得到进一步扩大；小微企业获得了担保贷款，从而有效缓解了融资难、融资贵问题；政府通过鼓励企业融资发展，促进地方就业，增加财税收入，取得全面的社会效益。为更好服务于全省民营、小微企业和实体经济发展，更大力度对接国家融资担保基金，争取中央政策支持，各省级再担保集团在因地制宜推广“4321”新型政银担风险分担业务模式的同时，坚持不断创新业务模式，探索与合作融资担保公司实行双方分险的新形式。依据合作政府性融资担保公司的准入评级结果，选取评级靠前的优质融资担保公司，开展双方比例分险融资再担保业务合作。例如，湖北省融资再担保集团公司在武汉区域探索开展“532”分险模式，该合作模式由融资担保机构、再担保集团、银行分别按 5∶3∶2 的比例承担风险责任。按照互利互惠、自主自愿原则，省级融资再担保机构与政府性融资担保机构、银行、政府签订合作协议，明确风险分担比例及各自职责。

④ 考核评价机制

融资再担保业务种类和经营定位的偏离是融资再担保机构运营风险的主要来源，混业经营导致主营业务现金流量缩减，担保、再担保机构代偿能力显著下降。部分省份在考核评价机制建设方面已经取得了一定成效，如安徽省出台了较为合理的政策性融资担保机构绩效考核评价暂行办法。该方法明确规定政府性融资担保机构的服务对象主要是“三农”和“小微企业”，年化担保费率不得超过 1.5%，单户融资担保余额一般不超过 500 万元、最高不超过 2 000 万元，地市级、县(市、区)级政府性融资担保机构的小微企业担保户数比重分别不低于 70%、90%；考核评价项目包括风险控制、扶持小微企业数量、担保费率、放大倍数等；考核评价的等级，作为省财政注资参股资金分配及同级政府对金融机构进行综合考核的关键依据，以及核定负责人薪酬的重要因素。因此，各省人民政府应基于国办发〔2019〕6 号文件的相关规定，将地区内合作融资担保机构的准入情况、支持小微企业再担保业务规模和占比以及单户担保金额 500 万元及以下的占比作为考核指标；同时，根据各地区对于再担保业务需求情况，适当弱化对支持小微企业及“三农”业务的盈利性考核指标，适当提高不良容忍度，强化在保余额、担保(再担保)费率、再担保放大倍数以及支持小微企业及“三农”业务规模等指标的考核力度，为融资再担保机构开展业务创造正面激励。

⑤ 尽职免责机制

为进一步完善融资担保(再担保)机构业务风险管理机制，促进融资担保机构和工作人员的履职尽责，推动融资担保机构持续健康发展，要尽快改变部分担保或再担保机构比照银行等金融机构，对出险项目的经办人员的追责问责行为。各省应建立政府性融资担保或再担保机构负责人业务尽职免责机制，提升机构负责人开展支持小微企业融资担保业务的内生动力。业务尽职免责工作，具体是指开展业务的政府性融资担保或再担保机构在出现代偿风险后，经过有关工作流程，有充分证据表明，业务经办部门及工作人员已严格按照有关法律法规、规章、规范性文件、内部管理制度和业务有关合同、协议的规定(约定),勤勉尽职地履行了职责的,应免除其全部或部分责任,包括经济处罚、行政处分等责任。

⑥ 税收优惠机制

融资担保、再担保机构既要维持“保本微利”的经营要求,又要承担“保一赔百”的经营风险,面临巨大的资金流动性风险与营收压力。现阶段融资担保及再担保机构享有的税收优惠十分有限,部分地区仍然按照一般企业标准计算纳税金额,进一步增加了融资担保或再担保机构运营的负担,也限制了融资再担保体系政策性功能的发挥。因此,在条件允许的情况下,各省政府应结合政府性融资担保机构的政策扶持特性,除了“营改增”、税前扣除准备金政策以外,增加政府性融资担保或再担保机构减免或递延所得税、相关行政性费用免征等支持政策,最终减轻政府性融资担保或再担保机构的税收负担,以及用于补充风险准备金或资本金的部分资金减免或递延,鼓励政府性融资担保体系更好地实现可持续发展和政策性目标。

⑦ 银行监管和激励机制

为切实提高银行参与银担合作的积极性,各省人民政府应从银行监管考核机制和激励政策两方面采取相应措施。一是完善银行业监管和考核机制。结合主管部门对银行“三农”“小微企业”的信贷占比考核要求,引导银行对于信用评级较高的融资再担保机构提供再担保的业务,银行根据融资再担保、担保机构的信用评级,适当放宽信贷资产的审查要求,并适当增加贷款金额,适当放宽代偿期限及对有担保贷款的不良容忍度,通过考核等机制调动银行与融资担保机构合作的积极性。二是通过人民银行等主管部门,引导各级政府将银担合作情况纳入银行参与地方经济发展程度的评价与考核。对银担合作规模较大、小微企业信贷投放较多的银行,政府可优先给予奖励和表彰以及财政性资金存款等鼓励支持。对于加强融资担保机构建设并主动分险的地方政府,在考核时适当进行激励。

⑧ 资产处置联动机制

支持各省级融资再担保公司,在条件成熟时,单独或联合成立资产管理公司,以市场化方式与各融资担保机构开展不良资产处置业务合作,以盘活抵债反担保资产,加快资产变现。各级地方政府强化增信服务机制,积极开辟绿色通道，对于政府性融资担保公司担保贷款的查询、登记、抵质押、公证等手续应比照银行办理，并按照国家相关规定对办理过程中的相关费用实行减免。对反担保资产处理，同样比照银行，走司法绿色通道或采用简易流程，加快融资担保机构涉讼的司法处理流程，协助政府性融资担保机构抵债资产的有效处置，为政府性融资担保机构稳定发展营造良好环境。

⑨ 上下联动机制

一是不断扩大融资再担保体系。依托于当前政府性融资担保机构业务开展情况，国家融资担保基金要以再担保业务、股权投资等方式为主，与省、市、县融资担保、再担保机构深化合作内容与形式，不单独设立多层下属关联机构，通过兼并重组、政府注资等方式，加快省级融资担保、再担保基金（机构）的培育，原则上扶持每个省（自治区、直辖市）培育在资金实力、经营规模、风险控制等方面具有突出优势的领军机构，成为唯一合作的省级融资再担保机构，畅通融资再担保体系的业务运营与政策汇聚。督促省级融资再担保机构加快再担保体系构建与完善，推进市、县级融资担保机构的快速发展，在市级范围内实现政府性融资担保业务的全覆盖，并将担保业务逐步扩大到经济相对发达、小微企业融资需求旺盛的县（区），让担保业务迅速开展。二是加强指导与培训。国家融资担保基金和省级融资担保、再担保基金（机构）要加强对市、县融资担保机构的技术支持和业务培训，提高引导企业发展的能力，使业务标准和管理要求统一化，进而加强业务合作和资源共享。市、县融资担保机构应主动加强与省级担保、再担保基金（机构）和国家融资担保基金的对标，在业务对接方面提高效率，做实资本、做强机构、做精业务、严格控制风险，不断提高规范化运作水平的标准。三是国家融资担保基金及省级融资再担保机构，发挥综合优势，联络各级地方政府，加强与银行等单位的“总对总”对接及批量化业务，加快征信大数据应用，形成纵向畅通、横向有力、再担保业务有成效的网络体系与架构。

9.1.2　以完善的经营规则防范体系风险

完善的经营规则是融资再担保体系内多主体规范运营的准绳，既能提升融资担保及再担保机构自身的风险控制水平，同时也能防范外界环境因素波动给主体带来的风险，并合理分担风险。融资再担保体系的运营规则应包含以下几个方面：

(1) 进一步明确融资担保行业服务对象

建立融资再担保体系的根本目的是发展普惠金融，小微企业正是普惠金融的主要服务群体之一，在直接帮扶小微企业等弱势群体的同时增加就业及税收，促进社会和谐发展。因此，对于信贷融资信用记录和有效抵质押品不足，但产品有市场、项目有前景、技术有竞争力的小微企业而言，各级政府性融资担保机构应考虑优先为其提供担保增信，逐步压缩大中型企业担保或债券发行业务的担保规模，专心服务于普惠对象的融资。在保障可持续经营的条件下，省级融资再担保公司要适当降低合作准入门槛，鼓励逐步降低合作融资担保机构的担保费率，引导担保机构提高小微企业担保业务规模占比。对于发展高风险业务、偏离主营业务的合作担保机构应督促其进行整改，必要时取消其融资再担保业务合作资格。

(2) 确保法律法规的严格执行

各地区必须严格落实《融资担保公司监督管理条例》《融资担保业务经营许可证管理办法》《融资担保公司资产比例管理办法》《融资担保责任余额计量办法》《银行业金融机构与融资担保公司业务合作指引》等规定，严格规范担保及再担保机构的运营。例如，融资担保公司应当按照国家规定的风险权重，计量担保责任余额；不得为其控股股东、实际控制人提供融资担保，为其他关联方提供融资担保的条件不得优于为非关联方提供同类担保的条件，并依据法律规定进行报告和披露；自有资金的使用要符合国家融资担保公司资产安全性、流动性方面的规定；以及不得从事吸收或变相吸收存款、自营或者受托贷款、委托投资等相关业务；不得超范围经营，更不能应偿而不代偿等。

(3) 完善融资担保机构准入与退出机制

近年来，融资担保机构风险事件频发，因此，融资担保机构准入和退出机制应严格执行。机构准入方面，应进一步明确融资担保公司市场准入门槛，《融资担保公司监督管理条例》在注册资本方面将融资担保公司的注册资本提升到 2 000 万元，且授权省级人民政府能够按照地区实情适当调整该额度。各地区应根据区域经济发展和资本水平状况出台相应规章进一步规定融资担保公司市场准入门槛，且在准入审批过程中，规定其提供风险管理制度和内部控制制度资料，交由监管部门进行完整性和合规性审核，并对主体的经营场所和合作机构实行现场尽调。机构退出方面，对于近些年来融资担保机构业务量剧减、频繁退市的状况，参考日本的担保模式，以法规或地方条例的形式，规定主体退出行业的必要程序，如融资担保机构解散时需要向工商部门递交资产负债表和财产目录，与公司员工完全解除劳工关系，出示解散公告，尽快解决存在纠纷的债权关系等，妥善解决融资担保机构退出时遗留的问题。

（4）建立必要的信息披露机制

监管部门要求融资担保及再担保机构在规定时间上报其担保业务、经营状况、资信能力等方面信息，但由于人手不足等原因，目前的监管效果并不理想，因此要从多方面对融资担保再担保业务监管进行优化。监管主体上，应由地方金融监管局会同工商部门及中国人民银行等单位，协商共同监管要求，对于未能提供有效信息的融资担保及再担保机构，应对其提供必要的辅导；监管方式上，尽可能建立业务直报平台，或者通过人民银行的征信系统进行数据交换，减少各类数据的重复填报，若企业未按时进行填报，监管主体将以电话约谈或会议约谈的方式给予督促提醒；监管内容上，首先是核查业务信息是否及时全面，保证信息的必要性和合规性。其中，必要性是指企业应披露融资担保业务有价值的信息，如担保额度、担保费、反担保资产等等；合规性是指融资担保及再担保机构上报的信息是否符合规定，尤其是是否都有详细的数据报表或证明材料。

9.1.3　以融资再担保业务创新促进合作分险

（1）以融资再担保业务规模效应激发银行分险意愿

由前文主体稳定性分析中融资再担保规模效益能够影响银行的行为选择向理想方向演化的结论可知，融资再担保业务规模效应将很大程度提升融资再担保体系的信用认可度，吸引银行参与代偿风险分担。因此，融资再担保主体应开辟合作渠道，按照新型政银担合作和风险分担机制的要求，积极与各家银行沟通，签订合作协议，扩大业务规模。对重点合作银行，采取召开业务推进会的方式有针对性地推进政银担合作业务尽快落地；对于大型城商行和股份制银行，由经办银行与其他银行一级分行进行协调，通过信用额度切割，保证全省各金融业务经营机构都可以使用额度，并提供绿色透明的审批通道；对于小型城商行，将特色产品作为重点合作对象，在总行所在区域重点合作推进批量小额业务。同时，须促进全省政府性融资担保机构与省级银行业金融机构的“总对总”合作，引导银行业金融机构在利率水平、授信额度、续贷条件、担保放大倍数等方面提供更多优惠。

(2) 有针对性开拓融资担保新领域

各省融资再担保机构协同辖区内融资担保机构，不断创新担保产品，推出支持不同发展阶段、不同行业领域或不同园区重点企业群体的融资促进计划，建设政府性专项融资担保业务通道，如：支持高成长企业群体发展的“专项担保贷款绿色通道”；鼓励企业包揽重大工程的“重大工程专项担保通道”；鼓励创业企业群体发展的“大学生创业企业小额担保贷款绿色通道”；以及涉及高端人才创业发展的“高端人才个人授信担保通道”等，为小微企业等提供融资担保，支持一批企业做大做强。

(3) 依据企业生命周期创新业务模式

根据企业生命周期理论，企业的发展可划分为种子期、创业期、成熟期、衰退期等不同阶段，各阶段融资需求与特点也不一样，同样对融资工具的运用、融资渠道的选择及融资时机把握也会产生个性差异。因此，在充分把握企业各个阶段的资金需求及融资途径的基础上，有针对性地开发新担保业务产品。具体而言：

第一，处于种子期的企业一般拥有成熟创意、技术雏形，急需融资完成中间试验或拿出定型产品，企业通常是通过短期融资来快速获取资金，但由于自身的发展水平仍处于初级阶段，限制了在商业银行取得贷款。因此，融资再担保机构与合作担保机构可以联合高等院校、科研单位及知识产权交易市场等单位对这类企业进行甄别，筛选出产品具有创新性和发展前景的企业，对其提供短期融资担保。

第二，处于创业期阶段的企业大多产出了原型产品，其产品或服务显示了良好的市场发展前景，处于急速扩张的阶段，这一阶段的企业需要不断投入资金来建立建设厂房、生产产品并宣传、扩大经营规模等，融资需求非常强烈，融资金额也比种子期企业大很多，融资的途径主要有中小微企业创新基金、社会风险投资基金、科技型企业孵化器扶持资金及天使基金等，也包括银行融资。融资再担保机构引导融资担保机构，针对企业孵化器或中小企业园区等平台，设计小微企业融资担保、再担保业务产品，与企业孵化系统的功能进行对接，使企业孵化器或园区所掌握的各种资源得到充分利用，保证风险的控制准确有效，选择具有可行性、高质量和发展前景的优质企业，为其开展融资担保。此外，融资再担保机构还可参考国家针对科技型中小微企业技术创新专项基金的设立形式，考虑到企业的生命周期，细化企业担保条件，从而使降低风险这一目的得以实现。

第三，处于成熟期的企业产品或服务已经在市场上得到认可，经营相对稳定，主要是通过技术改造、创新和进一步扩张，扩大产品市场占有率，延长企业或产品寿命。因此，融资再担保机构应引导担保机构，从帮助小微企业获得长期发展的角度出发，在向小微企业开展融资担保、再担保业务的同时，提供信用评级、资产管理等综合服务，不仅能提高企业在各个方面的发展水平，也能促进企业向多元化发展。

第四，处于衰退期的企业指产品或服务逐步被市场淘汰，即由于技术落后、产品过时导致企业进入衰退期，但仍然具有可逆性，通过技术研发，产品更新换代，又可以延长企业或产品寿命。因此，针对可逆型中小企业而言，融资担保机构应根据企业所处行业及企业发展现状，利用融资担保体系综合资源协调能力，解决其资金或资本运作、生产重组等问题，协助这类企业与价值链企业整合重组，重组中加强与银行或社会资本沟通，争取金融资源的投入。

(4) 探索新型融资担保业务产品

坚持创新发展理念，融资再担保机构应不断探索新型担保业务品种，提高自身的运营能力。一是转变观念，创新融资再担保方式。除常规的再担保业务外，改变以往传统的观念，以实现小微企业资金需求为提升着眼点，建立或整合征信、投资、小贷及资产处理等综合业务链，不断探索延长融资再担保链的业务环节，通过业务环节的有力整合，实现风险分担或综合实力提升。二是迎合市场需求，拓展业务品种。准确掌握市场的动向，开拓出符合市场需要的再担保业务新品种，如针对地方特色工业、高技术产业带等特色产业展开多角度、深层次、大规模的业务合作。三是与地方征信公司合作，加快大数据应用，在获客、风险控制及预警等方面，开辟新渠道并降低成本。

9.1.4 运用股权投资规范融资担保机构运营

国发〔2015〕43号文件《国务院关于促进融资担保行业加快发展的意见》指出，各省(区、市)人民政府要按照政府主导、市场运作、专业管理的原则，推动省级融资再担保机构以再担保业务和股权投资为纽带，构建统一的融资担保体系，完善融资再担保体制机制，提升辖区内融资担保机构的管理水平和整体抗风险能力。因此，股权投资既是完善融资再担保体系建设的需要，同时又是提高体系风险控制水平的重要纽带。通过国家融资担保基金、省级融资担保(再担保)机构、县市级融资担保机构自上而下进行股权投资的方式，完善被投资公司的内部治理，通过管理输出和规范董事会建设，完善内控、合规等各项制度，夯实担保风险防控基础，从根本上提升融资再担保体系风险防范的能力。

(1) 典型的股权投资模式

根据中国融资担保行业协会发布的数据，截至2018年底，全国28家省级融资再担保机构中有21家开展了股权投资，投资金额占注册资本的比例平均为54.56%(剔除安徽担保集团后平均比例为26.43%)。各省级融资再担保机构根据自身发展特点，采取不同的股权管理模式，较为典型的有以下4种：

控股模式：广东融资再担保集团投资控股10家地市级政府性融资担保机构，对10家地市融资担保机构党建、运营、风控、业务、人员等方面进行全面管控，统一按照“166”模式开展管理工作，即一个经营方针(政策性定位，市场化运作，专业化保障，实现政策性目标和可持续发展)、“六统一”的标准要求(理念、形象、管理、规范、标准、文化)、“六个关键”的运营管控重点(治理结构、团队建设、风险管理、产品设计、审计稽核、信息系统)。

参股模式：安徽融资担保集团参股辖区内115家融资担保机构，向参股公司派任董事，履行出资人代表职责，不干涉担保机构日常经营，参股公司需定期向集团再担保总部报送业务台账、经营数据、财务报表及工作总结等文件。

“参股＋股权托管”模式：云南再担保集团公司参股的11家市县融资担保机构均采取省地共建模式，即由云南融资再担保集团公司与各级地方财政共同投资建设，云南再担保集团公司持股比例原则上不超过40%，但地方财政部门将其股权托管给云南再担保集团公司，云南再担保集团公司在融资担保机构董事会至少拥有两个席位，并选派董事长和财务总监。

“参股＋业务管控”模式：广西再担保集团公司对 14 家市级融资担保机构参股不超过 10％，派出 1 名董事参与参股融资担保机构法人治理，结合业务审核进行风险管控。同时，明确这 14 家市级融资担保机构原则上不得开展除新型政银担合作业务以外的其他业务。

(2) 制定股权投资的条件

各地融资担保（再担保）公司在股权投资条件的设置上，具有一定的共性。功能定位方面，以政府性融资担保机构为主，优先选择市州级政府性融资担保集团；公司治理方面，法人治理结构完善，管理体制独立，考核体系独立，原则上须由政府委托出资人监管机构监管，并同意再担保公司实行特殊管理股制度参与融资担保机构治理；风险控制方面，风控制度健全，风控指标符合监管标准，流动性充足，现金类资产比率不低于 60％，累计代偿率原则上不超过 5％，无重大风险，或由地方政府承诺化解融资担保机构历史遗留问题并进行风险隔离；业务开展方面，已与上级融资担保（再担保）公司签订业务合作协议，业务规模与结构符合要求，即支小支农担保金额占全部担保金额的比例不得低于 80％，其中单户担保金额 500 万元及以下的占比不得低于 50％；担保机构承诺公司参股后再担保业务规模达到一定额度。同时，对被列为失信被执行人、违规开展担保业务以及有其他不宜投资情形的担保机构，一般都不予投资。

有的融资再担保机构考虑投资新设或重组融资担保机构。①对于自身业务基础较好、风控体系健全，为了完善当地政府性融资担保体系而重组的市州级政府性融资担保集团，再担保公司都会大力支持。②对于拟新设的面向小微企业的政府性融资担保机构，再担保公司会适当增加投资额度，对接辖区内金融资源，填补市场空白。③对于因原融资担保机构资不抵债、失去功能、运营难以维持而新设的市州级融资担保机构，再担保公司会视新设担保机构运营情况后予以支持。

(3) 以股权投资规范融资担保机构经营的办法

① 参与法人治理

委派董事。融资担保（再担保）公司可向下级融资担保机构董事会委派董事,委派董事人选主要从公司高级管理人员及中层管理干部中选派。董事会重点行使下列职权:制定基本管理制度、财务预决算方案、经营和投资方案、利润分配方案等,以及决定内部管理机构设置、高级管理人员的选聘及薪酬。同时制定《再担保集团有限公司外派董事选聘及履职管理办法》等规章制度,对外派董事的选聘、管理、权责利等方面做出详细规定。外派董事需严格按照上述制度履职。

探索实行特殊管理股制度。当融资担保(再担保)公司的参股比例不超过10%,但是再担保公司承担的实际风险与享有的股东权利严重不对等时,为防控投资风险,在不违反法律规定的前提下,公司可提议对下级融资担保机构股东会、董事会重大事项决策拥有一票否决权,上述重大事项包括但不限于以下方面:经营计划的制订、重大投融资决策、重大资产处置、董事和高管的任免及考核方案、担保公司基本制度的制订和修改、利润分配方案的制订、注册资本的变更等。

探索"参股+股权托管"模式。在必要的情况下,融资担保(再担保)机构可探索与融资担保机构所属出资人管理机构签署股权托管协议,由再担保公司代为行使部分股东权利。重点包括下列权利:决定经营方针和投资计划、董事选任、财务预决算方案、利润分配方案,修改公司章程等。制定《××担保(再担保)有限公司股权委托管理办法》,对委托人和受托人的权利及义务、资本投入、决策协调、收益管理等方面进行详细规定。

② 参与经营管理

委派管理人员。必要时融资担保(再担保)机构可向有需要的被投资融资担保机构委派高级管理人员,参与担保融资机构的经营管理。高级管理人员从公司择优选派或社会招聘具有丰富业务经验和管理经验的专业人士。公司还可以通过委派或提名财务、风控等关键岗位管理人员的方式防范道德风险。

执行统一的管理标准。投资担保机构必须按照上级担保(再担保)公司制定的《公司治理指引》《融资担保业务操作指引》《融资担保业务保后管理指引》《全面风险管理指引》《高管人员考核和薪酬管理指引》等文件,完善法人治理结构、规范开展融资担保业务、实施全面风险管理、加强管理团队建设,在统一标准下实现规范运作。使用统一的线上综合业务平台和大数据风控系统,上级融资担保(再担保)公司通过信息化系统进行业务审核,实时掌握融资担保机构业务开展及风险控制情况。融资担保机构定期报送业务台账、财务报表、风控指标等数据。当出现重大风险或影响担保机构经营的其他重大风险事项时,公司及时采取应对措施。

9.2 健全融资再担保体系与基层组织联动工作机制

融资再担保体系风险的防范不能仅限于体系内部多主体的协同,同时也要充分发挥基层政府组织、群众团体、公益性社会法人等在融资再担保体系风险防范中的重要支撑作用。从组织特征来看,基层组织具有非营利性、民间性、自愿性、公益性等特征,特别是在反映特定主体利益需求、调和不同利益冲突等方面具有独特的优势。因此,应该进一步强化全局意识、责任意识,支持基层社会组织参与风险防控,积极创新思路,激发基层社会组织活力,发挥其特有的社会功能,完善再担保风险治理。

9.2.1 明确基层组织在融资再担保体系中的定位

我国"中小企业促进法"明确要求政府和金融机构应当大力扶持小微企业发展,为小微企业提供方便快捷的融资服务。但是由于该项法律只是在原则上对各级政府和金融机构进行指导,并没有详细规定为小微企业提供融资服务的具体措施,包括社会相关单位的支持,以至于小微企业融资难的情况依然存在。因此,为了使小微企业融资难的问题得到有效解决,应在立法完成后强调法规的具体实施路径,各级政府也要出台对小微企业融资扶持政策,包括通过法律法规来规范基层政府机构、行业协会、有支持能力的企事业单位等主体的责任范围、权利义务、融资办法和保障的措施,使小微企业能够享受多种政策保护和支持。各地行业协会与基层组织应在章程中明文规定自身作为小微企业融资担保的中介服务机构或关联单位的特定职能和角色,尤其是发挥行业组织在促进中小微企业发展、辅导企业信用并保障企业守护信用等方面的功能。通过各级法律法规的联动,使得行业协会等组织对小微企业融资担保进一步规范化和法制化,从而为小微企业创造一个健康良好的融资环境。

9.2.2 大力支持融资担保行业协会的发展

在融资担保行业比较发达的国家大都成立了担保行业协会与各级分会，比如美国的担保行业协会、日本的全国信用保证协会联合会、加拿大保证担保行业协会等，我国虽然也已经建立了全国性的融资担保行业协会，但是地方行业协会的建设与发展相对滞后，部分省、市（县）即使建立了相关组织，也大多处于停摆的状态，工作开展并不正常。为充分利用行业协会指导业内机构发展、规范机构运营的优势，政府可通过政策扶持，支持行业协会搭建区域内担保机构、小微企业交流合作平台，同时，作为入会条件，企业需定期提供完善的财务与经营数据，有利于协会对主体经营的掌握，有针对性开展服务。此外，国家还可以注入部分财政资金，以及协会会员提供部分费用，通过强化小微企业各类行业协会与融资担保业协会、地方金融业协会等联合，共同设立贷款担保基金，以实行会员制在行业内组建融资担保联合体的方式与担保业机构或银行进行合作。同时，各级政府应出台具体的法律法规，促进融资担保机构与银行建立稳定的协议关系，确保小微企业以行业协会作为融资担保的中介机构，从银行或金融机构获得优惠的贷款利率。

9.2.3 与合作社、渔农协会建立信用评估合作

小微企业融资难的根本原因在于银企间的信息不畅通和互不信任的问题，因而信用评估、保障机制的建立就显得尤为重要。传统的担保贷款审核模式下，一般由融资担保机构、银行直接对企业进行现场尽调，审查成本高、审批时间长、贷款成功率低，与小微企业"短、频、急"的资金需求不匹配。合作社、渔农协会等基层组织具有鲜明的行业自组织特征，凝聚力较强，能搜集到更多本行业、本地区的企业经营信息，且相互之间通过血缘、业缘、地缘等关系，进行信用的交叉认同与保证。因此，可以参考台湾等地的做法，建立起以合作社、渔农协会等基层组织与融资担保机构、银行等金融机构联合审查的信用评估战略合作关系，即银行与基层组织签订总体服务协议，基层组织设立专业的评估团队，根据银行的评信标准，评定其会员信用额度，从而进行融资担保和联保。充分利用合作社、渔农协会等基层组织的优势使

“银企担”之间的信息不畅通和互不信任的问题得到有效解决。

9.2.4 建立完善的政策推广和信用辅导体系

在“大众创业、万众创新”的国家战略导向下，作为重要载体的小微企业不仅仅是欠缺资金和技术，还包括先进的经营理念和管理能力。为了使受保企业的经营管理能力与风险控制水平在根本上得到提升，台湾信保基金的运营模式可以作为大陆融资担保(再担保)的学习对象，一是与专业辅导机构开展合作，成立“小微企业融资服务平台”，为小微企业畅通融资渠道以保证其资金获取、投资理财等各类咨询服务以及融资需求分析、债权债务协处、会计制度建设等现场辅导服务，从根本上协助小微企业提高经营管理水平及能力，提升企业竞争力。二是设立“小微企业联合辅导中心”，主要负责辅导申请融资担保的小微企业的财务、管理以及其他未能符合要求的事项，协助相关小微企业达到融资担保(再担保)机构的规定要求和银行信贷准入条件，增强金融机构的融资意愿。三是与高校合作，在基层开设与企业融资相关的课程，以及设立论坛、举办讲座等多种方式，辅助小微企业的运营。以业务推广与辅导，培养更多合格的担保对象及担保业务，提升担保效果。

9.3 改进不明原因波动和异常风险事件监测机制

不明原因波动与异常事件的发生是融资再担保体系风险爆发的前兆，如果未能有效识别系统的异常波动，导致风险的扩散，极有可能引发系统性风险。因此，构建针对不明原因波动与异常事件的监测机制尤为重要，具体思路如图 9.3 所示。

9.3.1 建立以风险监测为核心的新理念

(1) 积极推进由合规性监管向风险性监管转变

随着互联网技术的不断深入发展，尤其是网络平台发展与大数据应用，线上及线下业务交叉混合，小微企业也成为多风险的汇聚点，加之融资担保及再担保机构、合作银行等不断开发新的业务产品，企业经营风险、银行的

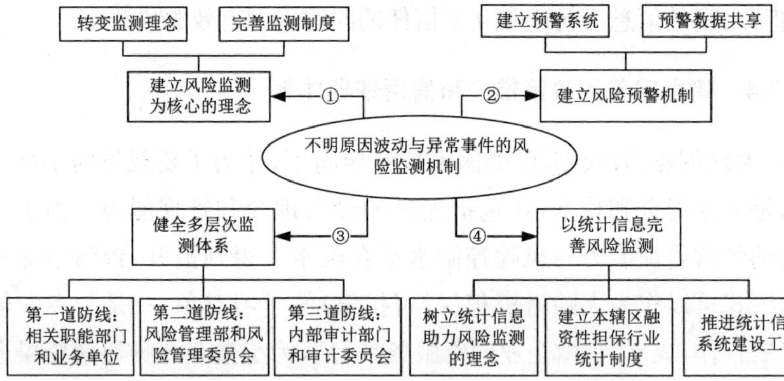

图 9.3　建立融资再担保体系风险监测机制路径图

金融风险等多种风险交织在一起，隐蔽性强且极易爆发重大风险。我国职能部门的监测管理方式及手段若不能进行及时创新，理念不及时转变，融资再担保体系小微企业信贷中所存在的各类风险就不能及时发现并防范。国外的经验也表明，实行风险性监督具有一定优势，因此制定了大量与信贷管理规定、风险管理细则、业务运行评估细则等有关的制度，从重担保业务规范到重风险防范。所谓风险性监测是指监测管理部门在全面把握融资担保业务运行规律的前提下，对业务运行中存在的风险进行全面评估，从而制定出一系列具体的应对措施，相比过去应用的对担保业务监测管理方法，其在业务运行实际情况掌握的前提下的风险防范规则，更有利于监测融资担保风险管理水平的提高，包括促进融资再担保体系的稳定运行，提前防范各种风险。因此，我国融资再担保体系的监督管理也需及时转变理念，更为合理的选择是进行融资担保风险性监测，建立业务管理系统，适时监测担保及再担保业务并进行风险防范。

(2) 完善风险监测制度

从前文融资担保风险治理现状以及河北融投案例可以看出，融资担保与再担保业务风险的产生，以及可能由此引发系统性金融风险，在制度层面上反映了信贷市场基本制度和监测制度的缺陷，尤其是与金融科技创新发展相适应的信贷活动风险监测制度的缺失。因此，确保融资担保风险监测管理制度日益合理与完善是当前融资再担保行业风险监测的迫切任务。一是建立包容审慎的法治化监测制度，落实风险监测法律法规，加强对虚假信息、欺诈式担保、不实或不按时上报担保信息等行为的处罚力度。二是应用现场管理、大数据等多种管理方法，将风险监测管理切实贯穿于融资再担保体系内各担保机构运行的全过程，如担保业务的审批、保后风险防控等。三是监管部门对小微企业信贷的具体情况进行严格监控，加强对各种报表与材料研究，加强区域小微企业融资担保风险发生的趋势性研判，尽可能识别小微企业信贷过程中可能发生的各类风险。同时，在对各类风险指标有了充分了解的情况下，针对实际情况落实检查措施，保证我国融资再担保体系稳定运行。

9.3.2　建立健全风险监测预警机制

（1）建立风险监测预警系统

风险监测预警系统的主要任务是根据各类风险出现的概率，建立风险评价指标，对风险变动具体情况进行预测，当风险状况临近预设的警戒值时，向相关部门或上级领导报告预警信息，提醒其及时采取有效措施应对，并提供详细的观察和分析报告，以便及时采取相关对策措施。因此，融资再担保体系风险监测预警系统应该包括计算机系统及相应网络，本单位或本行业的数据支持，相应的风险评价指标体系、各级指标预警线或预警值，综合计算模型，观测与分析报告输出等。一是在遵循融资担保数据指标科学性和可及性原则基础上，建立融资担保风险评价指标体系，尽可能使用容易获取并且具有一致性的定量数据，例如合规信息、财务数据等；二是融资担保风险评价模型建立时综合考察风险因素之间的联系以及企业外部政策形势、宏观经济环境等的变化；三是依据各部门及上级的意见，以及以往的历史经验来划分预风险警戒线或预警值，并且根据实际情况的改变及时进行调整更新，防止风险错报、误报情况的出现；四是风险预警系统运行过程中既要保证本单位的数据支持，更要注重行业或行业内其他单位的数据支持；五是向相关职能部门或人员提供观测、分析报告时，需要对各重大风险、各部门、各级管理层次提供具体的风险预警信息。

（2）实施风险监测预警数据共享

由于被担保企业的信用信息主要在人民银行征信系统、工商局、税务局、外管局以及海关、水电等社会单位，而这些部门之间数据信息的共享共通并没有完全实现，导致数据信息存在滞后性、非统一性以及非完整性等问题，虽然少量地方的征信公司已经将部分信息整合并开发利用，但总体信息仍现孤岛状态。因此，构建和完善信息数据共享与整合系统是融资再担保业务风险监测预警的必然趋势。一是在数据一致性方面，逐步统一各类数据的提取标准，以消除各部门之间在数据格式、口径等方面的不一致；二是制定详实全面的规章制度，规定数据信息从采集到共享传递各个环节中的部门职责以及相应的奖惩措施，以提高工作效率，保证信息获取的及时性；三是在完善数据完整性方面，加强各部门之间的沟通合作、信息共享，明确各部门应共享的数据内容、范围，从而成立全面的、多层级的数据中心，多重渠道共享。

9.3.3 构建多层次风险监测体系

融资再担保体系内融资担保与再担保机构开展全面风险监测工作应与其他管理工作紧密结合，把风险监测的各项要求融入企业管理和业务流程中，建立风险监测三道防线。

第一道防线是融资担保及再担保机构内的业务部门。作为直接与被担保小微企业进行接触的业务部门，往往对服务的小微企业比较了解，能够在第一时间了解重大事项发生和进展情况、企业生产经营状况、资金落实和使用状况等，其风险监测能力起到不可忽视的作用。同时，融资担保公司内各职能部门和业务单位又是执行公司风险管理制度、落实各项风险监控措施的具体责任单位，且按照业务流程，层层把关，担保前的审核质量决定了项目的质量起点。因此，第一道防线要牢固树立防范风险意识，做好自身道德风险防范，严格依照资料清单的要求，收集申请担保小微企业相关资料，并坚持独立性原则，不得泄露公司审核程序、不得代申请企业收集整理资料，及时向上一级部门或下一道环节反映真实的情况，落实申请企业反担保措施等。保后的风险监控部门，也应该切实担负起风险监控责任，及时向业务部门反馈监控中发现的新情况新问题，及时预防风险。

融资担保或再担保公司董事会下设的风险管理委员会和公司风险管理职能部门是第二道防线。风险管理职能部门和风险管理委员会是专门管理企业风险的机构，他们的工作要求及所处的层级给了他们更广阔的视角，具有专业化的知识与流程审视项目风险，针对业务部门提出的可能风险已经准备了相应的预案，必要时可迅速采取措施应对风险，对于重大风险事件和超出职权范围的工作会立即上报决策层。同时，风险管理部门指导业务部门及业务人员做好风险防范与识别的专业培训工作，强化意识与工作要求，落实风险审核与防范措施。

融资担保或再担保公司董事会下设的审计委员会及公司内部审计部门是第三道防线。公司应当在董事会下设立审计委员会，或者由法务兼任审计职能，审计委员会在相对独立性和较强专业能力基础上，不断加强各部门的职业操守，负责对企业内部控制尤其是风险防范措施进行审查，有效监督内部各部门在内部控制的实施落实情况，并对落实情况进行评价，协调内部控制审计等具体工作事宜。同时，公司加强内部审计工作，通过确保内部审计机构部署、人员安排及工作的独立性，充分发挥内部审计监督作用，包括相关风险防控措施的落实，严格审查内部控制机制的有效性。按照企业内部审计工作流程，内部审计机构对监督检查中发现的内部控制缺陷或重大问题，有权直接向董事会及其审计委员会、监事会报告，以防范重大风险。

9.3.4　以信息统计工作完善风险监测

(1) 重视融资担保行业统计工作

掌握情况、分析问题、制定决策的重要保证是有充分的统计信息来源，对完善融资再担保体系风险监督管理制度与扶持政策的制定，包括外部环境的改善及业务创新，融资担保行业统计工作具有重要意义。当前，融资担保及再担保领域统计工作仍显得十分薄弱，部分地区或部门仍以手工统计为主，或者依靠融资担保机构的自行上报，信息的量及准确性难以满足监管工作和促进融资行业发展的需要，亟待建立完善的统计制度，统一数据口径，推进统计工作的制度化及规范化。各地融资担保行业监管部门要充分认识到担保行业数据统计工作的重要性，切实加强统计工作的方法与手段，加强对信息统计工作的领导，尽快建立健全本辖区融资性担保行业的统计制度和报表体系，认真做好数据信息的报送、收集和分析研究工作，通过细致的统计数据分析，掌握现状并发现可能存在的问题。

(2) 建立本辖区融资担保行业统计制度

各地融资担保监管部门要抓紧研究制定本辖区融资性担保行业统计信息的采集、审核、汇总、复核、分析、报送、存档等制度,明确数据来源、整理方法、报送时限和报送途径。结合本辖区融资性担保行业发展的实际情况和监管工作需要,制定本辖区监管统计报表。统计报表中有关指标的定义、口径和计算方法,应与国家融资担保行业联席会议对相关统计指标的定义、口径和计算方法保持衔接和一致。有条件的地方,应该建立业务统计直报系统甚至是数据切换端口,直接进行数据交换,减小工作量,提高工作效率。

(3) 推进统计信息系统建设工作

认真做好数据信息的汇总、整理和存档工作,是各地融资担保监管部门的日常统计工作,为达到精准高效的工作要求,加快建立本辖区融资性担保行业统计信息系统的设计与建设,综合运用现代信息技术,推进信息统计工作的电子化、网络化和标准化,是夯实统计信息管理工作的必要手段。把信息统计工作作为融资性担保机构监管工作的重要组成部分,尽快建立健全本辖区融资性担保行业信息的非现场收集、创新监管工作机制,加强本辖区融资性担保机构经营情况和风险状况的大数据监测、统计与分析,评估和预警风险,全面揭示风险与问题,准确研判潜在风险,提高监管工作的有效性,及时把握行业发展趋势,不断促进融资性担保行业的健康稳定发展。

9.4 建立智慧化风险预警多点触发机制

大数据、人工智能、区块链、云计算等金融科技给融资再担保体系风险防控提供了一个新的切入点,通过依靠金融科技的力量,能显著改善市场交易信息不对称问题,打破融资再担保体系内部多主体信用信息共享机制不完善、多主体处于“信息孤岛”的不良状态,大幅提高风险监测与预警的效率,具体构建的思路如图 9.4 所示。

9.4.1 以大数据技术扩大风险预警的维度

数据作为融资再担保体系风险治理的核心,其全面性和可靠性在一定

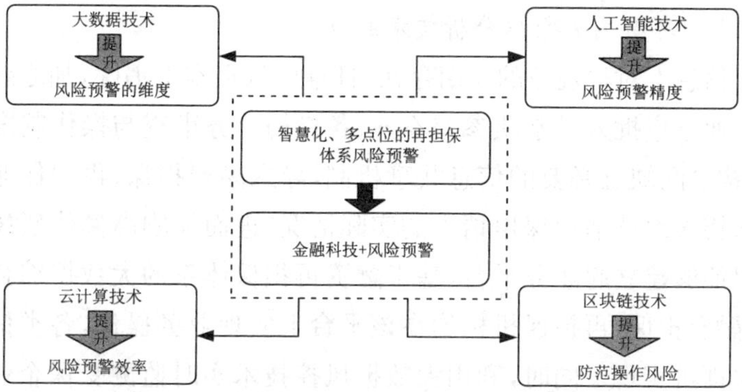

图 9.4 智慧化、多点位风险预警机制构建示意图

程度上决定了融资担保、再担保机构风险控制决策效率。因此,对融资再担保业务串联而成的体系而言,风险预警的关键在于多维数据的获取,如信贷市场行情数据、担保机构担保操作数据、担保抵质押品数据、受保企业经营数据、网络舆情数据等,并依据数据性质实施规范化分类管理。相比传统融资再担保体系风险管理中数据的低频性而言,金融交易活动的频繁和活跃特征促使融资再担保体系风险管理的数据收集和处理逐渐趋向高频性表现。借助大数据技术实时跟踪受保企业、担保机构等担保业务主体的动态经营和担保数据,准确掌握特定时间点的委托事件和业务进展,并分析与识别异常情况,从而保证交易系统或监测系统实现实时风险预警和防范。具体而言,大数据在融资再担保体系风险监测中的应用主要有以下几个方面:

(1) 保前环节中大数据分析技术的应用

就传统融资再担保体系风险管理模式来看,融资担保机构、协作银行与融资企业之间在建立担保关系之前,并没有太多的信息共享系统,存在信息不对称问题,且信息获取的滞后性特征较为明显,从而为保中、保后环节增加了风险隐患。随着大数据分析与挖掘技术的成熟以及政务部门数据共享合作制度的完善,融资再担保体系风控技术人员特别是政府主管部门,可以从税务、工商、环保、司法等部门获得融资企业的运营数据,同时利用其他非官方渠道获取与融资企业有关的交易数据、网络舆情数据等,以综合评价融资企业的信用等级。此外,大数据综合评价结果也为后续融资担保、再担保业务提供决策依据,提高保前融资再担保体系信贷风险的识别水平。

(2) 保中环节内大数据分析技术的应用

由于信息不对称现象的长期存在，且难以从根本上消除，加之融资担保及再担保业务审批人员素质参差不齐、各机构业务审查与操作制度的不完善，且机构之间缺乏必要的信息共享机制，导致融资担保、再担保业务审核时审批人错误地评估担保申请人的实际情况，进而加剧高额代偿风险的发生。如果能够建立起业务平台，基于融资再担保体系的大数据综合业务平台，所有融资担保、再担保机构均在该平台上实现业务操作，各类信息数据实时共享即可实现。同时，利用大数据风控技术实时监测受保企业的经营状况，对于高风险企业及时发布预警信息，辅助担保、再担保机构识别高风险企业，采取包括督促企业规范经营、提供更多反担保物等措施，还可以依据合同规定提前解保，在风险爆发之前阻断风险的传导。

(3) 保后环节中大数据分析技术的应用

传统的融资再担保体系风险管理，合约到期或代偿追偿完毕即宣布担保责任的解除，融资担保、再担保机构对于受保企业的风险监管也随之终止。然而，大数据的介入下，融资担保、再担保合约的到期并不意味着风险监管的结束，庞大的业务交易量积累了海量数据，不仅包括未发生代偿的案例，同时还囊括了大量的违约案例，通过对海量数据的采集、整理、分析，实现数据的可视化，明确融资再担保体系的关键风险点，从而可以靶向制定风险分类清单与风险预控方案。也可以利用大数据统计分析、机器学习等，预测某一行业未来的走势，为融资担保、再担保机构开展业务提供参考，有效规避高风险行业。

9.4.2 以人工智能技术提高风险预警的精度

对于融资再担保体系运行中出现的结构化数据和非结构化数据，人工智能是将其转化为可视性、可读性和交互性数据的有效技术。通过对原始数据的深度挖掘处理和提取，将数据转化为有价值的信息，并反馈给融资担保、再担保等机构，为担保业务产品创新和担保方式的选择提供情报服务，从而推动融资再担保体系风险预警的智能化和高效化发展。

(1) 监管数据与智能算法

融资再担保体系风险监管中所需数据存在两大难题：一是中观与微观

层面的监管数据难以共享，进而产生所谓的信息鸿沟问题，形成“信息孤岛”困境；二是融资担保、再担保服务面向农、林、制造、卫生、餐饮、文化等各行各业，且各行业业务产品呈现差异化特点，其风险监管数据的跨界特征同样显著。因此，融资再担保体系风险监管部门往往难以获得较为全面的数据，甚至获得的数据存在失真现象，由此带来的融资再担保体系风险现状判断以及关键风险控制点识别结果也不够精确。上述难题的有效解决，可从以下三个方面开展工作：一是以融资再担保体系整体为着手点，在融资担保机构、协作银行等参与主体中推进数据标准化建设工作，确保各类数据统计口径与存储的统一；二是在不打破数据安全规则的前提下，依托于人工智能算法来解决融资担保、再担保业务数据的密文处理问题，保证其在加密状态下的高效运行；三是强化人工智能算法对于跨行业、多样化融资再担保业务数据清洗的应用，筛选出可用数据，以满足关键风险点识别的需求。

(2) 监管规则的智能演化

人工智能技术提高风险预警精度的另一途径是有效识别风险监管规则，在不发生规则扭曲的原则下，将具体的风险监管要求进一步分解为算法规则，进而形成预警指标库，以有效地识别融资再担保体系的风险。与此同时，人工智能监管技术还需从以下三个方面落实应用。一是补充和完善风险预警指标库。在原有的监管规则基础上，根据融资再担保体系建设和业务开展情况，适时调整和修订风险预警指标，突显风险预警指标库的指向性，实现适当监督管理。二是为风险监管规则的修订提供意见。人工智能监管技术在融合新业务及新技术的功能特点、国际有关监管经验、沙箱实验条件和其他因素的基础上，对违约企业的共性风险进行提炼，包括改善升级风险各类评价指标在内，从而为风险监管规则的修改提供建设性意见，并有针对性地作出解释，推动融资再担保体系风险监管规则的最优演进。三是预测系统性风险和未知风险。充分发挥人工智能技术综合运用各种推理规则分析历史数据的优势，以实现不确定性事件的分享和未知风险的预测，并提出应对策略。另外，全局视角的全量数据在人工智能算法的处理下，能够在很大程度上突破传统融资再担保风险分析的局限，预测可能出现的系统性风险。

9.4.3 以云计算技术提高风险预警的速度

云计算利用虚拟化技术将物理IT设备虚拟成IT能力资源池，并以此来满足业务主体存储和运算的需求。通过统一的综合平台，将多业务主体信息系统进行对接与整合，消除业务主体间的“信息孤岛”现象，在实现数据隔离、监管合规、信息安全和中立性等前提条件下，加快突发事件和业务需求处理的响应速度，实现风险管理控制和经营业务创新，有效满足风险管理数据可持续性、稳定性、合规性、可使用性、及时性的要求。对于融资再担保体系整体而言，一是要建立融资再担保体系云计算平台，并在云计算存储服务器中存入重要的、敏感的担保数据，从而使业务连续性、数据的安全性以及授权后的可使用性和共享性得以保证；二是将云计算与大数据技术进行结合，利用接入云计算服务器的所有计算能力，分析融资再担保体系运行过程中产生的巨量数据，为完善风险管控工作提供重要决策参考；三是提供具有针对性的云计算技术应用风险管理的“云保险”，利用云计算为小微企业提供即时的、大量的普惠金融实时交易结算、担保核算等服务，并且提供由于技术失误而导致的相关“保险”服务。

9.4.4 以区块链技术提升风险预警的透明度

从本质上说，区块链是一个共享数据库，存储于该共享数据库中的信息或数据具有“可以追溯”、“全程留痕”、“不可伪造”、“集体维护”、“公开透明”等特征，并由此奠定了区块链技术坚实的“信任”基础，创造了可靠的“合作”机制，为融资再担保体系风险防范提供了巨大便利。

(1) 区块链技术用于防范信用风险

区块链平台具有透明和开源的特点，结合密码学规则和数字签名，以区块链条的形式将数据的变更历史按时间先后链在一起，并通过共识协议使得参与的各方都共同拥有这些数据，以确保交易历史具有可靠性和真实性，解决信息不确定和不对称问题，增加参与主体的信用等级，避免区块链内发生信用风险。基于此，融资再担保业务开展过程中，可以考虑将小微企业、担保机构、协作银行、各级政府、再担保机构、国家融资担保基金等纳入区块链，各主体在各自的节点内填报业务数据，既能有效防范受保企业、担保机构、再担保机构、各级政府提供假账的可能性，大幅降低违约事件发生的概率，同时也有助于多主体信息共享机制的建立，提升银行等金融机构对融资再担保体系的授信额度。

(2) 区块链技术有利于降低技术风险

未来随着一体化综合业务平台的建立，融资担保、再担保业务交易将在统一平台上实现，在消除“信息孤岛”、提高业务处理效率的同时，也存在一定的弊端，即平台中心系统一旦出现故障或被攻击，则整个业务网络可能会陷入瘫痪，无法正常开展担保及再担保业务活动。而区块链技术具有的多节点分布特征，使得某一个节点服务器发生故障，其他节点交易记账也不会受到影响，而且每个节点会完全保存区块链上的数据信息。因此，区块链技术能够有效应对技术风险对融资担保业带来的不利影响。

(3) 区块链技术有利于降低操作风险

区块链平台上每个节点代表了融资再担保体系中的某个参与主体，其交易、转账和记录面向整个网络发布，在该节点上所发生的错误操作将无法得到其他节点的确认，促使其修改正确后才能在区块链上记录。此外，区块链平台中嵌入的程序化、自动化交易与智能合约，可以减少人工操作，使操作风险得到降低，以及合规监控效率得以提高，最终实现信贷担保风险的智慧管理。

(4) 区块链能够满足金融监管和审计要求

一旦融资担保、再担保业务交易信息被记录在区块链上，将具备可追溯性和完全透明，同时将会被永久保存且不能被更改。这些特性有助于监管和审计部门核查业务交易路径、杠杆大小、公允价值等，以及融资担保、再担保期限是否错配，真正实施穿透式监管，防止信贷风险交叉传播。

9.5　健全多渠道风险监测预警机制

在收集风险预警信息的过程中，切实关注信息获取渠道的多样性，保证多方位信息搜集，如来自政府部门(海关、法院、税务、工商部门等)的信息；来自各行各业各协会，民间社会团体的信息；来自关联企业的信息；来自竞争者的信息；来自申保企业所处的上下游客户的信息等。同时，利用定量与定性相综合的方法对收集的信息进行多方验证。

9.5.1 借助税务及工商等信息优化风险监测

(1) 建立“工商＋税务＋担保”信息共享平台

为落实多部门信用信息对接、建立联合奖惩机制、充分运用信用评价结果，基于统一平台共享信用信息，建立纳税信用档案，对被担保企业纳税信用信息进行记录管理，进一步明确信息归集的具体范围，规范采集信息的行为，着力解决企业信息碎片化、分散化的问题，打破信息“孤岛”，综合利用同一企业分散在各个部门的信用信息，实现“一部门采集，多部门运用”，促进信用信息从分散走向集中，建立起多角度、全方位的信用评价网络。融资担保、再担保机构开展业务时可充分参考企业纳税、工商登记等信用信息：一是在保前阶段，通过参考企业税务工商数据，综合评估企业信用等级，决定是否给予担保，以及具体的费率与风险分担比例的制定，排除高风险企业；二是保中阶段，通过工商税务数据的实时共享，动态监测企业经营状态的变动情况，对于存在纳税失信、偷税漏税、不按期进行年报、违规经营、公示信息虚假的企业纳入重点关注或高风险企业，督促其及时整改或者提供更多的反担保物，严重时可按照合同规定依法提前终止合约；三是保后阶段，融资担保、再担保机构可将存在违约或诚信经营的企业向税务、工商、财政、海关和银行等多部门进行通报，为后续激励、惩戒机制的建立提供参考。

(2) 完善信用等级评定制度

企业信用等级的评价始终是融资再担保体系运营中的难点，也是风险防范的重点。传统的风险评估主要有两种方式，一是融资担保、再担保机构依据现场尽调评估企业信用，二是通过第三方评估机构进行信用等级评定。由于信息掌握不全面，两种评价结果往往存在一定的偏差，而工商与税收数据可作为上述评价机制的有效补充，提高评估的精度。具体而言，一是充分利用工商、税务数据覆盖面广且开票数据能够反映企业经营现状等信息优势，将纳税识别号和社会统一信用代码作为关键字，建立“一户式”档案，逐渐实现纳税信用信息的全覆盖，适度进行共享；二是要设计科学的风险评价指标，以客观指标为主，同时细化单项评价指标，参考工商、税务、担保行业数据特点制定单项分类信用评价指标，提高价的公平性与准确性；三是实行动态的信用评级管理机制。重视评级结果公布后的后续管理工作，根据已掌握的涉税、工商登记与变更等信息，及时对受保企业或个人的信用等级进行调整，并通过信息系统向融资担保、再担保机构报送异常信息。此外，探索税务数据在风险管理中的应用，比如规定相应预警指标，一旦纳税人的行为达到预警指标，系统将会对融资担保、再担保机构进行提醒来加强对受保人的监管，并对受保人进行提醒要求其整改，防止由于扣分致使信用评级降级。

(3) 依据信用实施分类管理

对于信用评价结果的利用可参考税务系统的处理机制，根据受保人企业类型、规模、所属行业、纳税信用状况、风险等级等将管理对象科学分类与区别管理。例如，对于 A 级受保人，可适当降低保后检查和信用评级的频率，采用风险提示的方法对发现的低风险进行提醒，以消除风险，在保后审查时适用常规保后检查，为保后服务提供有效的个性化服务和“即时服务”。在所有受保企业中，信用评级低的受保人应成为重点监控目标，由融资担保机构实施专项保后检查，融资再担保机构重点核查担保机构重大风险事项的核实情况、担保机构自身应急预案的启动与执行情况、担保机构制定的风险化解方案、协作银行对担保机构的反应及应对措施等，并将核查内容及时与税务、工商等部门进行共享，调整信用评价等级。最后，建立“一处违法，处处受限”的失信联合惩戒机制，融资再担保体系可联合税务、工商等部门，全面推动经营异常名录和“黑名单”管理制度，将存在失信行为的市场主体纳入经营异常名录，在政府项目采购、工程项目招投标、国有土地转出让、授予荣誉称号等方面予以限制，以严厉的约束惩戒机制激发受保企业信用提升的内生动力。

9.5.2　通过担保圈关联企业监测风险

企业相互投资与持股，本身存在着复杂的关联关系，一旦被银行授信的企业形成了关联担保圈，其中个别企业由融资担保公司进行银行融资担保，也会让融资担保公司直接或间接地陷入较大的企业担保圈中去，这就需要担保公司与银行一起，开展重点监控，防止发生担保圈风险蔓延到融资再担保体系。担保圈的风险爆发一般是由圈内个别较弱的企业风险引发，当引发的风险超过企业所能承受的风险临界值时，企业无力承担的风险就会扩散到整个担保圈的关联企业，如果为之担保的其他企业包括专业的融资担保公司也能消化掉风险，则不会引发更大范围的风险，相反则引发整个担保圈的甚至区域的系统风险。因此，存量担保圈的风险管理可以从两个方面进行，一是同一担保圈内能区分出潜在风险企业、重点风险防范企业和风险关键企业；二是对担保圈分高、中、低三类不同风险等级，进行差别化管理。

(1) 建立担保圈内企业的分类管理机制

最近几年，银行已经有意识地研究并分析出担保圈内企业，并将相互担保总额、信用评级、贷款余额等关键信息作为担保圈网络中节点与节点之间关系值，并结合担保圈的结构信息，将担保圈内企业划分为担保圈潜在风险点、风险预防点和严守关键点三类企业，有意识地防范。第一类防范重点是担保圈内潜在风险点企业，主要是指涉及大额担保和较大的担保贷款风险的企业。对于这类企业，风险防范应聚焦企业的经营发展和资金配置状况，主动采取有效措施来提前收回部分贷款，防范因企业违约而造成的担保圈风险。第二类重点是担保圈内直接关联度高的企业，从担保网络结构的角度来讲，担保圈风险的预防点主要是指度数较高的企业，即具有较多直接担保关系的企业，通过对担保圈网络中各环节企业的度数进行计算来有效识别这一类企业，不断地对这些企业的风险等级进行分析，一旦该类企业发生融资风险，采用担保结构密度稀释风险控制的方法将企业剥离或置换出担保圈。存在较多与这类企业直接关联的企业，一旦风险传播则范围会较大，容易形成巨大的不良贷款，对整个区域或行业经济发展也会造成严重的影响。第三类担保圈风险防范的重点是担保网络结构中有较强的中介性企业或核心企业，这类企业单体担保额度可能不大，但处于网络的重要节点，通过计算担保网络各节点中企业的中介作用来对这类关键企业进行识别，防止风险通过此类企业迅速扩散，避免风险传播范围进一步扩大。

(2) 加强不同风险水平担保圈的分类管理

在按一定规则计算出风险等级后，银行要将担保圈的风险分为高、中、低三个等级进行管理。对于高风险担保圈，拒绝在这个圈内新增加企业，并且需要尽快采用适当的方法如置换为专业融资担保机构担保或实物担保的形式降低风险。如果风险已经发生，则有必要采取偿债主体变更、贷款转让等多种方式来对不良资产依法加以有效处置，或充分利用国家对于不良处置、呆账核销的各项政策，与债权银行进行联合处置或及时核销。二是对于中度风险担保圈，在这个圈内尽量不增加新的企业，如果必须要增加新的企业，则二次联合评估整个担保圈的偿债能力。在日常管理中，要特别注意对担保圈风险的整体动态度量，提前察觉风险变化趋势，防止由中度风险担保圈演化为高度风险担保圈。三是对于低风险的担保圈，通过评估后可以适当增加一些新企业，但依然设法保持该担保圈仍处于较低风险水平。此外，还要依照大多数企业的特定情况进行分类管理，区分各类担保圈。对于圈内属于战略新兴、节能环保、科技含量高或国家政策支持的担保圈的大部分企业，债权银行在出现风险时，不应逼迫其偿还债务，可以搜寻扶持政策、利用政府的资源、采取多种措施帮助担保圈企业克服困难。而对于圈内大部分企业处于淘汰产业或偿债能力较差、发展前景一般、保证人担保能力较低或违约的担保圈内企业，可以采取“多收少贷”、“只收不贷”的形式，尽可能收缩信贷规模以防范风险。对于担保圈内大部分企业处于国家限制发展行业或者经营能力弱、存在贷款欺诈嫌疑甚至有恶意逃避银行债务倾向的，融资担保机构与银行可以建立债权人委员会，共同探讨应对策略，避免风险爆发并使损失降到最低。

9.5.3　通过金融市场监测融资再担保体系风险

从社会宏观经济体系角度来看，融资再担保作为经济活动的一种，具有信用增级、信用评级和“润滑”信贷分配的作用，可以被划到金融体系中。在金融体系内，融资担保的存在有助于银行风险的降低和信贷规模的扩大，提高银行资金的安全性，增强信用，保证资金的流动和交易的成功。融资再担保公司、担保公司作为连接企业与银行的桥梁，以及连接企业与资本市场的桥梁，若金融系统受到冲击，势必对融资担保业务的开展带来影响。具体而言，在金融市场不稳，甚至出现金融危机的情况下，资本市场整体融资功能将不断弱化，小微企业通过上市融资变得困难，风险资本退出周期加长，股权投资基金投资则会相对谨慎，流入小微企业的风险投资将呈减少趋势，银行信贷则成为小微企业的主要融资渠道。从整体来看,融资担保行业的上游金融行业面临金融风险影响,下游的小微企业则面临前所未有的生存压力,甚至出现经营危机,无法按期还款,作为桥梁作用的融资担保行业,积累的风险也就越来越大。因此,在金融机构、金融业务以及金融监管协调都呈现出复杂化趋势下,融资再担保体系的风险防控更加需要关注金融市场风险的变化情况。分析金融风险宏观演变趋势,加强对金融风险监测、分析和评估,聚焦金融风险产生的边际条件及风险可能的爆发点观察,加强对小额贷款公司、区域性股权市场、典当行、融资租赁公司、商业保理公司、地方资产管理公司、投资公司、社会众筹机构、地方各类交易所、互联网金融机构等行业的金融风险监测分析工作,实现金融风险防范的跨行业、跨市场监测。

9.6 建立适应现代化融资再担保体系的人才培养使用机制

融资担保行业的风险问题频出,原因之一是人力资源供给不足所致,人员的业务素质和能力严重制约融资再担保体系的发展。因此,将人力资源管理机制创新作为发展动力,优化人力资源结构,提升人力资源能力,培养一支具有专业能力、适度的总量,与管理匹配人才结构以及较高素质人力资源整体队伍,为融资再担保体系的风险防范实现提供较为可靠的人才资源保障,具体路径如图 9.5 所示。

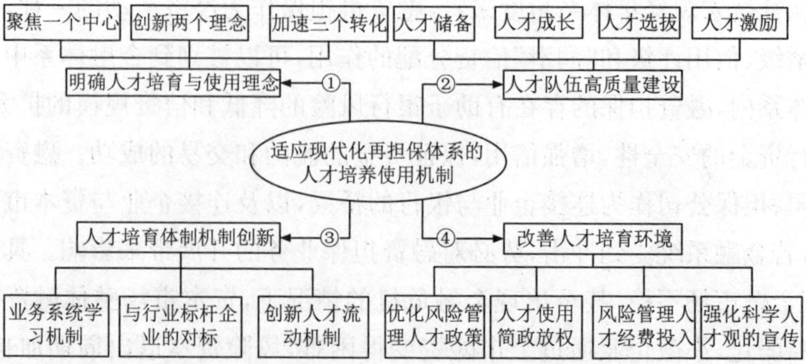

图 9.5　融资再担保体系人才培育体系路径图

9.6.1 促进人才培育的体制机制创新

(1) 完善业务系统学习机制

融资再担保公司风险管理部门指导并要求业务部门保证所出具的担保数据准确完整，并对其开展合法审查，对所担保项目风险因素进行专业分析，提出预防建议和措施，这就需要风险管理人员自身专业的能力与风险综合识别知识较强。所以，融资担保机构、再担保机构、银行等单位应积极引进高水平的风险管理人才，加大对已有风险管理人员的培训力度，通过系统性培训学习让风险管理人员切实提高风险判断与识别能力，将融资担保项目业务风险降到最低或可控。可以采用邀请相关领域专家不定期举办讲座、开展优秀员工经验分享会等方式，使从业人员在合规操作、业务拓展、担保机构风险识别等方面的专业度得到切实提高。

(2) 与行业标杆企业的对标机制

由于融资再担保体系的建设在我国处于初级阶段，部分融资再担保机构刚刚建立不久，但一些早期的融资再担保机构在开展业务和控制风险等方面获得了一定的经验。因此，鼓励融资再担保机构与担保行业龙头机构间进行交流沟通，有利于新成立的融资再担保机构借鉴经营运行方面的经验，通过科学的方式找到与优秀再担保机构之间存在的差距，从而针对自身的经营管理进行改善，使融资再担保的效率得到提高。具体来说：第一，应充分发挥融资担保协会的重要作用，构建有效渠道为协会与其他融资再担保机构进行便捷沟通，同时协会可以不定期举办经验分享、专业讲座、模拟情景等活动，促进融资再担保机构在活动中互相学习，借鉴经验，不断提高自身管理；第二，将融资担保协会作为中心，再担保机构应共同参与行业内部交流的信息平台构建，鼓励再担保机构以文件、视频等形式将自己的优秀做法上传至信息平台，为其他融资再担保机构提供参考。

(3) 创新人才流动机制

厘清引进人才管理工作当中，政府部门和用人单位各自的职责和权限，降低引入人才及流动的人为阻力，保证引进人才合理流动，高效开发。加大力度克服高等院校和企业从业人员双向流动存在的机制障碍，支持高等院校和科研院所的科研人员在履行职责的前提下，参与企业风险防控和关键技术攻关。政府部门要鼓励高等院校、科研院所按比例来设定流动岗位将有实战经历的企业风险管理人才吸引过来兼职。对风险管理类专业引入的技术人才，要求到融资担保业务一线兼职或实行服务锻炼制度，使其专业优势得到充分发挥，引导急需急缺引进人才向基层流动；对应用技术研发、推广等迎合市场的体制内引入人才，在其评比高级职称时将工作经历、业绩和贡献视为重要考察指标，且在专业技术岗位安排上予以倾斜。

9.6.2 创新人才培养与使用理念

(1) 聚焦员工发展与企业战略相结合的发展理念

结合融资再担保体系战略目标，尤其是以再担保公司为依托的融资再担保体系，以再担保公司为核心，通过再担保业务联结担保公司，将专业技能、专业技术和企业运营管理三类人才队伍建设好。注重培养一批素质高、市场意识强、善于经营管理、能引领公司发展的高素质经营管理人才队伍，进行市场开拓、培养核心竞争力并有效防范风险；建成一支以经济师、会计师、律师等为主要成员的高技能人才队伍，建立一支素质较高、创新力强的专业技术人才队伍，建设一批懂经营、有担当、善发展的管理人才队伍；在合适的时机，再担保公司可以组织相关担保机构，通过经验交流、业务观摩、互派人员学习等形式，促进不同公司先进理念的传播，适当引导同一公司内部的轮岗与交流，推广新的员工发展理念与做法。

(2) 育人理念与用人理念相结合

融资担保及再担保仍属新兴行业，面临人才紧缺的问题。一是强引进，重培养。加大社会人才引进，引导人才流向紧缺和急需领域如大数据应用及担保风险评估及风险控制等岗位，特别是融资担保或再担保新市场、新业务领域人才的引进、转化以及培养力度，重点解决融资再担保体系发展形势下人才紧缺及结构不合理问题，加快培训使员工知识结构加速更新完善，提高人才素质，充分发挥人力资源效能。二是展个性，促竞争。在融资担保及再担保公司内部，采用员工职业生涯发展规划、工作岗位轮换、职业道德建设等措施，在岗位人才选用政策中将员工个性化发展与竞争结合起来；结合融资担保及再担保机构普遍为国有企业的特点，通过党的组织建设帮助员工树立正确的价值观和发展目标，将企业发展与员工个人发展结合起来，引导员工找到最感兴趣的工作岗位，从而使个人潜能得到最大程度发挥。贯彻选拔监督措施，鼓励公开选拔和竞争上岗，加强人才沟通交流力度，在公平公正公开的环境中实现良性竞争，让员工合理流动，完善考核评估方法，实现人力资源整合和合理有效配置，实现人才资源配置的帕累托最优。

(3) 加速市场化、专业化及一体化的人才交流

一是加速市场化。当融资再担保体系内以股权等为纽带，建立了相对完善的体系，加快发展体系内外相结合的人才流动机制，建立一个适应市场竞争要求的考核、约束和激励机制，合理增加体系内管理人员市场化选聘比例，强化管理人员能上能下、员工能进能出的体制改革，促进价值创造的企业文化深入人心。加快建立健全人力资源市场化有关制度，开拓具有核心竞争力的人力资源制度体系。二是加速专业化。着重推动融资担保及再担保业务及相关环节的专业化整合，大力推进资源要素的聚集和配置，促进业务创新、手段创新与管理创新，完成专业技术人员与专业化岗位的匹配与优化，在此基础上，通过轮岗与挂职交流等形式，促进各类专业技术人才的多能化，形成专业化人才发展的良好局面。三是加速一体化。促进人才在融资再担保体系中的融合，加快系统内合作机构之间的人才输出，完善系统内合作机构之间的人才输出模式，保证系统内人才有序轮换，实现融资再担保体系人才培养梯队。逐步优化、完善融资再担保体系各公司内部人员调配、业务流程和管理制度专业化，在整体区域体系内各担保公司之间在人才资源整合、培训交流制度、属地化管理要求、体系内业务激励约束等方面做出相应改革，加速人才一体化的实现。

9.6.3　加快风险管理人才队伍高质量建设

(1) 调整人才结构并加快人才储备

专业人才是融资再担保机构的软实力，是拓展业务、风险监控等环节的关键力量。高素质的风险管理从业人员是预防风险的第一道防线，加强对风险管理人才的培养与储备，能够有效降低风险的发生。尽管当前我国融资再担保行业从业人员具备较高的基本素质，但这对于融资再担保业务的开展仍存在一些不足，融资再担保风险管理应当保持一定数量具备特定技能和知识结构的专业人才。一是规范制度、扩大合作。融资再担保体系内

各用人单位需对风险管理人才招聘实施细则和调入办法进行修订，规范引进社会人才及毕业生。发展校企合作，发展预接收培训和订单式教育，选取应用型高水平院校，通过实训、冠名联合培养，对风险管理类技术人才进行特定的培养。二是加强管理、完善机制。将风险管理人员的工作机制不断完善，吸引外国同行优秀企业人才加入，特别是在金融、风控、法律、财会、管理等方面具备相关经验和知识背景的人才，对从业人员与岗位之间的匹配进行严格识别，牢牢把握人才招聘的第一关。

(2) 分类别搭建平台促进人才成长

一是分层分级搭建梯度式人才成长机制。融资担保及再担保机构采用分层、分类、分级的培养方式，培养风险防控管理骨干、技术骨干，通过培训常态化、选用制度化、结构层次化，建设不同层次(高、中、基)、管理与技术等不同类别的梯次人才团队。按照分类指导、分别实施的原则，制定实施个性化的教育培训方案。二是规范资格认定、职称评审等政策。在国家执业(职业)资格的基础上，可以考虑在一定省域范围内，对从事风险防控这一专业岗位的任职资格提出要求，对从事风险管理和风险防控技术的各类岗位人员的准入进行审核，并授予职业资格。将专业技术资格体制改革不断推进，鼓励从业人员取得执业证书，对取得执业证书的，根据实际需要给予适当补贴或奖励。三是合理交流使用，人员有序退出。改善配套政策，促进合作机构风险管理人员、重要岗位业务人员等跨单位、跨领域横向、跨水平纵向的岗位交流，实现风险管理人员资源配置的进一步优化。综合政策导向与组织部署，鼓励风险技术人员流向业务一线岗位、把区域人员流动放在重要位置，逐渐建立起担保行业人才的准入和退出机制。

(3) 建立合理的人才评价体系并加强人才选拔

一是科学的人才评价制度。担保及再担保机构利用现代人才评估技术，提高选拔任用的科学性。注重依靠贡献和实践的人才评价标准，以绩效为导向直接对风险人才和技术人才的能力进行评价；通过专家组评审的方法，评价专业人才的专业素养和贡献；对于后备的管理人员，尽量进行专业能力检验，以确定培养方向和措施。二是竞争选人机制。风险管理岗位的人员比例和范围采取公开竞争和轮换的方式确定。在保证工作经验基础上，风险管理负责人和业务经理原则上应当按照竞争方式来确定候选人；对于应届毕业生的招聘，实行“无领导小组”、“结构化面试”等选拔方式。三是定期考核。以工作业绩为导向，完善定期考评方法，以工作业绩的考核与使用激励员工发展。完善对风险管理专业人员的年度考核，对专业技术岗位实行单独考核和招聘，并将招聘结果与薪酬相联系。完善岗位试用制度，对外招聘和公开招聘的人员应设置一定岗位试用期，其他新入职人员应在合同(协议)中规定好试用期。四是加强监督。完善民主程序，公开信息，提高候选人选拔任用的透明度和公信度。

(4) 改革薪酬等管理制度以激励人才发展

一是改革薪酬待遇。融资担保及再担保机构应适度提高风险管理等重要岗位的薪酬水平，实施纵向、横向可比较的岗位薪酬多元化制度，增强岗位薪酬与银行等单位的市场竞争优势，使绩效弹性和工资刚性的原理得到充分利用，满足员工心理预期。二是公平分配。建立健全员工收入分配的合理增长机制，使公司的发展成果与员工的福利共享，保障内部分配公平公正；建立工资与社会劳动生产率特别是公司业务增长相吻合的联动机制，考虑行业的特殊性，将劳动力市场价格与劳动报酬增长较好地匹配，保障公司内外的公平，提高员工薪酬幸福感和满意度。三是领导主动关心。在日常工作中，融资担保及再担保公司领导和员工之间建立起沟通和交流的机制，保证公司各部门领导与员工定期不定期进行交流，了解员工的工作和生活状况，及时解决员工反映的问题。关注员工个人生活，提高幸福指数，从薪酬、探亲假、选拔、深造等方面制定均衡发展政策，为员工提供成长空间。

9.6.4　改善风险管理人才队伍培养环境

(1) 优化风险管理人才相关政策

结合融资担保行业人才需求，各地人社、教育、科技、财政等人才工作相关部门应梳理现有人才引进发展政策，及时废止无法适应目前形势发展需要的文件、政策及相关条款，消除各种政策制约和发展障碍；对在实践中被证明是有效的但存在个别条款需要调整的人才政策需要进行调整完善；对高层次引进人才关心的引进发展、生活质量保障等相关政策加以整合并创新，并根据具体政策规定来形成更加规范、清晰的操作细则，构建具有新优势的人才政策，为培育和引进风险管理类人才建立一个发展平台；促进政策的高水平设计，注重和国家人才政策和人才计划项目进行有效的联系和协调，制定具体介绍风险管理类人才引进使用工作的针对性政策文件，重点解决人才引进政策配套性不强和系统性以及突破性、探索性不够的问题，提升人才政策的整体有效性。同时，督促和监督各地区、部门、企事业单位将中央、省、市已制定实施的人才引进使用有关政策全面落实，有利于形成完善的、加强引进风险管理类人才成长发展和作用发挥的制度和政策环境。

(2) 推动引进人才使用简政放权

根据政社分开、政事分开和管办分离的要求，继续改革政府性融资担保机构、再担保机构、合作的国有银行等用人主体的人才引进使用有关的培养、激励、流动、评价、引进、保障等机制，加强宏观管理、公共服务、法律法规制定、监督保障等职能，加快建立健全风险管理类人员管理服务权力清单和责任清单，清理和规范人员招聘、评价、流动等各个环节中审批事项，消除对用人主体的过度干预，使基层用人单位在人才培训、引进、使用中的关键作用得到充分发挥。不断纠正行政化、“官本位”倾向，进一步探索高层次风险管理人才协议工资制及其他分配办法，并出台相关政策。

(3) 加大风险管理人才经费投入

深入研究政府、企业与社会全方位的人才专项资金渠道，形成高效持久且有序的工作合力和投入体系，建立健全“政府投入、社会参与、市场运作”经费投入保障机制。一是建立财税递增保障机制。把风险管理类人才相关投入列入政府财政预算，依据当年实际财务情况，地方财政将确定一定比例的费用，使用逐年增加预算办法，不断加大财政资金对风险管控培训的投入力度，并在人才安家落户、开展科研活动等提供政策支持。二是逐步加大部门对风险管理人才培训的支持力度，金融业、劳动和社会保障、教育等有关部门要通过向上争取项目、争取政策，对内整合资源等举措支持“职业风险管理人才”教育培训工作。三是加强财政投资的导向功能，引导小微企业、担保机构等用人单位投入份额不断增加，有力地解决财政资金投入不足问题。

(4) 强化科学人才观的宣传

注重宣传引导，通过电视、网站等媒介，加强培育风险管理人才重要意义的宣传，大力宣传人才工作政策，加强风险管理教育培训工作典型和优秀人才的宣传，充分引起社会各界的关注，大力宣传，表彰其作出的突出贡献，扩大社会影响，积极构建一个给予人才充分的社会尊重和应有的社会地位的社会环境和社会氛围，吸引更多有知识、懂科技、有资本的人才从事融资担保行业。

9.7 建立健全重大风险分类救助机制

融资再担保体系内和体系外应共同履行重大风险救助职能，跨越地域、政府、单位与社会的限制，通过社会多方资源整合，实现体系内外互联互动。这不但能够提高政府应对重大风险和协调突发危机事件的能力，也有利于在复杂多变的自然、经济、社会状态下融资再担保体系的全面协调可持续发展。

9.7.1 构建再担保体系重大风险救助组织架构

(1) 建立区域性重大风险救助中心

按我国行政区域(如华东、华中、华北、华南等)建立区域性重大风险救助中心，打破地域和组织界限，解决各省相关职能部门在应对突发危机事件时凸显的横向协作不足的问题，加强各省政府之间的救助合作。该救助中心具有战略整合和全面协调的能力，能够以高度科学、有效、合理的方式引导利益相关者应对再担保体系的重大风险突发危机，协调各省相关职能部门的行为，从风险防控技术的研发、救助资源的管理、救助力量的整合到救助措施的落实监督等。同时，运用现代通信技术和互联网络技术搭建重大风险救助运作平台，在突发危机事件发生后，该运作平台能够为救助中心提供第一手信息，便于救助中心做出最佳决策，保证各省相关职能部门准确及时地采取措施，开展应急救助。

(2) 整合重大风险救助组织体系

整合区域性重大风险救助中心下属省、市(区)风险管理机构(如金融风险管理研究中心、金融风险防控监测中心等)和融资再担保体系内担保机构、再担保机构、银行等职能单位，形成多层级区域性重大风险救助组织体系。合理分配区域性重大风险救助组织体系各层级、同级之间的权责关系，明确各自在风险救助行动中的具体职责，实现上下集中统一、左右协调配合。区域性重大风险救助中心作为该组织体系的决策层，需要科学、合理、有效地把握全局，全面领导风险救助管理工作；省、市（区）风险管理机构作为该组织体系的执行层，需要按照国家和区域性重大风险救助中心的要求，针对突发危机事件的生命周期进行预防预警、救助处置、善后恢复等工作；而融资再担保体系内担保机构、再担保机构、银行等职能单位作为该组织体系的行动层，需要认真分析可能出现的突发危机事件的重要信息和发展趋势，通过联席会议、电话会议等有效的沟通机制，加强救助协作，提高救助联动的整体效能。

9.7.2 健全再担保体系重大风险救助联动运行机制

(1) 区域性协调机制

为了提高重大风险救助机制的权威性与合法性，较为现实的做法是加强区域性合作，建立区域性的协调机制，以市场规律为基础，加强政府宏观调控，强化对区域市场的监督。区域性协调机制的建立，可以加强各部门间的联系，增加沟通协作，联手实施风险治理，共同搭建相融共生、互相协助的风险治理体系，提升整个融资再担保体系风险治理工作的效率，让再担保体系安全性和稳定性得到进一步提升。同时，区域性协调机制的建立可以将风险爆发区域内有关政策行为汇集起来，提高市场的透明度，增强信息的沟通，减少信息的不对称，增强风险受损地区应对处置的能力，一定程度上能够促进区域间资源的合理配置。

(2) 多主体信任机制

由于有较多参与者参与风险救助行动，而每一个参与者都是无法预测的行动者，导致风险和不确定性增加。因此，要实现区域性重大风险救助组织体系内多主体共同应对突发危机事件，必须构建多主体的信任机制。具体而言，政府间的相互信任体现在应对紧急危机过程中的互帮互助信念、救助行动中的统一行动与互为支撑等方面；政府与社会组织之间的相互信任体现在政府对社会组织的救援力量援助能力的认可、肯定与资源支持，利用制度化措施、资源调配与支持将其贯穿风险救助管理的整个过程；社会组织力量对政府援助决策的信任以及在救助过程中的自愿参与与服从指挥。在具体实施救助任务时,一方面应该拓宽应急信息公开渠道及方式,保证社会各方面的风险知情权,使社会力量的单一性方面得到有效缓解,加强政府与社会组织之间的互相了解和理解,加强政府与社会力量之间的优势互补与友好合作,提升双方之间的信任。另一方面,应建立有效的监督体系。充分发挥社会对各个政府实际行为的监督权,媒体应当正面报道积极参与救助联动的政府,曝光不响应、不参与救助联动的政府,增强监督的有效性。

(3) 救助资源共享机制

应对重大金融风险时,各省、市(区)获取救助资源的能力有限,这一方面受到了政府财政预算的限制,同时也和政府对出现紧急危机事件的可能性、预测规模准确性有关。救助资源共享机制的建立,有助于实现救助资源"集中化",节约救助成本,在解决资源不足和资源浪费的两难问题之间取得实效,使救助资源的效能充分发挥。救助资源包括救助资金、救助技术、救助人力等各种资源,区域性重大金融风险救助领导机构要对下属各省、市(区)应急救助资源进行仔细调查,确保掌握区域内应急救助资源的现状,并以此为基础拟定可参与区域救助联动的计划,为跨域应急救助提供依据。同时,可以成立区域应急救助资源数据库,便于正常情况下的应急救助资源管理和异常情况下的集中部署。区域性重大风险救助应当有充足的应急储备资金作为保障,资金的渠道有多种层次。一是以政府投入为主,各地政府应当对未来的突发事件进行谨慎评估,设立专项经费,列入政府年度财政预算。二是建立企业风险救助基金。要求为小微企业提供融资担保、再担保服务的机构按照要求成立特定账户,将风险救助金足额存放并统筹使用。三是充分发挥民间互助基金的作用,积极引导小微企业及协会商会等设立民间基金,关注地区突发风险事件的危害和连锁效应,提供相应的渠道接受民间基金的捐赠。此外,有必要引入第三方机构定期审计投入的应急救助储备资金,评估应急救助储备资金所产生的效益,确保资金使用的透明度和公开性。

9.7.3 建立再担保体系重大风险应急救助预案

虽然建立了风险管控的组织机构、风险救助的应急机构和相应的规章制度,也设置了风险预警系统,但融资担保及再担保本质是分担风险,不能保证对风险能够完全的掌控，这时为了把损失降低到最低程度，需要建立全方面的应急救助预案。风险预警和风险应急救助之间密切相关，预警是定期检查风险情况，提前对风险进行控制。风险应急救助是对无法预警的或是提前控制未能阻止其发生的风险进行的处理。以国家的“一案三制”作为参考，再担保体系风险应急系统主要由应急预案、应急工作管理体制和运行机制组成。建立应急救助系统，应当规定应急救助行动实施时有关部门的工作职责，统一应急救助工作程序；开展应急救助管理宣传活动，加强个人、组织进行自救的能力；必须用最快的速度实现信息报送和应急救助处理，即实现快速反应；在这一过程中应当与所有有关部门和人员保持联动，确保信息尽快共享；各单位试图在风险管理这一信息系统中增加应急救助系统，使应急救助效率有效提高；拓展高速应急救助反应渠道，提升风险爆发的反应速度；与外部专业风险管理咨询机构时刻保持联系，在风险爆发时寻求专业指导和救助。

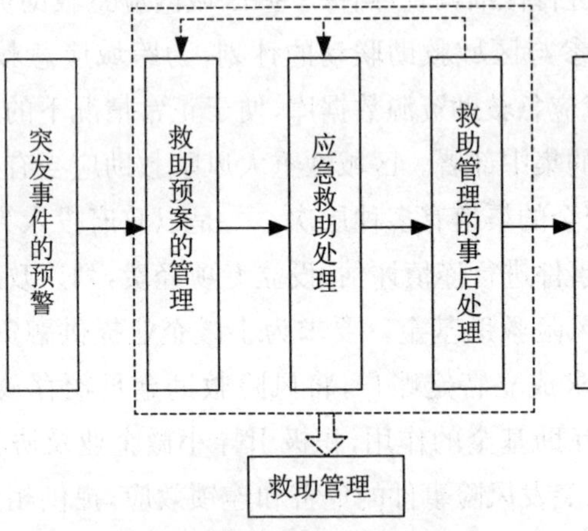

图 9.6　救助管理流程图

如图 9.6 所示，应急救助管理的对象是那些已经发生灾害或损失的风险突发事件，这是风险管理过程的最后步骤，并且只能实施有效措施来降低损失或是阻止突发事件的扩散。应急救助管理和预警系统是密切相关的，通过预警系统，可以对相关事件进行分析判断，并将相对应的应急救助管理级别标识出来，为高效、准确地从已建立的预案数据库中搜索最优的匹配的应急救助预案提供导向。同时,下属部门、子公司、分支机构应根据职责分工和有关方案,切实保证人力、物力和财力资源来应对突发事件,保证工作顺利进行和各项应急救助处置方案的实施。

9.8　健全执行有力的风险防范法治机制

国外信用担保风险成功防范的经验表明,政府对融资担保的风险防范必须建立在立法的基础上,即为融资担保体系风险防范提供法律依据。因此,我国政府应当为小微企业融资再担保体系的风险防控营造健康稳定的法律环境,建立和完善小微企业融资担保法律法规体系,主要体现为监管体制的转变、法律法规的完善、司法处置的优化、执法力度的强化等方面。

9.8.1　以政策法规建设防范风险

(1) 出台专门针对融资再担保的法律法规

首先,完善现有的融资担保法律法规,以法律形式明确界定担保、再担保机构的业务范围、服务对象、风险补偿以及监管形式等基本问题,稳定融资担保、再担保机构的期望收益率,规避其投机行为的发生。现有关于担保的法律,例如《中华人民共和国担保法》《中小企业融资担保机构风险管理办法》《融资性担保公司暂行管理办法》《融资担保公司监督管理条例》及四项配套制度等均是针对融资担保机构,融资再担保机构的运营缺乏法律制度的规范。从国际经验来看,融资再担保体系发展较为成熟的国家都比较注重从法律层面,对再担保业务操作中的关键问题给予明确的规定,如日本出台了《中小企业信用担保协会法》《中小企业信用担保保险公库法》等。因此,构建以现代化融资再担保体系运营为核心的法律势在必行,既有助于融资再担保机构、担保机构充分发挥准公共品职能,同时通过对风险分担、保费收取、代偿追偿、代偿补偿等再担保体系风险防范的关键节点以法律条款的形式进行强制性规定,从根本上解决融资再担保体系风险防范无法可依的困境。

(2) 配套制定与融资再担保相关的法律法规

构建融资再担保法律体系的基础是围绕融资担保再担保业务及相应的

公司运营监管，其效能的发挥需要其他配套法律法规予以保障。具体而言，一是从融资再担保风险分担的角度，出台《小微企业信贷法》《小微企业振兴法》等法规，明确各级政府部门在扶持小微企业发展中应承担的责任和融资担保再担保出资及代偿义务，以及合作的银行等金融机构代偿风险的担负义务和再担保业务中应担负的融资业务审查责任。二是从资金补充的角度，由于融资再担保在性质上属于准公共品，业务经营呈现高风险、低回报的特点，大多机构处于保本微利甚至亏损的状态，需要通过立法的方式处理再担保机构资金代偿补偿、补充等方面出现的资金问题。三是从行业发展环境保障的角度，及时出台相关社会信用体系建设的法律法规，其内容包括信用行为奖罚、各类主体资信评估、信用等级评定以及信用数据的获取与共享、信用信息数据库的建设等，详细规定工商、税务、银行、担保、再担保等主体如何运用现代化金融科技，进行企业信用信息的搜集、整理、上报、共享与反馈等。

(3) 以法律法规明确再担保风险防范的责任主体

目前，我国仍未成立针对融资再担保体系的全国性监管机构，各省、市担保、再担保机构运营的监管机构也不尽相同，个别地方甚至存在监管的空位。建立了监管机构的也普遍存在监管责任不清、多头监管等问题，整体效率不高，这也是导致近年来融资担保机构违约事件频发的重要因素。因此，政府部门必须开发统一的监管系统，以银保监会的管理办法作为参考，授权委托成立融资担保行业管理监督委员会为全国统一的融资再担保监管部门，同时在各省市设立分支机构，以法律法规的形式明确监管委员会的职责，将再担保行业的准入退出机制、再担保保费、法律责任、风险控制规则、风险责任范围等事项规范化和制度化。

9.8.2 优化司法操作程序

(1) 简化业务开展关联程序

融资再担保业务开展过程中涉及房产、工商、土地、船舶、车辆、设备和其他动产、商标专利权、股权等抵押物的登记和处理，只要符合要求，登记部门需根据相关法律为其办理有关登记手续，并且要提高效率、简化程序，提高服务质量，减少登记成本。同时，担保机构办理清偿、代偿、过户等手续费用，按照国家相关规定予以减免。在开展有关登记手续的过程中，相关部门禁止设定特定的评估机构强制性对抵押物质进行评估，不得干扰融资担保机构正常办理业务。另外，各级政府部门必须制定行之有效的信息查询流程和办理业务所需提供的相关资料，并利用办公场所和公共信息系统对外进行公示，为银行、融资担保机构、再担保机构提供与客户有关的信息查询服务。

(2) 完善反担保物非诉讼处置程序

随着融资担保物权诉讼涉及案件的增多，2012 年 8 月我国《民事诉讼法》修订案中规定了担保物权的特别程序实现方式即非诉讼程序，非诉讼程序对于反担保合约中涉案双方无异议，标的有效、责任明确的物权诉讼案件可无须经法院判决直接强制拍卖，在立案之日起或公告期后 30 日内要求审结。因此，一旦涉案反担保物进入非诉讼程序，将会以更加高效的方式实现反担保物的价值。如在 2012 年 6 月，浙江杭州某银行与某浙江杭州皮革厂签订融资合同时，该皮革厂与银行签订了担保贷款合同，并办理了反担保物抵押登记手续，皮革厂将土地、厂房作为抵押反担保物，取得 1 500 万元银行贷款。2013 年 1 月，余杭法院收到本地某融资担保公司对浙江杭州某皮革厂反担保物权的申请。2013 年 1 月 15 日，通过政府相关部门查询了解到皮革厂的抵押资产已被法院查封，认为其已经违约因而要求实现反担保物权，对抵押担保品进行处置变现。余杭法院认为该申请构成非诉讼程序要件，因而无须经过司法诉讼程序，随后迅速组织对抵押资产的拍卖，有效降低了担保公司损失。

目前，全国范围内依然存在非诉讼程序的案例，很多法院也在主动开启直接执行程序，由于担保物权的非诉讼方式仍处于探索阶段，众多金融机构表示，他们并未享受非诉讼程序带来的便捷。原因是最高人民法院并未作出完善、统一的实施意见，各地方法院在立案、审查、管辖等方面采取不同做法，在现实运用中经常不具备处理依据，导致实现反担保物非诉讼程序具有很多困难。根据以上情况，政府部门和相关司法机构应不断完善非诉讼程序的有关条例，规范并统一地方法院对非诉讼程序的适用条件，推动融资担保机构反担保物的价值更好地实现。

(3) 优化司法救济机制

鉴于当前"政银担"融资再担保体系存在的司法困境，建议对融资担保、再担保机构提起的“担保追偿权纠纷”与合作银行提起的“金融借款合同纠纷”进行并案处理，防止银行及融资担保机构不互相配合，影响他们长期合作。在立案阶段，将“银担合作”模式的融资担保案件与其他案件相区分，并作出标注；在审理阶段，通过并案审理，全方面考虑融资担保机构和合作银行的借款债权及追偿权的保障，防止银行及担保机构互相推卸责任，各自为战。同时，允许双方根据自己意愿委托同一诉讼代理人，以减轻双方经济压力，节约司法资源，使司法效率提高；在实施阶段，利用并案执行，融资担保机构的追偿权和合作银行的借款债权将得到有效保障。

9.8.3 提升宣传与执法的力度

(1) 加大相关法律法规的执法力度

国外先进实践经验表明健全的法律体系是融资再担保体系风险得以有效防控的基础，但是在担保业务运行过程中面临的新情况层出不穷、新问题不断涌现，因此各级各部门应进一步明确责任，抓好关键风险节点，严格落实各项防控措施，加大执法力度，用法律法规来规范担保机构、再担保机构、中小企业等主体的市场经营行为，使融资再担保的政策性目标得到有效实现。具体而言，在健全中小企业信用担保法律体系的基础上，对小微企业、担保机构、再担保机构、合作银行等主体的行为进行严格约束，严厉打击使用虚假信息进行“骗保”、“骗贷”、借担保为由故意拖欠贷款的活动。要充分体现保护债权人利益的原则，强化违约责任追究，不仅对恶意违约行为进行严厉处罚，而且对违约机构的高级管理人员和直接责任人员依法追究法律责任，激发小微企业、担保机构合规经营的内生动力。

(2) 开展担保法律法规的宣传教育

将融资再担保体系建设与深入开展精神文明创建、推进依法治国发展社会主义先进文化密切结合起来，把加强宣传担保法律法规理念教育摆在重要位置，努力加强小微企业、担保机构、再担保机构、合作银行等主体的思想道德素质和法制观念，积极培育“操守为重、诚信为本”的良好社会风尚。通过电视、报刊、网络、广播等新闻媒体大力宣传担保法律法规，将新闻媒体的监督与引导作用充分发挥，弘扬讲诚信、扬正气的社会风气。定期开展大型信用宣传活动，总结推广各地先进经验和成功做法，扶持小微企业的同时，营造浓厚的信用即价值的文化氛围。加强对小微企业、担保机构、再担保机构、合作银行等的再担保教育培训，积极倡导诚实守信的社会道德，大力宣传再担保知识，提高信用道德水平，引导市场主体自觉维护市场经济环境，形成有效的社会自律机制和道德评判机制，让小微企业、担保机构、再担保机构、合作银行等主体明确并强化担保权利义务观念，自觉遵守法律，严格按法律办事。

9.9　本章小结

本章节主要从八个方面提出与完善风险防范机制：一是创新政银担等多主体协同机制，强基分险；二是健全担保机构与基层组织联动工作机制，以信用辅助机制防风险；三是改进不明原因波动和异常事件风险监测机制，早发现早防范；四是建立智慧化预警多点触发机制，智能化防范风险；五是健全多渠道监测预警机制，立体式防范风险；六是建立适应现代化融资再担保体系的人才培养使用机制，提升风险防范技能；七是建立健全分级、分层、分流的重大风险救助机制，完善风险治理措施；八是健全权责明确、程序规范、执行有力的风险防控执法机制，改进法治环境。

第十章　研究结论

一、我国小微企业融资再担保体系已初步建成，但区域差异较大且分险功能发挥仍显不足。通过对我国小微企业融资再担保体系建设历程、主要再担保品种的分析与梳理，认为我国小微企业融资再担保体系的架构“一体二翼三层”已基本成形，再担保“增信”形式主要以一般责任再担保、连带责任再担保等为主，而分险作用突出的比例再担保占比还不高，国家、省级融资再担保机构大多实行风险分担封顶制度以控制风险；再担保制度创新，是我国融资再担保体系建设的重要内容，各省融资再担保机构在发展中也形成各具特色的再担保运营模式；从我国融资再担保机构业务开展情况梳理，部分省级融资再担保机构在业务开展中仍以直保业务（融资担保）为重点推动方向，再担保业务规模相对于直保业务规模仍然偏小，个别省级融资再担保机构甚至尚未开展再担保业务，再担保作用与功能有待进一步发挥；省级融资再担保机构的投入产出效率普遍偏低，存在资源投入的冗余，难以同时兼顾政策性与经济性目标的实现；全国融资再担保业务协同度在地域间发展水平差异较大，且整体处于较低水平，极易引发再担保体系风险。

二、小微企业融资再担保行业监管趋严，再担保机构代偿风险敞口增加明显，多主体合作机制不顺畅。通过实证的方法，对我国小微企业融资再担保体系风险现状、风险形成及原因等进行系统分析，明晰我国融资再担保体系风险形成机理。①随着近年来外部经济下行，担保机构的内部控制措施不足及盲目扩张，混业经营、主业辅业倒置等问题并存，加之相关监管不到位，担保行业出现大规模代偿，融资担保机构承担的风险代偿也显著增加，而代偿追回及风险拨备却在下降，风险敞口不断扩大。②再担保机构资本总额呈逐年上升的趋势，但是增长较为缓慢，不同的融资再担保公司注册资本差异较大，总体注册资本规模偏小；平均拨备覆盖率呈上升的趋势，但由于代偿额的迅速攀升，拨备覆盖率增势并不明显；从收入情况来看，再担保机构总收入稳中有升，大多数机构维持在保本微利的状态，其中直保业务与投资占总收入比重一半以上，且有不断上升的趋势，再担保业务收入则呈逐年下滑态势；从全国平均放大倍数来看，总体偏低，接近 1/4 的机构放大倍数不足 1 倍；代偿方面，年代偿额维持高增长态势，其中直保业务是导致再担保机构代偿风险增加的一个重要因素。③再担保业务多主体合作，担保机构与再担保机构之间存在直保业务竞争与再担保业务合作下总体风险敞口增加、协作银行收缩合作或提升与担保机构之间协作的门槛、担保与再担保合作中普遍采用风险封顶的方式，多主体合作风险不减。④从外部环境分析，融资市场的系统风险逐渐显现，对融资担保业监管政策趋严但监管体制依然不顺，这种情况造成融资再担保机构的风险控制和监督都无法达到金融机构要求的高度，导致部分区域的融资再担保机构或再担保体系成为我国金融系统中的薄弱环节和风险累积环节。

三、各级政府的相关政策、财政补贴等主导行为决定了小微企业融资再担保体系市场化运营的成效。沿着再担保风险传染路径，分析风险形成的关键影响要素，研究影响要素的作用过程，探究风险形成机理。①通过分析小微企业融资再担保体系的功能逻辑，筛选出再担保体系风险形成的关键影响要素；②建立风险敞口模型，分析影响要素对担保机构、再担保机构和协作银行等三类主体收益的影响；③最后通过计算实验，基于 Netlogo 平台就关键因素对再担保业务风险的影响进行数值模拟与仿真分析，将主要参数变化和各主体风险与收益变化之间的动态趋势直观地呈现出来，进而总结再担保体系风险形成过程中关键因素起到的作用，并根据仿真结果总结风险形成机理，提出风险预警启示。分析结果表明：一、融资再担保体系外部的风险主要来源于小微企业资产和经营状况以及银行对于反担保物变现的要求，再担保体系的内部风险主要来源于体系内主体对于风险分担和收益的划分；二、融资担保机构和再担保机构收支不平衡的状况是再担保体系内主体运营风险的重要原因；三、企业相似度加剧了融资再担保体系代偿风险；四、风险分担比例、再担费率和政府补助是防范融资再担保风险形成的重要因素。

四、制度与政策等因素对再担保体系风险影响的途径，是通过调节各主体收益来影响风险控制措施的实施；降低代偿率或代偿损失、合理补贴与提升再担保体系规模效应，有利于促进风险合理分担。鉴于制度与政策因素对再担保体系风险的影响，对于不同政策的影响过程进行情景仿真，寻求政策作用的最优方式和路径，为风险防范制度设计和引导政策体系的构建打下基础。建立多主体收益的系统动力学模型，分析多主体收益详细的影响因素；通过多主体收益的系统动力学分析发现，一是提升放大倍数对多主体提升收益起到明显促进作用；二是代偿率上升是导致再担保体系风险高发的关键因素，且依靠单一主体的风险兜底无法扭转多主体收益下降的整体趋势；三是适当降低国家融资担保基金费率并提高风险分担比例，能有效补偿担保与再担保机构落实费率下调政策对其造成的负面影响；四是基层政府对担保机构和再担保机构的合理补贴，有助于补偿担保机构和再担保机构发生代偿或降低保费造成的损失。

运用计算实验等方法演绎融资再担保体系风险演化规律，改进风险的防范措施等研究，建立二方或三方的演化博弈模型，从两个角度，即融资再担保体系之内的主体合作和融资再担保体系与体系之外的主体合作对再担保体系的风险演化机理进行分析。融资再担保业务代偿风险、再担保与担保业务合作风险等受到多种因素影响，包括区域内被担保企业相似度、反担保物可能的变现率、银行承担的风险比例、担保费率及再担保费率等。此外，由于融资再担保业务的"准公共品"性质，政府行为如政府补偿率对于再担保体系的影响也十分关键。再担保费率、再担保机构对担保机构的奖励性优惠以及各主体获得的超额优惠的提高有助于博弈均衡策略向理想方向演化,协作银行违约成本和再担保业务风险变量随机波动的增加也会对系统的稳定性产生影响。在担保机构、再担保机构与政府的博弈中,地方政府对再担保的扶持性补贴、地方政府对再担保业务的损失考核、融资再担保费用、融资再担保代偿损失及融资再担保准入成本是再担保机构运营风险的相关要素,合理设置补贴比例是促进两者合作并防范道德风险的关键。

五、小微企业融资再担保体系外部扰动风险主要是影响多主体经营的稳定性,进而影响多主体合作,规范主体经营并完善其风险控制机制是主要治理目标。体系外扰动因素的影响机理分析结果显示,该类风险直接扰乱体系内主体的业务管理,致使主体业务量不稳定而产生经营风险,随后进一步影响主体间的协作方式,加剧双方的业务竞争和道德风险。当风险因素强度达到一定阈值后,给担保机构带来生存危机,最终导致担保机构因无力代偿或破产或违约,破坏再担保体系业务链条。且体系外扰动因素的变化对部分类别风险产生影响,其中随机因素影响强度和主体运营风险呈正相关,即主体运营风险随着随机因素强度增加而加剧,也就是说,体系外扰动因素变量随机波动的增加会造成主体不稳定性提高,易爆发业务风险。

六、结合再担保体系风险预警与治理的实证研究,提出大数据风险智能预警。围绕融资再担保体系中担保机构、再担保机构、协作银行、政府等主体分析当前融资再担保体系风险治理的逻辑与治理中存在的不足,借助案例再现融资再担保体系风险的形成、演化与政府治理过程。其次,将以往关注的融资再担保原生风险分担,延伸到系统动态量化再担保体系的整体风险并进行预警研究,总结融资再担保体系风险预警实践经验并明确风险预警思路、工具及与第三方机构合作预警路径等。首先分析了当前融资再担保体系风险预警所面临的不利状况,如存在区域系统金融风险爆发的可能、经济下行带来的风险隐患、融资担保行业自身的风险问题、风险预警手段不足等;其次,从系统理论的角度,明确了融资再担保体系风险预警逻辑、预警的核心要素、预警目标等预警思路;再次,构建了融资担保及再担保机构内部的风险预警机制;最后,立足大数据应用研究,提出智能风险的预警架构,并以江苏征信为例探索“再担保＋征信机构”风险预警应用模式,总结成效及存在的问题,理论与实践相结合,探讨融资再担保风险预警机制的构建。

参考文献

[1] 国务院.融资担保公司监督管理条例[EB/OL], http://www.gov.cn/zhengce/content/2017-08/21/content_5219204.htm, 2017.08.

[2] 世界银行,国际金融公司.中小微企业融资缺口:对新兴市场微型、小型和中型企业融资不足与机遇的评估[R], 2018.

[3] Barro R J. The Loan Market, Collateral, and Rates of Interest[J]. Journal of Money Credit & Banking, 1976(04):439—456.

[4] Chan Y S, Kanatas G. Asymmetric Valuation and the Role of Collateral in Loan Contracts [J]. Journal of Money Credit and Banking, 1985(01):84—95.

[5] Bester H. Screening vs. Rationing in Credit Markets with Imperfect Information[J]. American Economic Review, 1985(04):850—855.

[6] Mendoza K J C. The Typology of Partial Credit Guarantee Funds Around the World[J]. Journal of Financial Stability, 2010, 6(1): 10—25.

[7] Bannock, G. Taxation and Small Business in the EEC: Some Facts

and Some Issues[J]. International Small Business Journal, 1985, 3(2):56—61.

[8] Boschi M, Girardi A, Ventura M. Partial Credit Guarantees and SMEs Financing [J]. Journal of Financial Stability, 2014 (15): 182—194.

[9] Lizhu W. Establishing China's SMEs Financing Guarantee System: Japan's Experience[J]. Studies of International Finance, 2009(07):15.

[10] Mendizabal A, Zubia M, Lertxundi A. Degree of Guarantee Rationing and Banking Relationship of Spanish SME[J]. Procedia-Social and Behavioral Sciences, 2014(02):753—757.

[11] Farinha L, Félix S. Credit Rationing for Portuguese SMEs [J]. Finance Research Letters, 2015(14):167—177.

[12] Beck T, Klapper L F, Mendoza J C. The typology of partial credit guarantee funds around the world[J]. Journal of Financial Stability, 2008, 6(1):10—25.

[13] Grahame Boocock. Procltrct/Murket Strategies of Small and Medium-sized Enterprises[J]. International Journal of Production Research, 1996, 34(6):1774—1774.

[14] Cowling M. The role of loan guarantee schemes in alleviating credit rationing in the UK[J]. Journal of Financial Stability, 2009, 6(1): 36—44.

[15] Oh I, Lee J D, Heshmati A. Evaluation of Credit Guarantee Policy Using Propensity Score Matching[J]. Small Business Economics, 2009(03):335—35.

[16] Cowan K, Drexler A. The effect of credit guarantees on credit availability and delinquency rates[J]. Journal of Banking and Finance, 2015, (59):98—110.

[17] Stiglitz J E, Weiss A. Credit Rationing in Markets with Imperfect Information[J]. American Economic Review, 1981(03):393—410.

[18] Wette H C. Collateral in Credit Rationingin Markets with Imperfect

Information: Note [J]. American Economic Review, 1983 (03): 442—445.

[19] Stiglitz J E, Weiss A. Asymmetric Information in Credit Markets and its Implications for Macro-economics[J]. Oxford Economic Papers, 1992(04):694—724.

[20] Gendron M, Lai V S, Soumaré I. Effects of Maturity Choices on Loan-guarantee Portfolios1[J]. Journal of Risk Finance, 2006(03): 237—254.

[21] Chakrabarty B, Zhang G. Credit Contagion Channels: Market Microstructure Evidence from Lehman Brothers' Bankruptcy[J]. Financial Management 2012, 41(2):319—343.

[22] Das A, Ghosh S. Financial deregulation and efficiency: An empirical analysis of Indian banks during the post reform period[J]. Review of Financial Economics, 2005, 15(3):193—221.

[23] Driessen E W, Vleuten C V D, Schuwirth L. The use of qualitative research criteria for portfolio assessment as an alternative to reliability evaluation: a case study [J]. Medical Education, 2010, 39 (2): 214—220.

[24] Sohn S Y, Moon T H, Kim S. Improved Technology Scoring Model for Credit Guarantee Fund[J]. Expert Systems with Applications, 2005(02):327—331.

[25] Jeon H J, Sohn S Y. The Risk Management for Technology Credit Guarantee Fund[J]. Journal of the Operational Research Society, 2008(12):1624—1632.

[26] Kuo C J, Chen C M, Sung C H. Evaluating Guarantee Fees for Loans to Small and Medium-sized Enterprises [J]. Small Business Economics, 2011(02):205—218.

[27] 安东尼·桑德斯,马西娅·米伦·科尼特.金融机构管理:一种风险管理方法.人民邮电出版社,2009:23—87.

[28] 约翰·赫尔.期权与期货市场基本原理.机械工业出版社,2016:50—75.

[29] Saunders A, Smith R C, Walter I. Enhanced Regulation of Large, Complex Financial Institutions[J]. Financial Markets Institutions & Instruments, 2010, 18(2):153—154.

[30] Markowitz H. Portfolio Selection[J]. The Journal of Finance, 1952 (01):77—91.

[31] Black F, Scholes M S. The Pricing of Options and Corporate Liabilities[J]. Journal of Political Economy, 1973(81):637—659.

[32] Thakoor N. Analytical shape functions and derivatives approximation formulas in local radial point interpolation methods with applications to financial option pricing problems[J]. Computers and Mathematics with Applications, 2019, 78(12):41—183.

[33] Lallemand J. Bank lending to targets of active takeover attempts: The simultaneous choice of loan maturity, pricing, and security[J]. Review of Financial Economics, 2020, 38(2):159—176.

[34] Altman E I. Financial Ratios, Discriminant Analysis and The Prediction of Corporate Bankruptcy[J]. Journal of Finance, 1968(23): 589—609.

[35] Hajli M. On the spectral zeta functions of the Laplacians on the projective complex spaces and on the n-spheres[J]. Journal of Number Theory, 2020, 208(2):589—609.

[36] Sui X, Li L, Chen X. Risk contagion caused by interactions between credit and guarantee networks[J]. Physica A: Statistical Mechanics and its Applications, 2020, 539(1):382—387.

[37] Lei, Wang, Shouwei. Risk contagion in inter-firm credit guarantee network-Science Direct[J]. Physica A: Statistical Mechanics and its Applications, 2019, 526(1):165—195.

[38] Chakrabarty S, Nisenholt M, Wynne K J. PDMS—Fluorous Polyoxetane—PDMS Triblock Hybrid Elastomers: Tough and Transparent with Novel Bulk Morphologies[J]. Macromolecules, 2012, 45(19): 7900—7913.

[39] Xie X, Yang Y. Associated Credit Risk Contagion and Spillover Effect Based on Supply Chain Buy-Back Guarantee Contract[J]. Mathematical Problems in Engineering, 2019, 45(2):151—154.

[40] Merton H, Miller. The future of futures[J]. Pacific-Basin Finance Journal, 1997, 5(2):70—81.

[41] Davis J, Jedwab J. Peak-to-mean power control in OFDM, Golay complementary sequences, and Reed-Muller codes[J]. IEEE Transactions on Information Theory, 1999, 35(7):2397—2417.

[42] Musjtari D N, Riyanto B, Setyowati, Ro'fah. Parate Execution in Disputes Settlement of Financing Contract with Mortgage Guaranteed On Islamic Banking Practices[J]. IOP Conference Series: Earth and Environmental Science, 2018, 175(1):1765—1799.

[43] Xu S, Fang L, Talley W. Partial credit guarantee and trade credit in an emission-dependent supply chain with capital constraint[J]. Transportation Research Part E: Logistics and Transportation Review, 2019, 135(4):45—59.

[44] Philip G, Mckeown I. Business transformation, information technology and competitive strategies: learning to fly[J]. International Journal of Information Management, 2003, 23(1):3—24.

[45] Moore J, Kiyotaki N. Credit Cycles[J]. Social Science Electronic Publishing, 1997, 105(2):211—248.

[46] Mullins W, Toro P. Credit Guarantees and New Bank Relationships [R]. Working Papers Central Bank of Chile, 2017.

[47] Moon T H, Kim Y, Syntetos A. Technology credit rating system for funding SMEs[J]. Journal of the Operational Research Society, 2011, 62(4):608—615.

[48] Ono A, Uesugi I, Yasuda Y. Are lending relationships beneficial or harmful for public credit guarantees? Evidence from Japan's Emergency Credit Guarantee Program[J]. Journal of Financial Stability, 2013, 9(2):151—167.

[49] Hester D D. Customer Relationships and Terms of Loans: Evidence from a Pilot Survey: A Note[J]. Journal of Money Credit and Banking, 1979, (03):120—143.

[50] Li J, Lin X. Assessing credit guarantee companies in China: Applying a new framework[J]. China Economic Review, 2017(44):98—111.

[51] Gertner R H, Scharfstein D S, Stein J C. Internal Versus External Capital Markets[J]. Quarferly Journal of Economics, 1994, 109(4): 1211—1230.

[52] Mark H. Flexible Specialisation[J]. Economic and Political Weekly, 1993, 28(42):2238—2238.

[53] Huang J, Yang W, Tu Y. Supplier credit guarantee loan in supply chain with financial constraint and bargaining [J]. International Journal of Production Research, 2019, 57(22):214—220.

[54] Caselli S, Corbetta G, Rossolini M. Public Credit Guarantee Schemes and SMEs' Profitability: Evidence from Italy[J]. Journal of Small Business Management, 2019, 57(2):320—343.

[55] Taghizadeh-Hesary F, Yoshino N, Fukuda L. A model for calculating optimal credit guarantee fee for small and medium-sized enterprises [J]. Economic Modelling, 2020, 28(2):327—331.

[56] Hull J, Predescu M, White A. The relationship between credit default swap spreads, bond yields, and credit rating announcements [J]. Journal of Banking & Finance, 2004, 28(11):2789—2811.

[57] Dai H, Zhou H. How to Raise Financing Efficiency of SMEs: an Enlightenment from Bank-enterprise Cooperation for Technical Innovation Projects of Liaoning Province[J]. Journal of Eastern Liaoning University(Social Sciences), 2010, 12(04):38—43.

[58] Tang M L, Chen S N, Lai G C. Asset allocation for a DC pension fund under stochastic interest rates and inflation-protected guarantee [J]. North-Holland, 2018, 78(3):76—98.

[59] Hartanto J A, Sulaksono S. The notary's responsibility toward the

authenticity of credit bank guarantees in Indonesia[J]. Banks and Bank Systems，2019，14(2)：120—143.
[60] Cowling M，Robson P，Stone I. Loan guarantee schemes in the UK：the natural experiment of the enterprise finance guarantee and the 5 year rule[J]. Applied Economics，2018，50(2)：45—54.
[61] 吕薇.中小企业信用担保的几种模式.金融信息参考，2002(10)：12—13.
[62] 梁鸿飞.西方信贷融资担保理论.北京大学学报(哲学社会科学版)，2003(01)：57—62.
[63] 黄磊，倪民，孙丰山.论信用担保机构的融资职能与社会职能：理论与个案研究.金融研究，2005(03)：183—187.
[64] 张翔.从国际经验比较看我国中小企业信用担保体系发展的路径选择.金融理论与实践，2011(09)：111—115.
[65] 董裕平. 小企业融资担保服务的商业发展模式研究——基于粤浙两省数据的情景模拟试验分析.金融研究，2009(05)：157—168.
[66] 顾海峰.银保协作下商业银行信用风险补偿实现机制研究——基于财税介入与风险拨备视角.现代财经(天津财经大学学报)，2014，34(04)：37—44.
[67] 陈晓红，谢晓光.提高我国信用担保经济杠杆效用的研究.软科学，2005(04)：1—4.
[68] 陈革章，季建奎.构建以再担保为核心的担保监管体系.金融理论与实践，2006(08)：56—58.
[69] 杨胜刚，胡海波.不对称信息下的中小企业信用担保问题研究.金融研究，2006(01)：118—126.
[70] 杨军红，赵燕.浅议目前我国信用担保机构的风险管理问题.科技信息，2011(17)：408—409.
[71] 杜朝运，吴明.再担保的信息资源配置效率研究.区域金融研究，2013(12)：33—36.
[72] 王燕霞.中小企业信用担保体系中再担保机制初探.商业会计，2007(06)：8—10.
[73] 梅强，秦默.再担保体系下银保合作的机制研究.统计与决策，2008(16)：139—141.

[74] 何婷婷.美国中小企业融资模式对我国信用再担保体系的启示.商场现代化,2014(22):258.
[75] 张坤.中小企业信用担保体系国际经验比较与借鉴.中国物价,2016(06):70—72.
[76] 李春燕.以再担保业务模式解决供应链上下游中小企业融资难问题——深圳再担保扶持供应链金融经验介绍.财经界(学术版),2016(24):51.
[77] 李江源,马松,李佳驹,吴亚璘.加快政策性担保和再担保机构建设破解中小微企业融资难融资贵难题——基于四川的思考.现代管理科学,2017(07):100—102.
[78] 赵成凤,周衍鲁,姚庆玲.基于山东企业风险的再担保体系建设实践性论证.山东行政学院学报,2017(03):106—109.
[79] 祝亚辉.我国小微企业融资担保模式创新研究——基于安徽省新型政银担融资担保模式的分析.中国国际财经(中英文),2017(15):17—18.
[80] 魏少贤.甘肃省再担保体系建设及运行机制设计.财会研究,2019(03):60—64.
[81] 吴晓冀.国家融资担保体系建设研究.新金融,2020(05):60—64.
[82] 常磊.政府补助与小微企业融资困境——基于微观数据的分析.新金融,2019(06):58—64.
[83] 那颂.融资担保业改革转型中面临的问题及对策. 内蒙古金融研究,2017(1):7—10.
[84] 李苍舒,沈艳.风险传染的信息识别——基于网络借贷市场的实证.金融研究,2018(11):98—118.
[85] 高彦斌.投资担保公司风险管理能力的模糊综合评价——以HA投资担保公司为例. 发展研究,2015(07):31—36.
[86] 王丽萍,张璞,王渤权.考虑需求预测误差的PPP项目多目标担保兑付策略研究. 预测,2018, 37(05):64—70.
[87] 张发明,李艾珉,韩媛媛.基于改进动态组合评价方法的小微企业信用评价研究. 管理学报,2019, 16(02):286—296.
[88] 周茜,谢雪梅.小微企业信用风险测度与管控模型研究——基于信用融资的分析. 商业研究,2018(11):127—133.

[89] 杨松，张建.我国“政银担合作”模式的逻辑基础及制度完善.辽宁大学学报(哲学社会科学版)，2018，46(05)：95—106.

[90] 马维晓.东北地区中小企业融资再担保体系构建研究.中小企业管理与科技，2016(6)：62—64.

[91] 刘志雄.企业社会责任、社会资本与信用风险传染研究——基于利益相关者理论的分析.江苏社会科学，2019(06)：66—72.

[92] 童毛弟，周文静.信用违约互换视角下的中小企业信贷风险影响研究.现代经济探讨，2019(11)：78—82.

[93] 崔华泰.中小企业商业贷款的影响因素及其溢出效应——以商业银行多渠道贷款组合为视角.企业经济，2019(09)：146—153.

[94] 马国建，蔡静，陆钻.中小企业信用再担保及其风险控制体系的构建.重庆社会科学，2012(9)：87—93.

[95] 谢加志.再担保业务风险管理研究.中国商论，2018(26)：110—111.

[96] 项立岭.信用再担保体系中主体的收益与风险分担研究[D].镇江：江苏大学，2017：21.

[97] 张俊民，李会云，宋婕.关联担保与公司债务融资成本分析——基于信息风险和债务代理风险的机制检验.商业研究，2018(12)：75—80.

[98] 薛菁，侯敬雯.中小企业融资信用担保体系参与主体合理风险分担研究——以利益均衡为视角.科学经济社会，2012，30(2)：32—36.

[99] 龚瑾瑜，韩刚.中小企业信用担保计划执行效率的成本收益分析框架.金融理论与实践，2006(11)：52—54.

[100] 钟田丽，尉玉芬.基于相对 VaR 的信用担保两期定价模型.运筹与管理，2008(02)：142—145.

[101] 万良勇，魏明海.金融生态、利益输送与信贷资源配置效率——基于河北担保圈的案例研究.管理世界，2009(05)：6—16，46，187.

[102] 崔晓玲，钟田丽.基于 DEA 的信用担保运行效率求解方法.运筹与管理，2010，19(06)：117—122.

[103] 刘海明，王哲伟，曹廷求.担保网络传染效应的实证研究. 管理世界，2016(04)：81—96，188.

[104] 敖慧.信用担保风险传导机理分析.武汉理工大学学报(信息与管理工

程版),2007(08):94—97.
[105] 金鑫.信用担保机构综合风险预警研究[D].武汉:武汉理工大学,2008:14—25.
[106] 周宇,雷汉云.基于 logit 模型的信用担保风险研究. 山东社会科学,2008(7):111—114.
[107] 尹靖华,曾兴,何敏.我国信用担保行业风险预警机制构建研究.金融理论与实践,2010(7):72—76.
[108] 马国建,蔡静.中小企业信用再担保风险评价研究.科技管理研究,2013, 33(2):208—212.
[109] 何祖玉,韩玉启,王华伟,梅强.中小企业信用风险评价体系及方法.统计与决策,2003(09):17—18.
[110] 徐临,姚晓琳,李艳辉.基于层次分析和熵值法的融资担保机构风险评价.经济与管理,2017, 31(02):50—55.
[111] 朱明,沈国兴.论农信担保项目风险评价指标体系的构建.会计之友(上旬刊),2010(09):72—74.
[112] 李志荣.担保类企业综合风险评价及预警机制研究.经济研究导刊,2012(29):26—28.
[113] 何涌,翁建兴.基于 BP 神经网络的信用担保产品风险评价体系构建与实证检验.湖南工业大学学报,2013, 27(02):68—73.
[114] 屈宝林,谭芳朝,雷顺英,温蓉.关于融资性担保风险评价与控制的实证研究.区域金融研究,2015(06):42—47.
[115] 叶怡汝.融资担保机构客户信用风险评价研究.金融经济,2019(16):144—145.
[116] 李丽,周宗放.源于关联担保的信用风险传染机理.系统工程,2015, 33(01):55—60.
[117] 何华,刘晓晓,张建.基于三维 Copula 函数的金融指数相关性分析.数学的实践与认识,2020(02):65—72.
[118] 孙国民.金融担保链问题的辩证分析及风险化解机制.现代经济探讨,2019, 2(7):59—64.
[119] 邵慰,刘敏.僵尸企业的传染效应及作用机理.中国科技论坛,2019

(08):60—66, 131.
[120] 徐攀,于雪. 中小企业集群互助担保融资风险传染模型应用研究.会计研究,2018(01):82—88.
[121] 冯鸿凌.经济新常态背景下的企业担保链风险分析.金融理论与实践,2018(01):113—115.
[122] 杜权,郑炳蔚.对当前浙江企业担保链问题的思考.浙江金融,2010(6):20—21.
[123] 张乐才.企业资金担保链风险消释、风险传染与风险共享——基于浙江的案例研究.经济理论与经济管理,2011, 5(8):57—65.
[124] 张乐才,杨宏翔.企业资金担保链的风险传染机制.经济体制改革,2013, 23(1):127—131.
[125] 陈艳声,邹辉文,蔡立雄,祝群,黄可权.基于供应链违约传染的信用违约互换定价.南方金融,2018, (08):33—42.
[126] 陈晓红,蒋志方.湖南省再担保体系构建模式与运行机制研究.财务与金融,2008, 5(6):1—4.
[127] 童中文,何建敏.基于 Copula 风险中性校准的违约相关性研究.中国管理科学,2008, 4(5):22—27.
[128] 马国建,刘天辰.融资担保链风险传染研究.浙江金融,2015, 4(8):35—39.
[129] 李梅,马国建,唐瑞.融资担保链风险扩散计算实验仿真研究.经济研究导刊,2018, 4(33):89—91, 106.
[130] 周利国,何卓静,蒙天成.基于动态 Copula 的企业集团信用风险传染效应研究.中国管理科学,2019, 27(02):71—82.
[131] 陈庭强,曾倩茹,王雨桐.基于 CDS 的交易对手信用风险传染演化动态研究.会计之友,2020(01):133—138.
[132] 钱茜,周宗放,李永奎.管控策略对关联企业网络稳定状态的影响——基于关联信用风险传染的视角.中国管理科学,2019, 27(06):21—29.
[133] 吴宝,李正卫,池仁勇.社会资本、融资结网与企业间风险传染:浙江案例研究.社会学研究,2011(03):84—105.
[134] 宋潞平,陈杰.担保融资机制的风险防控与优化设计研究——基于最

佳担保链社会关系网络结构角度的分析.价格理论与实践,2017, 01(7):117—120.

[135] 张泽旭,李鹏翔,郭菊娥.担保链危机的传染机制.系统工程,2012(4):25—31.

[136] 曹宏杰.担保公司风险预警管理研究[D].武汉:武汉理工大学,2010:7—20.

[137] 孟疏影.国有担保机构下企业风险管理体系优化研究[D].济南:山东大学,2017:14—29.

[138] 顾海峰.基于信号函数的金融担保风险预警指标及模型研究.中国管理科学,2014, 22(S1):267—271.

[139] 顾海峰.银保协作、政府助保贷款与银行信用风险分散——基于信息甄别与信用增进的双重视角.金融论坛,2018, 23(08):14—27.

[140] 袁洋,许国艺.企业对外担保内部控制风险预警模型研究.财会月刊,2014(02):3—6.

[141] 李蔚,万迪昉,袁林洁.中小企业信用担保机构综合风险预警系统研究.科研管理,2007(02):118—123.

[142] 宋冬梅,张思强.信用突发事件与中小企业信用担保风险预警.企业经济,2010, (09):142—144.

[143] 赵爱玲,李成祥,金煌,徐磊. 我国融资性担保机构风险预警体系研究.宏观经济研究,2014(02):35—44, 94.

[144] 靳晨升,李军,童超.商业银行视角下信贷企业担保圈风险识别与预警——基于改进的脆弱性分析模型.会计之友,2017(13):32—37.

[145] 任彦峰.中小企业信用担保机构风险预警管理研究[D].泰安:山东农业大学,2012:8—20.

[146] 赵辉,黄伟杰,王昇平.基础设施项目融资担保费率灰色博弈模型.土木工程与管理学报,2017(3):118—123.

[147] 王志强,邹高峰,左军.欧盟中小企业互助担保融资的经验与启示.天津大学学报(社会科学版),2012, 14(4):300—305.

[148] 薛钰显,王东超.中小企业信用再担保机构的风险分担比例研究.内蒙古社会科学(汉文版),2013, 4(3):103—106.

[149] 于孝建，徐维军.中小企业信用再担保各合作方的风险和收益分析.系统工程，2013，31(5)：33—39.

[150] 邢建.中小企业融资再保体系风险演化研究[D].江苏大学，2019：40—55.

[151] 陈晓芳，丁亚群.中小企业信用再担保行业发展问题探讨.财会通讯，2010，41(11)：26—27.

[152] 马国建，张冬华.中小企业信用再担保制度研究.浙江金融，2011，11(6)：72—75＋80.

[153] 赵爱玲 苏宏.我国中小企业信用再担保机构规划发展问题研究.投资研究，2011(5)：27—32.

[154] 邓超，周峰，唐莹.商业银行信任对小微企业信贷影响的研究.国际金融研究，2017(02)：54—63.

[155] 文学舟，张海燕，蒋海芸.小微企业融资中银企信任机制的形成及演化研究——基于信用担保介入的视角.经济体制改革，2019，4(03)：143—150.

[156] 刘昱岐.产业园区中小企业集群融资模式创新研究[D].贵州财经大学，2014：12—27.

[157] 蒋晓薇.中小企业集群融资问题及发展对策研究.商业经济研究，2019(17)：161—164.

[158] 郑文莉，彭革，郑俊.小微企业融资担保创新及风险防控.新金融，2019(04)：39—42.

[159] 宋庆阁.论对投资担保公司的法律监管与完善.企业经济，2013，32(08)：185—188.

[160] 刘兰.内部控制缺陷披露、市场反应与融资成本.财会通讯，2019(36)：92—95.

[161] 全国省级融资再担保机构发展报告[R].北京：中国融资担保业协会，2018.

[162] 张祖望.再担保公司多元化经营探究.经济论坛，2018(10)：190—193.

[163] Coase R H. The Nature of the firm[J]. Economica, 1937, 4(16): 386—405.

[164] Arrow K J. Uncertainty and the Welfare Economics of Medical Care: Reply[J]. American Economic Review, 1965(55):154—158.
[165] 孙国峰.交易成本与制度成本的关系分析.西南师范大学学报(人文社会科学版),2004(02):68—72.
[166] 徐传谌,廖红伟.交易成本新探:起源与本质.吉林大学社会科学学报,2009, 49(02):79—84.
[167] 宋宪伟,童香英.交易成本的一个新定义.江淮论坛,2011(01):31—37, 61.
[168] 奥利弗·E.威廉姆森,西德尼·G.温特.企业的性质:起源、演变和发展.北京:商务印书馆,2007:26.
[169] 杨德才.新制度经济学(第二版).北京:中国人民大学出版社,2019:104.
[170] 费方域.企业的契约性质——张五常的企业理论评介.外国经济与管理,1996(12):10—13.
[171] 刘雅文,李文.中小企业融资中的信息不对称问题分析与对策研究.情报科学,2007(05):695—698, 779.
[172] 李俊江,于众.政府如何化解小企业融资难题——基于信息不对称的视角.财政研究,2015(06):81—85.
[173] 高萌.中小企业融资的信息不对称.时代金融,2019(20):76—78.
[174] 龚旭云.小微企业融资模式创新研究.西南金融,2020(01):71—77.
[175] 沈红波,李佳娇,华凌昊.信息不对称、担保增信机制与私募债融资成本.证券市场导报,2019(10):51—59.
[176] 李勇,伍纯刚.小微企业信贷融资模式创新研究——基于麦克米伦缺口视角的分析.学术交流,2013(12):96—99.
[177] 殷孟波,许坤.银行贷款技术与小微企业信贷可得性.财经科学,2014(06):31—41.
[178] 施刚.国外商业银行小微企业信贷模式比较与启示.金融论坛,2016, 21(01):40—49, 71.
[179] 胡恒松.小微企业融资问题及对策研究——基于信贷政策视角.会计之友,2019(18):115—120.
[180] 马国建.金融双轨制下融资担保链危机形成与治理研究.上海:上海三联书店,2017:7.

[181] 任建军.信贷配给理论发展、模型与实证研究.金融论坛,2009,14(04):21—28.

[182] 彭磊.中小企业融资困境的解析及其信用担保机制研究——基于信贷配给视角的经济学考察[D].苏州:苏州大学,2004:7.

[183] 刘攀.我国商业银行信用风险的制度经济学分析.成都:西南财经大学出版社,2008.

[184] 石红军.信用风险、信用工程与资产证券化.财经问题研究,1999(12):3—5.

[185] 林勇,张宗益.组织增信原理、制度与实践.当代经济管理,2006(06):30—33.

[186] 樊娅.小微企业融资再担保效率评价研究[D].镇江:江苏大学,2018:20.

[187] 周自强.准公共物品供给理论分析.天津:南开大学出版社,2011:61.

[188] 杜朝运,吴明.我国再担保模式的政策性与市场化平衡思考.区域金融研究,2014(03):4—8.

[189] 苏捷.地方政府融资平台互助担保融资风险传染模型应用研究——基于 SIRS 传染病模型的视角.商业会计,2019(18):54—57.

[190] Mao X, Marion G, Renshaw E. Environmental brownian noise suppresses explosions in population dynamics[J]. Stochastic Processes Their Applications, 2002, 97(1):95—110.

[191] Weijie, Sun, Zhenhua. Adaptive output regulation for a class of nonlinear systems with guaranteed transient performance[J]. Transactions of the Institute of Measurement and Control, 2020, 42(6):1157—1158.

[192] Charnes A, Cooper W, Rhodes E. Measuring the efficiency of decision making units[J]. European Journal of Operations Research, 1978, 2(6):429—444.

[193] Andersen P, Petersen N C.A Procedure for Ranking Efficient Units in Data Envelopment Analysis[J]. Management Science, 1993, 39(10):1261—1264.

[194] 陈菲琼，殷志军，王寅.影响信用担保机构运行效率的风险因素评估——以浙江省为例.财贸经济，2010(12)：36—42.

[195] 杜朝运，吴明.再担保机构的风险管控问题研究.徐州工程学院学报（社会科学版），2014，29(02)：37—41.

[196] 常丽娟，梁凤.融资性担保机构担保风险分析.商业研究，2012(09)：94—100.

[197] 侯明，曹轶群.中小企业信用担保体系的构建——基于浙江担保链风险的再思考.浙江金融，2013(09)：67—70.

[198] 王淼.中小微企业信用担保贷款风险比例分担研究——提供政府补贴的两方合作博弈模型.商业经济与管理，2017(03)：62—68.

[199] 魏剑焘.中小企业信用担保体系的缺陷与建议.企业导报，2013(10)：163.

[200] 薛菁，侯敬雯.中小企业融资信用担保体系参与主体利益冲突与均衡分析.商业研究，2012(06)：123—128.

[201] 李宝良.融资性担保公司：受限的盈利模式与放松的风险控制.福建江夏学院学报，2012，2(04)：38—41，46.

[202] 汪辉，邓晓梅，杨伟华，冯珂.中小企业信用再担保体系演化稳定条件分析.中国管理科学，2016，24(07)：1—10.

[203] 冯涛，徐肇成，郭蕾.财政资助中小企业信用担保计划方式的比较研究.财政研究，2011(08)：32—34.

[204] 梅强，许红珍.再担保体系内银保风险共担研究——基于系统动力学.技术经济与管理研究，2014(02)：78—82.

[205] 马国建，张冬华.中小企业信用再担保体系经济效益研究.软科学，2010，24(07)：111—115，120.

[206] 马国建，韦俊杰.多主体收益视角下的融资担保体系建设研究.金融理论与实践，2020(07)：16—25.

[207] 杜建国，盛昭瀚，马国建.演化经济学及其在中小企业研究中的应用[A].中国系统工程学会.经济全球化与系统工程——中国系统工程学会第16届学术年会论文集[C].中国系统工程学会：中国系统工程学会，2010：8.

[208] 马国建，李沛然.小微企业融资再担保多主体合作影响因素研究.金融理论与实践，2019(10)：35—43.

[209] Jarrow R A，Lando D，Turnbull S M. A Markov Model for the Term Structure of Credit Risk Spreads[J]. Review of Financial Studies，1997，10(2)：481—523.

[210] Bielecki T R，Duffie D，Singleton K J. Credit Risk：Pricing，Measurement and Management[J]. Journal of Economics，2004，81(1)：84—87.

[211] 陈庭强，何建敏.基于复杂网络的信用风险传染模型研究.软科学，2014，22(11)：1—10.

[212] 赵明清，岳金枝.基于混合分数布朗运动的银行存款再保险定价研究.运筹与管理，2018，27(2)：147—151.

[213] 陈晓红，张泽京，王傅强.基于KMV模型的我国中小上市公司信用风险研究.财经研究，2007，33(11)：164—175.

[214] Lando D. On cox processes and credit risky securities[J]. Review of Derivatives Research，1998，2(2—3)：99—120.

[215] Durrett R，Levin S. Spatial Models for Species-Area Curves[J]. Journal of Theoretical Biology，1996，179(179)：119—127.

[216] 张杰.浅析我国中小企业融资与信用担保体系.才智，2013(15)：248.

[217] 徐云.基于分数布朗运动的贷款信用担保定价.数学的实践与认识，2015，45(14)：240—247.

[218] 徐云，赵莉.基于布朗运动的融资担保定价研究.金融管理与研究，2016，4(14)：40—47.

[219] 林于力.基于模糊支持向量机的信用风险评估模型研究.重庆工商大学学报(自然科学版)，2014，31(5)：65—69.

[220] 霍源源，冯宗宪，柳春.抵押担保条件对中小企业贷款利率影响效应分析——基于双边随机前沿模型的实证研究.金融研究，2015(9)：112—127.

[221] 易云辉，汪闰六，蒋科蔚.基于Credit Metrics模型的信用风险应用研究.商业经济研究，2011(12)：63—63.

[222] 汪桥,台德进.基于随机模型的金融波动对农村经济增长影响分析.统计与决策,2017(16):168—171.

[223] Merton R C. An analytic derivation of the cost of deposit insurance and loan guarantees: An application of modern option pricing theory [J]. Journal of Banking & Finance, 1977, 1(1):3—11.

[224] Imhof L, Walcher S. Exclusion and persistence in deterministic and stochastic chemostat models[J]. Journal of Differential Equations, 2005, 217(1):26—53.

[225] Daniel, Martin. Early warning of bank failure: A logit regression approach. Journal of Banking & Finance, 1977(7):249—276.

[226] 周志翔.基于 Lotka-Volterra 模型的集装箱港口竞合关系研究[D].西安:长安大学,2015:16.

[227] Hughes B D. Random walks and random environments[J]. Bulletin of Mathematical Biology, 1996, 58(3):598—599.

[228] 国家融资担保协会.小微企业信用担保行业发展报告(2019),北京,2019.

[229] 国家融资担保协会.2017 年全国再担保机构发展报告,北京,2017.

[230] 国家融资担保协会.2018 年全国再担保机构发展报告,北京,2018.

[231] 国家融资担保协会.2019 年全国再担保机构发展报告,北京,2019.

[232] 胡燕京,高会丽,徐建锋.金融风险预警——基于 BP 人工神经网络的一种分析.青岛大学学报(工程技术版),2002(04):28—34.

[233] 马玉春,宋瀚涛.Web 中文文本分词技术研究.计算机应用,2004(04):134—135, 155.

图书在版编目(CIP)数据

小微企业融资再担保体系风险形成、演化及防范研究/马国建著.—上海:上海三联书店,2021.12
ISBN 978-7-5426-7630-6

Ⅰ.①小… Ⅱ.①马… Ⅲ.①中小企业-企业融资-贷款风险管理-研究-中国 Ⅳ.①F279.243 ②F832.4

中国版本图书馆 CIP 数据核字(2021)第 246363 号

小微企业融资再担保体系风险形成、演化及防范研究

著　　者 / 马国建

责任编辑 / 徐建新
装帧设计 / 一本好书
监　　制 / 姚　军
责任校对 / 王凌霄

出版发行 / 上海三联书店
(200030)中国上海市漕溪北路 331 号 A 座 6 楼
邮　　箱 / sdxsanlian@sina.com
邮购电话 / 021-22895540
印　　刷 / 上海惠敦印务科技有限公司

版　　次 / 2021 年 12 月第 1 版
印　　次 / 2021 年 12 月第 1 次印刷
开　　本 / 710 mm × 1000 mm　1/16
字　　数 / 420 千字
印　　张 / 27.25
书　　号 / ISBN 978-7-5426-7630-6/F・853
定　　价 / 92.00 元

敬启读者,如发现本书有印装质量问题,请与印刷厂联系 021-63779028